監修に当たって

　不動産登記制度は，いうまでもなく国民の基本的財産である不動産に関する物権の変動を公示することにより，取引の安全と活発な経済活動に寄与するものとして創設され，発展してきたものでありますが，このうち，表示に関する登記は，不動産登記制度の基礎としての権利の客体である土地又は建物の現況を明確にする観点から，権利に関する登記とはおのずと異なる制度として昭和35年に新設されたものであります。

　その後，不動産登記法は，時代の要請とともに数次にわたり改正が行われてきましたが，特に平成16年法律第123号による改正では，法律条文が現代語化されるとともに，新たにインターネットを利用した「オンライン申請」が可能となり，従来の書面を提出する方法による登記の申請に加えて，オンライン申請の制度が導入されました。また，この新しい制度では，登記済証に代わり登記識別情報の制度が導入されたことにより，表示に関する登記においても，所有権の登記のある土地の合筆，建物の合併・合体の登記を申請する場合には，登記識別情報を提供することとされるなど全面的，抜本的な大改正となっています。

　さらに平成17年法律第29号により，土地の筆界に争いがある場合に，その土地の所在地を管轄する法務局・地方法務局の筆界特定登記官に対し筆界の特定を求める制度〔筆界特定制度〕が新設されるなど大きな改正が行われたところです。

監修に当たって

　ところで，本書の初版「Q&A表示登記の実務」全5巻は，表示登記に関する法令の基本的な理論や解釈では十分に判断することのできない困難な事案や，日々の事務処理における実務上の疑問点に焦点を当て，具体的で，しかも現実的な解決策を解説するという目的で刊行され，幸いにも登記実務家をはじめとして多くの方々からご好評をいただいたところであります。しかし，刊行後既に相当の期間を経過していることに加え，不動産登記法の全面的な改正が行われたことから，これを機会に，多くの方々のご要望に応えるべく旧版を再編集のうえ，新版として刊行する運びとなりました。監修に際しては，各設問について，新法に適応した解説としての相当性や，不動産登記法等の根拠条文等との関連あるいは実務処理上の疑問点とその解釈・運用のあり方等々に正確を期するよう努めたつもりですが，私どもの勉強不足から思わぬ誤りをおかしている点があるのではないかを危惧しております。今後読者の方々のご叱声をいただきたいと思います。

　終わりに，本書の刊行に当たり，日本加除出版株式会社常任顧問木村三男氏との御縁から，監修の機会を与えられた者として，本書がひとり登記実務家のみならず，およそ登記業務に関係のある方々にとっても恰好の参考書たるべきことを期待して，広く江湖に推奨し，多くの方々に活用されることを希望する次第です。

平成19年5月

　　　　中　村　　　隆（元大阪法務局人権擁護部長）
　　　　中　込　敏　久（元宇都宮地方法務局長）

新版はしがき

　Q&A 表示に関する登記の実務シリーズとして，本年1月に第1巻を上梓しましたが，その続編として，このたび「新版 Q&A 表示に関する登記の実務（第2巻）」を発刊するはこびとなりました。第1巻では，表示に関する登記手続の総論と土地の表示に関する登記手続のうち表題登記及び分筆の登記に関する解説を収録しました。本編では，引き続き，土地の表示に関する登記のうち，合筆の登記，地積の変更・更正の登記，地目の変更の登記及び地図等の取扱いに関する解説を収録しました。

　ところで，先の不動産登記法の全部改正（平成16年法律第123号）の最大の趣旨は，最近の高度情報化社会の著しい進展に伴い，電子政府の実現という政府全体の施策の一環として，不動産登記制度においても情報通信の技術を利用して取り扱うこととされたことにあります。このことにより，登記の申請においては，電子情報処理組織を使用する方法が認められることとなりました。また，登記簿は磁気ディスクをもって調製することとされ，地図及び地図に準ずる図面は，従来のポリエステル・フイルム又は紙によるもののほかに，電磁的記録に記録して作成することができることとなりました。

　不動産の表示に関する登記のうち本編に関する部分で，この不動産登記法の改正に伴う関係法令の改正点の主要なものとしては，次のようなものがあります。すなわち，電磁的記録に記録された地図

新版はしがき

等に関する取扱いについて、その管理方法等が新たに法務省令等で定められました。また、地図の作成方法、地図の縮尺、地図の誤差の限度あるいは地図に記録する事項等については、改正前はいずれも法務省民事局長通達により取り扱うこととされていましたが、これらについても法務省令において定められ、地図等の訂正の手続も、従来は法令上にその根拠規定がありませんでしたが、地図等の訂正の申出権者が限定され、その取扱い方法等が新たに法務省令により定められました。合筆の登記については、従来は先例により合筆の登記ができないとされていたものについても、改正後の不動産登記法にそれらの事項が規定されることになりました。

以上のような、不動産登記関係法令の抜本的な改正を踏まえ、本書の新版の発刊に当たっては、表示に関する登記の実務の初版シリーズを再編集するなど、全面的な見直しを行いました。その上で、法令の改正により取扱いが変更された事項については、その記述を新法令に沿った内容に改め、関係条文や用語についても整理したほか、新たな制度が導入された事務の取扱いについては、それらの設問を追加するなど、内容の更なる充実に努めることとしました。したがって、本書は、第1巻と同様に、表示に関する登記の事務に携わる多くの方々に、さらに理解を深める恰好な図書として、広く御活用いただけるものと考えています。

なお、新版の刊行に当たっては、多くの法務局OBの方、現職の登記官の方々に格別な御指導、御協力をいただくとともに、改正部分の改定作業等をお願いしました。また、中村隆先生及び中込敏久先生には御多忙の中、第1巻に引き続いて監修の労を賜りました。

加えて，初版シリーズの御執筆を賜りました多くの方々には，本書の発刊に当たり深い御理解を賜りました。これらの関係各位に対し，衷心より感謝を申し上げる次第であります。

平成19年5月

荒堀　稔穂（日本加除出版株式会社顧問／元甲府地方法務局長）

凡　例

Ⅰ　法令名は原則として省略を避けたが，次のものについてはそれぞれ以下に示すような略号をもちいた。
　　法　　　　　不動産登記法（平成16年法律第123号）ただし，旧法に対比するため，「新法」とする場合もある。
　　旧　　法　　不動産登記法（明治32年法律第24号）
　　令　　　　　不動産登記令（平成16年政令第379号）
　　旧施行令　　不動産登記法施行令（昭和35年政令第228号）
　　規　　則　　不動産登記規則（平成17年2月18日法務省令第18号）
　　旧細則　　　不動産登記法施行細則（明治32年5月12日司法省令第11号）
　　準　　則　　不動産登記事務取扱手続準則（平成17年2月25日民二第456号民事局長通達）
　　旧準則　　　不動産登記事務取扱手続準則（昭和52年9月3日民三第4473号民事局長通達）

Ⅱ　判例集については以下の略号をもちいた。
　　新　　聞　　法律新聞
　　民　　集　　大審院民事判例集，又は最高裁判所民事判例集
　　下民集　　　下級裁判所民事裁判例集
　　判　　時　　判例時報
　　判　　タ　　判例タイムス

Ⅲ　参考文献については各問の文中若しくは末尾にそれぞれ掲げることとし，以下の雑誌の記事を参考とした場合は，それぞれの号数と頁数を記すこととした。
　　訟務月報（法務省訟務局）
　　登記研究（テイハン）
　　登記先例解説集（民事法情報センター）
　　民事月報（法務省民事局）
　　民事研修（法務省法務総合研究所）
　　民事法務（民事法務協会）

Ⅳ　法務省先例中「民事三発」「民事二発」等の表示は，すべて「民三」「民二」のように略称した。

執筆者等一覧

監修者　中　村　　　隆（元大阪法務局人権擁護部長）
　　　　中　込　敏　久（元宇都宮地方法務局長）

編集代表　荒　堀　稔　穂（日本加除出版株式会社顧問）

執筆・補訂・校閲者一覧　（50音順）

浅　岡　一　芳（名古屋法務局）	仲　尾　弘　也（津地方法務局）
荒　川　登美雄（津地方法務局）	長　瀬　久　雄（富山地方法務局）
荒　川　義　子（元名古屋法務局）	長　田　克　示（名古屋法務局）
大　岩　正　澄（名古屋法務局）	西　口　武千代（名古屋法務局）
川　添　博　久（名古屋法務局）	能　勢　勝　彦（和歌山地方法務局）
北　島　詔　三（元名古屋法務局）	平　井　丈　博（金沢地方法務局）
国　近　圭　介（名古屋法務局）	藤　居　正　樹（名古屋法務局）
小　泉　憲　弘（東京法務局）	古　木　信　夫（福井地方法務局）
後　藤　　　基（元東京法務局）	村　上　秀　美（津地方法務局）
柴　田　秀　明（元名古屋法務局）	山　原　勝　彦（名古屋法務局）
菅　沼　孝　之（名古屋法務局）	山　本　英　樹（名古屋法務局）
鈴　木　邦　介（名古屋法務局）	若　井　英　明（岐阜地方法務局）
玉　山　一　男（東京法務局）	脇　田　敏　裕（富山地方法務局）
寺　本　順　一（名古屋法務局）	

目 次

第二節　土地の表示に関する登記手続

第3　合筆の登記 ―――――――――――――――――――― 3

　一　合筆登記の申請 …………………………………………… 3

1　被相続人名義の土地について相続人が合筆登記を申請することの可否　3
2　被相続人名義の数筆の土地の各一部を相続人から合筆と分筆の登記を申請することの可否　5
3　被相続人名義の数筆の土地を合筆するに当たり，一部に住所を異にする土地のある場合の処理　7
4　地図混乱地域の土地の合筆の可否　10
5　合筆する土地の一部に地目を異にする土地のある場合，地目変更の登記を一の申請情報で申請することの可否　12
6　合筆と分筆の登記を一の申請情報で申請することの可否　14
7　地積測量図を提供して公差以内の地積を申請情報の内容とする合筆登記申請の受否　16
8　共有所有権を順次取得した2筆の土地を合筆する場合に提供する登記識別情報（登記済証）　18
9　尺貫法で地積が併記されている畑を合筆する場合の1㎡未満の計算　21
10　合筆登記を抹消する登記の申請に登記識別情報（登記済証）及び印鑑証明書の提供の要否　24

ix

目　次

11　合筆と地積更正の登記を一の申請情報で申請することの可否　27

12　合筆登記の申請において共有者の持分を申請情報の内容とすることの要否　29

13　受付番号以外は同一で，いずれの土地にも範囲を全部とする地役権登記のある土地を合筆するときの地役権図面の提供の要否　31

14　承役地地役権の登記が合筆する一方の土地の全部にある場合に地役権図面の提供と要役地の付記登記の要否　34

　　二　合筆登記の処理 …………………………………… 37

15　合筆と合併の差異　37
16　土地を合筆する場合の合筆後の地番　39
17　合筆後の地番を首位の地番以外のものとすることの可否　41
18　承役地を合筆した場合の要役地の登記記録の記録方法　43
19　合筆の登記と地積測量図の処理　51
20　共有者の持分が記録されていない土地の合筆　53
21　判決による所有権移転登記の前提として代位による合筆登記の可否　56
22　地積の誤りが明らかな筆界未定地を合筆することの可否　59
23　地籍調査で処理不能地とされた土地が規則105条（旧法81条ノ3第1項の改正）により合筆可能となった場合の処理　61

　　三　所有権以外の登記等のある場合 ………………… 63

24　抵当権の設定された土地と同一の工場抵当法2条の抵当権が設定されている土地の合筆の可否　63
25　工場財団に属する土地とそれ以外の土地との合筆の可否　65
26　買戻期間の経過した登記のある土地の合筆の可否　67

目次

27 同一の予告登記のある土地の合筆の可否 *69*
28 神社財産としての登記のある土地の合筆の可否 *71*
29 礼拝の用に供する建物の敷地である旨の登記のある土地の合筆の可否 *73*
30 登記の目的等が同一な抵当権について異なった受付番号で順位変更されている土地の合筆の可否 *75*

四 合筆登記の抹消等 …… *78*
31 字を異にする土地が合筆されている場合の是正方法 *78*
32 被相続人のした合筆登記を相続人から抹消することの可否 *80*
33 合筆登記を錯誤により抹消する場合の態様と筆界線の復元方法 *83*
34 数筆を合筆したところ，そのうち1筆を誤って合筆したとする一部抹消申請の受否 *86*

第4 地積の変更・更正の登記 —— *89*

一 地積変更及び更正の登記申請 …… *89*
35 地積の変更の趣旨 *89*
36 地積の変更の登記と地積の更正の登記の相違 *92*
37 地積測量図を提供して分筆した土地の地積が実測と異なる場合の是正の可否 *95*
38 地積更正した土地について再度地積更正の登記を申請することの可否 *97*
39 被相続人名義の土地について相続人から地積更正の登記を申請することの可否 *99*
40 官公署が代位により地積更正の登記を嘱託することの可否 *101*
41 原状回復義務を免除された埋立地について表題登記の地積が誤

目　次

っていたときの処理　103
42　筆界未定地について筆界線記入の申出と地積更正の登記の可否　105
43　地積更正の登記において基本地図の精度区分が不明の場合の取扱い　107
44　測量誤差が規則77条4項の範囲内の土地の地積更正の登記をすることの可否　110
45　1筆の土地の全部について所有権移転登記をする前提として代位による地積更正の登記の可否　113
46　官公署が代位分筆の登記の前提として代位による地積減少の更正登記をすることの可否　115
47　地積更正の登記と分筆登記を同時に申請する場合の地積測量図の援用の可否　118
48　地積測量図の地積を誤って記載している場合の地積更正　121
49　地籍調査で筆界未定とされた土地の地図訂正及び地積更正の登記を一方の所有者から申請することの可否　123

　二　隣接地所有者の承諾書 …………………………… 125
50　地積更正の登記申請において隣接者の承諾書がない場合の受否　125
51　隣接者の承諾書がない場合の実地調査の調査事項　127
52　実地調査において隣接者の主張する筆界が異なる場合の処理　130
53　筆界について隣接者の一人が承諾しない場合の処理　132
54　筆界について承諾を要する隣接者の範囲　134
55　地積更正の登記の申請に土地管理人の承諾書を提供したときの処理　137

目　次

56　隣接者が所有権を移転している場合の筆界についての承諾者　139
57　地積の計算の誤りによる地積更正の登記の申請において隣接者の承諾書の提供の要否　141
58　官公署が代位による地積更正の登記を嘱託する場合に，隣接者の承諾書を提供することの要否　143
59　地積が減少する地積更正と隣接者の承諾書の要否　145
60　地積更正の登記の申請において隣接所有者の承諾を得る範囲　148

三　その他 ………………………………………………… 151
61　分筆線を誤って分筆登記をした場合の地積更正による是正の可否　151
62　隣接者との和解に基づき地積更正の登記をすることの可否　153
63　地目欄に「田」，地積欄に「500 ㎡内溜池 50 ㎡」と記載されている場合の是正方法　156

第5　地目の変更の登記 ──────── 159

一　地目変更の意義 ……………………………………… 159
64　地目の認定が現況主義といわれる理由　159
65　中間地目の登記ができない理由　162
66　法定区分以外の地目を定めることの可否　164
67　雑種地について具体的な用途基準を定めることの要否　166

二　登記の申請 …………………………………………… 168
68　債権者代位による地目変更の登記を申請することの可否　168

xiii

目　次

69　筆界未定地について地目変更の登記を申請することの可否　170
70　農地転用に関して農業委員会への照会中に登記名義人の表示変更登記がなされた場合の処理　172
71　山林を駐車場とした後，宅地として使用している場合の地目変更の登記手続　175
72　苗木を植林してどの程度年月が経過すれば山林に地目変更できるか　177
73　一部地目変更による分筆登記で分筆元地を地目変更することの可否　179
74　原因日付の異なる数筆の地目変更の登記を1件で申請することの可否　181
75　一部が別地目となった部分を含めて数筆の土地に分筆する登記を一括申請することの可否　184
76　農地転用許可日前に当該土地に建物が建築されている場合の地目変更の原因日付　187
77　コンピュータ庁において改製前の登記簿に尺貫法で地積が表示されている土地を地目変更する場合の地積の表示方法　189
78　区画整理実施地区の畑を宅地に地目変更する場合の1㎡未満の記録の要否　192
79　共有地の地目変更登記の申請人　194
80　地積測量図のある数筆の農地を合筆し宅地に地目変更する場合の端数の切り上げ計算　196

　三　添付情報（農地法関係を除く）　……………………　199

81　抵当権のある土地の地目変更と抵当権者の承諾書の要否　199
82　砂防地を宅地に地目変更する場合の添付情報　200
83　墓地を墓地以外の地目に変更する場合の添付情報　202

xiv

84 雑種地を境内地に地目変更する場合の添付情報　204

四　宅地への地目の変更　……………………………………　206
85 私的な通路部分の地目を宅地とすることの可否　206
86 定着性のない建物が建築されている土地の地目　209
87 整然と区画されている土地の地目　211
88 大規模分譲地について山林から宅地への地目変更　214
89 市街化調整区域内の農地を宅地に地目変更することの可否　217
90 田を宅地に地目変更し㎡以下が「00」となる場合の原因及びその日付欄の記録方法　220

五　農地の地目変更（許可書のある場合）　………………　222
91 農地を宅地に地目変更する場合に，建物が建築されていることの要否　222
92 農地転用許可書に1筆の土地の一部を許可するとされた場合の取扱い　224
93 農地の地目変更の申請に許可書と転用完了証明書が提供されている場合の実地調査の要否　226
94 駐車場等として転用許可を得た土地の地目　228
95 転用許可書のある地目変更の登記申請と実地調査の要否　230
96 駐車場として転用許可を得，土地家屋調査士の報告情報を提供して宅地に地目変更する登記申請があった場合の農業委員会への照会等　232
97 転用の許可を得て1000㎡の土地を埋め立て100㎡の建物を建築した場合の敷地の地目　236
98 転用許可を得て砕石置場とした後に全部の砕石を処分した状態で雑種地と地目変更することの可否　239

目　次

99　農地転用の許可を得て大規模な宅地造成をしたときは分合筆の後に地目変更するのか　241
100　農地転用許可を得て用悪水路とするための寄付承諾書が交付されている場合の転用許可書提供の要否　244

六　農地の地目変更（非農地証明書の場合）……………247

101　農地に該当しない旨の農業委員会等の証明書の内容　247
102　荒廃した農地について農業委員会の非農地証明書を提供して雑種地に地目変更することの可否　249
103　地目変更の登記申請に非農地証明書のみ提供した場合の農業委員会への照会の要否　252
104　農地法4条1項6号に該当する地目変更につき農業委員会に照会することの要否　254
105　競売の買受人から農地（現況非農地）について地目変更する登記手続　256
106　農地を保安林に地目変更することの可否　258
107　雑草の生い茂った農地を雑種地等に地目変更することの可否　260
108　有効期間6か月と記載された非農地証明書を提供し3年7月後にされた地目変更登記申請の受否　262

七　農地の地目変更（許可書，非農地証明書のない場合）
………………………………………………………………264

109　転用許可書を提供しないでした地目変更の登記の効力　264
110　市街地の農地に盛土した場合の地目変更の可否　267
111　造成工事が完了したが建物の建築されていない農地を宅地に地目変更することの可否　270
112　農地を埋め立て2・3年放置している土地の原野等への地目

変更　272

113　産業廃棄物が積み重ねられ農地に復元できない土地の雑種地への地目変更　275

114　転用許可書の提供がないことを理由に却下することの可否　277

115　農地である旨の農業委員会の回答により取り下げた後，同一農地について再申請があった場合の再照会の要否　279

八　特殊な土地の地目変更 … 281

116　公道に至るまでの通路部分を数個の建物の所有者が個別に所有している場合の当該土地の地目　281

117　土地改良により造成された棚田の面積のうち畦畔部分の割合が高い場合の地目　284

118　土地改良により造成した排水路が埋設した排水管である場合の土地の地目　287

119　立木登記がされている山林の一部を公衆用道路に地目変更する方法　290

120　河川区域内の土地の地目変更について河川管理者の許可の要否　293

121　袋小路等の特殊な通路を「公衆用道路」とすることの可否　297

122　現況は「家庭菜園」として利用されている農地を「雑種地」に変更することの可否　301

123　竹林，梅林，蓮池，金魚・鯉・鰻の養殖池，芝生育成地の地目　303

124　田に水を入れビニールで覆った淡水魚の養殖池の地目　306

125　保安林について地目変更の登記を申請することの可否　308

126　遺骨を埋葬している山林を墓地とすることの可否　310

目　次

127　宗教法人が駐車場に利用している土地を境内地とすることの可否　312

　九　地目の更正 ……………………………………………… 315
128　一部の土地が保安林と指定されたのに全部の土地に登記されている場合，農林事務所から更正の申出をすることの可否　315
129　地目変更の登記原因の日付を更正することの可否　318
130　農地の地目更正の登記と農地法所定の許可の要否　321
131　地目に「田，内溜池」，「池，外堤塘」等とある場合の地目更正の方法　323

　十　その他 ………………………………………………… 326
132　公衆用道路とすることの基準と所有者の意思の要否　326
133　温室内で花き等を栽培している土地の地目　328
134　建物を取壊しして2年ほど経過した宅地を雑種地とすることの可否　330
135　竹の子を採取していた土地が長年放置され竹林が生育することとなった場合の土地の地目　332
136　広大な土地の一部にある住宅の庭のみの分筆及び一部地目変更登記の可否　334
137　「原野」を「雑種地」に地目変更する申請後に予定変更を理由に申請を取下げることの可否　337

第6　地図の役割等 ───────────────── 339

138　法14条1項の地図の意義　339
139　現地復元性の意義　342
140　任意の点を与点として作成した地図を法14条1項の地図とす

xviii

ることの可否　345
141　法14条1項の地図に誤りがある場合に，その備付けを取り消すことの可否　348
142　地籍図の意義　351
143　地籍図と土地所在図の違い　354
144　表示に関する登記における地図等の役割　357
145　地図に準ずる図面の意義　360
146　地図に準ずる図面が法定された趣旨　363
147　地図に準ずる図面を活用する場合の注意事項　366
148　公図の意義　369
149　法14条1項の地図と地図に準ずる図面に表示された土地を合筆した場合の図面の処理　373
150　表題登記をした公有水面埋立地の形状等が地図の余白に記録できない場合の処置　376
151　分筆した土地の形状が地積測量図と公図で異なる場合の分筆線の記録方法　379
152　1筆の土地が分属表示され，かつ縮尺の異なる地図等に表示された土地と合筆した場合の地図等の修正方法　382
153　近傍類似の公図の縮尺が600分の1の場合に新たに作成する土地所在図の縮尺　386

第7　地図等の訂正 ─────── 388

一　地図等の訂正の申出　388

154　地図等の訂正の意義　388
155　利害関係人等から地図等の訂正をすることの可否　391
156　地図等の訂正の申出と併せて地積の更正の登記を申請する方法　394
157　地図等の修正と地図等の訂正の違い　397

目　次

158　土地所有者以外の者が地図等の訂正の申出をすることの可否　400
159　登記官が職権で地図等の訂正をすることができる場合　403
160　地図等の訂正における調査及び立証資料　406
161　公図の空白地に地番を記録する場合の調査等　410
162　地図等の訂正の申出に隣接地所有者の承諾書を提供することの要否　413
163　地積測量図が地図等と異なる場合の地図等の訂正の要否　416

二　地図混乱地域 …………………………………………… 419

164　地図混乱地域とは何か　419
165　地図混乱地域を解消する方法　422
166　集団和解方式による地図等の訂正で，一部の筆界確認ができない場合の処理　425

三　地図等の訂正の具体的事例 …………………………… 428

167　隣接する土地の一部を取得し，これを地図等の訂正により是正することの可否　428
168　登記記録上の所有者が現地と異なる場合の地図等の訂正による是正の可否　431
169　隣接地を取り込んで再分筆した場合の是正方法　434
170　分筆する部分を誤って登記した場合の地図等の訂正による是正の可否　437
171　分筆未了のうちに第二の分筆登記がされ，公図に分筆線が記入された場合の地図等の訂正　440
172　隣接地所有者間に境界争いがある場合の地図等の訂正の可否　442
173　公図に他の字の表示として道路が重複して記録されている場合の訂正方法　444

174 公図にメガネ印でなく単に○や□の印で記録されている場合の訂正方法　446

175 公有地を保存登記した後に個人に売却されたが公図に記載されていない場合の処理　449

176 地図等のない地域に地図訂正の方法で地図等を備え付けることの可否　451

177 同一所有者の地目の異なる複数の土地の筆界が地図と異なる場合の是正方法　454

178 地籍調査完了地域の地図に図示された国有海浜地の海岸線が移動した場合の地図訂正　456

　　四　その他 …………………………………………………………… 458

179 地図等を訂正する土地の隣地が区画整理の仮換地の場合に承諾を要する者　458

180 筆界未定地の地図訂正の申出において提供する隣接地所有者の承諾書の範囲　460

181 公有水面埋立による表題登記の前提として隣接地について地図等の訂正をするときの公有水面側の利害関係人　463

182 官公署の地図等の訂正申出において提供する隣地所有者の承諾書に承諾者の資格を証する書面を提供することの要否　466

183 再製の際誤って作成した地図を職権で訂正する場合の所有者への通知の要否　468

　　付　　録

関係主要先例 …………………………………………………………… 473

1 登記簿上の地目が農地である土地について農地以外の地目への地目の変更の登記申請があった場合の取扱いについて（昭和56年8月28日民三第5402号民事局長通達）　473

目　次

　2　登記簿上の地目が農地である土地について農地以外の地目への地目の変更の登記申請があった場合の取扱いについて（昭和56年8月28日民三第5403号民事局第三課長依命通知）　483
　3　不動産登記法等の一部改正に伴う登記事務の取扱いについて（抄）（平成5年7月30日民三第5320号民事局長通達）　488
公差早見表（一筆地測量及び地積測定における誤差の限度の早見表）　492

主要法令条文索引 …………………………………………………… 521
判例・先例索引 ……………………………………………………… 528
事項索引 ……………………………………………………………… 532

── 〔第1巻〕目次 ──

第一節　表示に関する登記手続総論
第二節　土地の表示に関する登記手続
第1　土地の表題登記
第2　分筆の登記

── 〔第3巻〕目次〈平成19年11月刊行予定〉──

（第二節　続き）
第8　地積測量図の役割等
第9　地積測量図の作成
第10　地積測量図の訂正
第11　土地の滅失の登記
第三節　特殊登記関係

── 〔第4巻〕目次 ──

第四節　建物の表示に関する登記手続
第1　建物の表題登記
第2　建物の種類
第3　建物の構造
第4　建物の床面積
第5　建物の増築の登記

目　次

─────〔第5巻〕目次─────

（第四節　続き）
第6　建物の合体の登記
第7　建物の合併，分割，その他の表示の変更の登記
第8　区分建物の登記
第9　建物の滅失の登記
第10　建物の図面関係

─────〔特別編〕─────
筆界特定手続

第二節

土地の表示に関する登記手続

第1　土地の表題登記
第2　分筆の登記
　　　（以上第1巻）
第3　合筆の登記
第4　地積の変更・更正の登記
第5　地目の変更の登記
第6　地図の役割等
第7　地図等の訂正

第3　合筆の登記

一　合筆登記の申請

1　被相続人名義の土地について相続人が合筆登記を申請することの可否

問　被相続人名義の土地について相続を証する情報を提供して，相続人から合筆の登記を申請することができるか。

【答】　相続を証する情報を提供して，相続人全員から合筆の登記を申請することができる。

【解説】

1　合筆登記の申請人として申請できる者は，所有権の登記のされていない場合は土地の登記記録の表題部に記録された所有者であり，所有権の登記がされている場合は所有権の登記名義人である（法39条1項）。もっとも，表題部の所有者又は所有権の登記名義人が死亡した場合には，その相続人は，登記の申請情報と併せて相続人であることを証する情報（戸籍謄本等）を提供して（令7条1項4号），相続による所有権移転の登記を申請することなく，合筆の登記を申請することができる（法30条）（注1）。

　この場合の相続人とは，遺産分割協議等により当該土地を相続により取得した者のみではない。それは，①合筆の登記は所有者の意思に基づく創設的な登記であること，②共有の土地についての合筆の登記は，民法第252条ただし書の保存行為に該当しないこと，③共有の土地についての合筆の登記は，民法第251条に規定する「共有物に変更を加えること」に相当することから，共有者の一人から申請することができないという理由による。したがって，相続人が数人いる場合に

第二節　土地の表示に関する登記手続

　は，その全員が申請人とならなければならないということになる。
　　書面により合筆の登記を申請する場合には，申請人の表示として相続人全員を申請情報の内容とし，被相続人の氏名を冠記することになる（令3条10号）。なお，この場合には，「申請人（被相続人何某）右相続人住所氏名」と記載するのが相当であるとされている（注2）。

2　ところで，所有権の登記のされている土地の合筆の登記を申請する場合には，申請人が真に合筆前の土地の所有権の登記名義人であることを形式的に確認する必要があることから，合筆前のいずれか1筆の土地の所有権の登記の登記識別情報を提供すべきものとされ（令8条1項1号・2項1号），さらに，申請人が真に所有権の登記名義人であることの確認を補強する意味で，書面申請の場合はその者の住所地の市町村長又は区長の作成した印鑑証明書（作成後3月以内のもの）を提供することとされている（令16条2項・3項，規則48条1項5号）。このことから，この場合においては，被相続人の所有権の登記の登記識別情報及び，相続人全員の印鑑証明書を提供することになる。
　　また，上記の登記識別情報を提供することができない場合で，この提供できないことにつき正当な理由がある場合には，事前通知等（法23条）の手続によることとなる。
　　なお，民法第251条の規定によれば，各共有者は，他の共有者の同意があれば，共有物に変更を加えることができる。したがって，共有の土地について共有者の一人から他の共有者の同意を得て合筆の登記をすることができることから，同様に，相続人の一人が，他の相続人の同意を証する情報（他の相続人の印鑑証明書を添付）を提供して，単独で合筆の登記を申請することはできるものと考える。

（注1）　登記研究404号134頁
（注2）　登記研究412号166頁

2 被相続人名義の数筆の土地の各一部を相続人から合筆と分筆の登記を申請することの可否

> 問　被相続人名義の土地について，遺産分割協議により接続する数筆の土地の各一部を相続する者から，相続登記の前提として合筆と分筆の登記を申請することができるか。

【答】　相続人の一部の者から設問の登記の申請をすることはできない。

【解説】

1　設問の例としては，下記の図のような場合であると考えられる。

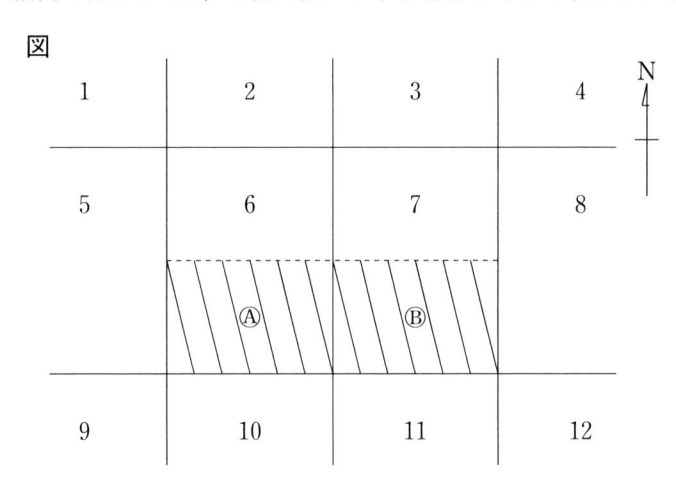

図

1	2	3	4
5	6	7	8
9	10	11	12

（6番と7番の土地の南側部分にまたがる斜線部分Ⓐ・Ⓑ、N方位記号付き）

　例えば，遺産分割協議により6番の土地の一部（斜線部分Ⓐ）と7番の土地の一部（斜線部分Ⓑ）を相続したとして，相続人の一人から相続登記の前提として，6番の土地と7番の土地を合筆する合筆の登記と，斜線部分とそれ以外の部分とに分筆する分筆の登記を申請することができるかという問題である。

　被相続人名義の土地について，相続を証する情報を提供して，相続人全員から合筆の登記を申請することができるが，この場合の申請人

5

第二節　土地の表示に関する登記手続

は，当該土地を相続により取得した者のみでなく，相続人が数人いる場合には，その全員が申請人とならなければならない。その理由は，合筆の登記は民法第252条ただし書の保存行為に該当しないと解されるからである（**問1**＝3頁参照）。

　なお，相続人の全員から相続登記の前提として合筆の登記をした後に，相続人の一部の者から遺産分割協議の結果相続することとなった土地については，遺産分割協議書等の情報を提供して分筆の登記を申請することは可能である。

2　そこで，前掲の図にしたがって説明すると，6番と7番の土地を所有する亡甲の相続人乙，丙，丁がある場合において，6番と7番の土地の斜線部分以外を乙が，斜線部分を丙がそれぞれ相続する旨の遺産分割協議がなされたときは，6番と7番の土地の合筆登記は乙，丙，丁の相続人全員で申請する必要がある。しかし，各共有者は，他の共有者の同意があれば共有土地についても共有者の一人からでも合筆の登記を申請することができる（民法251条）ので，相続により当該土地の一部を相続することとなる乙又は丙が，他の相続人の同意があったことを証する情報を提供して6番と7番の土地の合筆登記を申請することができる。

　また，合筆後の分筆の登記については，相続を証する情報の一部として遺産分割協議書を提供して，乙又は丙から申請することができるとされている（注1）。

　なお，この場合の遺産分割協議書には，分筆する部分を明らかにした図面を添付して当該土地を特定する必要がある（注2）。

（注1）　登記研究229号71頁
（注2）　登記研究458号93頁

3 被相続人名義の数筆の土地を合筆するに当たり，一部に住所を異にする土地のある場合の処理

> **問** 被相続人名義の数筆の土地の合筆の登記を申請する場合において，合筆する一部の土地の登記記録に記録された被相続人の住所が異なるときは，その前提として登記名義人の表示の変更の登記をしなければならないか。

【答】 合筆登記の前提として，被相続人について登記名義人の表示の変更の登記をする必要がある。

【解説】
1 被相続人名義の土地の合筆の登記は，この相続の登記をする前であっても，相続人の全員から申請することができる（**問1**＝3頁参照）。
   ところで，合筆の登記は，土地の登記記録の表題部に記録された所有者又は所有権の登記名義人の申請によって行われ（法39条1項），この登記は，所有者等が原則として自由にすることができるが，次に掲げる合筆の登記は，することができないとされている（法41条1号ないし6号）。
  (1) 相互に接続していない土地の合筆の登記
  (2) 地目又は地番区域が相互に異なる土地の合筆の登記
  (3) 表題部所有者又は所有権の登記名義人が相互に異なる土地の合筆の登記
  (4) 表題部所有者又は所有権の登記名義人が相互に持分を異にする土地の合筆の登記
  (5) 所有権の登記がない土地と所有権の登記がある土地との合筆の登記
  (6) 所有権の登記以外の権利に関する登記がある土地（権利に関する登記であって，合筆後の土地の登記記録に登記することができるも

第二節　土地の表示に関する登記手続

のとして規則第105条で定めるものがある土地を除く。）の合筆の登記

　　したがって、合筆する一部の土地の登記記録に記録された被相続人の住所が異なるときは、同一所有者として扱うことができず、法第41条第3号の規定によりこの合筆の登記は認められないことになる。

2　ところで、相続を登記原因として所有権移転の登記が申請された場合に、登記記録に記録されている所有権の登記名義人と被相続人の戸籍謄本等の住所又は氏名の表示が異なるときは、登記記録に記録された登記名義人が、申請情報と併せて提供された戸籍謄本等の被相続人と同一であるかどうか、登記官の実質的審査によっては判断することはできない。したがって、このような場合は、登記記録に記録された所有権の登記名義人と被相続人が同一であることを証する住民票の写し又は戸籍の附票の写し等を提供することによって登記名義人の住所又は氏名の変更の登記を省略し、所有権移転の登記を申請することになる。しかし、合筆登記の申請においては、このような被相続人である登記名義人の住所又は氏名の変更の登記を省略する取扱いは認められない。

　　それは、いずれも所有権の登記のある土地の合筆登記の申請があった場合に、登記官は、合筆により存続する土地の登記記録の権利部（甲区）に、①合併による所有権の登記をする旨、②所有権の登記名義人の氏名又は名称及び住所並びに登記名義人が二人以上であるときは当該所有権の登記名義人ごとの持分などを記録することになる（規則107条1項）。したがって、一部の土地の所有権の登記名義人の住所又は氏名が異なる場合においては、上記①及び②の記録ができないということも、合筆登記の申請が認められない理由の一つである。

3　登記の実務では、例外的に、登記名義人たる外国人の氏名を本国名で記録されている土地と、通称名で記録されている土地との合筆登記の申請について、外国人登録証明書を提供して申請されたときは受理

できるとされている。この場合において，合併による所有権の登記をする旨を記録するときは，その登記記録に記録されている登記名義人と同一の氏名を記録するものとされている。しかし，合筆する土地の一部の被相続人の住所が異なる場合にまでも，上記の取扱いを認めることはできないであろう。

4　以上の理由から，一般的に死者には住所は存在しないが，合筆登記の前提として，変更を証する情報を提供して，被相続人である登記名義人の表示の変更登記をする必要がある。

　なお，この登記名義人の住所又は氏名の変更登記の申請情報の内容は，「申請人（被相続人何某）相続人住所氏名」として，相続人の一人から申請することができるものと考える。

第二節　土地の表示に関する登記手続

4　地図混乱地域の土地の合筆の可否

> 問　地図混乱地域の土地について，合筆の登記を申請することができるか。

【答】　地図と現地とを一致させることが可能な地域であれば，申請することができる。

【解説】
1　登記の実務では，一般に，広域にわたって登記所の備付け地図に図示された土地の位置及び形状が，現地の状況と著しく相違している地域を「地図混乱地域」と呼んでいるが，この地図混乱の状態を解消するためには，当該地域内の土地の全部又は一部について，土地の所有者等，関係者の全員から集団的な地図訂正の申出により是正するのが通常である。

　地図混乱地域内における，土地の表示に関する登記をどのように取り扱うかは，当該地域の地図混乱の実態によって左右されるので，地図や既に提出している地積測量図における図示と，現地の土地が全く結び付かないような混乱した地域であれば，上記の地図訂正による是正をしない限り，当該土地に関する登記の事務処理は事実上ストップせざるを得ないと考える。

2　しかし，同じ混乱地域でも，混乱の実態に応じて，不動産登記法の手続による分筆錯誤による分筆登記の抹消，合筆，再分筆等により，地図と現地とを一致させることが可能な地域もあるので，当該地域における合筆登記の申請は，各申請ごとに個別に受理できるかどうかを判断することになる。したがって，混乱地域内に存する土地の合筆の登記は，原則として，各土地について個々に申請しても，地図等による土地の特定ができない状態であれば申請はできない。しかし，現地の土地の区画と地図の図示を一致させる登記の手続がなされた後で

あれば申請することができるということになる。
3　以上のとおり，合筆登記の申請がされた場合は個別に受否を決定することとなるが，実務においては，原則として，当該土地の敷地と隣接地との位置関係が申請どおりであることを証する関係人の証明書，並びに測量に使用した与点（位置，種類等による特定）から適宜の筆界点までの距離及び角度による特定をした土地所在図の提出を求めて処理する事案と解される。

第二節　土地の表示に関する登記手続

5　合筆する土地の一部に地目を異にする土地のある場合，地目変更の登記を一の申請情報で申請することの可否

> 問　数筆の土地を合筆する場合において，その内の一部の土地の登記記録の表題部に記録された地目が異なっているときは，地目変更と合筆の登記を一の申請情報によって申請することができるか。

【答】　一の申請情報によって地目変更の登記と合筆の登記を申請することは可能である。

【解説】

1　不動産登記の申請は，1個の不動産について1個の登記の原因及び目的ごとに各別にするのが原則である（一件一申請主義）が，同一の登記所の管轄区域内にある二以上の不動産に関する登記を申請する場合において，登記の目的並びに登記原因及びその日付が同一であるときや，土地の一部を分筆して，これを他の土地に合筆しようとする場合において，分筆の登記及び合筆の登記の申請をするときなどについては，便宜，一の申請情報をもって登記の申請をすることが例外的に認められている（令4条，規則35条）。これは，これらの場合には，一の申請情報による申請を認めても，必ずしもその登記に錯雑を来すおそれがなく，登記所及び当事者にとって便利であるためと解されている。

2　ところで，かつては，地目変更の登記と合筆の登記を一の申請情報によって申請することはできないと解されていた。その理由は，登記の申請は一件一申請主義が原則であり，この例外を認める特別の規定が存しないこと，及び仮にこのような登記を認めると，その取扱いが錯綜するということにあった。

　しかし，例外的に一の申請情報によって申請することができるとする規則第35条の規定が平成18年法務省令第28号により改正され，

この取扱いが改められた。すなわち、この改正により規則第35条に第7号の規定が新設され、「同一の不動産について申請する二以上の登記が、不動産の表題部の登記事項に関する変更の登記又は更正の登記及び土地の分筆の登記若しくは合筆の登記又は建物の分割の登記、建物の区分の登記若しくは建物の合併の登記であるとき。」は、一の申請情報によって申請することができるとされた。これは、登記申請における申請人の負担を軽減し、登記事務の処理の簡素化を図ることにあるものと解される。

3　したがって、設問の地目変更の登記と合筆の登記は、この改正により一の申請情報によって申請することができることとされた（平成18・4・3民二第799号民事局第二課長依命通知）。この場合、例えば、登記記録に記録されているA地の地目が宅地で、B地の地目が雑種地である場合において、B地の地目を宅地に変更した上でA地に合筆する合筆登記を一の申請情報で申請することは可能である。また、登記記録に記録されているA地の地目が雑種地で、B地の地目が宅地である場合において、A地の地目を宅地に変更した上でB地をA地に合筆する合筆登記を一の申請情報で申請することも可能である。

　もっとも、現況の地目が相互に異なる二以上の土地（例えばA地が宅地でB地が雑種地）については、合筆の登記をすることができないことはいうまでもない（法41条2号）。

6　合筆と分筆の登記を一の申請情報で申請することの可否

問　一の申請情報で，土地の分合筆の登記を申請することは認められているが，数筆の土地を合筆すると同時に，同土地を分筆する登記を一の申請情報で申請することができるか。

【答】　数筆の土地を合筆した上，同時にこの土地を分筆する登記を一の申請情報によって申請することはできない。

【解説】

1　Ａ地を分筆してその一部をＢ地に合筆する登記は，実務上，「土地の分合筆の登記」といわれている（規則108条1項）。この分合筆の登記は，登記手続上の簡略化を図るために特別に認められたものである。そして，この登記は，Ａ地を分筆してＡ―1地，Ａ―2地とする分筆の登記をした後，続いてそのＡ―2地をＢ地に合筆する合筆の登記をするという，二つの登記手続をとった場合と結果として同じだということができるからである。

例えば，10番の土地を10番1，10番2に分筆する分筆の登記をするときは，分筆された10番2の土地につき登記記録の表題部を新設し，また，10番の土地の登記記録に所有権等の登記があるときは，それらの登記事項を10番2の土地の登記記録に転写することになる。そして，この分筆された10番2の土地を直ちに11番の土地に合筆する登記をするときは，その10番2の土地の表題部の登記事項を抹消する記号を記録し，当該登記記録を閉鎖することになる（規則106条2項）。

このように，分筆の登記と合筆の登記が別の申請情報によって申請されたときは，せっかく手数をかけて開設した10番2の土地の登記記録の表題部及び権利部の甲区，乙区が無意味となることから，この手数を省略する意味において，土地の分筆と合筆の登記を同時にする

方法として土地の分合筆の登記が認められているのである。すなわち，規則第108条の規定による分合筆の登記は，分筆された土地について新たに登記記録を設けずに，1個の登記手続として処理するものである。登記手続に関しては，おおむね分筆の登記と合筆の登記の場合の二つの手続を合わせたもので，このような登記の申請も認められている（規則35条1号）。

2　設問は，数筆の土地を合筆した上，この土地を分筆する登記を，一の申請情報によって申請をすることができるかというものである。

　ところで，合筆の登記と分筆の登記を一の申請情報によって申請することが可能かどうかは，その根拠を令第4条ただし書の規定によることになる。すなわち，同条は，「同一の登記所の管轄区域内」にある「二以上の不動産について」申請する場合においては，「登記の目的並びに登記原因及びその日付が同一であるとき」，「その他法務省令で定めるとき」には，同一の申請情報によって登記を申請することができることを認めているが，設問の土地の合筆と分筆の登記の申請は，「登記原因」と「登記の目的」が同一とはいえないので，同条の規定の適用はなく，しかも，法務省令で定める「一の申請情報によって申請することができる場合」にも該当しない（規則35条各号）。したがって，設問の場合には，一の申請情報によって申請することはできないということになる。

第二節　土地の表示に関する登記手続

7　地積測量図を提供して公差以内の地積を申請情報の内容とする合筆登記申請の受否

問　合筆登記の申請情報に併せて添付情報として地積測量図を提供し，実測に基づく地積を申請情報の内容としている場合，合筆前の土地の合計面積との差が公差以内であれば，受理することができるか。

【答】　合筆の登記を申請する場合には，地積測量図が添付情報とされていないことから，原則として受理することはできない。しかし，実務においては，合筆登記の申請情報に併せて地積測量図が提供された場合には，便宜，受理して差し支えないものと考える。

【解説】

1　登記の手続において，合筆する土地の一方若しくは双方の地積が規則第77条第4項（同第10条第4項を準用）の地積測量図の誤差の限度を超える場合は，合筆登記の前提として地積更正の登記をすべきであることはいうまでもない。

設問の合筆の登記を申請する場合においては，申請情報に併せて地積測量図の提供を要しないとされていることから，準則第72条第1項を類推適用して誤差の限度内であるか否かを考慮する必要はなく，この問題も否定的にとらえざるを得ないこととなる（注）。

ところで，土地の地積が規則第77条第4項の地積測量図の誤差の限度内（公差内）であっても，現実的に登記記録上に表示されている地積に見かけ上の増減があるとして，地積更正の登記が申請された場合には，実務においてはこれを受理しているところである。

また，分筆の登記を申請する場合においては，分筆する土地の全体について地積の測量を行った結果，分筆前の地積と分筆後の各土地の地積の総和に相違があっても，それが測量誤差による許容範囲内（公

差内）であれば，分筆登記の前提として必ずしも地積更正の登記の申請を必要とせず，そのまま分筆後の各筆の地積を定めることができるとしている（準則72条1項）。

2　そこで，合筆の登記の申請についても，同様の考え方に立って，直ちに実測した地積を申請情報の内容とすることについて，手続的にあるいは公示方法として問題があるのかどうかということになる。

　この点については，積極説と消極説と意見が分かれるところであるが，その理由は次のとおりである。

(1) 不動産登記法において要求されていない地積測量図を提出することは，手続的に認められない（受理できない。）。

(2) 不動産登記法において，なぜ地積測量図の提出を要求しなかったかという理由及び準則第72条第1項の趣旨を類推し，合理的かつ積極的に解する（受理できる。）。

(3) (2)の理由と同様に受理できると考えるが，法定されていない地積測量図に基づいて地積を登記記録の表題部に記録することは手続的に問題がある（登記記録の表題部に合筆した旨を記録しただけでは，地積測量図の提出があるかどうか不明確）ので，同時に地積の更正について立件した上で実測した地積を記録する。という三つの意見である。

3　以上の意見をふまえて考察すると，この場合は実測に基づく正しい地積が申請情報の内容とされているのであるから，(2)の理由により，便宜受理して差し支えないものと考える。

　登記の実務においては，このような測量誤差の範囲内（公差内）の地積の増減について，地積の更正が求められる事例が数多く見受けられることから，今後は，これらの手続規定を明確に定める必要があるものと考えられる。

（注）　登記研究404号135頁

8 共有所有権を順次取得した2筆の土地を合筆する場合に提供する登記識別情報（登記済証）

> 問　甲及び乙が共有（持分各2分の1）するA地及びB地の2筆の土地について，丙が甲の持分を取得し，その後更に，丙が乙の持分を取得し丙の単独所有となった後に，丙がA地及びB地の合筆の登記を申請するには，甲又は乙から持分移転の登記を受けたときの，いずれか一方の登記識別情報（登記済証）（A地の2分の1又はB地の2分の1）を提供すれば足りるか。

【答】　甲又は乙から持分移転の登記をしたときの，いずれか一方の登記識別情報（登記済証）の提供では足りず，A地又はB地のいずれかの土地について，甲及び乙から持分移転の登記を受けたときの，双方の登記識別情報（登記済証）を提供することになる。

【解説】
1　土地の合筆の登記とは，2筆ないし数筆の土地を1筆1個の土地とするものであり，2筆以上の土地を，1筆の土地とする形成的処分行為である。そして，この合筆の登記の申請は，登記官に対し合筆処分を求める申請行為であり，合筆の登記をすることによって，合筆の登記の制限（法41条各号，規則105条）に抵触しない限り，当該土地について合筆の効果が生じることになる。
2　合筆登記の手続については，昭和39年法律第18号による「不動産登記法の一部を改正する法律」により，大幅に改められた。すなわち，この改正前において所有権の登記のある土地を合筆する場合は，合筆し閉鎖される土地の登記簿から所有権の登記を移記又は転写していたが，この手続を簡素化し，改正後においては，登記官が職権で合併後の土地について単一の所有権の登記をするものとされた（旧法85条2項，87条1項）。その上で，この合筆の登記が完了したときは，登

記官は職権で所有権の登記の登記済証を作成し，これを合筆の登記の申請人に還付するものとされた（旧法60条1項）。もっとも，この登記済証は，以後，合筆後の土地について所有権の登記名義人が登記義務者として登記を申請する場合，申請書に添付する登記義務者の権利に関する登記済証となるものとされていた。

　不動産登記法（平成16年法律第123号）の施行に伴い，合筆の登記手続は，基本的には従来の取扱いが承継されている。すなわち，所有権の登記のある土地について合筆の登記を申請する場合には，この登記の申請が申請人の真意によるものかどうかを確認するため，申請情報と併せて申請人の印鑑証明書（令16条2項）のほかに，合筆に係る土地のいずれか1筆の土地の所有権の登記名義人の登記識別情報（登記済証）を提供すべきものとされている（令8条2項1号）。

3　設問は，甲，乙二人が所有権の2分の1ずつ共有する2筆の土地について，丙がその持分を段階的に取得して最終的に単独所有となった場合において，令第8条第2項第1号にいう「当該合筆に係る土地のうちいずれか1筆の土地の所有権の登記名義人の登記識別情報」とは，その持分を取得した一方の登記識別情報で足りるかというものである。ところで本条の趣旨は，前述したように，合筆の登記の申請人が真に合筆前の土地の所有権の登記名義人であることを，合筆の登記手続において形式的に確認することにあると思われる。そのように解すると，所有権の2分の1の持分についての登記識別情報を提供しただけでは十分とはいえず，1筆の土地の所有権の全部についての登記識別情報（登記済証）を提供すべきものと考える。登記の実務においても，新法の施行される前のものであるが，数回にわたり共有持分を取得して単有となった土地の所有権の登記済証を添付する場合には，当該持分にかかるすべての登記済証の添付が必要であるとしている（注）。

4　もっとも，持分の2分の1ずつを段階的に取得したが，その双方の

第二節　土地の表示に関する登記手続

登記識別情報の提供ができないというものであれば，この場合は，法第23条第1項による事前通知の手続が採られることになる。ただし，資格者代理人による登記義務者の本人確認がなされた場合，又は，公証人による登記義務者であることを確認するために必要な認証がされた場合において，登記官がその内容を相当と認めるときは，この通知は要しないとされている（同条4項）。
(注)　登記研究320号74頁
(参考)　香川保一「不動産登記法の一部改正法律の逐条解説」登記研究196号10頁

9　尺貫法で地積が併記されている畑を合筆する場合の1㎡未満の計算

> 問　コンピュータ化されていない登記簿の地積が尺貫法の単位により併記されている土地（畑）について合筆の登記を申請する場合，1平方メートル未満の端数についても平方メートルに換算し積算することになるのか。また，登記簿がコンピュータ化されている場合はどうか。

【答】　コンピュータ化されていない登記簿上の地積が尺貫法の単位により併記されている場合は，1平方メートル未満の端数についても平方メートルに換算して積算することができるものと解する。なお，登記簿がコンピュータ化されている場合は，登記記録に記録されている地積をもって積算することになる。

【解説】

1　登記手続については，計量法（昭和26年法律第207号）の施行後においても，政令の定める日まで尺貫法による表示が認められていた。その後，旧不動産登記法施行令（昭和35年政令第228号）が施行され，その第4条により「地積は，水平投影面積により，平方メートルを単位として定め，1平方メートルの100分の1（宅地及び鉱泉地以外の土地で10平方メートルをこえるものについては，1平方メートル）未満の端数は，切り捨てる。」と規定された。しかし，同令附則第3項において，地積は，昭和41年3月31日までの間は，尺貫法の単位で定めることができるとされた。

2　尺貫法による単位で表示されている登記簿については，昭和42年から全国の登記所で平方メートルへの書換え作業が開始され，昭和47年にはすべての登記簿が平方メートルに書き換えられた。この書換え方法は，尺貫法の単位で記載されている地積の左側に平方メート

第二節　土地の表示に関する登記手続

ルによる地積を記載し，尺貫法による表示を朱抹するものとされていた（昭和41・3・26民三第307号民事局第三課長依命通知）。また，この書換えは換算表に従い，宅地及び鉱泉地以外の土地で10平方メートルを超えるものについては1平方メートル未満の端数は切り捨てることとされた（昭和41・3・1民事甲第279号民事局長通達）。

3　コンピュータ化されていない登記簿による登記の実務においては，旧尺貫法の換算により平方メートルまで記載されている土地の地目変更又は分筆の登記において，メートル法書き換えにより朱抹された旧尺貫法による表示が登記簿に表示されている場合は，旧尺貫法を換算し，平方メートル以下2位まで求め処理するとされている（昭和54・1・8民三第343号民事局長回答）。しかし，合筆の登記においても同様な取扱いができるか否かは，必ずしも明らかでない。

4　合筆の登記について，これに関する先例は見当たらないが，合筆の登記においても，地積の記載については地目変更又は分筆の登記と何ら異なることはないので，表題部に朱抹された旧尺貫法による記載があれば旧不動産登記法施行令第4条により切り捨てられたことが明らかであり，1平方メートル未満の端数についても平方メートルに換算して，積算することができるものと解する。また，昭和41年10月5日民三第953号民事局第三課長回答は，旧不動産登記法施行令第4条により切り捨てられた数値の取扱いについて，地積測量図により切り捨てられた数値（ただし，実測したものについてのみ）が明らかな場合は，登記簿上の地積に当該数値を加えたものを，分筆又は合筆の地積算出の基礎として差し支えないとしている。

5　以上のことから，土地の合筆の登記においても，コンピュータ化されていない登記簿上の地積が尺貫法の単位により併記されている場合は，1平方メートル未満の端数についても平方メートルに換算して積算することができるものと解する。しかし，登記事務がコンピュータ化されている場合は，土地の登記記録の表題部に記録された地積が旧

尺貫法による単位で記録されていないので，現に表示されている地積をもって積算することになる。なお，登記簿と台帳の一元化の際，尺貫法により移記することなく，直ちに平方メートルの単位に換算して地積を記載した場合も同様である（昭和42・3・20民事甲第666号民事局長通達第五の2）。

第二節　土地の表示に関する登記手続

10　合筆登記を抹消する登記の申請に登記識別情報（登記済証）及び印鑑証明書の提供の要否

> 問　土地の合筆の登記について錯誤を原因として抹消する場合，抹消登記の申請情報に併せて登記識別情報（登記済証）及び申請人の印鑑証明書を提供することになるのか。

【答】　合筆による単一の所有権登記の登記識別情報（登記済証）及び申請人の印鑑証明書の提供は要しないものと考える。

【解説】

1　合筆の登記の抹消の登記手続については，法令上，特に明文の規定がないことから，登記の実務においては先例によって処理されている。合筆の登記を抹消することができる場合としては，①合筆の登記が法令上の制限規定（法41条，規則105条）に抵触している場合は登記官の職権により（昭和37・9・27民三第811号民事局第三課長回答，昭和54・6・8民三第3310号民事局長回答），②合筆前の土地の全部又は一部につき登記名義人が真実の所有者と異なっている場合は真実の所有者の代位により（昭和53・12・20民三第6721号民事局長回答），③その他，合筆の登記手続に何らかの錯誤があった場合，例えば，A地とB地を合筆すべきところA地とC地を合筆したように，合筆する土地を誤って登記したような場合には，当該土地の所有者から，錯誤による合筆登記の抹消を申請することができると解されている。したがって，設問の場合は，③の事案であると思われる。

2　ところで，登記名義人が登記を申請する場合において登記識別情報を提供しなければならない登記等が令第8条第1項に列挙されており，その第1号においては，「所有権の登記がある土地の合筆の登記」と規定されている。また，同条第2項第1号においては，「当該合筆に係る土地のうちいずれか1筆の土地の所有権の登記名義人の登記識

別情報」と規定している（注1）。そして，この登記識別情報を提供できないときは，法第23条第1項の規定により事前通知がなされることとなる（ただし，資格者代理人による登記義務者の本人確認がなされた場合，又は，公証人による登記義務者であることを確認するために必要な認証がされた場合において，登記官がその内容を相当と認めるときは，この通知は要しない（同条4項）。）。

　また，登記の申請人等は，申請情報に記載した書面には，法務省令で定める場合を除き，申請情報に記載した書面に記名押印した者の印鑑証明書（市区町村長等が証明したもの）を添付しなければならないとしている（令16条2項）。そして，申請書に印鑑証明書の添付を要しない場合として規則第48条第1項に列挙されているが，それには合筆の登記は含まれないので，土地の合筆登記については，申請情報に記名押印した者の印鑑証明書の添付を要するとされている（規則47条3号イ(5)参照）。

3　このようなことから，合筆登記の抹消の登記を書面により申請するときは，当該申請情報と併せて，合筆の登記と同様に，合筆による単一の所有権登記の登記識別情報（登記済証）及び申請人の印鑑証明書を添付すべきではないかとの疑問がある。この理由は，合筆登記を抹消することにより合筆前の登記識別情報（登記済証）の効力が復活するが，合筆登記の抹消の登記申請において合筆による単一の所有権登記の登記済証を提出しないとすれば，その登記済証に抹消済の記載ができず（登記識別情報の場合は，特段の処理の必要性はない。），以後，事務の取扱いが混乱するという点にあると思われる。

　また，合筆の登記による単一の所有権の登記は，表題部における土地の合筆の登記がなされたのに伴い新しく創設された登記であり，いわば，所有権保存の登記とみて差し支えないと解されている（注）。このことから，合筆の登記の抹消の場合は，所有権保存の登記の抹消申請に関する法第77条の規定を適用して，この登記を申請する場合

第二節　土地の表示に関する登記手続

には，その登記の登記識別情報（登記済証）を提供すべきであるとする考え方（令8条1項5号）もある。

4　しかし，設問の事案においては，合筆の登記申請と異なり所有権登記の登記識別情報（登記済証）及び申請人の印鑑証明書の提供について法令に何らの規定がないので，添付することは要しないものと考える。また，合筆の登記の抹消に所有権保存の登記の抹消申請に関する法第77条の規定を適用するという考え方についても，この規定は所有権の登記の抹消を規定したものであるから，これを表示に関する登記に適用するのは相当でないと考える。したがって設問については，合筆による単一の所有権登記の登記識別情報（登記済証）及び申請人の印鑑証明書の添付は要しないものと考える。

（注）　昭和45年3月9日民事甲第973号民事局長回答についての解説　登記研究272号65頁

11 合筆と地積更正の登記を一の申請情報で申請することの可否

> 問　隣接する同一所有者の数筆の土地の筆界が不明で，しかも，全体の土地の地積も登記記録の表題部に記録されている地積の合計と相違するときは，合筆の登記と地積更正の登記を一の申請情報によって申請することができるか。

【答】　一の申請情報によって合筆の登記と地積更正の登記を申請することは可能である。

【解説】

1　不動産登記法は，登記を申請するには一の登記（法律行為又は法律事実）について，一の申請情報をもってすることを原則としている（令4条）。これは，数種の登記について一の申請情報による申請を認めると事務の処理が複雑となり，その結果，登記の実務において錯誤が生じやすいという理由によるものと思われる。しかし，一の申請情報による申請を認めても，錯誤を生じることが少ないものについては，一の申請情報により申請することができるとされている。

2　すなわち，令第4条は，「申請情報は，登記の目的及び登記原因に応じ，一の不動産ごとに作成して提供しなければならない。ただし，同一の登記所の管轄区域内にある二以上の不動産について申請する登記の目的並びに登記原因及びその日付が同一であるときその他法務省令で定めるときは，この限りでない。」と規定しており，この規定は，表示に関する登記手続にも適用されるものと解される。また，不動産の表示に関する登記は，現在の土地又は建物の物理的な状況を迅速，かつ，正確に登記することに制度の目的があるから，同一の不動産又は二以上の不動産について「登記原因及び登記の目的」が同一でないときでも，登記原因及び登記の目的を併記して，一の申請情報によ

第二節　土地の表示に関する登記手続

　　り，数個の登記を申請することが認められている。例えば，土地の場合であれば，①地目の変更又は更正と地積の変更又は更正の登記（規則35条6号），②分合筆の登記（規則35条1号），③土地の一部の地目変更と分筆の登記（法39条2項，昭和40・3・30民三第357号民事局第三課長依命通知）等がある。

3　①の場合は，地目を変更するため土地を整地して測量した結果，従前の登記記録の表題部に記録された地積に増減あるものが多く，このような場合の処理手続の簡素化を図ったものである。②の場合は，A地を分筆してA—1地とA—2地とする分筆の登記と同時に，このA—2地をB地に合筆する合筆の登記をする場合，A—2地について新たに登記記録を設け，直ちにこれを閉鎖するという手続を省略するというものである。③の場合は，地目は1筆の土地の主たる用途にしたがって特定して公示するために付されるものであるから，1筆の土地について二以上の地目を定めることは認められない（法39条2項）。そこで，このような事実が生じた場合は，当該1筆の土地を各地目ごとに分筆し，分筆した土地のうち，その用途を変更した土地について別地目とするため，一部地目変更による分筆の登記を申請することになる（注）。

4　設問の合筆の登記と地積更正の登記について，かつては，一の申請情報によって申請することはできないと解されていた。その後，例外的な取扱いを定める規則第35条の規定が平成18年法務省令第28号により改正された。この改正により新設された規則第35条第7号によれば，「同一の不動産について申請する二以上の登記が，不動産の表題部の登記事項に関する変更の登記又は更正の登記及び土地の分筆の登記若しくは合筆の登記……」は，一の申請情報によって申請することができるとされた。したがって，設問の合筆の登記と地積更正の登記は，一の申請情報によって申請することができることになる（平成18・4・3民二第799号民事局第二課長依命通知）。

（注）　枇杷田泰助・吉野衛「不動産表示登記入門　第4版」67頁　きんざい

12 合筆登記の申請において共有者の持分を申請情報の内容とすることの要否

> 問　オンライン申請未指定庁に共有土地の合筆の登記を申請するときは、申請情報の写しが登記済証となるため、所有者の持分を申請情報の内容としなければならないか。

【答】　共有者名義の土地を合筆する合筆の登記を申請する場合には、共有者の持分を申請情報の内容とすることを要しないものと解される。

【解説】

1　法第21条は、「登記官は、その登記をすることによって申請人自らが登記名義人となる場合において、当該登記を完了したときは、法務省令で定めるところにより、速やかに、当該申請人に対し、当該登記に係る登記識別情報を通知しなければならない。」と規定し、合筆の登記が申請された場合にも、その登記が完了したときは、申請人に対し登記識別情報を通知することとなる。

　もっとも、オンライン申請指定庁において、共有地の合筆の登記をしたときは、登記官は、その共有者である申請人ごとに登記識別情報（持分は表示されない）を作成し通知することになるため、設問のような持分を申請情報の内容とするか否かの問題は生じない。

2　オンライン申請未指定庁においては、法附則第6条第3項により、「登記識別情報」は「登記済証」と読み替えられ、登記済証が作成・交付されるため、登記済証作成素材として、「申請書と同一の内容を記載した書面」の提出（規則附則15条2項）が求められている。

　そして、この登記が完了したときには、その書面に申請の受付の年月日、受付番号、順位番号及び登記済の旨の記載をするほか、合併により所有権の登記をした旨を記載して、登記所の印を押して申請人に還付されることになる（規則附則15条3項、旧法60条1項）。

29

第二節　土地の表示に関する登記手続

3　このことから，この登記済証は，登記申請人に対し登記が申請どおりに完了した旨を知らせる機能を果たすとともに，一般社会においては，この登記済証の所持人は，ここに記載されている土地の所有者として取り扱われることになる。さらにその後，新たな登記を申請する場合の「登記義務者の権利に関する登記済証」となり（法附則7条），登記簿が火災等により滅失した場合の回復登記の資料として取り扱われることになる。

このように，登記済証の役割は極めて重要なものであることから，登記された事項は可能な限りここに表示されていることが望ましいことはいうまでもない。

4　ところで，令第3条は，「登記の申請をする場合に登記所に提供しなければならない法第18条の申請情報の内容は，次に掲げる事項とする。」と規定し，各登記の申請に共通する申請情報の内容を列挙している。そして，この第9号において，「表題登記又は権利の保存，設定若しくは移転の登記（根質権，根抵当権及び信託の登記を除く。）を申請する場合において，表題部所有者又は登記名義人となる者が二人以上であるときは，当該表題部所有者又は登記名義人となる者ごとの持分」を申請情報の内容とすべきことを規定している。これらの規定から明らかなように，不動産の表示に関する登記においては，土地又は建物の表題登記を申請する場合に限って，その所有者が二人以上の場合は，その持分を申請情報の内容とすることになる。したがって，表題登記以外の表示に関する登記，すなわち，土地又は建物の表示の変更及び更正の登記，土地の分筆，合筆の登記等を申請する場合においては，その共有者の持分を申請情報の内容とすることを要しないことになる。

13 受付番号以外は同一で，いずれの土地にも範囲を全部とする地役権登記のある土地を合筆するときの地役権図面の提供の要否

> 問　受付番号は異なるが内容は同一で範囲はいずれも土地の全部とする承役地地役権の登記のある土地の合筆の登記を申請する場合には，合筆後の土地の全部に地役権が存続するときでも，申請情報に地役権者の証明書及び地役権図面を併せて提供することになるのか。

【答】　受付番号が異なる場合には，地役権者の証明書及び地役権図面を提供することになる。

【解説】

1　平成5年法律第22号による不動産登記法の一部改正により，地役権の登記のある土地の合筆手続が整備された。

　すなわち，この改正前の法第81条ノ4第1項は，1筆の土地の一部に地役権のある土地を分筆し，分筆後の土地の一部に地役権が存続するときは，申請書に地役権図面を添付することとされていたが，合筆の登記を申請する場合にはこれに相当する規定はなかった。その理由は，旧法第87条第1項において，地役権のあるA地をB地に合筆する登記をするときは，A地の登記用紙から地役権の登記を移し「其登記カ甲地タリシ部分ノミニ関スル」旨を記載することで公示としては十分であると解されていたことによる。

2　しかし，これは分筆の登記に比較して一覧性に欠け，利用者にとっても不便であるとの批判があったことから，旧法第81条ノ4第1項の規定が改正され，分筆の登記の趣旨が合筆の登記にも取り入れられることとなった。

　すなわち，平成5年法律第22号による改正後の第81条ノ4第1項

第二節　土地の表示に関する登記手続

　　の規定においては，承役地地役権の登記のあるＡ地をＢ地に合併する合筆の登記を申請する場合において，合併後のＢ地の一部に地役権が存続するときは，申請書にその部分を記載し，これを証する地役権者の書面及びその部分を示した図面を申請書に添付することを要するとされた。この規定の趣旨は，地役権図面を提出させることによって公示される権利の一覧性を増すことにあると解されていた。

　　この考え方は新法（平成16年法律第123号）にも承継されている。すなわち，法第80条第１項第２号は，承役地にする地役権の登記の登記事項として，地役権設定の目的及び範囲が規定され，令別表九項「合筆の登記」において，地役権の登記がある承役地の合筆の登記を申請する場合において，地役権設定の範囲が合筆後の土地の一部であるときは，当該地役権設定の範囲が申請情報とされ（同項申請情報欄ロ），かつ，当該地役権設定の範囲を証する地役権者が作成した情報又は当該地役権者に対抗することができる裁判があったことを証する情報及び地役権図面が添付情報とされている（同項添付情報欄）。

　　もっとも，この規定が適用されるのは，あくまでも合筆後の土地の一部に地役権が存続する場合に限られることになる。

３　設問は，承役地地役権の登記のあるＡ地を，同じく承役地地役権の登記のあるＢ地に合筆する場合において，Ａ地及びＢ地の地役権の登記の内容が，受付番号が異なるものの，その他はすべて同一で，地役権の範囲もいずれも土地の全部に存続するというものである。

　　そこで，規則第107条第３項によれば，Ａ地をＢ地に合筆し，Ａ地の地役権の登記をＢ地の登記記録に移記すべき場合において，Ｂ地に登記の目的，申請の受付の年月日及び受付番号並びに登記原因及びその日付が同一の承役地にする地役権の登記があるときは，移記に代えて，Ｂ地の登記記録にＡ地の地番及びＡ地につき同一事項の登記がある旨を記録することとされている。

４　登記官の形式的な審査において地役権の同一性を判断する基準は，

当然に登記記録，申請情報及び添付情報によることになるから，設問の場合は受付番号が異なるということは，別個の地役権であると判断されることになる。したがって，この場合においては，A地の地役権の登記はB地の登記記録に移記されることになる（規則107条2項）。設問は，受付番号が異なるが内容は同一であるということであり，この「内容は同一」の趣旨が必ずしも明らかではないが，仮に，要役地，地役権の目的等が同一ということであっても，これは別個の地役権とみるのが相当であると考える。

そして，別個の地役権であるとすれば，各地役権が合筆後のB地に合筆前の状態でそれぞれの部分に2個の地役権が存続することになるので，地役権の登記のある土地を地役権の登記のない土地に合筆し合筆後の土地の一部に地役権が存続する場合（問14＝34頁参照）と同様に，各地役権の範囲を申請情報の内容とし，これを証する地役権者の作成した情報及びこの部分を示した図面を提供することになる（令別表九項添付情報欄）。

〔参考〕
　門田稔永ほか「不動産登記法の一部を改正する法律の施行に伴う登記事務の取扱いについて」登記研究551号30頁

第二節　土地の表示に関する登記手続

14　承役地地役権の登記が合筆する一方の土地の全部にある場合に地役権図面の提供と要役地の付記登記の要否

> 問　地役権の範囲を全部とする承役地地役権の登記のあるA地を，承役地地役権の登記のないB地に合筆する合筆の登記を申請する場合は，合筆後の地役権の範囲を明らかにした地役権図面を提供するのか。また，この場合，要役地について承役地の変更，範囲の変更の付記登記をするのか。

【答】　地役権図面の提供を要し，要役地について地役権の変更及び範囲の変更の付記登記をすることになる。

【解説】

1　平成5年法律第22号による不動産登記法の改正以前は，承役地地役権の登記がされている土地を合併し，合併後の土地の一部に地役権が存続する合筆の登記を申請する場合の手続については，何らの規定がなかったことから，実務の取扱いにおいて混乱や不統一があった。そこで，この改正により合筆登記の手続を定める各規定が改められ，合併後の土地の一部に地役権が存続する場合の合筆の登記の手続が整備された。

　この改正法によれば，承役地地役権の登記のあるA地をB地に合併する合筆の登記を申請する場合において，合併後のB地の一部に地役権が存続する場合は，登記の申請書にその部分を記載し，地役権の範囲を証明する地役権者の書面及びその範囲を示した図面を添付することとされた（旧法81条ノ4第1項）。この場合，合併前のA地の地役権の範囲がA地の全部であると一部であるとは問わないことになる。

2　この登記手続は，新法（平成16年法律第123号）にも承継されている。したがって，承役地地役権の登記のあるA地をB地に合筆する場合には，合筆するB地の登記記録に合筆されるA地の登記記録から当

該地役権の登記を移記し，当該移記された地役権の登記に当該地役権設定の範囲及び地役権図面の番号を記録することになる（規則107条2項）。ただし，その登記がＡ地であった部分のみに関する旨の記録は，地役権の登記を合筆前のＡ地の登記記録から移記した旨の記録（合筆前の何番の土地順位何番の登記を移記）をすることをもって足りるとされている（平成5・7・30民三第5320号民事局長通達の第5・登記記載例参照）。

3 　地役権の登記がされている土地を合筆し，地役権の存続すべき部分を付記した場合は，登記官は，分筆の場合と同様（昭和36・5・17民事甲第1158号民事局長回答）に，要役地について職権をもって，承役地の表示の変更及び地役権の範囲の変更の登記（規則107条4項，103条2項ないし4項）を，「不動産登記記載例集平成13年版」（昭和54・3・31民三第2112号民事局長通達）の例によってすることになる（次頁登記事項証明書例参照）。

　　〔参考〕
　　　　門田稔永ほか「不動産登記法の一部を改正する法律の施行に伴う登記事務の取扱いについて」登記研究551号30頁

第二節　土地の表示に関する登記手続

〔登記事項証明書例〕
5番の土地の全部に地役権が存する場合に，この5番の土地を地役権のない4番の土地に合筆し，合筆後の4番の土地の一部に地役権が存続するときの承役地及び要役地にする地役権の登記
(乙区) 承役地

【　権　利　部　　（乙区）】	（所有権以外の権利に関する事項）			
【順位番号】	【登記の目的】	【受付年月日・受付番号】	【原　　因】	【権利者その他の事項】
1	地役権設定	平成○年○月○日　第○○号	平成○年○月○日設定	目的　通行 範囲　全部 要役地　C地 合併前の5番の土地順位1番の登記を移記 平成○年○月○日受付　第○○号
付記1号	1番地役権変更	余白	余白	範囲　東側30平方メートル 地役権図面第○○号 平成○年○月○日付記

(乙区) 要役地

【　権　利　部　　（乙区）】	（所有権以外の権利に関する事項）			
【順位番号】	【登記の目的】	【受付年月日・受付番号】	【原　　因】	【権利者その他の事項】
1	要役地地役権	余白	余白	承役地　甲市乙町二丁目5番 目的　通行 範囲　全部 平成○年○月○日登記
付記1号	1番要役地地役権変更	余白	平成○年○月○日合筆	承役地　甲市乙町二丁目4番 範囲　東側30平方メートル 平成○年○月○日付記

二　合筆登記の処理

15　合筆と合併の差異

> 問　土地の表示に関する登記において，「合筆」と「合併」はどのように異なるのか。

【答】「合筆」の登記は，登記記録に1筆の土地として登記されている2筆以上の土地を「合併」するという処分行為であり，「合筆」の登記によって「合併」の効力が生じる。

【解説】

1　合筆の登記とは，土地の登記記録に1筆の土地として登記されている2筆以上の土地を，1筆とする形成的処分行為である。そして，この合筆登記の申請は合併の処分を求める申請行為であり，合筆の登記によって，当該各土地について合併の効力が生じることになる。

2　合筆登記の態様としては，①2筆の土地として登記されているものを，いずれか一方の土地に合筆する場合，②数筆の土地として登記されているものを1筆の土地に合筆する場合，③A土地を分筆してその一部をB土地に合筆する場合，④A土地及びB土地をそれぞれ分筆して，その各一部をC土地に合筆する場合等の方法があるが，①及び②の場合を合筆の登記（規則106条，107条），③及び④の場合を分合筆の登記（規則108条）と区別して取り扱っている。実務上は，前記①及び②の合筆の登記並びに③及び④の分合筆の登記については，いずれも「合筆」と表示するのが通常であるが，合筆した土地の登記記録の甲区に記録するときは「合併」の用語が用いられている（規則107条1項1号）。また，③及び④の登記については，登記記録の表題部に記録する場合に「合併」の用語を用いている（規則108条1項・2項，準則76条1項・2項）。

第二節　土地の表示に関する登記手続

　なお，合筆は，土地についての用語であるが，合併は，土地のみに限らず，各別に独立した甲・乙2棟の建物の一方（甲建物）を乙建物の附属建物とする場合のように（規則132条），土地及び建物に共通して用いられる用語である。

16 土地を合筆する場合の合筆後の地番

問　1番1，1番2，1番3の3筆の土地を合筆する場合，合筆後の土地の地番は1番1となるのか。

【答】　1番1となる。

【解説】

1　土地の地番は，1筆の土地ごとに付けられる符号であって，権利の客体となる土地を特定するものであることから，登記所は地番区域を定めて土地1筆ごとに番号を付すべきものとされており（法35条），地番は，地番区域ごとに起番して定めることとされている（規則98条）。

具体的な地番の定め方については，準則第67条に規定されているが，合筆した土地の地番については，同条第1項第6号において，合筆前の首位の地番をもってその地番とする旨を規定している。

したがって，設問における合筆後の土地の地番は，1番1が合筆後の地番となる。

2　ところで，準則第67条第1項第7号は，特別の事情があるときは，前記1の方法によらず，適宜の地番を定めて差し支えないとされている。このことから，設問の場合にも，合筆前の土地に1番1ないし1番3以外に1番に支号を付した土地が同一地番区域内に存在しないときは，特別な事情があるとして，合筆後の地番を単に「1番」とすることができないかとの疑問がある。

もっとも，旧準則においても特別な事情のある場合の地番の付し方については同様に定められていた（旧準則116条1項6号）。しかし，旧準則によれば，合筆前の土地に1番1ないし1番3以外に1番に支号を付した土地が同一地番区域内に存在しないときは，その支号を除き，本番のみをもって合筆した土地の地番とするとされていた（同項

39

第二節　土地の表示に関する登記手続

5号ただし書)。しかし，現行の準則では，この「ただし書」が削除されたため，この取扱いは新法の施行により変更されたことになる。

17　合筆後の地番を首位の地番以外のものとすることの可否

> 問　土地を合筆する場合の合筆後の土地の地番は，合筆前の土地の首位の地番以外の地番とすることができるか。

【答】　原則として首位の地番以外とすることができない。ただし，特別の事情があると認められる場合に限り，首位以外の地番を合筆後の地番とすることができる。

【解説】

1　土地を合筆した後の地番の定め方については，合筆前の首位の地番をもってその地番とする旨規定している（準則67条1項6号）。

　　また，準則第67条第1項第7号は，特別の事情があるときは，同項第6号の規定の原則にかかわらず適宜の地番を定めて差し支えない旨，また，同条第4項は，地番が著しく錯雑している場合において必要があるときは，その地番を変更して差し支えないと規定している。

2　合筆後の土地の地番の定め方について，このような原則と例外の取扱いを設けているのは，地番が申請人（所有者）の本籍地番や住所地番と密接に関連していて，地番の定め方によってはこれらにも影響を及ぼすことになる。また，地番区域の起番状況が錯雑している場合などにおいて，合筆登記の申請の際に，合筆後の土地の地番として合筆前の首位の地番を定める原則とは異なった地番を定めてほしいというような，申請人からの申出等があったときなどの取扱いも考慮しているものと考えられる。

3　登記の実務においても，合筆前の首位の地番以外の地番を合筆後の地番とするような申出に対しては，柔軟な取扱いがなされているようである（昭和36・7・21民事甲第1750号民事局長回答，また，土地区画整理施行区域内における市道の地番の定め方については昭和35・7・29民事甲第1896号民事局長回答参照）。

第二節　土地の表示に関する登記手続

4　設問の場合，原則的には合筆後の土地の地番は，首位の地番とすることになるが，合筆の登記を申請するときに申請人から首位の地番以外の地番にしてほしい旨の申出があった場合や，合筆する土地の地番区域の起番の状況や錯雑の程度によっては，合筆前の首位以外の地番を合筆後の土地の地番とすることができるものと解する。

18 承役地を合筆した場合の要役地の登記記録の記録方法

問　地役権の承役地を合筆したことによる要役地の地役権変更の登記は，登記記録にどのように記録するのか。

【答】　要役地についてする地役権の登記については，分筆の場合と同様に職権をもってその変更の登記をする。

【解説】

1　地役権の登記のある土地を合筆したことにより，承役地についてする地役権の存続すべき部分を記録した場合においては（規則107条2項），分筆の場合と同様に要役地についてする地役権の登記について職権をもってその変更の登記をすることになる（規則107条4項，103条2項）。

2　平成5年10月1日不動産登記法の一部を改正する法律（平成5年法律第22号）が施行され，地役権の登記のある土地の合筆登記の手続が整備され，A地の全部に地役権が存続する場合に，B地にA地を合筆するときの承役地にする地役権の登記の記載例が示された（平成5・7・30民三第5320号民事局長通達）。

　この場合のほか，A地及びB地の全部に地役権が存する土地等，各種の地役権の存する土地を合筆する場合における要役地の登記事項の変更の付記登記は，以下のようになるものと解する。

(1)　合筆する土地の一方に地役権の範囲を一部とする登記があり，この合筆の登記による要役地地役権の変更の登記をする場合は，〔登記事項証明書例1〕により付記登記をする。

(2)　合筆する土地の双方にそれぞれ地役権の範囲を一部とする登記原因，その日付，登記の目的及び受付番号が異なる登記があり，この合筆の登記による各地役権に関する要役地地役権の変更の登記をする場合は，二つの地役権について〔登記事項証明書例2〕によりそ

第二節　土地の表示に関する登記手続

れぞれ付記登記をする。
(3)　合筆する双方の土地に，それぞれ地役権の範囲を一部とする登記原因，その日付，登記の目的及び受付番号が同一の地役権の登記があり，この合筆の登記による要役地地役権の変更の登記をする場合は，〔登記事項証明書例3〕により付記登記をする。
(4)　A地を分筆してその一部をB地に合筆する分合筆の登記をする場合において，従前のA地又はB地の一方に地役権の範囲を一部とする登記があり，この分合筆の登記による要役地地役権の変更の登記をする場合は，〔登記事項証明書例4〕により付記登記をする。また，分筆され，合筆された残りのA地及び合筆後のB地のそれぞれに地役権が存続する場合は，〔登記事項証明書例5〕により付記登記をする。
(5)　A地を分筆してその一部をB地に合筆する分合筆の登記をする場合において，従前のA地及びB地の双方の土地に地役権の範囲を一部とする登記原因，その日付，登記の目的及び受付番号が異なる登記があり，分筆後のA地及び合筆後のB地にそれぞれ地役権が存続し，この分合筆の登記による地役権に関する要役地地役権の変更の登記をする場合は，二つの地役権について〔登記事項証明書例6〕によりそれぞれ付記登記をする。
(6)　A地を分筆してその一部をB地に合筆する分合筆の登記をする場合において，従前のA地及びB地の双方の土地に地役権の範囲を一部とする登記原因，その日付，登記の目的及び受付番号が同一の地役権の登記があり，分筆後のA地及び合筆後のB地にそれぞれ地役権が存続し，この分合筆の登記による地役権に関する要役地地役権の変更の登記をする場合は，〔登記事項証明書例7〕により付記登記をする。

〔登記事項証明書例1〕
(乙区) 要役地

【　権　利　部　　（乙区）】		（所有権以外の権利に関する事項）		
【順位番号】	【登記の目的】	【受付年月日・受付番号】	【原　　因】	【権利者その他の事項】
1	要役地地役権	余白	余白	承役地　甲市乙町二丁目6番 目的　通行 範囲　東側30平方メートル 平成○年○月○日登記
付記1号	1番要役地地役権変更	余白	平成○年○月○日合筆	承役地　甲市乙町二丁目5番 範囲　中央30平方メートル 平成○年○月○日付記

第二節　土地の表示に関する登記手続

〔登記事項証明書例2〕
(乙区) 要役地

【権利部　(乙区)】	(所有権以外の権利に関する事項)			
【順位番号】	【登記の目的】	【受付年月日・受付番号】	【原　　因】	【権利者その他の事項】
1	要役地地役権	余白	余白	承役地　甲市乙町二丁目5番 目的　通行 範囲　東側30平方メートル 平成○年○月○日登記
付記1号	1番要役地地役権変更	余白	平成○年○月○日合筆	承役地　甲市乙町二丁目5番 範囲　中央西側30平方メートル 平成○年○月○日付記
2	要役地地役権	余白	余白	承役地　甲市乙町二丁目6番 目的　通行 範囲　西側30平方メートル 平成○年○月○日登記
付記1号	2番要役地地役権変更	余白	平成○年○月○日合筆	承役地　甲市乙町二丁目5番 範囲　中央東側30平方メートル 平成○年○月○日付記

第3　合筆の登記

〔登記事項証明書例3〕
(乙区) 要役地

【権利部　(乙区)】		(所有権以外の権利に関する事項)		
【順位番号】	【登記の目的】	【受付年月日・受付番号】	【原　因】	【権利者その他の事項】
1	要役地地役権	余白	余白	承役地　甲市乙町二丁目5番 目的　通行 範囲　東側30平方メートル 承役地　甲市乙町二丁目6番 目的　通行 範囲　西側30平方メートル 平成○年○月○日登記
付記1号	1番要役地地役権変更	余白	平成○年○月○日合筆	承役地　甲市乙町二丁目5番 範囲　中央60平方メートル 平成○年○月○日付記

〔登記事項証明書例4〕
(乙区) 要役地

【権利部　(乙区)】		(所有権以外の権利に関する事項)		
【順位番号】	【登記の目的】	【受付年月日・受付番号】	【原　因】	【権利者その他の事項】
1	要役地地役権	余白	余白	承役地　甲市乙町二丁目5番 目的　通行 範囲　東側30平方メートル 平成○年○月○日登記
付記1号	1番要役地地役権変更	余白	平成○年○月○日合併	承役地　甲市乙町二丁目6番 範囲　西側30平方メートル 平成○年○月○日付記

第二節 土地の表示に関する登記手続

〔登記事項証明書例5〕
(乙区) 要役地

【　権　利　部　　（乙区）】	(所有権以外の権利に関する事項)			
【順位番号】	【登記の目的】	【受付年月日・受付番号】	【原　　因】	【権利者その他の事項】
1	要役地地役権	余白	余白	承役地　甲市乙町二丁目5番 目的　通行 範囲　東側30平方メートル 平成○年○月○日登記
付記1号	1番要役地地役権変更	余白	平成○年○月○日合併	承役地　甲市乙町二丁目5番 範囲　東側15平方メートル 承役地　甲市乙町二丁目6番 範囲　西側15平方メートル 平成○年○月○日付記

第3　合筆の登記

〔登記事項証明書例6〕
(乙区) 要役地

【　権　利　部　　（乙区)】	(所有権以外の権利に関する事項)			
【順位番号】	【登記の目的】	【受付年月日・受付番号】	【原　　　因】	【権利者その他の事項】
1	要役地地役権	余白	余白	承役地　甲市乙町二丁目5番 目的　通行 範囲　東側30平方メートル 平成○年○月○日登記
付記1号	1番要役地地役権変更	余白	平成○年○月○日合併	承役地　甲市乙町二丁目5番 範囲　東側15平方メートル 承役地　甲市乙町二丁目6番 範囲　西側15平方メートル 平成○年○月○日付記
2	要役地地役権	余白	余白	承役地　甲市乙町二丁目6番 目的　通行 範囲　西側30平方メートル 平成○年○月○日登記
付記1号	2番要役地地役権変更	余白	平成○年○月○日合併	承役地　甲市乙町二丁目6番 範囲　中央西側30平方メートル 平成○年○月○日付記

第二節　土地の表示に関する登記手続

〔登記事項証明書例７〕
（乙区）要役地

【　権　利　部　　（乙区）】	（所有権以外の権利に関する事項）			
【順位番号】	【登記の目的】	【受付年月日・受付番号】	【原　因】	【権利者その他の事項】
1	要役地地役権	余白	余白	承役地　甲市乙町二丁目５番 目的　通行 範囲　東側30平方メートル 承役地　甲市乙町二丁目６番 目的　通行 範囲　西側30平方メートル 平成○年○月○日登記
付記１号	１番要役地地役権変更	余白	平成○年○月○日合併	承役地　甲市乙町二丁目５番 範囲　東側15平方メートル 承役地　甲市乙町二丁目６番 範囲　西側45平方メートル 平成○年○月○日付記

19 合筆の登記と地積測量図の処理

> **問** 既に地積測量図が提出されている土地について合筆の登記をしたときは，合筆前の地積測量図はどのように処理することになるのか。

【答】　地積測量図の欄外に「年月日何番を合筆」のように合筆したことが明らかになるように何らかの記録をして，そのまま土地図面つづり込み帳に編てつしておくことになる。

【解説】

1　登記所に提供された地積測量図は，登記が完了すると，その年月日を記録した上で，地番区域ごとに地番順に土地図面つづり込み帳に編てつして保管され（規則20条1項，85条1項，準則55条1項），登記簿の附属書類として，その全部又は一部の写しの交付及び閲覧の請求の方法によって公開される（法121条1項・2項）。

　　そして，土地の滅失，土地改良又は土地区画整理の登記等をした場合には，当該地積測量を閉鎖して（規則85条2項），土地図面つづり込み帳から除却する（準則58条）。さらに，土地の表題部の登記事項について変更又は更正の登記をした場合には，必要に応じて関係図面の除却や編てつ替，及び記録の変更又は訂正をするものとされている（準則56条）。

　　これは，地積測量図が土地の地積及び求積方法等を明らかにし，境界標あるいはこれに代わる筆界点を特定する恒久的地物の位置関係などを記録することによって，登記記録によっては明らかにし得ない土地の細部を正確に特定している重要な資料として一般に公開されていることから，規則あるいは準則で地積測量図の取扱いを詳細に定めている。

2　ところで，合筆登記の際に合筆前の地積測量図をどのように処理す

第二節　土地の表示に関する登記手続

　　るかについては，何ら明文の規定は設けられていない。また，合筆前の土地の数や合筆の態様等によっては，合筆前の個々の土地の大部分の筆界や境界が不必要となることも考えられる。このような場合には，必ずしも合筆前の土地の全部について地積測量図を保存しておく必要がないことにもなる。
　　　しかし，合筆前の土地の地積測量図に記録された求積方法・辺長等が合筆後の土地を特定するための重要な資料であることには変わりはないこと，また，合筆前の土地について後日紛争が生じた場合の参考資料としての価値も考慮すべきであり，結局，合筆前の土地の地積測量図を土地図面つづり込み帳から除却しない取扱いが相当と考えられる。
3　登記の実務においては，合筆の登記をした場合に，既に提出されている合筆前の地積測量図の処理について，当初は土地図面つづり込み帳からの除却を肯定していた（注1）が，その後，合筆前の地積測量図を土地図面つづり込み帳から除却することなく，そのまま編てつしておく取扱いがなされているようである（注2）。
4　しかしながら，合筆前の土地の地積測量図を合筆後もそのまま編てつしておくことになれば，登記記録の存在しない（地番がない）土地の地積測量図，あるいは登記記録と実際の土地の地積が合致しない地積測量図が土地図面つづり込み帳に編てつされることになって，公示上不都合が生じることにもなりかねない。
　　　そこで，実務では，合筆前の土地の地積測量図をそのまま土地図面つづり込み帳に編てつしておくための具体的な処理方法としては，既に提出されている合筆前の土地のそれぞれの地積測量図について，その欄外に「年月日何番を合筆」又は「年月日何番に合筆」の旨を記録して，各地積測量図に土地の合筆の登記がされた経緯を明らかにする取扱いがなされている。
　　（注1）　登記研究469号142頁
　　（注2）　登記研究505号215頁

20　共有者の持分が記録されていない土地の合筆

問　登記名義人の申請又は地籍調査の成果による合筆の登記は，下記のように数人が共有する土地の場合でもできるか。
①共有者の持分の記録のある土地と，持分の記録のない土地の場合
②共有者の持分の記録がいずれの土地にもない場合

【答】　持分の記録のない土地について合筆の登記を申請する場合は，その前提として持分の追加の登記を申請しなければならない。また，地籍調査の場合も同様である。

【解説】

1　不動産の表題登記又は権利の保存，設定若しくは移転の登記（根質権，根抵当権及び信託の登記を除く。）を申請する場合において，表題部所有者又は登記名義人となる者が二人以上のときは，その持分を申請情報の内容とすることとされ（令3条9号），これらの登記をするときは，同様に，その持分が登記事項とされている（法27条3号，59条4号）。もっとも，昭和35年法律第14号による不動産登記法の改正前の第39条は，登記原因に持分の定めがあるときに限って，共有持分を記載するものとされ，持分の記載のないものは民法第250条の規定により，その持分は均等であると推定して処理されていた。

　このため，持分の移転の登記が数次にわたり行われた場合には，その持分の関係等が不明確となり，実務においても支障を来すようになっていた。

2　そこで，前記昭和35年の改正により，不動産の表示又は権利の設定，保存若しくは移転の登記を申請する場合において，所有者又は登記権利者が二名以上となるときは，申請書にその持分を記載することと改められた（旧法39条）。そして，この改正法律附則第4条第1項は，経過措置として，「この法律の施行の際権利者が二名以上でその

第二節　土地の表示に関する登記手続

　　持分の登記のされていない権利の登記については，その登記名義人は，その持分の登記を申請することができる。」と規定された。
3　ところで，合筆の登記は，土地登記記録の表題部に記録された所有者又は所有権の登記名義人の申請によって行われる（法39条1項）。そして，この登記は，所有者等が原則として自由にすることができるが，相互に接続していない土地，地目又は地番区域が相互に異なる土地の合筆の登記等はできないとされている（法41条1号ないし6号）。
　　さらに，明文の規定はないが，所有者の異なる土地の合筆については，一物一権主義に反し，登記の公示機能を阻害することから，合筆の登記をすることはできない。
　　このことから，共有の土地を合筆する場合には，上記の趣旨からして，合筆する双方の土地の共有持分が異なるときは同一所有者として取り扱うことができず，合筆する土地が共有のときは必ずその持分が同一の場合でなければならない。したがって，持分がそれぞれ異なる土地を合筆する場合はもちろん，持分の登記がされている土地と持分の登記がされていない土地を合筆することはできないことになる（昭和40・2・2民事甲第221号民事局長回答）。
4　設問の場合においては，昭和35年の法改正前に登記されたもので，その持分の記載のない場合には，あらかじめ持分の登記を申請することになる（前掲民事局長回答）。そして，この登記をした後に，合筆をする土地の持分がそれぞれ同一であれば，合筆の登記を申請することができる。この場合，国土調査法の規定による地籍調査の成果により合筆する場合においても同様である。
5　持分の登記の手続について，昭和35年の法改正等に伴う登記事務の取扱いに関する先例（昭和35・3・31民事甲第712号民事局長通達第四）は，「改正法律施行前になされた登記で持分の記載のないものについては，改正法律施行後において，その登記名義人は，その持分の登記を申請することができるのであるが（改正法律附則第4条第1項），

この場合において登記すべき持分は，持分の登記のない各登記名義人の間では平等であるべきであり（民法第250条参照），各登記名義人は単独で全員のためにこの登記をすることができる（民法第252条但書)。」としている。

　また，この登記の申請書の登記原因及びその日付は「昭和35年法律第14号附則第4条第1項」とし，登記の目的は「所有権の登記事項中持分追加の登記」とするとされている（昭和35・7・5民三第608号民事局第三課長事務代理依命通知の(六)）。

第二節　土地の表示に関する登記手続

21　判決による所有権移転登記の前提として代位による合筆登記の可否

> 問　判決において，２筆の土地を合筆した上で分筆し，その一方の土地について所有権を移転するとしている場合，債権者は代位により合筆の登記及び分筆の登記を申請することができるか。

【答】　設問の登記を申請することができるものと考える。

【解説】

1　民法第423条は，債権者が自己の債権を保全する必要のある場合，債務者に一身専属する権利は別として，債務者に属する権利を行使することができると規定している。これを受けて不動産登記法は，債権者がその有する金銭債権又は登記請求権を保全するため，債務者の有する登記請求権を代位行使して，不動産の登記を申請する場合の特別な規定を定めている（法59条7号，令3条4号，7条1項3号）。

　代位登記は，登記申請権を有する債務者に代わって登記がされるのであるから，その結果は，実体上の権利関係に合致した登記が実現するにすぎず，このことによって債務者に不利益となることはない。この趣旨から，債務者が単独で申請することができるとされている登記名義人の表示の変更又は更正の登記，相続による所有権の移転の登記はもちろん，不動産の表示に関する登記で報告的な登記については，債権者による代位申請が認めらるのは明らかである。

2　債権者代位権を認める趣旨は，債権者が自己の債権を保全する範囲内で，債務者の有する債権を行使することを認めようとするものである。そこで，土地の分筆や建物の分割の登記のような，形成的登記についても認められるのかということが問題となる。本来，分筆等の創設的な登記の申請は，土地等の所有者が自由な意思によって行われるものであり，債権者といえどもこれを尊重しなければならないと考え

られる。しかし，先例（昭和27・9・19民事甲第308号民事局長回答）は，1筆の土地の一部を売買により取得した買主は，その取得部分について所有権移転登記を受けるための請求権を持っているから，売主が当該部分の分筆の登記をしない場合には，債権者代位により分筆の登記を申請することができるとしている。

3　一方，合筆の登記は，土地の1個性，すなわち当該土地の取引の単位を変動させることになるから，土地の所有者又は所有権の登記名義人が申請することになる（法39条1項）。そして例外として，地図を作成する場合において必要があるときは，所有者等が申請しない場合においても，その者の異議がないときに限り，登記官の職権で合筆の登記をすることができるとされている（同条3項）。

　そこで，債権者代位によって合筆の登記の申請が認められるのは，その合筆の登記をしなければ債権者の債権が保全されない場合に限られることになる。

4　数筆の土地の全部の所有権を取得した場合には，買主は，債権者代位により合筆の登記を申請することができるかについては，買主は，合筆の登記をしなければ自己名義に所有権移転の登記ができないというものでもない。したがって，どうしても合筆しなければならないという理由がある場合には，数筆の土地について所有権移転の登記をし，その後に合筆の登記を行うことにより，同一の結果が得られることになる。このように，自己のためにする登記の方法が他に存在し，合筆の登記が自己の債権を保全するための唯一の手段ではないことから，一般的には代位による合筆の登記は認められないものと解する。

5　もっとも，設問は，その趣旨から推察すると，筆界が定かでない同一所有者に属する2筆の土地のうちの一部について，売買等により所有権を取得した事案であると思われる。

　したがって，この場合には，買主等の債権者は，自己の債権を保全するためには，当該2筆の土地の筆界を明らかにした上，各土地につ

第二節　土地の表示に関する登記手続

いて分筆する方法が原則である。しかし，どうしても，この筆界が確認できないときは，所有者に代位して，合筆の登記と分筆の登記を申請することができるものと考える（昭和39・8・14民事甲第2799号民事局長回答参照）。

22 地積の誤りが明らかな筆界未定地を合筆することの可否

> 問　同一の所有者に属する2筆の土地が，法第14条第1項の地図又は地籍調査に基づく地籍図において筆界未定地とされている場合，登記記録の地積の合計と地図上又は保管のデータから計算した地積が許容誤差の範囲を超えることが明らかであっても，地積の更正の登記をすることなく合筆の登記を申請することができるか。

【答】　登記上の地積を合計した地積を合筆後の地積とする合筆の登記の申請は，受理して差し支えないものと考える。

【解説】

1　地籍調査における一筆地調査では，現地に土地所有者等の立会いを求めて筆界の確認をすることになるが，この調査を開始する前から隣接地所有者間等において筆界について争いがある場合等，各土地の所有者等の筆界確認が得られない場合には，当該部分の筆界は「筆界未定地」として取り扱われることになる（注）。しかし，所有者及び地目を同じくする2筆以上の土地が，同一地番区域内において字を同じくして接続している場合において，当該土地の筆界を確認することができない等の場合には，通常は合併があったものとして処理することとされているが，同土地所有者の同意が得られないとき等により，同一所有者間の筆界についても筆界未定地とされることがあり，設問は，おそらくこのような場合であると思われる。

　このような筆界未定地は，権利の対象である土地の範囲が特定できないなど種々の問題があるため，これを速やかに是正させることが必要である。そして，その方法として設問のように当該土地の所有者が同一人であれば，これを合筆することにより解消することができる。

2　ところで，土地の合筆の登記を申請する場合には，当該土地の地積測量図を提供することとはされていない（令別表九項添付情報欄参照）。

第二節　土地の表示に関する登記手続

　　一方，分筆の登記の申請においては，地積測量図を必ず提供することとされている（令別表八項添付情報欄イ）。そして，分筆の登記を申請する場合においては，分筆する土地の全体について地積の測量を行い，その結果，分筆前の地積と分筆後の各土地の地積の総和に相違がある場合において，それが測量誤差による許容範囲内であれば，分筆の登記の前提として地積の更正の登記を申請することなく，直ちに測量の結果に基づく地積をもって分筆の登記を申請することができるとされている（準則72条１項）。このことから，実務においては，合筆の登記の場合においても，申請情報と併せて地積測量図が提供されていて，地積の誤差が許容範囲内であれば，その前提として地積の更正の登記が申請されなくても，便宜，これを受理する取扱いとしている（問７＝16頁参照）。

3　しかしながら，地積の誤差が許容範囲を超えるときは，たとえ便宜的とはいえ，合筆の登記の申請に地積測量図を提供したとしても，測量後の地積をもって登記をすることはできない。特に筆界未定地においては，土地の筆界が明らかでないことから，１筆ごとの土地の範囲を特定することができず，１筆ごとの地積を測定することも不可能である。

4　設問は，地図又は保管データから，登記記録の表題部に記録された地積の誤りが明らかな土地について合筆の登記が申請された場合において，合筆後の土地の地積を，登記記録上の地積を合計した数値を申請情報の内容として，合筆登記の申請をすることができるかというものであると思われるが，事前に合筆前の各土地についての地積更正の登記は，前述のとおり不可能な場合もあることから，設問の事案については，当該申請は受理して差し支えないものと考える。

　　（注）　法務省民事局「三訂・国土調査登記詳解」民事月報平成３年３月号外60頁

第3　合筆の登記

23　地籍調査で処理不能地とされた土地が規則105条（旧法81条ノ3第1項の改正）により合筆可能となった場合の処理

> 問　地籍調査により「処理不能地」として報告され，未処理のまま完了報告された土地が，規則第105条（旧法第81条ノ3第1項の規定の改正（昭和58年法律第51号））により合筆の登記が可能となった場合，地籍調査の成果として処理することができるか。

【答】　地籍調査の成果として合筆することはできないが，所有者からの申請により合筆の登記をすることができる。この場合，地積測量図等の図面の提供は要しない。

【解説】

1　合筆の登記の制限が緩和される以前の不動産登記法においては，所有権の登記及び承役地地役権の登記以外の権利に関する登記のある土地については，合筆することはできないとされていた。その後，昭和58年法律第51号による不動産登記法の一部改正により，旧法第81条ノ3第1項の規定が改められた。すなわち，前記規定の改正後においては，所有権の登記及び承役地についてする地役権の登記のほか，先取特権，質権又は抵当権に関する登記で，登記原因，その日付，登記の目的，受付番号が同一の登記のみのある土地についても合筆の登記ができることとされた。この改正により，国土調査法に基づく地籍調査及び登記所において実施する法第14条第1項の地図の作成作業が円滑に行われることとなった。

2　地籍調査により，所有者及び地目を同じくする2筆以上の土地が，同一地番区域内において字を同じくして接続し，かつ，それらの筆界を現地において確認することができないときは，土地所有者の同意を得て，合併があったものとして処理されることになる（地籍調査作業規

第二節　土地の表示に関する登記手続

程準則25条，33条)。したがって，この場合は，地籍調査の成果による地籍簿が登記所に送付されると，この地籍簿に基づき送付された日付で登記記録の表題部の記録を変更し，送付された日付で登記を行い，権利の登記関係及び表示の登記関係が確定する。また，地籍調査により作成された地籍図は，原則として法第14条第1項の地図として登記所に備え付けられ，登記行政の重要な基礎資料となる。

3　合筆の登記の制限が緩和される以前の不動産登記法においては，抵当権等の登記のある土地については合筆があったものとして処理することはできないとされていた（昭和30・6・30審計土第77号経済審議庁計画部長通達等）。そこで設問は，その後，昭和58年法律第51号による不動産登記法の一部改正により前記の規定が改正されたことにより，抵当権の登記があるとして地籍調査により合併処理がされなかった土地であっても，その抵当権の登記の登記原因，その日付，登記の目的，受付番号が同一であれば，地籍調査の成果として合筆の登記ができるかというものである。

4　地籍調査において合併があったものとして処理されないまま完了報告がされた土地（この場合は「筆界未定地」として処理されているものと思われる。）が，その後，規則第105条（旧法第81条ノ3第1項の規定の改正）により合筆の条件が整ったとしても，登記所においては，地籍調査の成果として合筆の登記をすべき規定が存在しないので，登記官の職権により登記することはできない。

　しかし，地籍調査の実施中又は地籍調査の成果が登記所に送付され，それらの登記が完了した後においても，当該土地の所有者は権利を設定し，これを処分することが可能である。したがって，規則第105条の規定に抵触しない土地について，所有権の登記名義人が合筆の登記を申請することは可能である。なお，合筆の登記の申請情報と併せて，地積測量図等の図面を提供する必要はない。

三 所有権以外の登記等のある場合

24 抵当権の設定された土地と同一の工場抵当法2条の抵当権が設定されている土地の合筆の可否

> 問　普通抵当権の設定されている土地と，登記の目的，申請の受付の年月日及び受付番号並びに登記原因及びその日付が同一の工場抵当法第2条の抵当権が設定されている土地について，合筆の登記を申請することができるか。

【答】　普通抵当権の設定登記のある土地と，当該登記と登記の目的，申請の受付の年月日及び受付番号並びに登記原因及びその日付が同一の工場抵当権の設定登記のある土地を合筆する登記の申請はできない。

【解説】

1　共同担保の関係にある抵当権の登記がされている土地相互の合筆については，共同担保の抵当権といえども各目的物件についてそれぞれ別個の抵当権であり，これが合筆の登記によって1個の抵当権となるものではないことから，各抵当権の効力の及ぶ範囲が不明確となるのは他の場合と同様であり，権利関係を錯雑混乱させるものであると考えられたため認められていなかった（昭和35・5・4民事甲第1048号民事局長通達）。しかし，「建物の区分所有等に関する法律及び不動産登記法の一部を改正する法律」（昭和58年法律第51号）により昭和35年法律第14号による改正前の旧法第81条ノ3の規定が改正され（昭和59・1・1施行），登記原因，その日付，登記の目的及び受付番号が同一である先取特権，質権又は抵当権については，いわゆる合併制限から除外され，合筆をすることができるものとされた（旧法81条ノ3第1項ただし書）。

2　このように，同一の債権を担保するための数個の担保物権の登記の

第二節　土地の表示に関する登記手続

　　ある土地を合筆して，その担保物権を合筆後の土地を目的とする1個の担保物権として公示しても，特段の不都合は生じないし，改正前の合併制限の趣旨には反せず，さらに区分所有建物の敷地の登記簿の簡明化が図れることもあって，合併制限の緩和がなされたものである。
　　この取扱いは，平成16年法律第123号による不動産登記法の改正においても承継されている。すなわち，合筆の登記の制限については，法第41条に列挙されているが，同条第6号は，原則として所有権の登記以外の権利に関する登記のある土地は合筆の登記はできないとしながら，例外として，法務省令で定めるものがある土地を除くとしている。この規定を受けて，規則第105条第2号は，「担保権の登記であって，登記の目的，申請の受付の年月日及び受付番号並びに登記原因及びその日付が同一のもの」と定め，合筆の登記の制限から除外している。
3　ところで，工場に属する土地又は建物に設定した抵当権は，民法における土地又は建物に設定された抵当権とその性質は同様であるが，ただ，その効力が，工場に属する土地又は建物に附加してこれと一体を成した物にとどまらず，土地又は建物に備え付けられた機械・器具その他工場の用に供するもの（従物）にも及ぶものとされる（工場抵当法2条）ので，普通抵当権の登記のある土地と，登記の目的，申請の受付の年月日及び受付番号並びに登記原因及びその日付が同一の工場抵当権の登記のある土地との合筆の登記をすることによって，権利関係が錯雑混乱するおそれがあるので，このような合筆の登記はすることはできないと解される。

25 工場財団に属する土地とそれ以外の土地との合筆の可否

> 問　工場財団の組成物件となっている土地と，組成物件でない土地との合筆登記の申請は，受理することができるか。

【答】　工場財団の組成物件となっている土地と，組成物件でない土地の合筆登記の申請は，受理できない。

【解説】

1　工場財団は，工場抵当法の定めるところにより，物品の製造等に必要な工場の施設である土地，建物，機械，器具そのほか，地上権，賃借権，工業所有権等の生産手段を一括して1個の財団としてとらえ（工場抵当法11条），この財団について特別の登記制度を設け，財団の所有権の保存の登記をすることによって1個の不動産とみなされ（同法14条1項），抵当権の目的とすることが認められている（同条2項）。

　これは，一般に，工場を構成する土地，建物その他の機械，器具及び地上権等の諸権利が，互いに結合して一体として機能するものであるところから，この工場の一体性を維持しつつ，1個の権利の客体としてこれを担保として提供することにより，事業資金の調達の円滑化を図ろうとするものである。

2　このことから，工場抵当法第13条第2項は，「工場財団ニ属スルモノハ之ヲ譲渡シ又ハ所有権以外ノ権利，差押，仮差押若ハ仮処分ノ目的ト為スコトヲ得ス但シ抵当権者ノ同意ヲ得テ賃貸ヲ為スハ此ノ限ニ在ラス」と規定しており，工場財団の組成物件，すなわち，土地，建物の不動産はもとより，機械，器具，地上権等の諸権利についても，その処分を制限している。この規定の趣旨は，工場財団の組成物件となったものの個々的な処分を制限することによって，工場財団が一体として有する担保価値を維持することによって抵当権者を保護し，もって円滑な取引の安全を図ろうとするものである。

第二節　土地の表示に関する登記手続

3　そこで，工場財団の組成物件となっている土地と，組成物件となっていない土地との合筆が仮に認められるとすると，合筆後の土地の一部について工場財団に属する部分と工場財団に属さない部分が併存することになり，工場財団の組成物件上の権利者との間の権利関係が複雑になるのみならず，合筆後の土地の一部に所有権以外の権利が成立しているかのような登記を認めることになり，登記の公示機能が阻害されることとなる。

　したがって，登記の先例においても，工場財団の組成物件となっている土地について合筆登記の申請は，法第41条の規定（合筆の登記の制限）に抵触することとなり，受理することができない（昭和35・7・4民事甲第1594号民事局長通達）としている。

26 買戻期間の経過した登記のある土地の合筆の可否

問 買戻特約の期間が経過した後に，その登記が抹消されないまま第三者に売買による所有権移転の登記がされている土地について，合筆登記の申請があった場合，これを受理することができるか。

【答】 設問の申請は，買戻特約の登記を抹消しない限り受理することができない。

【解説】

1 買戻しの特約の登記は，売買による所有権移転の登記の申請と同時にこれをなすことを要し，その登記は，買主の権利の登記に付記してすることとされている（規則3条9号，規則148条）。そして売主が買戻権の行使によって不動産を買い戻し，買戻しを登記原因とする所有権移転の登記をしたときは，登記官は職権で買戻しの特約の付記登記を抹消することになる（規則174条）。また，買戻しの期間については，その定めがあるときは登記の申請において，その期間を申請情報の内容とすることとされ（令別表六十四項申請情報欄），登記事項とされている（法96条）。なお，この期間は10年を超えることができず，これより長い期間を定めた場合においてもその期間は10年に短縮され（民法580条1項），これを伸長することはできないとされている（同条2項）。

2 設問の事案は，買戻しの期間が経過した後に，当該買戻しの登記のされている土地の所有権が第三者に移転し，その登記がされているものであることから，一応この買戻しの登記には期間の定めがあり，この期間が既に経過したものの，その登記が抹消されないままの状態にあるものと推察することができる。しかし，この場合には，買戻しの期間が経過し，その後当該土地の所有権が第三者に移転され，その登記がされているとしても，それらの権利関係の実態は明らかではな

第二節　土地の表示に関する登記手続

く，形式審査権のみを有する登記官が判断する事項でもない。したがって，当該登記については，登記権利者及び登記義務者の当事者双方から，登記原因を買戻期間の満了等として抹消の登記が申請され，この登記がされない以上，登記官は形式的には消滅したものとして取り扱うことはできない。

3　このように，買戻特約の登記が存在したまま土地の合筆の登記が認められるとすれば，合筆後の土地の一部について買戻特約の権利に関する登記が存在することとなり，登記の公示機能が阻害されることとなる。

　土地の合筆を禁止する場合として法第41条第6号は，「所有権の登記以外の権利に関する登記がある土地（規則第105条で定める場合を除く。）」と規定しているが，買戻しの登記は，この規則第105条の除外規定に該当しないことから，設問の土地については，合筆の登記をすることができないと解される（昭和35・3・31民事甲第712号民事局長通達第九），(注)。

(注)　登記研究473号150頁

27 同一の予告登記のある土地の合筆の可否

問　数筆の土地に同一の目的の予告登記がある場合，この合筆登記の申請は受理することができるか。

【答】　合筆登記の申請は受理することができる。なお，当該不動産にされている予告登記は，合筆の登記をする際に，登記官が職権で抹消することになる。

【解説】

1　予告登記は，旧法において，登記原因の無効又は取消しによる登記の抹消又は回復の訴えが提起された場合に，第三者に警告する目的をもってなされる登記（旧法3条）であって，訴えを受理した裁判所の嘱託に基づいてなされていた特殊な登記である。

　また，これまで，予告登記の存する不動産についての合筆の登記は，合筆前に登記されていた権利関係が，合筆後の土地のいずれの部分に及ぶか判然としなくなり，ひいては，当該所有権以外の権利の登記を受けている権利者を害するおそれがあることから，数筆の土地に同一の目的の予告登記がある場合でも，旧法第81条ノ3第1項の規定に該当し，合筆の登記はできないと解されていた（昭和35・10・27民事甲第2666号民事局長通達）。

2　ところで，新法（平成16年法律第123号）では，この予告登記制度が廃止され，既に旧法第3条の規定により登記された予告登記があるときは，登記官は，職権で当該予告登記を抹消することができるとされた（規則附則18条1項）。この場合，利害関係人等から予告登記の抹消の申出があった場合にも，適宜，職権で当該予告登記を抹消して差し支えないとされている（平成17・2・25民二第457号民事局長通達第3の3）。

　また，登記官は，新法施行後，登記をする場合において，当該登記

第二節　土地の表示に関する登記手続

　に係る不動産の登記記録又は登記用紙に旧法第3条に規定する予告登記がされているときは，職権で当該予告登記を抹消しなければならないとされている（規則附則18条2項）。

　したがって，設問のように，予告登記のある土地について合筆の登記が申請された場合には，あらかじめ登記官は，当該予告を職権で抹消した後に合筆の登記をすることになるので，設問の登記の申請は受理される。

28　神社財産としての登記のある土地の合筆の可否

問　神社財産の登記が残存している土地について，この登記を残存させたままで合筆登記の申請があった場合，受理することができるか。

【答】　神社財産の登記を抹消しなければ，合筆の登記の申請は受理することはできない。

【解説】

1　神社財産の登記とは，明治41年勅令第177号「神社財産ノ登録ニ関スル件」第4条によって登記されたものであるが，同勅令は，昭和21年勅令第71号「明治39年法律第24号官国幣社経費ニ関スル法律廃止等ノ件」をもって同日付で廃止された。これによって，神社財産として登記されていた神社の境外建物若しくは境外地の不動産は，昭和21年司法文部省令第1号「宗教法人令施行規則中一部改正省令」附則第8項の規定による場合に限り，登記官の職権により神社財産としての登記を抹消することができるとされている（昭和23・3・16民事甲第458号民事局長回答）。

2　その後，宗教法人関係の法令は，宗教法人令が昭和20年勅令第719号をもって制定され，現行の宗教法人法（昭和26年法律第126号）の制定により廃止されたが，これらの法令における宗教法人の公衆礼拝の用に供する建物及びその敷地であることの登記の処理は，いずれも従来の取扱いとほぼ同様とされている。

すなわち，昭和20年勅令第719号の宗教法人令による宗教法人（以下「旧宗教法人」という。）が，現行宗教法人法附則第5項によって宗教法人となったときは，同法附則第20項によって宗教法人法第68条の規定による登記をしたものとみなされるが，宗教法人が旧宗教法人から承継した礼拝用建物及びその敷地について，権利承継によ

第二節　土地の表示に関する登記手続

　　　　る所有権移転の登記をしたときは，宗教法人法第70条の規定によって登記官が職権によって，旧宗教法人がした公衆礼拝用の建物及びその敷地であることの登記を抹消することとされている（昭和31・8・13民事甲第1776号民事局長通達）。

　　3　しかし，明治41年勅令第177号の「神社財産ノ登録ニ関スル件」第4条による神社財産の登記のある不動産を第三者に譲渡処分した場合には，当該神社財産の登記を登記官の職権で抹消することはできないとされている（昭和24・1・18民事甲第51号民事局長回答）。したがって，この場合においては，現在の所有権の登記名義人から，登記原因を「昭和21年2月2日神社財産登録廃止」として登記を申請することにより，当該登記を抹消することができるとされている（昭和34・6・25民事甲第1327号民事局長通達）。

　　4　ところで，法第41条第6号は，所有権の登記以外の権利に関する登記のある土地の合筆の登記を禁止しているが，設問の明治41年勅令第177号「神社財産ノ登録ニ関スル件」第4条によってされたいわゆる神社財産の登記は，一種の特別法に基づく処分の制限の登記と解されることから，これらの登記が残存する土地について，合筆登記の申請は受理することができない。したがって，当該土地を合筆する場合には，その前提として，神社財産としての登記後に権利承継による所有権移転の登記がされているときは，当該神社財産の登記を登記官が職権で抹消し（法67条2項），また，神社財産としての登記後に第三者に譲渡されているときは，現在の所有権の登記名義人から神社財産としての登記の抹消を申請しなければならないと解する。

29　礼拝の用に供する建物の敷地である旨の登記のある土地の合筆の可否

> 問　宗教法人法第66条による礼拝の用に供する建物の敷地である旨の登記のある土地について，合筆登記の申請があった場合，受理することができるか。

【答】　受理することはできない。

【解説】

1　宗教法人法第66条は，宗教法人の所有する礼拝の用に供する建物及びその敷地について，この不動産が当該法人の礼拝の用に供する建物及びその敷地である旨の登記をすることができると規定している。そして，この登記が申請されたときは，登記官は，登記記録中権利部に，建物については宗教法人の礼拝の用に供するものである旨，土地については宗教法人において礼拝の用に供する建物の敷地である旨を記録することとされている（宗教法人法68条）。

　この登記の趣旨は，宗教法人が所有する礼拝の用に供する建物及びその敷地について，特別の登記をすることによって，これらの建物及び敷地が，当該宗教法人の宗教活動上必要なものと認めて，特に法律によって保護を図っているものと考えられる。このことは，礼拝の用に供する建物及びその敷地で，この登記をしたものについては，不動産の先取特権，抵当権又は質権の実行のためにする場合及び破産手続開始の決定があった場合を除くほか，その登記後に原因を生じた私法上の金銭債権のために差し押えることはできないとしていることからも明らかである（宗教法人法83条）。

　したがって，礼拝の用に供する建物及びその敷地の登記は，特別法に基づく一種の処分の制限の登記と考えることができる。

2　ところで，合筆の登記について法第41条第6号では，所有権の登

第二節　土地の表示に関する登記手続

　　記以外の権利に関する登記のある土地（法務省令で定める権利に関する登記がある土地を除く）の合筆の登記を禁止している。この趣旨は，合筆前の1筆の土地の権利が合筆後の土地の一部に存続するような合筆の登記を認めることによって，登記上の権利関係が錯雑し，不明確になることを防止することにあると思われる。

　　これらの登記として，登記実務の先例において合筆の登記が許されないものに，所有権に関する仮登記（昭和35・7・4民事甲第1594号民事局長通達），所有権について処分の制限の登記（昭和35・5・28民三第351号民事局第三課長事務代理回答），買戻の特約の登記（注1），財団に属した旨の登記（昭和35・7・4民事甲第1594号民事局長通達），敷地権たる旨の登記（注2），信託の登記（昭和48・8・30民三第6677民事局長回答）などがある。

　　ただし，合筆禁止の例外としては，①承役地についてする地役権の登記が有る場合，②担保権の登記であって，登記の目的，申請の受付の年月日及び受付番号並びに登記原因及びその日付が同一の登記が合筆する土地の全部に有る場合，③鉱害賠償登録令第26条に規定する鉱害賠償登録に関する登記であって，鉱害賠償登録規則第2条に規定する登録番号が同一の登記が合筆する土地の全部に有る場合は，合筆の登記ができるとされている（規則105条，昭和58・11・10民三第6400号民事局長通達第19）。

3　設問の，宗教法人の礼拝の用に供する建物の敷地である旨の登記がある土地は，上記の合筆禁止の例外には該当せず，法第41条の規定により合筆の登記はできないものと考える。登記実務の取扱いにおいても，礼拝の用に供する建物の敷地である旨の登記のある土地は，法第41条の規定により合筆の登記はできないとしている（注3）。

（注1）　登記研究473号150頁
（注2）　登記研究453号123頁
（注3）　登記研究381号89頁

30 登記の目的等が同一な抵当権について異なった受付番号で順位変更されている土地の合筆の可否

> 問　2筆の土地にそれぞれ2個の抵当権が設定されていて、その抵当権の登記の目的及び受付番号等は同一であるが、各土地にそれぞれ受付番号を異にして順位変更の登記がされている場合、両土地について合筆の登記を申請することができるか。

【答】　抵当権の目的等が同一であっても、受付番号を異にする順位変更の登記がある場合は、合筆の登記を申請することができない。

【解説】

1　昭和58年法律第51号による「建物の区分所有等に関する法律及び不動産登記法の一部を改正する法律」の施行（昭和59年1月1日）される前の法第81条ノ3の規定は、所有権の登記及び承役地地役権の登記以外の権利に関する登記のある土地は合筆することができないとされていた。しかし、区分建物の専有部分と敷地利用権の登記手続を合理化するため、上記の改正において同条にただし書が加えられ、合筆制限が緩和された。すなわち、改正後の同条のただし書においては、先取特権、質権又は抵当権に関する登記がある場合でも、その登記の登記原因、その日付、登記の目的及び受付番号が同一のときは、例外として合筆することができるとされ、この取扱いは新法（平成16年法律第123号）においても承継されている（法41条6号、規則105条2号）。

2　一方、抵当権の順位変更の登記については、昭和46年法律第99号による民法の一部を改正する法律（昭和47年4月1日施行）により不動産登記法の一部が改正され新設された。すなわち、同一の不動産について数個の抵当権が設定されている場合、それらの抵当権の順位はその登記をした前後によることになる（同改正による民法373条1項、この規定は、平成16年法律第147号により373条に改められた。）。この場合の登

第二節　土地の表示に関する登記手続

記の前後は，抵当権の設定の登記が登記記録の権利部（乙区）に記録されることから，その登記の順位番号によって定まることになる（法4条1項，20条，規則2条1項，58条，147条1項）。しかし，この改正により，新たに，この抵当権の設定の登記の前後によって定まる抵当権の順位を，後発的に変更することが認められた（同改正による民法373条2項・3項，この規定は，平成16年法律第147号により374条1項・2項に改められた。）。

3　この順位の変更の登記は，順位の譲渡又は放棄の登記のように数個の抵当権において繰り返し行う必要はなく，一挙にしかも絶対的に変更するものであるから，この登記は主登記によることになり，この登記をした後は変更後の順位で抵当権を設定したのと変わらないこととなる。

　ところで，抵当権の順位は各不動産ごとに決まっているものであって，これは数個の不動産が共同担保の関係にある場合でも同様と考えられる。すなわち，共同抵当の場合，その抵当権の順位は各不動産ごとにまったく別個のものとして決まっていて，その間に何らの一体的な関係はない。したがって，共同抵当の抵当権の順位を変更する場合でも，その変更は各不動産について他の不動産に関係なくされるものであり，登記の申請は，原則として各不動産ごとに別件ですることとされている（昭和46・12・27民三第960号民事局第三課長依命通知）。しかし，共同抵当の場合には，これを一切認めないとするのも申請人にとって不便であることから，順位変更の登記を申請する各不動産の抵当権が同一の共同抵当の関係にあり，その抵当権の順位番号も同一である場合に限り，便宜的な取扱いとして同一の申請情報で申請することができるとされている（注1）。

4　設問は，各土地の抵当権の登記の目的及び受付番号が同一であるが，受付番号を異にして順位変更の登記がされているというものであることから，おそらく，抵当権の順位番号が異なっていたために同一

の申請情報により申請することができず，別個に申請したものと考えられる。したがって，このような登記のされている土地の合筆の登記が仮に認められるとすれば，せっかく順位変更の登記を別の申請情報によりするとした意味が失われ，権利関係が錯雑混乱するおそれがある。

　実務の取扱いにおいても，合筆する数筆の土地につき，登記原因，その日付，登記の目的及び受付番号を同一とする担保権の登記があり，かつ，受付番号を異にする順位変更の登記がそれぞれある場合には，合筆することができないとしている（注2）。これは，合筆する土地の一部についてのみ順位の変更の登記がされているときは合筆できないとする先例（昭和58・11・10民三第6400号民事局長通達第十九の一の3）の趣旨によるものであると解される。

(注1)　飛沢隆志「新根抵当権の登記」登記研究289号5頁
(注2)　登記研究560号136頁

第二節　土地の表示に関する登記手続

四　合筆登記の抹消等

31　字を異にする土地が合筆されている場合の是正方法

> 問　地番区域でない字を異にする土地について合筆の登記がされている場合，これを是正することができるか。

【答】　地番区域でない字を異にする土地について，合筆の登記が誤ってされている場合には，合筆錯誤を登記原因として当該登記の抹消を申請するか，又は，登記官が職権によって抹消する。

【解説】

1　土地は，1筆の土地ごとに地番を付して登記されるものであり，地番は地番区域ごとに1番から順に付番するものとされている（法35条）ので，1筆の土地は1地番区域に属するものでなければならない。したがって，1筆の土地が異なる地番区域にまたがることとなった場合には，土地の所有権の登記名義人等から，これの是正の登記が申請されないときは，登記官は，職権をもって分筆の登記をすべきこととされている（法39条2項）。

　また，地番区域でない字を異にする場合であっても，字は土地の所在として登記すべきものとされており（法34条1項1号），地番と合わせて土地を特定するものであるから，合筆できないとされている（法41条2号，39条2項かっこ書）。

2　合筆の登記が許されない土地について合筆の登記がされると，合筆前の数筆の土地について1筆の土地として登記記録が設けられるので，いわば一筆性のない土地を1筆の土地として登記し公示したことになり，登記の公示機能を阻害することになる。したがって，このような登記については，速やかに是正する必要がある。

　登記の実務では，地番区域でない字を異にする土地について合筆の

登記がされている場合には，この登記は，法第25条第13号，令第20条第3号の規定に該当するものと解され，法第71条の規定により，登記官が職権によって当該合筆の登記を抹消する取扱いとされている（昭和37・9・27民三第811号民事局第三課長回答）。もとより，当事者の申請によって合筆の登記を抹消することは差し支えないと解される。

　なお，合筆登記をした後に権利の設定等，当該土地を目的として第三者のために新たな権利に関する登記が適法にされている場合においては，規則第102条の規定を類推適用して，いわゆる分筆転写の方法に準じて，合筆登記の抹消により回復された合筆前の各筆の登記記録の権利部に，これらの権利の登記を転写するのが相当であろう。

第二節　土地の表示に関する登記手続

32　被相続人のした合筆登記を相続人から抹消することの可否

> 問　被相続人がした合筆の登記を，その相続人の全員から合筆の登記は誤りであったとして，その抹消の登記を申請することができるか。

【答】　申請することができると考える。

【解説】

1　合筆の登記が誤っている場合の抹消の登記については明文の規定がないことから，登記実務においては，先例による登記手続の解釈によってこの抹消の申請ができるとして取り扱っている。

　合筆の登記において何らかの誤りがある場合は，原則としてその登記は無効な登記と考えられるが，合筆した土地を合筆前の状態に分筆することによってもその誤りが事実上解消されることになるので，かつては合筆の登記を抹消する必要性がないとして取り扱われていた。しかし，合併禁止の規定に抵触する場合や，合筆前の土地の一部の所有者が真実の所有者と異なる場合の是正方法として，あえて分筆して合筆前の状態に戻す必要性があるのかということや，この分筆に要する費用の問題などがあって，以前から登記実務においても合筆の登記の抹消を認める必要性が指摘されていたところ，分筆登記の抹消が認められたこともあって，合筆の登記についても抹消ができることとされた（昭和37・9・27民三第811号民事局第三課長回答，昭和45・3・9民事甲第973号民事局長回答，昭和54・6・8民三第3310号民事局長回答等）。

2　ところで，合筆の登記は表題部所有者又は所有権の登記名義人が申請することとされ（法39条1項），合筆の登記をすることによって効力が生じる形成的な処分の登記とされているので，共有地の合筆の登記については，共有者の全員によって申請しなければならないとされて

いることから（注1），合筆の登記を抹消する場合においても，原則として共有者の全員によって申請しなければならないことになると考えられる。

　また，被相続人名義の土地について相続を証する書面を提供して相続人から合筆の登記を申請することができるとされているが（注2），この合筆の登記を抹消する場合も，原則として相続人の全員によってその登記を申請しなければならないものと考える。

3　合筆の登記を抹消できる場合としては，①合筆の登記が法令上の合筆禁止の規定（法41条）に抵触している場合，②合筆前の土地の全部又は一部につき登記名義人が真実の所有者と異なっている場合，③その他，合筆の手続に何らかの錯誤があった場合（例えば合筆する土地を誤ったような場合）などが考えられる。

　上記①の場合の抹消の登記及び②の場合で判決を得た真実の所有者がする抹消の登記以外は，所有権の登記名義人（所有者）からの抹消の登記申請があって初めて合筆の登記が誤っていることが明らかになるが，合筆登記の抹消を申請する場合においては，錯誤を証する情報の提供を要しないので，①ないし③のようないずれの場合においても，登記の申請があれば形式的な誤りのない限り受理することになる。

4　このことから，被相続人がした合筆の登記については，上記の①ないし③のような誤りがある場合において，その合筆の登記を抹消する以外にその誤りを是正する方法がないときには，やはり合筆登記の抹消を認めざるを得ないことになると考える。

　これらの場合において，上記①の抹消の登記は，合筆の違反事由が登記記録により確認でき，当然に無効の登記であることが明白であることから，法第71条第1項以下の規定により，当該登記を職権で抹消することが可能である。また，②の場合は，判決を得た真実の所有者から，自己の所有権を回復させる前提として，代位によって抹消登

第二節　土地の表示に関する登記手続

記を申請することができる。したがって，相続人の全員によって抹消登記を申請することとなるのは，③の場合ということになる。

　なお，被相続人がした合筆の登記に誤りがあっても，その後に相続登記や第三者への所有権移転の登記，あるいはその他権利の登記がなされているときは，原則的には相続人がこの合筆登記の抹消を申請することはできないと考えるが，その相続登記等が抹消された後であれば，相続人からの合筆登記の抹消を認めて差し支えないであろう。

(注1)　遠藤浩・青山正明編「基本法コンメンタール不動産登記法」〔新版〕178頁
(注2)　登記研究404号134頁

33 合筆登記を錯誤により抹消する場合の態様と筆界線の復元方法

問　錯誤による合筆登記の抹消は，合筆制限に抵触する場合に限り申請することができるのか。仮にできるとした場合，合筆の登記により消去した地図の筆界線はどのような資料によって復元するのか。

【答】　合筆制限に抵触する場合はもとより，合筆登記の申請手続の錯誤による場合も，合筆登記の抹消を申請することができるものと考える。
　合筆の登記により消去した地図の筆界線の復元は，既に提出されている合筆前の地積測量図又は合筆の登記申請情報と併せて提供された地形図等により行う。

【解説】

1　合筆の登記に錯誤のある場合としては，①合筆禁止の規定（法41条）に違反した場合，②合筆時の登記名義人と真実の所有者が同一人でなかった場合，③申請手続に錯誤があった場合などが考えられる。このうち①の合筆禁止の規定に違反する合筆登記の申請が誤って登記された場合には，その違反事由が登記記録等により確認でき，当然に無効な登記であることが明白であるから，旧法第149条（現行法71条）以下の規定によりその登記を職権によって抹消することとしている（昭和37・9・27民三第811号民事局第三課長回答，昭和54・6・8民三第3310号民事局長回答）。ただし，新法第71条では権利に関する登記に限っているが，従前の取扱いに変更はないものと解する。また，②の登記名義人と真実の所有者が同一人でなかった場合としては，合筆登記の後に，合筆前の一方の土地について真実の所有者から登記名義人への所有権移転登記の無効が判明したときは，この移転登記を抹消する前提として，合筆錯誤による合筆の登記を抹消することとしている（注）。さらに，合筆前の2筆のうちの1筆の土地について合筆した時の登記

第二節　土地の表示に関する登記手続

名義人が取得した所有権移転の登記を抹消して前の所有権を回復させるとの判決により，真実の所有者から代位登記による合筆登記の抹消を申請することが認められた先例もある（昭和53・12・20民三第6721号民事局長回答）。

2　ところで，合筆錯誤を原因とする合筆の登記の抹消登記を申請する場合は，当該申請情報に併せて錯誤を証する情報の提供は要しないことから，①の場合のように登記記録又は地図により錯誤の事由が判明する場合を除き，錯誤の事由を調査することは不可能である。

　ただし，②の場合に，真実の所有者から判決正本等を代位原因を証する情報として，代位登記により合筆登記の抹消の登記が申請されたときは，その代位原因を証する情報の内容により，登記名義人と真実の所有者の異なることを確認することができるにすぎない。

　したがって，一般的には，所有権の登記名義人からの申請による場合は，登記官は錯誤の事由が②か③かを申請情報によっては確認することができず，もっぱら，申請者の証言に頼らざるを得ないこととなる。しかしながら，分筆の登記については，分筆を制限する規定がないにもかかわらず，錯誤による分筆登記の抹消登記を肯定する先例が存する（昭和38・12・28民事甲第3374号民事局長通達）が，このような分筆登記の錯誤は，まさに所有者又は所有権の登記名義人の申請手続の錯誤によるものといえる（もちろん，そこで分筆登記の錯誤が認められたのは，第三者の権利があるために合筆の禁止規定に抵触し，合筆の登記によっては分筆前の状態に戻せなかったとの事情は存する。）。

　このように，錯誤による分筆登記の抹消の登記を認めたこととの整合性を考慮すれば，合筆錯誤についても，合筆後に合筆登記の申請人からの申請に基づく新たな登記がなされていない限り，申請手続の錯誤による抹消登記を認めても差し支えないように思われる。

3　このように，合筆の登記を抹消したときは，地図上で合筆によって削除した筆界線を復元することとなるが，これの資料としては，既に

提出している合筆前の地積測量図や，実務上合筆の登記の際に提出された地形図があれば，これによることもできる。もし，これらの資料が登記所に存在しないときは，当該合筆の登記の抹消登記の申請に際し，合筆前の土地の筆界を明らかにした図面の提出を求めることになるものと解する。

(注)　登記研究351号39頁

第二節　土地の表示に関する登記手続

34　数筆を合筆したところ，そのうち1筆を誤って合筆したとする一部抹消申請の受否

> 問　甲名義のA，B，C，Dの各土地について合筆の登記をしたところ，Dの土地については既に乙に所有権を移転していた（登記未了）として，Dの土地についてのみ錯誤を原因として合筆の登記を抹消する登記が申請された場合，受理することができるか。なお，合筆の登記後には権利の登記がなく，筆界線の復元も可能である。

【答】　合筆登記の一部を抹消する登記の申請は受理することはできないものと考える。

【解説】

1　合筆の登記は，不動産の物理的状況の変化に応じてする報告的登記とは異なり，原則として，表題部所有者又は所有権の登記名義人の申請に基づき，登記官がその登記をすることによって合筆の効果が生ずる形成的登記であると解されていて，この登記によって従前の数個の土地が1個の土地となる効果が生じる。そして，合筆の登記をするか否かは所有者の自由であるが，合筆の登記の許されない場合がいくつかあり（法41条），その一つが土地の所有者が異なる場合である。この場合は，一物一権主義に反し，登記の公示機能を阻害することになるから，この合筆の登記はできないと解されている。

　このように，合筆制限に違背する登記の申請は許されず，法第25条第13号，令第20条第3号の規定により却下すべきものとされている（昭和35・3・31民事甲第712号民事局長通達）。したがって，仮に，このような登記の申請を登記官が誤って受理し登記した場合は，この合筆の登記は法第71条の規定により職権で抹消することになる。なお，法第71条の規定は権利に関する登記の場合に限定しているが，従前の取扱い（昭和37・9・27民三第811号民事局第三課長回答）には変更はな

いものと考える。
2 　しかし，設問の事案は，数筆の土地を合筆したところ，そのうちの1筆について登記記録上の所有者は一致しているものの，実際には他の者に所有権を移転しているものであるから，この1筆についてのみ抹消の登記をすることができないかというものである。

　　ところで，合筆の登記において，合筆の登記をした後に，合筆前の土地について真実の所有者から登記名義人への所有権移転登記の無効が判明し，登記名義人と真実の所有者が同一人でなかった場合には，この移転登記を抹消する前提として，合筆錯誤による合筆の登記を抹消することができるとされている（注）。

　　この場合においては，真実の所有者から判決正本等を代位原因を証する情報として，代位登記により合筆登記の抹消の登記が申請されることになり，登記官は，登記名義人と真実の所有者が異なることが確認できる。
3 　しかしながら，分筆の登記については，分筆を制限する規定がないにもかかわらず，先例（昭和38・12・28民事甲第3374号民事局長通達）は，錯誤による分筆登記の抹消を認めている。しかも，このような分筆登記の錯誤は，表題部所有者又は所有権の登記名義人の申請手続の錯誤によるものである。このように，分筆の登記については申請手続の錯誤による抹消の登記を認めていることとの整合性を考慮すれば，合筆の登記についても，合筆登記の後に新たな登記がされていない限り，申請手続の錯誤による抹消の登記が認められるものと解される。
4 　設問の事案は，合筆登記の一部についてのみ抹消の登記が認められないかというものである。確かに，広大な地域の土地を開発するために，当該地域の土地を買収した上で合筆の登記をしたところ，そのうちの1筆について所有権移転の登記が誤っていて，いまだ買収していなかったような場合も考えられる。この場合，合筆の登記が誤りだとして，すべての土地の登記を抹消するとすれば，申請人の経済的な負

第二節　土地の表示に関する登記手続

　担は大きく，登記官の労力も計り知れないものがある。そこで，錯誤のあった部分についてのみ抹消の登記を認めるという合理的な処理はできないかとの意見もある。
　しかしながら，このような抹消登記については，特に合筆元地が誤っている場合や，合筆した土地の中間に挟まれた土地が誤っている場合などにおいては，その手続は極めて複雑なものとなり，これをどのように処理するのか，現在のところその取扱いについては何ら確立した手続はない。また，先例（昭和37・9・27民三第811号民事局第三課長回答）は，Ａ地，Ｂ地及びＣ地を合筆したところＢ地について所有者甲以外に，前所有者乙を登記名義人とする競売申立ての登記があった場合には，旧法第149条以下（現行法71条）の手続によりすべてを抹消するとしている。したがって，これらの事情を考慮すると，設問の登記の申請は受理できないものと考える。
（注）　登記研究351号39頁

第4　地積の変更・更正の登記

一　地積変更及び更正の登記申請

35　地積の変更の趣旨

> 問　法第37条に規定する地積の変更とはどのようなことをいうのか。

【答】　土地の地積の変更とは，土地の面積が人工的あるいは自然的に増加又は減少した場合をいう。

【解説】

1　登記されている土地の地積に変更が生じた場合は，表題部所有者又は所有権の登記名義人は1月以内に土地の表示の変更の登記を申請しなければならない（法37条1項）。

2　地積が増加する場合としては，寄洲や海底が隆起する場合が考えられる。

(1)　寄洲とは，土砂が堆積して水面下の土地が水面上のものとなり陸地が生じた場合である。この場合，地積が変更したことになるのかについて，寄洲に建築された家屋の登録の受否に関する先例（昭和36・6・6民三第459号民事局第三課長電報回答）は，「寄洲は，その付合した土地の一部であるから，当該土地の地番をもって当該建物の所在を表示すべきであり」としており，この先例を前提とすれば，既存の土地は，寄洲によって生じた地続きの土地の部分だけ筆界が広がり，その地積が増加したとして，地積の増加による変更の登記をすることになる。しかし，寄洲は民有地に接続し，あたかもこれに付加したごとき形跡がある場合といえども民法の付合（民法242条）の法則を適用すべきでないとする裁判例（大審院明治37・7・8判決・民録10輯1060頁）が存すること，本来客観的に定まっているは

第二節　土地の表示に関する登記手続

　　ずの土地の境界が地続きの土地ができたという後発的原因により変
　　動するとする考えには疑問がある（注1）ことからすると，既存の
　　土地の地積が変更したとするのではなく，新たな土地が生じたとし
　　て土地の表示の登記をすべきとも考えられる。
 (2)　海底隆起が生じた場合についても，寄洲による地積の変更と同様
　　の問題が生じるが，既存の土地の地積の増加による地積の変更の登
　　記をすべきとする説（注2）と，民法第242条の付合の理論を海底
　　隆起まで適用を広げるのは無理として，新たな土地が生じたものと
　　する取扱いがよいとする説（注3）がある。
3　地積が減少する場合としては，登記されている土地の一部が地震等
　によって海没した場合や，川や海の浸食作用によって公有水面下の土
　地になる場合が考えられる。
 (1)　海面下又は河川の流水下に没した部分については私人の所有権は
　　認められない（河川法2条2項）から，その部分の土地は滅失したも
　　のとして取り扱われることになる（昭和33・4・11民三第203号民事局
　　第三課長事務代理回答）。しかし，土地が海面下などに没したとしても
　　その状態が一時的と見られる場合は私人の所有権は未だ消滅せず，
　　土地は滅失しないものと解すべきである（昭和36・11・9民事甲第
　　2801号民事局長回答）。地積が減少する場合にも増加の場合と同様に，
　　客観的に定まっている土地の筆界が一部滅失によって変動すること
　　があり得るのかということが問題になる。この点については，「仮
　　に，海没した部分を分割して，その部分について滅失の登記をする
　　という手続をとるとすれば，一時的にせよ，存在しない土地を分割
　　して1筆の土地として公示するという不合理を認めることとなって
　　妥当とは思われない」として，「地積減少による変更の登記をする
　　べき」（注4）とするのが，妥当と思われる。
 (2)　一部滅失として，地積変更の登記をする場合における海没した範
　　囲，つまり陸地と海面の分界線がどこになるのかについては，実務

上は「潮の干満の差のある水面にあっては春分秋分における満潮位を，その他の水流水面にあっては高水位を標準として定める」ものとされている（昭和31・11・10民事甲第2612号民事局長事務代理回答）。

4 河川法の適用又は準用される河川区域内の土地の一部が，常時流水下の敷地（川底）となった場合は，既存の土地の地積減少による変更の登記をしなければならない（法43条6項）。

(1) 河川法は，旧河川法（旧河川法第3条は「河川並其ノ敷地若ハ流水ハ私権ノ目的トナルコトヲ得ス」と規定していた。）とは異なり，第2条第2項において「河川の流水は，私権の目的となることができない。」と規定されているにすぎないから，流水下の土地の所有権が消滅することにはならないのではないかとの疑問がある。しかし，この点については，「本来，土地が常時流水の敷地になったとしても，当該土地は物理的には存するのであるから，滅失の取扱いをすることは事実に反することになるが，河川法により地上の流水（旧河川法では河川区域の全部）が私権の対象となり得ないところから，その流水敷地（又はこれに類する状況にある土地）は，もはや所有権の対象となる土地としてのいわゆる支配可能性がなくなったものとして（つまり，法律上土地が滅失したものと観念して），1筆の土地の全部の場合は「土地の滅失の登記」を，1筆の土地の一部の場合は「地積の変更の登記」をすることとされたものである。」（注5）としている。

(2) 河川区域内の土地の所有者は必ずしも国又は地方公共団体とは限らず，私人が所有する場合もあり得るが，この地積変更の登記は，河川管理者の嘱託によって行われる（法43条6項，令別表十一項）。

（注1） 遠藤浩・青山正明「基本法コンメンタール不動産登記法」〔新版〕175頁
（注2） 枇杷田泰助・吉野衛「不動産表示登記入門」〔第二版〕57頁
（注3） 幾代通・徳本伸一「不動産登記法」〔第四版〕349頁
（注4） 遠藤浩・青山正明「基本法コンメンタール不動産登記法」〔新版〕171頁
（注5） 内海一「改訂不動産表示に関する登記精義」468頁

第二節　土地の表示に関する登記手続

36　地積の変更の登記と地積の更正の登記の相違

> 問　地積の変更登記と地積の更正登記はどのように相違するのか。

【答】　土地を構成している筆界が移動したことにより登記記録に記録されている地積を変更させるための登記が「地積の変更の登記」であり，筆界の移動によることなく，登記記録に誤って記録されている地積を正しいものとする登記が「地積の更正の登記」である。

【解説】

1　不動産の表示に関する登記は，権利の客体である土地又は建物の物理的な状況を登記記録の表題部に記録し，これを公示することによって取引の安全と円滑に資することを目的としている（法1条）。このため，登記記録の表題部においては，登記事項として1筆の土地の所在，地番，地目及び地積等を記録するものとしている（法34条）。しかしながら，これらの記録は，様々な要因によって現況と合致しないこととなる場合があり，これを放置しておくと不動産取引の障害となり，筆界紛争の原因となることもある。そこで，不動産登記法は，土地の地積であれば，登記記録が常に現況と一致するよう地積の変更の登記（法37条）と地積の更正の登記（法38条）の手続について定めている。

2　地積の変更の登記（法37条）と地積の更正の登記（法38条）の基本的な相違は，土地の筆界が移動したことにより登記記録の地積を増減させる登記が「地積の変更の登記」であり，筆界の移動によることなく，登記記録の一部である地積の記録が，何らかの原因によって誤って記録されている場合に，この地積の記録を正しいものにする登記が「地積の更正の登記」である。

3　ところで，土地の筆界は公法上のものであり，隣接地所有者等との合意があったとしても移動するものではなく，これは判例（最高裁判

所第二小法廷昭和31・12・28判決・民集10巻12号1639頁，同裁判所第三小法廷42・12・26判決・民集21巻10号2627頁他）等によっても明らかである。したがって，筆界が移動する原因としては，登記官による分筆及び合筆の登記に基づき新たに筆界が形成される場合，境界確定訴訟による確定判決の場合，自然現象による場合以外にはない。この自然現象による場合としては，寄洲，海底隆起，一部海没などが挙げられる。これらの土地の範囲の増減に伴う地積の変更の登記の取扱いについては，**問35**（89頁参照）において解説したところである。

4 　もっとも，地震などによる地殻変動を起因として，地表面が大きく変動する場合もある。この例外的な事例として，「兵庫県南部地震による土地の水平地殻変動と登記の取扱いについて（平成7・3・29民三第2589号民事局長回答）」において示されている。すなわち，これによると，地震による地殻の変動に伴い広範囲にわたって地表面が水平移動した場合には，土地の筆界も相対的に変動したものとして取り扱うものとする。ただし，局部的な地表面の土砂の移動（崖崩れ）の場合は，土地の筆界は移動しないものとするとしている。

5 　土地の筆界は，分筆又は合筆の登記により創設されたものを除けば，そのほとんどが明治初期の地租改正条例（明治6年太政官布告第272号）に基づき実施された地租改正事業において創設されたものである。そして，この事業においては，この筆界に基づいて測量が行われ，この測量により算出された地積が，その後に制定された土地台帳規則（明治22年勅令第39号）における土地の地積とされ，旧土地台帳法（昭和22年法律第30号，同35年法律第14号により廃止）において土地台帳に登録する地積とされた後，基本的には現在の登記記録の表題部に記録される地積として取り扱われている。しかし，当時の測量方法は，必ずしも現況を正確に把握して行われたものとはいえず，多くの誤差が認められ，いわゆる「縄延び」等といわれるように，登記記録に記録された地積と現地の地積の相違する土地が存在する。

第二節　土地の表示に関する登記手続

　また，最近において精度の高い測量方法により測量を行ったものの，何らかの事情により誤った地積をもって地積測量図を作成し，これにより分筆の登記を申請したため登記記録に記録された地積が現地と合致しないということも生じる。

　このように，土地の筆界は変動しないが，地積が登記記録に誤って記録されている場合に，これを正しい地積に是正する登記が「地積の更正の登記」である。

(参考)　有馬厚彦「実務　表示登記総論」(社)民事法情報センター・63頁以下
　　　遠藤浩・青山正明編「基本法コンメンタール不動産登記法」〔新版〕日本評論社・167頁以下
　　　有馬厚彦「事例にみる表示に関する登記(3)」テイハン・277頁以下及び289頁以下

37 地積測量図を提供して分筆した土地の地積が実測と異なる場合の是正の可否

問　地積測量図を提供して分筆の登記がなされている土地について、その後、同土地を測量した結果、土地の登記記録の表題部に記録された地積の表示との間に若干の差異を生じた場合は、地積更正の登記を申請することができるか。

【答】　両測量に係る筆界点が同一であることが明らかなときは、地積の更正の登記を申請することができる。

【解説】

1　過去において地積測量図を提出して分筆の登記がなされている土地については、土地を測量した際の測量方法が平板測量で図上距離法によって求積したものが多かったことから、その後、当該土地をトランシット測量により求積したところ、土地登記記録の表題部に記録された地積との間に若干の差異を生じた場合は、両測量に係る筆界点が同一であることが明らかなときは、地積更正の登記が認められるとするのが実務の取扱いである（注）。

　これは、測量には常に誤差が伴うものであることからである。すなわち、測量誤差は、測量に使用した測量器具が平板なのか、トランシットなのか、またテープはどのような種類のものを使用したのか等によっても生ずるものであり、それは、測量方法が直接測距なのか、計算によるものか、図上読み取りによるものか等によってその成果が若干異なるから、そこからも誤差が生ずることになる。

2　過去においては、地価が低廉であったこと、また測量器具及び測量技術の問題などから、簡易な測量器具、測量方法によって求積した上、登記の申請がされたものが多かった。その後、測量技術が発展し、トランシット測量が一般的になったことなどから、昭和52年に

第二節　土地の表示に関する登記手続

準則が全面的に改正され，地積測量図の誤差に関する規定が新設された（旧準則97条3項）。すなわち，同条の規定による土地所在図及び地積測量図の誤差の限度は，原則としては当該土地についての地図の誤差（旧準則25条4項）と同一の限度としながら，当該土地について地図が存しない場合には，①市街地地域及びその周辺の地域については国土調査法施行令別表第五の精度区分甲2まで，②村落，農耕地域及びその周辺の地域については精度区分乙1まで，③山林，原野地域及びその周辺の地域については精度区分乙3までとされていた。したがってその後，上記精度区分により精密な測量をした結果，過去の測量の成果と若干相違する事例がある。

3　昭和52年の準則改正後においても，宅地開発等によって従来は農耕地域であったものが市街地地域になるなど土地の利用状況が変わったため，地積測量における誤差の限度を異にするに至った場合も同様のことが生じることになる。このようなことから，測量結果と公簿地積が異なることとなったときは，いずれも地積更正の登記の申請が認められることになる。

平成16年法律第123号による不動産登記法の改正に伴い，旧準則第97条第3項で定められていた誤差の限度については，土地所在図は規則第76条第3項，地積測量図は規則第77条第4項にそれぞれ規定され，地図を作成するための一筆地測量及び地積測定における誤差の限度（規則10条4項）と同様とされている。

なお，当該地積の差が，上記の誤差の範囲内のものである場合にも，地積更正の登記の申請が認められるかについては，可否両説があるが，登記記録上の地積が，土地取引の上で重要な要素となっている現状にあること，及びより正確な地積を登記記録として記録し公示するのが望ましいことなどを考えると，積極に解すべきであろう。

（注）　登記先例解説集23巻1号40頁

38 地積更正した土地について再度地積更正の登記を申請することの可否

> 問　筆界確認書を提供して地積更正の登記をした土地について，再度，地積更正の登記を申請することができるか。

【答】　地積更正の登記の際に既存の土地の境界を見誤って測量をした場合等で，誤った地積が登記されているときは，同一の土地について，再度の地積更正の登記を申請することが可能である。

【解説】

1　地積更正の登記とは，客観的に定まっている固有の境界で囲まれた土地の面積が，その登記記録の表題部に記録された地積の表示と異なる場合に，これを正しい地積の表示に更正する登記であり，これによって新たな土地の境界が創設されるものではない。したがって，理論的には，地積更正の登記の際に既存の土地の境界を見誤って測量をした場合等には，同一の土地について，再度の地積更正の登記をすることができることはいうまでもない（昭和46・9・14民三第528号民事局第三課長回答）。

2　測量の方法が平板測量で，図上距離法によって求積した地積測量図を提出して分筆の登記が経由されている土地について，その後，当該土地をトランジット測量により求積したところ，土地の登記記録に記録された地積との間に若干の差異を生じた場合，両測量に係る筆界点が同一であることが明らかなときは，地積更正の登記ができるとするのが実務の取扱いである（注）。また，地積測量図を作成する際，数値の記載を誤り，これがために登記記録の表題部に地積が誤って記録されている場合，又は地積計算の誤りにより，その結果地積測量図の地積が誤って記録されている場合においても，地積更正の登記が認められる。

3　再度の地積更正の登記ができることは，既に述べたとおりであるが，一般的に，地積更正の登記を申請する場合には，当該登記の申請情報と併せて隣接地所有者の印鑑証明書付きの立会確認書の提供を求めている。しかし，これらの書類は，法定の添付情報ではないため，提供されない場合がある。このような場合，登記官は，実地調査を実施して，慎重に処理することとしているのが実状である。もっとも，同一の土地について何回も地積更正の登記を認めることは，登記制度に対して国民に不信を抱かせることとなるところから，地積更正の登記の処理に当たっては，前回の地積更正の登記申請の際の誤りの原因を究明するなど十分な調査をすべきことはいうまでもない。また，地図に準ずる図面等の精度の低い地図しか備えられていない地域にあっては，隣接地所有者の立会確認書は土地の境界に関する資料として非常に重要なものであるから，再度の地積更正の登記の申請情報には，これを覆すだけの有力な資料の提供を求める等の取扱いが必要になると思われる。

(注)　登記先例解説集23巻1号40頁

39 被相続人名義の土地について相続人から地積更正の登記を申請することの可否

> 問　被相続人名義の土地について，相続人は相続を証する情報を提供して地積更正の登記を申請することができるか。

【答】　表題部所有者又は所有権の登記名義人の相続人は，相続を証する情報を提供して，地積更正の登記を申請することができる。

【解説】

1　表題部所有者又は所有権の登記名義人が，表示に関する登記の申請人となることができる場合において，当該表題部所有者又は所有権の登記名義人について相続その他の一般承継があったときに，これらの一般承継人が申請人となることができるとされている（法30条）。

2　実務上は，被相続人名義である権利に関する登記のない建物の取壊しによる滅失の登記について，相続人であることを証する情報を提供して，相続人の全員あるいは，そのうちの一人からでも，直接申請することができ（注1），さらに，地目変更の登記申請についても同様に解されている（注2）。これは，表示に関する登記の中でも報告的な登記であることから，建物滅失の登記及び地目変更の登記の登記原因の発生日の時期を論ずることなく，相続人から登記申請ができるとされたものである。

　また，所有者の申請意思に重点を置く創設的な登記である分筆の登記においても，遺産分割に伴う場合は，遺産分割の協議の効果が，相続開始のときにさかのぼって発生する（民法909条）という，実体関係に合わせる必要から，相続人からの申請は，法律的には被相続人とその者の申請とは同視し得るとして，相続による所有権移転の登記をすることなく，分筆の登記を申請することができるとしている（昭和45・5・30民三第435号民事局第三課長回答）（注3）。

第二節　土地の表示に関する登記手続

3　ところで，地積更正の登記は，登記記録の表題部に記録されている地積が，当初の登記申請の錯誤により実際の地積と異なっている場合に，これを正しい地積に訂正するためにする登記であり（法37条），土地の物理的状況を公示する報告的な登記である。このように，地積更正の登記は，登記記録の表題部に記録されている地積を実際の正しい地積に訂正するための登記であり，登記官が職権によっても登記することができることから，相続を証する情報を提供し，その相続人が申請人となって，地積更正の登記を申請することができる（令7条1項4号）。なお，地積更正の登記の申請は，保存行為（民法252条）と解されることから，建物滅失の登記，地目変更の登記と同様に，複数の相続人のうちの一人からでも申請することができる。

(注1)　登記研究357号83頁，481号134頁
(注2)　登記研究460号103頁
(注3)　香川保一「新訂不動産登記法書式精義」〔上〕271頁
　　　　藤原勇喜「不動産登記の諸問題」9頁

40　官公署が代位により地積更正の登記を嘱託することの可否

> 問　官公署が1筆の土地の一部を買収するため，代位による分筆の登記を嘱託する前提として，地積更正の登記を嘱託することができるか。

【答】　分筆登記の嘱託の前提として，所有権移転登記請求権を代位原因として，地積更正の登記を嘱託することができる。

【解説】

1　官公署が土地を買収し所有権を取得した場合には，登記原因を証する情報（又は嘱託書の写し），登記義務者の承諾を証する当該登記義務者が作成した情報（登記実務上は，その真正を担保するため，承諾を証する情報の一部として登記義務者の印鑑証明書，登記義務者が法人の場合はその代理権限を証する書面を提供することとされている（令19条）。）を提供して，官公署が単独で所有権移転の登記を嘱託することができる（法116条1項）。

2　債権者は，自己の債権を保全するために，その債務者に属する権利を行使することができる（民法423条）が，債務者の有する登記申請権（当事者が国家機関である登記所に対して有する登記申請権）が代位権の対象となることには異論がない。この場合の代位申請の対象となる登記は，表示に関する登記であると権利に関する登記であるとを問わない。

　　したがって，債権者が民法第423条その他の法令の規定により他人に代わって登記を申請するときは，申請人が代位者である旨，当該他人の氏名又は名称及び住所並びに代位原因を申請情報の内容とし（令3条4号），当該申請情報と併せて代位原因を証する情報を提供して申請することになる（令7条1項3号）。この場合の代位申請権の発生原

第二節　土地の表示に関する登記手続

　　因，すなわち，債権者が自己の債権を保全すべき債権発生の法律関係を代位原因という。
3　官公署が道路の新設あるいは拡幅等のため1筆の土地の一部を買収する際，所有者及び隣接地所有者の立会いを得て，境界の確認をし，当該買収予定地であることを確認した上で実測したところ，実測面積が土地の登記記録の表題部に記録されている地積と異なるときは，本来であれば土地の所有者が分筆登記の前提として地積更正の登記を申請すべきことになる（準則72条1項参照）。しかし，土地の所有者から当該登記の申請が期待できないときは，当該土地の一部を買収した官公署は，所有権移転の登記を嘱託する前提の分筆登記の嘱託をする前に，買収による所有権移転請求権を代位原因として地積更正の登記を嘱託せざるを得ず，先例（昭和55・7・15民三第4086号民事局第三課長通知）においても認められている。

41 原状回復義務を免除された埋立地について表題登記の地積が誤っていたときの処理

> 問　無願の埋立地について原状回復義務の免除を受け表題登記をした土地について，地積の測量に誤りがあった場合は，表題部の登記事項を抹消した後に改めて表題登記をするのか。又は地積の更正の登記により是正するのか。

【答】　表題部の登記事項を抹消することなく，地積の更正の登記をすることになる。

【解説】

1　公有水面を埋立てようとする者は，埋立てについて都道府県知事へ願書を提出して免許（公有水面埋立法2条）を受け，知事の指定した期間内に工事を竣功し（同法13条，34条），この埋立工事が竣功したときは，知事に竣功認可申請を行うことになる（同法22条1項）。そして，知事は竣功認可をしたときは遅滞なくその旨を告示することになり（同条2項），その結果，埋立ての認可を受けた者は，告示の日にその土地の所有権を取得することになる（同法24条）。

一方，公有水面埋立法第2条の免許を受けずにした無願の埋立地については，たとえ陸地が造成されたとしてもその所有権は取得せず，埋立てた者に対して同法第36条及び第35条第1項により原状回復の義務を負わせていて，同法に定められた所定の手続が採られていない以上，当然に登記能力を有する陸地とはなり得ない。

しかし，昭和48年法律第84号による公有水面埋立法の一部改正前においては，無願埋立てがなされた場合，知事が原状回復の必要がないと認めたときは追認することができる（改正前の同法86条2項）と規定されていた。このことから，追認により埋立免許が与えられることもあり，この場合には，当該埋立地の所有権は埋立てた者に帰属する

103

第二節　土地の表示に関する登記手続

ことになる。
2　土地の表題部の登記事項を抹消する場合としては，次のようなものがある。
　(1)　土地が海没又は水没し権利の客体として存在しなくなった場合
　　　土地が海面下に没したり，河川区域内の土地が河川の流水下に没したことにより，土地が物理的に滅失したときは，当該土地は私人の権利の対象とならないとされ，土地の表題部の登記事項を抹消することになる（法42条，43条5項）。
　(2)　当初から現実に存在しない土地が登記されている場合
　　　登記記録や地図に記録されているが，それに該当する土地が存在しない場合は，土地の滅失の登記（法42条）の規定に準じ，「不存在」を登記原因として，土地の表題部の登記事項を抹消することができるとされている（昭和26・8・29民事甲第1746号民事局長通達，昭和43・8・28民事甲第2748号民事局長回答）。
3　以上のように，不動産登記法は，上記(1)ないし(2)の場合には土地の表題登記を抹消することとしているが，設問の場合はこのいずれにも該当しない事案といえる。したがって，この場合は表題部の登記事項を抹消することなく，地積の更正の登記により誤った登記を是正するのが相当である。
　　この場合，登記された土地の地積が実際の面積を超えている場合と，実際の面積が少ない場合が考えられる。しかし，いずれにしても，土地の表題登記をしたときに誤って登記した原因を明らかにすることが何よりも必要となる。そのためには，埋立てに関する許可書等を精査することは当然のことである。
　　なお，地積が増加している場合には，別の埋立認可により造成された土地，あるいは無願の埋立地ということも考えられることから，関係の行政機関に照会することも必要と解する。

42 筆界未定地について筆界線記入の申出と地積更正の登記の可否

> 問　地籍調査により筆界未定とされた土地について，筆界未定地の1筆について下図のように，筆界線記入の申出及び地積更正の登記を申請することができるか。
>
> 図1
> ①　4番と5番の筆界線記入
> ②　4番の地積更正
>
> 図2
> ①　1番と2番＋3番の筆界線記入
> ②　1番の地積更正
>
> | 訂正前 | 訂正後 | 訂正前 | 訂正後 |
> |---|---|---|---|
> | （4＋5） | 4 ｜ 5 | （1＋2＋3） | 1 ｜（2＋3） |

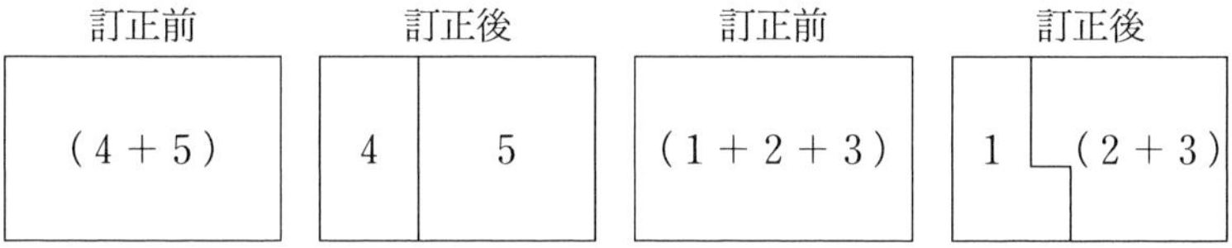

【答】　図1については可能である。また，図2についても1番と他の土地（2番・3番）との筆界について関係者の確認が調った場合は，地図訂正の申出と地積の更正の登記を申請することができる。

【解説】

1　筆界未定地とは，国土調査法による地籍調査において，一筆地調査（地籍調査作業規程準則3条）を行った際，土地の所有者の立会いが得られず，又は筆界に争いがある等の理由により，隣接する各土地相互間の筆界が確認されなかったことにより，当該部分の筆界を「筆界未定」として処理した土地である。

　筆界未定地に対する地籍図の取扱いについても，当該筆界を地籍図に表示せず，例えば5番，6番，7番の各土地が筆界未定の場合は，当該土地の適宜の箇所に（5＋6＋7）のように表示する取扱いとされている（昭和34・1・31経企土第8号経済企画庁総合開発局長通達）。この場合，地籍調査の成果の送付を受けた登記所は，地目の変更を除き，原則として

第二節　土地の表示に関する登記手続

　　　当該土地について成果に基づく登記等は行わないとされている（注1）。
　2　このように地籍調査の成果が筆界未定の場合は，土地の地籍図の成果が利用できず，したがって現地を特定することが不可能であるから，筆界未定の状態を解消しなければ当該土地の表示に関する登記（地積の更正，分筆，合筆，地目の変更等）は原則としてできないことになる（注2）。
　　　設問は，地籍調査において筆界未定地とされた土地について，地図訂正の申出と地積の更正の登記申請ができるかというものである。
　　　もとより，登記記録の表題部の記録や地図は，権利の客体である不動産の物理的な状況を明確に公示するためのものであるから，表示に関する登記は一部のものを除いて不動産の所有者に対し申請義務を課している（法164条）。そのうえ，当事者の申請のない場合でも，登記官が職権でも登記することができるとされている（法28条）。したがって，当事者の地図訂正の申出により筆界未定地が解消され，かつ，地積更正の登記により登記記録に正しい地積が記録されることは望ましいことである。
　3　地図訂正の申出及び地積更正の登記の申請においては，いずれも隣接地所有者等により，各土地の筆界を確認することになるが，これらの者の筆界確認が得られ，登記官の地積測量図等の関係資料に基づく調査においても，その筆界確認の結果が正しいものと判断される場合には，この申請等は受理されることになる。したがって，図1の場合については何らの問題は存在しない。また，図2の場合は，3筆の土地の境界が明らかでなかったところ，関係者の筆界確認により，とりあえず1番の土地とその他の土地（2番と3番）との筆界の確認が調ったものであり，この部分について地図訂正の申出及び地積の増減に関する地積の更正の登記を申請することは可能である。

（注1）　法務省民事局「三訂・国土調査登記詳解」民事月報平成3年3月号外61頁
（注2）　登記研究459号97頁

43 地積更正の登記において基本地図の精度区分が不明の場合の取扱い

> 問 地積更正の登記において，基本地図では当該土地の属する地域が市街地か又は村落・農耕地域か判然とせず，いずれの精度区分によるべきか明らかでない場合は，いずれを基準とすべきか。

【答】 基本地図，申請地及び周辺地域の現状，隣接地との関係及び当該土地の今後の利用目的などについて総合的に判断することになる。

【解説】

1 基本地図とは，登記事務の処理において基本となる地図の通称であって，法第14条第1項の地図のほか，地図に準ずる図面（法14条4項）も含んだ広い意味に用いられている。また，精度区分とは，国土調査法施行令別表第五に掲げられていて，国土調査に基づく一筆地測量及び地積測定の誤差の限度を示したものであり，同表は，規則第10条第4項による地図の作成や土地所在図及び地積測量図を作成する場合の基準とされている（規則76条3項，77条4項）。

2 すなわち，規則第10条第4項は，地図を作成するための一筆地測量及び地積測定における誤差の限度について，次のとおり定めている。

(1) 市街地地域＝国土調査法施行令別表第五に掲げる精度区分の甲2まで

(2) 村落・農耕地域＝同上の乙1まで

(3) 山林・原野地域＝同上の乙3まで

また，規則第76条第3項は，「第10条第4項の規定は，土地所在図について準用する。」と規定し，第77条第4項は，「第10条第4項の規定は，地積測量図について準用する。」と規定し，いずれも地図を作成する場合の誤差の限度と同様とされている。

第二節　土地の表示に関する登記手続

3　さらに，昭和52年12月7日民三第5941号民事局第三課長依命通知（不動産の表示に関する登記事務の取扱いについて）の五は，旧準則第25条第4項及び第97条第3項の規定（現行の規則10条4項，76条3項，及び77条4項）による地域の区分は，おおむね次の標準によるとし，
　一　市街地地域＝別紙（二）の1及び2のような地域
　二　村落・農耕地域＝別紙（二）の3及び4のような地域
　三　山林・原野地域＝別紙（二）の5及び6のような地域
として図面により示している。

4　しかし，これらの基準を実務において運用する場合には，急速に宅地化が進んだ地域などのように，従来は村落・農耕地域や山林・原野地域であったとしても，地価の高騰などから市街化地域と同様に取り扱うのが相当と思われる地域もある。したがって，設問の事案においては，基本地図，申請地及び周辺地域の現状，隣接地との関係及び当該土地の今後の利用目的などについて総合的に判断することになる。さらに，自治体における地区の指定，今後の開発計画なども判断の資料となるものと思われる。

5　なお，日本土地家屋調査士会連合会における「調査・測量実施要領」の第25条では，「測量作業の誤差の限度は，対象地が所在する地形に応じて，市街地，平地，山地に区分して定める。」として，次のとおり運用するものとされている。

第 4　地積の変更・更正の登記

〔運用〕

地形の分類は，原則として次表のとおりとする。

地形区分	地域区分	現地の状況
市街地	密集市街地	政令に定める都市又はこれに準ずる都市で建物が最も密集している地域
	市街地	交通，経済，文化等の中心となる地域
	準市街地	建物が町並を形成する地域 市街地を形成する見込みの多い地域
平地	村落地	市街地又は準市街地に隣接した田園地帯で農耕を主とする地域
	農耕地	農耕を主とする地域
	急傾斜地	平均斜度15度以上の市街地
山地	山林	木竹が集団となって生育している地域
	原野	雑草，灌木類が生育している地域
	急傾斜地	平均斜度15度以上の平地

第二節　土地の表示に関する登記手続

44　測量誤差が規則77条4項の範囲内の土地の地積更正の登記をすることの可否

> 問　既に地積測量図が提出されている土地について，規則第77条第4項の測量誤差の許容範囲内であっても，地積更正の登記を申請することができるか。

【答】　土地の実測に基づく地積が，規則第77条第4項で準用する同第10条第4項の許容誤差の範囲内であっても，地積更正の登記を申請することができるものと考える。

【解説】

1　土地の登記記録の表題部に記録されている地積が実際の地積と異なっているときは，表題部所有者又は所有権の登記名義人は，その土地の地積測量図を提供して，地積更正の登記を申請することとされている（法38条，26条，令別表六項添付情報欄）。地積更正の登記には申請期間の定めがなく，所有者に申請義務を課した規定も存在しない。しかし，法第38条は，地積を含む表示に関する登記事項の更正の登記は，表題部所有者又は所有権の登記名義人以外の者は，申請することができないと規定し，間接的に表題部所有者又は所有権の登記名義人に対し，これらの登記の申請を求めている。

2　地積更正の登記は，土地の登記記録の表題部にその土地の地積を正しく記録し公示するためにする登記であるから，どのような土地でも地積に誤りがあることが明らかなときには，地積更正の登記をする必要がある。また，既に地積測量図が提出されている土地であっても同様である。さらに，既に地積更正の登記がされていて，この地積測量図が提出されている土地についても，再度の地積更正の登記ができるとしている（昭和46・9・14民三第528号民事局第三課長回答）。

3　登記所に提出されている地積測量図の精度や記録される内容は，地

積測量図の提出が義務付けられた昭和35年法律第14号による不動産登記法の改正以後も，幾度かの準則の改正が行われ，その作成方法が厳格となり，また，提出された年代が新しいものほど，測量器具が改良され，測量技術も向上したことによって正確になってきている。したがって，地積測量図の個々の精度や記録されている内容は，提出された年代によって差異がある。

　ところで，①地積測量図を作成する場合の誤差の限度は，当該土地についての地図の誤差と同一の限度とするとされている（規則77条4項，同10条4項）。そして，②土地の表示に関する登記の申請情報の内容とした地積と登記官の実地調査の結果による地積との差は，①の誤差の限度内であれば相当と認めるとされている（準則70条）。さらに，分筆の登記の申請において，③分筆前の地積と分筆後の地積の差が，分筆前の地積を基準にして①の誤差の限度内であれば，地積更正の登記は要しないとしている（準則72条1項）。もっとも，この誤差の限度は，国土調査法施行令別表第五の精度区分を基礎としていて（規則77条4項，同10条4項），土地の利用形態や地域区分により誤差の限度には大きな差がある。

　具体的には，ある土地を実測し，その地積が登記記録の表題部に記録された地積と比較して許容誤差の限度内であっても，広大な土地の場合や適用される精度区分によっては，許容誤差の占める面積は相当に大きなものとなることも考えられる。したがって，このような土地については，許容誤差の範囲内であっても，地積更正の登記ができないとする特段の理由もない。

4　よって，設問のように，土地の測量の結果が規則第77条第4項の許容誤差の範囲内であっても，この地積更正の登記は申請することができるものと考える。ただし，許容誤差の範囲内であっても，規則第100条により切り捨てるべき端数を更正後の地積とするような更正の登記は受理できないのは当然のことである。さらに，このような更正

第二節　土地の表示に関する登記手続

の登記が繰り返し申請されるとすれば，登記に対する信頼を失うことになるため，登記官は慎重に調査し受否を決定しなければならない。

　なお，許容誤差の範囲内の地積更正の登記であっても，この登記の申請情報には，地積測量図のほか，隣接地所有者等の筆界確認書（印鑑証明書付き）を併せて提供するのが相当であると考える。

45　1筆の土地の全部について所有権移転登記をする前提として代位による地積更正の登記の可否

> 問　官公署が1筆の土地の全部を買収する場合において，当該土地の地積が登記記録の表題部に記録されている地積と相違するときは，買収による所有権移転登記の前提として，代位により地積更正の登記を嘱託することができるか。

【答】　表示に関する登記の目的は，不動産の物理的状況を正確に記録し公示することにあるから，土地の所有権の登記名義人が地積更正の登記を申請しない場合は，当該土地の全部を買収した官公署が，所有権の登記名義人に代位して，この登記を嘱託することができる。

【解説】

1　債権者は，自己の債権を保全するために，その債務者に属する権利を行使することができるとされている（民法423条）。このことから，債権者は債務者の有する登記申請権（当事者が国家機関である登記所に対して有する登記申請権）が代位の対象となることは明らかである。そして，この代位申請の対象となる登記は，表示に関する登記であると，権利に関する登記であるとを問わない。したがって，債権者が民法第423条その他の法令の規定により他人に代わって登記を申請するときは，申請人が代位者である旨，当該他人の氏名又は名称及び住所並びに代位原因を申請情報の内容とし（令3条4号），当該申請情報と併せて代位原因を証する情報を提供して申請することになる（令7条1項3号）。この場合の代位申請権の発生原因，すなわち，債権者が自己の債権を保全すべき債権発生の法律関係を代位原因という。

2　地積更正の登記は，地積が登記記録の表題部に，誤って記録されている場合に，これを実際の地積に合致させるためにする登記である（法38条）。そして，この地積更正の登記は，土地の物理的な状況を登記記録の

第二節　土地の表示に関する登記手続

表題部に記録する報告的な登記であり，当該土地の利害関係人の申出に基づき，登記官の職権によってすることができるとされている(法28条)。

3　ところで，官公署が1筆の土地の一部を買収し，所有権移転の登記をする場合には，まず，当該土地を買収部分と非買収部分に区分するために，土地の所有権の登記名義人に代位して分筆の登記を嘱託することになる。この場合，当該土地を測量することになるが，その結果，地積が表題部に記録された地積と相違している場合には，分筆の登記の前提として，官公署は所有権移転登記請求権を代位原因として，代位による地積の更正の登記を嘱託することができるとされている(昭和55・7・15民三第4086号民事局第三課長通知)。

　実務においても，登記記録の表題部に記録された地積が50平方メートルのところ，実測面積が100平方メートルである土地について，そのうち，60平方メートルを買収した場合や，40平方メートルを買収した場合においても，代位による分筆の登記の前提として，代位による地積更正の登記を嘱託することができるとしている(注)。このように，登記記録の表題部に記録された地積に誤りのあることが明らかな場合には，地積の増減にかかわらず代位登記が認められている。

4　設問は，1筆の土地の全部を官公署が買収する場合において，当該土地を測量したところ，表題部に記録されている土地の地積と相違するというものであり，この場合でも，買収の登記の前提として，所有権の登記名義人に代位して，地積更正の登記を嘱託することができるかというものである。設問の場合は，官公署が当該土地を実測面積により買収したものであることから，買収による所有権移転の登記も実測後の面積でするのが実体に合致した取扱いである。したがって，土地の所有権の登記名義人が地積更正の登記を申請しない場合は，官公署は，所有権移転登記請求権を代位原因として，所有権の登記名義人に代位して，この登記を嘱託することができることになる。

(注)　登記研究398号93頁

46 官公署が代位分筆の登記の前提として代位による地積減少の更正登記をすることの可否

> 問　官公署が代位による分筆の登記を嘱託する前提として，分筆前の土地について地積の減少による地積更正の登記を，所有権の登記名義人に代位して嘱託することができるか。

【答】　登記記録の表題部に記録された土地の地積と実測の結果が相違しているときは，実測した地積が少ないときでも，官公署が土地の一部を買収してその分筆の登記をする前提として，土地の所有権登記名義人等に代位して地積更正の登記を嘱託することができる。

【解説】

1　官公署が土地の所有権を取得した場合は，官公署は単独でこの所有権移転の登記を嘱託することができる（法116条1項）。また，民法第423条の債権者代位権は，債務者の有する権利に関する登記の申請権に限らず，表示に関する登記の申請にも適用されると解されている。このことから，官公署は，所有権移転の登記を嘱託する場合に，その取得した土地について，債務者のためにあらかじめ権利に関する登記又は表示に関する登記をしなければ，自己の登記をすることができないときは，債務者に代位してそれらの登記を嘱託することができることになる（法59条7号）。

2　ところで，1筆の土地の一部について登記するためには，その部分を1筆の土地として特定する必要がある。官公署が1筆の土地の一部を買収し，その登記をする場合も同様であって，買収する土地について代位による分筆の登記をし，その上で所有権移転の登記をすることになる。しかし，この分筆の登記において，分筆前の登記記録の表題部に記録された地積と分筆後の地積の差が，分筆前の地積を基準にして規則第77条第4項（同第10条第4項の規定を準用）に規定する地

第二節　土地の表示に関する登記手続

積測量図の誤差の限度を超えるときは，地積更正の登記が必要となる（準則72条1項）。

3　土地の一部を買収し，この土地の所有権移転の登記をするときは，必ず分筆の登記をすることになるが，登記記録の表題部に記録された地積が誤って少なく表示されていて，買収する土地の地積に満たないときは，分筆の登記をすることができない。したがって，この場合には分筆の登記の前提として必ず地積更正の登記をすることになる。しかし，このような場合を除けば，分筆前の登記記録の表題部に記録された地積と実測の地積が相違していても，分筆登記には支障がないとして，従来は，地積更正の登記をすることなく処理されたものも多く見受けられた。これは，旧準則第123条に，分筆の登記の申請書に添付する地積測量図には，分筆前の土地を図示し，分筆線を明らかにするとした上で，同条ただし書で，「分筆後の土地のうち1筆については，必ずしも求積及びその方法を明らかにすることを要しない。」とされていたことによる。

4　新法の施行に伴い，旧準則第123条ただし書が改められた。そして，新たに，規則第77条第1項において，地積測量図には，①地積及びその求積方法，②筆界点間の距離，③基本三角点等に基づく測量の成果による筆界点の座標値等を記録することとされ，例外として，広大な土地の僅かな部分を分筆する場合など特別の事情があるときに限り，①（地積を除く），②及び③の記録を便宜省略することができるとされた（準則72条2項）。このことから明らかなように，改正後の取扱いは，土地の分筆の登記を申請する場合には，分筆前の土地の全部を測量し，その地積測量図には，広大な土地の場合など特別の事情があるときを除いて，すべての土地についてその地積及び求積方法を記録することになる。この場合に，分筆前の土地の地積と分筆後の地積の差が，分筆前の地積を基準にして，規則第77条第4項の規定による地積測量図の誤差の限度を超えるときは，前提として地積更正の

　　　　　　　　　　　　　　　　　　　第4　地積の変更・更正の登記

　登記を要することになる（準則72条1項）。
5　地積更正の登記を申請する場合には，実務上，隣接地所有者の筆界確認書等を提出することになるが，地積が減少する場合であっても，更正後の地積が現地において筆界を確認し，所定の測量によって求積されたものでなければならないので，同様に筆界確認書等を提出することになる（**問**59＝145頁参照）。

　また，官公署が代位して地積更正の登記を嘱託する場合には，原則として一般の登記手続に準ずることとされていることから（法16条），隣接地所有者の筆界確認書等についても同様であるが，当該官公署が独自の手続を定めている場合にはそれによることもできる（**問**58＝143頁参照）。

　なお，官公署による嘱託は，早期に買収の登記をしなければならない場合もあるので，地積更正の登記を要する事案であっても，特別の事情があるときは，便宜，これを省略して，分筆の登記の嘱託を認めて差し支えないものと考える。

第二節　土地の表示に関する登記手続

47　地積更正の登記と分筆登記を同時に申請する場合の地積測量図の援用の可否

> 問　地積更正の登記と同時に分筆の登記を申請する場合には，分筆登記の申請において提供する地積測量図を，地積更正の登記の申請において提供する地積測量図に援用することができるか。

【答】　添付情報の援用を定めた規則第37条第1項の規定は，権利に関する登記のみならず，表示に関する登記についても適用があると解されるので，分筆登記の申請情報に，分筆後の各筆の土地について求積した地積測量図を提供し，これを同時に申請する地積更正の登記の地積測量図に援用することができる。

【解説】

1　同一の登記所に対して同時に二以上の登記の申請をする場合において，各申請に共通する添付情報があるときは，当該添付情報は，一の申請の申請情報と併せて提供することで足りるとされている（規則37条1項）。また，この場合において，当該添付情報を当該一の申請の申請情報と併せて提供した旨を他の申請の申請情報の内容としなければならないとされている（同条2項）。この規定は，権利に関する登記のみならず，表示に関する登記についても適用があると解されている。

2　分筆の登記及び地積更正の登記を申請する場合には，各申請情報に併せて地積測量図を提供することとされており（令別表六項添付情報欄・八項添付情報欄イ），この地積測量図には，地番区域の名称，方位，縮尺，地番，隣接地の地番，地積及び求積方法，筆界点間の距離，基本三角点等に基づく測量の成果による筆界点の座標値を記録するほか，土地の筆界に境界標（永続性のある石杭又は金属標等）があるときはこれを記録し（規則77条1項），近傍に基本三角点等が存しない場合，その他の基本三角点等に基づく測量ができない特別の事情がある

場合には，近傍の恒久的な地物に基づく測量の成果による筆界点の座標値を記録することになる（同条1項7号かっこ書）。また，地積測量図には，分筆前の土地を図示し，分筆線を明らかにするものとされている（規則78条）。

3　地積測量図を作成する場合における誤差の限度は，当該土地についての地図の誤差と同一の限度とするものとされている（規則77条4項で準用する同10条4項）。そして，土地の表示に関する登記の申請情報の内容とした地積と登記官の実地調査の結果による地積との差が，申請情報の内容とした地積を基準にして，規則第77条第4項の規定による地積測量図の誤差の限度内であるときは，申請情報の内容とした地積を相当と認めて差し支えないとされている（準則70条）。また，分筆の登記を申請する場合において，分筆前の地積と分筆後の地積の差が，分筆前の地積を基準にして規則第77条第4項の規定による地積測量図の誤差の限度内であるときは，地積更正の登記の申請を必要としないとされている（準則72条1項）。

　そこで，ある土地を分筆するために測量した結果，規則第77条第4項の地積測量図の誤差の限度を超えている場合は，この分筆登記の申請の前提として，当該土地についての地積更正の登記を申請しなければならないことになる。

4　設問の地積更正の登記申請に係る土地は，同時に提出される後件の分筆登記の申請に基づいて分筆され，新たな地積測量図が提供されるところから，地積更正の登記の申請情報と併せて提供される地積測量図は，後件の分筆登記の申請情報と併せて提供される地積測量図の提出によって存在意義を失うこととなる。したがって，申請人の手間と費用負担の軽減を考慮して，同一の土地について地積更正の登記と分筆の登記とを同時に申請する場合においては，分筆登記の申請情報に分筆後の各土地の求積及びその方法を明らかにした地積測量図を併せて提供したときは，地積更正の登記の申請情報と併せて提供すべき地

第二節　土地の表示に関する登記手続

　積測量図については，分筆の登記で添付情報として提供する地積測量図を援用することができるものと解する（昭和37・3・12民事甲第671号民事局長通達）。

48 地積測量図の地積を誤って記録している場合の地積更正

問　土地の分筆の登記の際に提出した地積測量図は正しく作成されているが，下図のようにその求積を誤ったまま登記され，その後，誤った地積で所有権移転の登記がされている場合，どのように是正するのか。

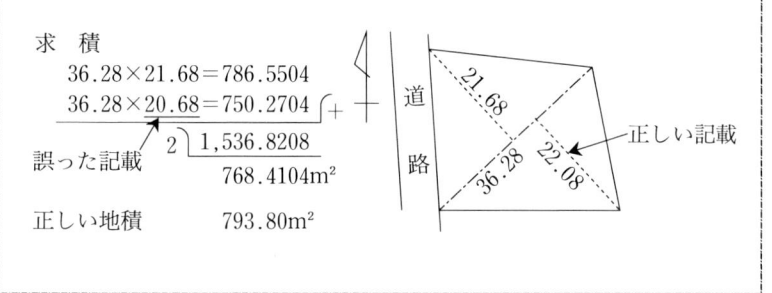

```
求　積
    36.28×21.68＝786.5504
    36.28×20.68＝750.2704
誤った記載  2 ) 1,536.8208
              768.4104m²
正しい地積      793.80m²
```

（図：道路に面した四辺形。対角線 21.68 と 22.08，辺 36.28。「正しい記載」）

【答】　現在の所有権の登記名義人から，正しい地積測量図を提供して，地積更正の登記を申請することになる。

【解説】

1　分筆の登記とは，1筆の土地を数筆の土地に分筆する登記であり，この登記の申請情報には，分筆前の土地を図示し，分筆線を明らかにした分筆後の土地の地積測量図を提供するものとされている（令別表八項添付情報欄イ，規則78条）。また，この地積測量図は，1筆の土地ごとに作成し（規則75条1項），地番区域の名称，方位，縮尺，地番，地積及びその求積方法，筆界点間の距離，基本三角点等に基づく測量の成果による筆界点の座標値，境界標（筆界点にある永続性のある石杭又は金属標その他これに類する標識）を記録することとされている（規則77条1項）。

2　ところで，土地の分筆は，分筆後の土地を特定し明確性を確保するという公示制度の要請から，原則として表題部所有者又は所有権の登記名義人の申請によってすることになる（法39条1項）。そして，登記

第二節　土地の表示に関する登記手続

官は適式な分筆の登記の申請があった場合は，法第25条各号に規定する却下事由に該当しない限りそのまま受理されることになる。したがって，①申請人の申請意思の内容と登記官の分筆登記の処分の内容が異なる場合には，当該分筆の登記に錯誤があるといわなければならず，また，②申請人の申請意思と申請行為の内容に齟齬がある場合にも，申請人の所期するとおりの分筆処分がなされていないことから，分筆処分について錯誤があるということになる。

3　設問は，正しい筆界に基づいて測量し地積測量図を作成したが，地積測量図に求積の方法を誤って記載したため，誤った地積で分筆の登記が完了したというものであるから，②の申請人の申請意思と申請行為の内容に齟齬がある場合に当たるものである。しかし，その齟齬の内容は，分筆する土地と分筆の登記を申請する土地を誤ったため，別の土地について分筆の登記をしたとか，分筆する分筆線を誤って測量し，土地の形状や地積を誤って分筆の登記をしたという，この分筆の登記が無効な登記というものでもない。

4　すなわち設問の場合は，地積を誤って登記したものであることが分筆の登記の申請において提供された地積測量図の記載から明らかで，単なる手続的な誤りであるから，この登記は無効な登記とはいえない。したがって設問の場合は，地積更正の登記は可能であり，正しい地積測量図を提供して地積更正の登記を申請することができる。なお，設問は，地積を誤って分筆の登記をした後，所有権移転の登記がされているというものであるが，この場合でも地積更正の登記の申請は，現在の所有権の登記名義人から申請することになる。

第4　地積の変更・更正の登記

49　地籍調査で筆界未定とされた土地の地図訂正及び地積更正の登記を一方の所有者から申請することの可否

> 問　地籍調査において筆界未定地とされたＡ地（所有者甲）及びＢ地（所有者乙）の各土地について，甲から乙の承諾書（印鑑証明書付）を提供して両土地の筆界を明らかにする地図訂正の申出と，甲からＡ地について地積更正の登記（地積測量図提供）の申請をすることができるか。

【答】　甲から地図訂正の申出と，地積更正の登記を申請することができる。

【解説】

1　地籍調査においては，一筆地調査を行う段階で，現地において土地所有者等の立会いを求め，筆界に関する資料等をもとに，各土地の筆界の確認を行うことになる。この場合，既に調査実施前から当事者間において筆界について争いがあり，また，調査の際に，当該筆界について土地所有者間で意見が調わないことなどがある。このため，これらの土地の筆界については確認が得られないので，「筆界未定」として処理することになる（地籍調査作業規程準則30条）。筆界未定地についての地籍図の取扱いは，この筆界は地籍図に表示せず，その箇所に(10−1)＋(14−1)のように記載することになる。

2　国土調査法第20条第1項の規定によって登記所に送付された地籍図は，同条第2項の規定による登記が完了すると，地図として備え付けることを適当としない特別な事情がある場合を除いて，法第14条第1項の地図として登記所に備え付けることになる（規則10条5項）。この「特別の事情」については，先例により示されているが（昭和52・9・3民三第4474号民事局第三課長依命通知第二の一(1)），筆界未定地があることをもって特別な事情があるとはされていないので，一般的に

第二節　土地の表示に関する登記手続

は地図として備え付けられることになる。

3　その後，当事者間において筆界が確認された場合には，当事者からの「地図訂正」の申出によって当該地図に筆界を記入することになる（規則16条1項，昭和32・8・2経済企画庁総合開発局国土調査課長回答）。一般的に，土地の筆界の位置又は形状を訂正するための地図訂正の申出は，その筆界線に接する土地の所有権の登記名義人等が共同して行うか，当事者の一方が隣接する土地の所有権の登記名義人等と筆界を確認した旨の承諾書等を提供して，単独で訂正の申出をすることになる。

4　地籍調査における筆界未定地のように，地図上に表示されていない筆界を新たに書き入れる場合は，原則的にはすべての当事者の申出により処理するのが望ましいが，筆界未定地の解消であっても，結局は地図訂正に他ならないので，当事者の意思と現地の状況が確認できれば，当事者の一方からの申出であっても受理して差し支えないものと解する。

　なお，地籍調査の実施機関は，筆界未定となった事由のほか，調査記録などの関係資料を有しているなど，客観的に事実関係を把握することができるので，訂正の申出は，可能な限り実施機関からなされるのが望ましい。

5　また，この地図訂正の申出と同時に，設問の筆界未定地であったA地については，甲から地積測量図及び乙その他の隣接地所有者の筆界確認を証する書面を提供して，地積更正の登記を併せて申請することができる（規則16条2項）。

二　隣接地所有者の承諾書

50　地積更正の登記申請において隣接者の承諾書がない場合の受否

問　隣接地所有者の承諾書（筆界確認書）が提供されていない地積更正の登記の申請は，受理できないか。

【答】　隣接地所有者の承諾書の提供がないことを理由に申請を却下することはできない。かかる場合，登記官は，申請情報及び登記所に備付けの帳簿，図面等によって，申請された土地の筆界を確認することができないときは，実地調査の上，その登記申請の受否を判断すべきことになる。

【解説】

1　地積更正の登記を申請する場合には，登記所に申請情報と併せて地積測量図（令別表六項添付情報欄）及び（代理人による場合は）代理人の権限を証する情報（令7条1項2号）を提供することとされているが，このほかには，何らの添付情報の提供を要するとはしていない。

2　ところで，地積更正の登記の申請情報と併せて提供する地積測量図は，これが申請地についての正しい筆界に基づいて測量し，作成したものでなければならないことはいうまでもない。また，この登記の申請において提供された地積測量図は，当該申請が受理され登記が完了した後は，登記完了の年月日を記録した上で地番区域ごとに，地番の順序により，土地図面つづり込み帳に編てつして，永久に保存することとされ（規則20条，28条12号，85条1項，準則55条1項），以後は，登記簿の附属書類として，写しの交付及び閲覧の請求が認められている（法121条1項・2項，令21条）。そして，地積測量図には，筆界点間の距離，基本三角点等に基づく測量の成果による筆界点の座標値，境界

第二節　土地の表示に関する登記手続

標等が記録されており（規則77条1項・2項），法第14条第1項の規定による地図が備え付けられている地域にあっても，地図よりもより細部の土地の特定に関する情報が記録されている。

　このため，地積測量図の写しの交付や閲覧の請求が極めて多く，登記されている土地を現地において特定するための公的資料として，国民の利用度が高い。このようなことから，分筆の登記や地積更正の登記等地積測量図を提供すべき登記を申請する場合には，法令上の根拠はないものの，関係土地所有者の筆界確認書等を提供（これの提供ができないときは，その理由書の提供を求めている。）するのが登記実務の取扱いとなっている。この趣旨は，当該申請に係る土地が正しい筆界に基づいて測量した成果であることを証する情報として提供されるものであると理解されている。

3　地積更正の登記の申請において，隣接地所有者の承諾書（筆界確認書）の提供がないものについては，これを提供すべき旨の法令上の根拠がない以上，これが提供されていないことのみを理由に，当該申請を法第25条第9号の規定に基づき，却下することはできないことは明らかである。かかる場合において，登記官は，申請情報及び登記所に備付けの帳簿，図面等によって，申請に係る土地の筆界を確認することができないときは，実地調査（法29条）をした上，その登記の申請の受否を判断すべきことになる。

第4　地積の変更・更正の登記

51　隣接者の承諾書がない場合の実地調査の調査事項

> 問　地積更正の登記の申請において隣接地所有者の承諾書（筆界確認書）が提供されていない場合は，登記官は実地調査をすることになるのか。また，実地調査をするとした場合の調査事項は何か。

【答】　登記官は原則として現地に赴き，土地の筆界等について実地調査をする必要がある。その場合の調査事項は，提供された地積測量図が正しいものかどうかを判断するため，調査対象の土地の所在を現地において確認した上，隣接地所有者等の立会いを求め，筆界確認等の調査をし，申請の適否を判断する。

【解説】

1　地積更正の登記の申請においては，法令上の根拠はないものの，当該申請が，土地の筆界について争いがなく，正しい筆界に基づいて測量した成果によるものであることを確認することができるものとして，隣接地所有者の承諾書（筆界確認書，筆界協議書），及びその者の印鑑証明書を提供するのが実務の取扱いとされている。

　　しかしながら，隣接地所有者の承諾書は法令上提供すべきことが定められていないことから，地積更正の登記の申請において，上記の承諾書が提供されていない場合において，この提供のないことを理由に法第25条第9号の規定により却下することはできない。

2　隣接地所有者の承諾書のない地積更正の登記が申請された場合，登記官は，当該申請情報に併せて提供された地積測量図及び登記所に備えられている帳簿，図面等のみでは，当該土地の測量が正しい筆界に基づいて作成されたものであるか否か判然としないことが多い。したがって，当該申請に係る土地が法第14条第1項の規定に基づく地図が備え付けられている区域であり，既に提出されている地積測量図等から，地積更正の登記の申請において提供された地積測量図上の筆界

第二節　土地の表示に関する登記手続

　　が正しいものと認められる場合を除き，登記官は現地に赴き，土地の筆界等について直接の利害関係を有し，かつ，当該筆界について最も熟知していると考えられる隣接地所有者等の意見を聴取する必要がある。
3　登記官が実地調査を行う場合は，当該登記の申請において提供された添付情報及び登記所で保管している登記記録及び地図等に基づいて申請の内容を事前に調査し，現地に赴き，調査対象の土地の所在を確認した上で，申請に係る事項を調査し確認して，申請の適否を判断することになる。その場合の調査事項としては，
　(1)　所在及び地番の調査
　　　申請された土地の所在を確認するため，所在及び地番を土地の形状，所有者，及び近隣の土地の配列状況について，事前調査の結果と照合するなどして確認する。
　(2)　方位の確認
　　　登記の申請情報と併せて提供された土地所在図又は地積測量図に図示された方位について，磁針器を用いて調査する。
　(3)　土地の所有者及び隣接地の所有者の確認
　　　現地調査に立ち会った者が，正当な権限を有する者であるかどうかについて，立会依頼書，身分証明書，自動車運転免許証等の提示を求め，又は口頭による聴取により確認する。
　(4)　筆界の確認
　　　土地の筆界を，各筆界点の位置，境界標の設置状況及び準拠点（三角点，図根点，恒久的地物等）との位置関係を調査し，地積測量図と現地を照合するとともに，隣接地所有者等の証言等を参考にして確認する。
　(5)　地積の調査
　　　地積測量図と対比しながら地積の検測を行う。
4　現地調査の結果，隣接地所有者の主張する筆界が，申請情報と併せ

て提供された地積測量図の筆界と相違するため筆界の確認が困難なときは，当該地積更正の登記申請を法第25条第11号により却下することになる（昭和38・1・21民事甲第129号民事局長回答）。

　また，地積更正の登記の申請において提供された地積測量図の上に表示された土地の筆界が，既に提出され登記所に備えられている地積測量図に記録されている土地の筆界を後発的に移動させていることが明らかである場合は，当該申請を却下すべきである。この例としては，当事者の合意により，土地の筆界を移動している場合が考えられる。

第二節　土地の表示に関する登記手続

52　実地調査において隣接者の主張する筆界が異なる場合の処理

> 問　地積更正の登記申請で登記官が実地調査をしたところ，当該土地所有者と隣接地所有者の主張する筆界が異なる場合，どのような処理をすることになるのか。

【答】　既に提出されている地積測量図あるいは他の隣接地所有者等の関係人の証言等によって，申請情報と併せて提供された地積測量図の筆界が正しく，これに異議を唱えている隣接地所有者が主張する筆界が誤っていることが明らかである場合を除き，筆界の確認ができないとして，当該申請を法第25条第11号の規定により却下すべきである。

【解説】

1　登記官は，地積更正の登記をする場合において必要があると認めるときは，実地調査を行うことができ（法29条1項），この場合には，申請人のみならず隣接地所有者等に対して，文書の提示を求め，あるいは質問をすることができる（同条2項）。しかし，地積更正の登記の申請に基づき，登記官が実地調査を行い，隣接地所有者の立会いを求めたところ，その者が申請人の主張する筆界（申請情報と併せて提供された地積測量図に記録した筆界）と異なる筆界を主張した場合には，どのように対応すべきかが問題となる。

2　先例（昭和38・1・21民事甲第129号民事局長回答）は，地積更正の登記の申請について，実地調査に際して隣接地所有者の立会いを求めたところ，両者の主張する筆界線が相違するためこれを確認することが困難な場合は，当該申請は，旧法第49条第10号（現行法25条11号）の規定により却下するのが相当であるとしている。

3　もっとも，申請人と隣接地所有者の主張する筆界に争いがある場合は，登記官は，すべて地積更正の登記をすることができないと解すべ

きではない。例えば，既に提出している地積測量図あるいは他の隣接地所有者等の関係人の証言等によって，申請情報と併せて提供された地積測量図の筆界が正しく，これに異議を唱えている隣接地所有者が主張する筆界が誤っていることが，何人にも明らかであるにもかかわらず，隣接地所有者が，申請人へのいやがらせ等の目的の下に，独自の見解に基づく筆界を主張している場合には，当該更正登記の申請は受理することができるというべきである。

4 なお，土地の筆界をめぐる紛争の解決手段として，「筆界特定制度」が設けられたことから，土地の所有権登記名義人等は法務局の筆界特定登記官に対し，当該土地とこれに隣接する他の土地との筆界について，筆界特定の申請をすることが可能となった（法131条1項）。

この筆界特定登記官が行った筆界特定は，行政処分ではないので，申請人がその処理の結果に不満があっても，審査請求や抗告訴訟の対象とはならない。しかし，以後の境界確定訴訟等において，重要な証拠として取り扱われることとなる。

第二節　土地の表示に関する登記手続

53　筆界について隣接者の一人が承諾しない場合の処理

> 問　隣接する土地の所有者のうちの一人でも承諾又は立会いを拒否した場合は，地積更正の登記の申請は受理できないか。

【答】　既に提出されている地積測量図その他の資料，あるいは他の隣接地所有者等の立会い等によって，申請に係る土地の筆界を確認することができないときは，当該申請は，法第25条第11号の規定により却下せざるを得ないものと解される。

【解説】
1　登記官は，地積更正の登記をする場合において必要があると認めるときは，実地調査を行うことができる（法29条1項，規則93条，準則60条）。そして，この場合には，申請人のみならず隣接地所有者等の関係人に対して，文書若しくは電磁的記録に記録された事項を法務省令で定める方法により表示したものの提示を求め，あるいは質問をすることができる（法29条2項）。しかし，地積更正の登記の申請に基づき，登記官が実地調査を行い，隣接地所有者等の立会いを求めたところ，申請人と隣接地所有者の間において筆界について争いがあったり，あるいは筆界についての争いはないものの，日照権の問題や生活上の騒音問題等が原因となって常日ごろから感情的なトラブルがあり，隣接地所有者が立会いに応じない場合には，どのように対応すべきかが問題となる。

2　ところで，登記官による土地又は建物の実地調査において検査を拒み，妨げ又は忌避した者は，30万円以下の罰金に処せられる（法162条1号）。また，登記官による土地又は建物の所有者その他関係人への文書若しくは電磁的記録に記録された事項を法務省令で定める方法により表示したものの提示の要請に対して，これをなさず，若しくは虚偽の文書を提示し，又は登記官の質問に対して陳述をなさず若しくは虚偽の陳述をなした者も同様とされている（同条2号）。この規定

は，不動産の表示に関する登記制度が創設された昭和35年法律第14号による不動産登記法の一部改正（昭和35・4・1施行）の際に，旧土地台帳法第45条及び旧家屋台帳法第25条の規定（両法律は上記不動産登記法の改正に伴い廃止された。）を修正の上，不動産登記法にその趣旨が盛り込まれたものである。もっとも，これが具体的に，どのような場合に，どのように適用されるのか，また，これに違反する事実があった場合に，登記官は具体的にどのような対応をすべきかについては，あまり論議がなく，明らかではない。

　しかし，この規定の解釈及び運用はともかく，登記官としては，登記の申請に係る土地の筆界について，立会いに応じない隣接地所有者等に対しては，筆界についての隣接地所有者の立会いを求めることの趣旨を十分に説明した上，理解と協力を求めるとともに，必要に応じて書面（図面付き）により関係の筆界についての異議の有無を照会するのが相当である。

3　登記官が上記のような要請を行っても立会いに応じない場合には，既に提出されている地積測量図その他の資料によって申請された土地の筆界を確認し，地積更正の登記申請の受否を判断するほかはない。その結果，例えば，地積更正の登記が申請された土地に隣接する土地のうち，1筆の土地所有者が立会いに応じないが，他の隣接地所有者の証言から，境界標あるいはコンクリート擁壁等により，申請地と当該隣接地との筆界を容易に確認することができる場合，又は申請地周辺が分譲地であって，立会いをしない隣接地を含め，登記所に地積測量図が提出されており，これを現地に復元することによって，筆界を確認することができる場合等においては，隣接地所有者の立会いがなくても，地積更正の登記をすることが可能であろう。

4　以上のような方法によっても，申請された筆界を確認することができないときは，当該申請は，法第25条第11号の規定に基づき，却下せざるを得ないものと解される。

54 筆界について承諾を要する隣接者の範囲

問 下図の5番1の土地について地積更正の登記を申請する場合，筆界について承諾を得る必要のある隣接地所有者の範囲はどこまでか。

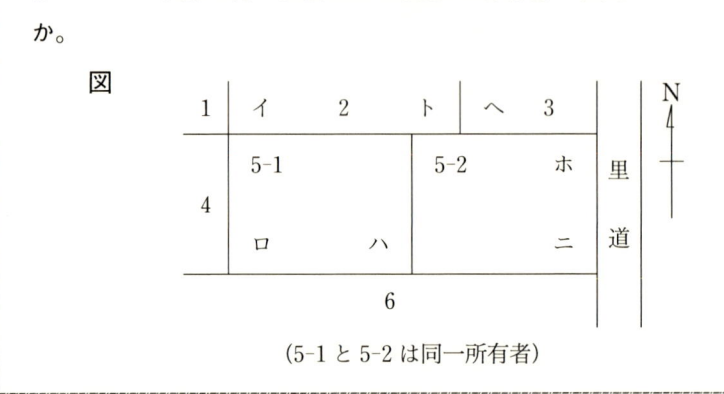

図

```
  1    イ   2    ト    ヘ   3      N
      ┌─────────┬──────────┐   │
   4  │  5-1    │   5-2   ホ │  里
      │         │            │  道
      │  ロ   ハ│            ニ│
      └─────────┴──────────┘
              6
```

（5-1と5-2は同一所有者）

【答】 設問の場合には，原則として，1番，2番，3番，4番及び6番の各土地所有者の筆界承諾書並びに里道の管理者の筆界承諾書を提供するのが相当である。

【解説】

1　設問の図において，5番1の土地についての地積更正の登記を申請する場合，その隣接地である2番，4番及び6番の各土地の所有者の承諾書が必要なことには異論がない。問題は，①申請地である5番1の土地に隣接する5番2の土地の所有者が同一人であることから，5番2の土地の隣接地である3番の土地の所有者及び里道の管理者の承諾書を必要とするのか，②申請地である5番1の土地と一点で接している1番の土地の所有者の承諾書も必要とするのかという点である。

2　①について

5番1の土地についての地積更正の登記を申請するに当たっては，3番及び里道は何ら境界が接していないことから，3番の土地所有者及び里道の管理者の承諾書の提出は要しないとも考えられる。しか

134

し，設問のような事案は，同一所有者に属する5番1と5番2の各土地は，一体として利用されているか，又は，両土地の筆界が現地において判然としないのが通常である。このような事案にあっては，たとえ5番1の土地の地積更正の登記の申請であったとしても，5番1及び5番2の両土地を一体としてみるのが相当である。このような意味において，実務上は，5番1及び5番2の各土地について，既に地積測量図が提出されており，現地においても両土地の筆界が明らかに特定できる状況にある場合を除き，3番の土地の所有者及び里道の道路管理者の承諾書を提供するのが相当と考えられる。

3 ②について

(1) 設問の図において，5番1の土地について地積更正の登記を申請する場合には，隣接地たる2番，3番，4番，6番及び里道の各土地の所有者並びに道路管理者の承諾書（筆界確認書）を提供するほか，申請地と一点で接する1番の土地所有者の承諾書を提供すべきか否かについては議論が存するところである（もし，承諾書の提供がない場合には，登記官は，実地調査の際に，2番，3番，4番及び6番の各土地の所有者並びに道路管理者の立会いを求めるほか，1番の土地の所有者の立会いをも求めるか否かという問題でもある。）。

(2) 一般的に，「点」とは位置のみあって面積のないものをいい，「線」とは連続する点のつながりをいうのであるから，「境界線」とは筆界点の連続するつながりである。そして，地積更正の登記の申請において隣接地所有者の承諾書を提供する趣旨は，申請に係る土地が正しい筆界に基づいたものであることを明らかにするため，当該筆界につき利害関係を有する隣接地との間で筆界を確認するものである。このことから，申請地である5番1の土地とその隣接地である4番の土地との境界線イ，ロの各点を直線で結んだ境界線，すなわち，申請地5番1とその隣接地である4番の土地所有者との関

第二節　土地の表示に関する登記手続

係で確認することができる範囲は，ロ点から出発してイ点までであって，イ点から先については１番の土地所有者と２番の土地所有者との関係で問題になるのである。同様に，申請地である５番１の土地とその隣接地である２番の土地との境界線イ，トの各点を直線で結んだ境界線，すなわち，申請人とその隣接地である２番の土地所有者との関係で確認することができる範囲は，ト点から出発してイ点までであって，イ点から先については１番の土地所有者と４番の土地所有者との関係で問題になるのである。

(3)　そうすると，イ点は，申請地たる５番１の土地所有者と，その隣接地たる２番及び４番の各土地所有者のみならず，１番の土地所有者が共有する点である。このところから，５番１の土地についての地積更正の登記を申請する場合には，原則として申請地と一点で接する１番の土地所有者の承諾書を提供するのが相当というべきである。そして，もし，かかる承諾書の提供がない場合には，登記官は，これらの隣接地所有者の立会いを求めるなどの方法によって，当該登記申請の受否を判断することになる。

55 地積更正の登記の申請に土地管理人の承諾書を提供したときの処理

> **問** 地積更正の登記の申請において隣接地所有者の筆界確認書に代え土地管理人の承諾書を提供したときは，所有者と管理人との関係を証する書面も提供しなければならないか。

【答】 原則として，所有者と管理人との関係を証する書面を提供するのが相当である。

【解説】
1 地積の更正の登記とは，既に登記されている土地について，その登記されている土地の地積が誤っていた場合に，これを正しい地積に訂正する登記である（法38条）。また，登記記録の表題部に土地の地積の記録が遺漏していた場合にも，地積の更正の登記によって，正しい地積を記録することになる。
2 不動産の表示に関する登記は，不動産の物理的な状況を登記記録の表題部に記録して公示するものであり，いわば事実の登記であることから，登記官に実地調査権が付与されている（法29条）。したがって，登記官は，地積更正の登記の申請情報と併せて提供された地積測量図が正しい筆界に基づいて測量し作成されたものであるか否かを，登記所に備え付けられている帳簿や図面等によって調査することになる。そして，この調査で明らかでない場合には，現地に赴き，土地の筆界について事実上の利害関係を有し，かつ，最も実情を承知している隣接地所有者等の意見を聴取することになる。
3 このように，隣接地所有者の筆界確認書等は，地積の更正の登記を申請した土地が，正しい筆界に基づいて測量されたものであることを証する書面であり，法定されたものではないが，実務上は可能な限りこれを提供する取扱いとされている。

第二節　土地の表示に関する登記手続

　　なお，この筆界確認書等には作成者の印鑑証明書を添付するのが通常であるが，これの添付がない場合には，登記官は，筆界確認書等が作成者の真意に基づいて作成されたものであるか否かを確認する必要がある。
4　設問は，地積の更正の登記申請において，隣接地所有者の筆界確認書等に代えて，その土地の管理人の承諾書を提供した事案である。
　　一般的に管理人には，契約に基づく委任管理人，法律の定める法定管理人，家庭裁判所の選任する選任管理人などがあるが，ここでは，土地（財産）を現実に管理している者の意味であると思われるので，当該土地の使用貸借人，賃借人，共有者の一人あるいは相続人等が考えられる。このような事案にあっては，承諾書を提供した管理人とその土地の所有者との関係を証する書面を提供することにより，その権限を明らかにする必要があるものと解する。
　　なお，この取扱いは原則的なものであるから，この書面が提供されていない場合には，登記官は，実地調査を行い，関係者の供述等によりこの事実を確認した上で処理することとなる。

56　隣接者が所有権を移転している場合の筆界についての承諾者

問　地積更正の登記の申請において，隣接地所有者の承諾書を提供する必要がある場合，承諾を求める隣接地所有者が所有権を移転しているときは，前の所有者の同意書でもよいか。

【答】　隣接地の現所有者が包括承継人である場合は，前所有者の承諾書でもよいが，現所有者が特定承継人である場合は，原則として，改めて現所有者からの承諾書を提供することになる。

【解説】

1　地積の更正の登記を申請する場合には，明文の規定は存しないものの，当該申請に係る土地が，正しい筆界に基づいて測量されたものであることを証する書面として，隣接地所有者の承諾書（筆界確認書，筆界協議書）を提供するのが登記実務上の慣行である。

2　隣接地の所有者が所有権を移転している場合において，その所有者が，相続・合併等による包括承継人であるときは，原則的には，その所有者が被承継人の権利義務のすべてを承継する（民法896条）ので，前所有者である被相続人の承諾行為は，現所有者の行為といえるから，前所有者の承諾書でも差し支えない。

　売買等による特定承継人については，隣接地所有者であった売主と地積更正の登記を申請する土地の所有者との間で，筆界に関する協議を行ったことを，隣接地を買い受けた買主が承知している場合には，更正登記の申請地の所有者は売主の特定承継人に対して，この協議の効力を主張することができる。これに対し，買主がこの協議の存在を承知していなかった場合には，更正登記の申請地の所有者は，この協議の効力を買主に対して主張することができるかどうかについて疑問がある。また，地積更正の登記の申請に係る土地と，その隣接地との間の筆界について事実上の利害関係を有する者は，現在の所有権の登

第二節　土地の表示に関する登記手続

記名義人であると解されることから，登記の申請において提供する隣接地所有者の承諾書は，原則として，登記を申請する時における隣接地の現在の所有権の登記名義人であるということもできる。

3　設問の場合，地積更正の登記の申請において提供する隣接地所有者の承諾書は，現在の所有者が包括承継人であるときは，前所有者が行った筆界に関する協議の効力を主張することができるから，改めて承諾書を求める必要はない。しかし，現在の所有者が特定承継人である場合は，原則として，登記を申請する時における隣接地の現在の所有権の登記名義人の承諾書を提供すべきであると解する。このことから，後者の場合は，更正登記の申請人が，改めて隣接地の現在の所有者との間において立会いの協議を行い，その承諾書の交付を得て，これを提供するのが相当と考えられる（注1）。

しかしながら，前所有者の承諾書であっても，この地積更正の登記の申請に係る土地の筆界が，他の資料により間違いないと認められれば積極的に解してもよいと思われる。なお，前所有者が登記名義人であった当時に作成された隣接地所有者の承諾書を提供して地積更正の登記が申請された場合においても，この申請の内容に間違いのないことが確認できるときは，これを受理してよいとする見解がある（注2）。

もっとも，地積更正の登記の申請において提供する隣接地所有者の筆界確認書は法定の添付情報ではないので，前所有者の筆界確認書を提供したことを理由に，申請情報と併せて提供しなければならないものとされている情報が提供されていないとして，法第25条第9号の規定により，当該登記の申請を却下することはできないことはいうまでもない。かかる場合には，登記官は，実地調査（法29条）等の方法により，当該登記申請に係る土地の筆界に間違いがないか否かを確認した上，この受否を判断することになる。

（注1）　登記研究283号71頁
（注2）　登記研究376号89頁

57　地積の計算の誤りによる地積更正の登記の申請において隣接者の承諾書の提供の要否

> 問　分筆登記の完了した後に，当該申請情報と併せて提供した地積測量図に地積の計算誤りがあったことが判明し，これを是正するための地積更正の登記を申請する場合には，隣接地所有者の承諾書を提供する必要があるか。

【答】　既に提出している地積測量図の記録から地積の計算誤りであることが明らかである場合には，隣接地所有者の承諾書の提供は要しない。

【解説】

1　土地の地積の変更若しくは更正の登記（法37条，38条）又は土地の分筆の登記（法39条）を申請する場合には，当該申請情報と併せて地積及びその求積方法等を記録した地積測量図を提供すべきこととされている（令別表六項添付情報欄，同八項添付情報欄イ）。

　一方，地積更正の登記を申請する場合には，法令上の根拠はないものの，隣接地所有者の承諾書（筆界確認書，筆界協議書）を提供するのが登記実務の取扱いとなっている。

　そこで，地積測量図を提供して，地積の変更若しくは更正の登記又は土地の分筆の登記を申請し，その登記が完了した後に，当該地積測量図に記録した地積の計算に誤りがあることを発見した場合，あるいは地積の計算は正しいものの，これを当該申請情報の内容とする際に誤って記録したことを発見した場合には，これを是正するため，再度の地積更正の登記を申請することになるが，この場合に，隣接地所有者の承諾書を提供しなければならないかが問題となる。

2　地積更正の登記が申請された場合には，登記官は，当該申請情報と併せて提供された地積測量図が正しい筆界に基づいて測量し，作成されたものであるか否かについて，その添付情報あるいは登記所に備え

141

第二節　土地の表示に関する登記手続

付けられている帳簿や図面等によって明らかでないときは，現地に赴き，隣接地所有者等の立会いを求め，検測する等の方法により，当該登記申請の受否を判断することとなる。

　地積更正の登記の申請において提供する隣接地所有者の承諾書は，当該申請情報の内容とされた更正後の地積の記録が，当該登記申請に係る土地についての正しい筆界に基づいて測量した成果であることを明らかにするもの（筆界確認書，筆界協議書）であると理解することができる。

3　設問の地積更正の登記を申請するに至った理由が，登記されている土地の地積が地積測量図の地積の計算の誤りによるもの，あるいは地積の計算は正しいものの，これを当該申請情報の内容とする際に誤って記録したものであることが既提出の地積測量図によって明らかな場合には，当該土地についての一筆地の範囲には何らの変更を来すものでないので，改めて隣接地所有者の立会いを求める必要はないものといえる。

　したがって，申請人は，地積更正の登記の申請において，登記されている土地の地積測量図の地積計算に誤りがあること，あるいは地積計算は正しいものの，これを当該申請情報の内容とする際に誤って記録したものであることを明らかにした上申書等を提供すれば足り，別途，隣接地所有者の承諾書を提供する必要はないと解する。

4　なお，上記の申請情報と併せて，地積測量図を提供すべきこととされているところから（令別表六項添付情報欄），前者の場合には正しい地積測量図を提供することとなる。しかし，後者の場合には，新たに提供する地積測量図は，既に提供しているものと全く同一のものであるところから，これを改めて提供する実益はないものと考えられる。したがって，後者の場合は，便宜，既に提出している地積測量図を援用することができるものと解する。

58 官公署が代位による地積更正の登記を嘱託する場合に，隣接者の承諾書を提供することの要否

> 問　官公署が土地の一部を買収するために，代位による分筆の登記を嘱託する前提として，代位による地積更正の登記を嘱託する場合には，隣接地所有者の承諾書（印鑑証明書付き）の提供を省略することができるか。

【答】　隣接地所有者の承諾書（印鑑証明書付き）の提供に代え，便宜，隣接土地の表示及びその所有者の住所・氏名を記載した「隣接土地所有者土地立会い及び境界確認証明書」を提供する取扱いが認められている。

【解説】

1　地積更正の登記を申請する場合には，法令上の根拠はないものの，当該申請情報と併せて提供する地積測量図が正しい筆界に基づいて作成されたものであることを証する情報として，隣接地所有者の承諾書（筆界確認書，筆界協議書）及び承諾者の印鑑証明書を提供するのが実務の取扱いとなっている。もっとも，この承諾書の提供のない地積更正の登記の申請であっても，このことのみをもってかかる場合には，登記官は，実地調査（法29条）を行い，当該申請情報と併せて提供されている地積測量図が正しい筆界に基づいて作成されたものであるか否かを精査し，当該申請の受否を決定することになる。

2　官公署からの登記の嘱託手続については，原則として一般の登記の申請手続に準ずることとされている（法16条2項）。一般的に，官公署が道路の拡幅等のため民有地の一部を買収し，その所有権移転の登記を嘱託する場合には，その行政内部における取扱手続を定めた「用地買収事務取扱要領」等に基づき，登記所の登記記録及び地図等により，土地所有者を調査し，地図等と照査しながら土地所有者及び隣接

第二節　土地の表示に関する登記手続

　　地所有者等の関係人の立会いを求めて土地の筆界を確認し，土地の測量を行い，その実測図を作成している。そして，その後，この実測図は，土地所有者及び隣接地所有者等の関係人の閲覧に供し，異議がない場合にはその旨の押印を求め，異議がある場合には再調査を実施するのが通常である。このように，1筆の土地の一部を買収する場合等においては，当該買収による所有権移転の登記を嘱託する前提として，代位により（令3条4号，7条1項3号）分筆の登記又は地積更正の登記を嘱託することになる。

3　このような官公署における取扱いの実態にかんがみ，登記実務においては，官公署が地積更正の登記を嘱託する場合に，隣接地所有者の承諾書及びその印鑑証明書の提供を省略する取扱いは認められないが，これの提供に代え，便宜，隣接土地の表示及び確認した所有者の住所・氏名を明らかにした「隣接土地所有者土地立会い及び境界確認証明書」を提供する取扱いで差し支えないこととされている（昭和37・5・12民事甲第1346号民事局長回答，昭和43・6・10民事甲第1654号民事局長回答，なお，昭和41・12・21民事甲第3375号民事局長通知参照）。

　　もっとも，かかる場合においても，登記官は，実地調査をする必要がないと認められない限り，実地調査を行う等の方法により，当該登記嘱託の受否を判断しなければならない。

59　地積が減少する地積更正と隣接者の承諾書の要否

問　地積が減少する地積更正の登記を申請する場合は，隣接地所有者に利害を及ぼすことがないので，承諾書を提供する必要がないか。

【答】　地積更正の登記の申請において隣接地所有者の承諾書を提供する趣旨は，登記を申請した土地が正しい筆界に基づいて測量されたものであることを証する書面として提供するものであるから，地積が増加する場合のみならず，減少する場合にもこれを提供する必要がある。

【解説】

1　地積更正の登記を申請する場合には，法定の添付情報である地積測量図（令別表六項添付情報欄），代理権限を証する情報（令7条1項2号）を提供するほか，実務上，申請地の隣接地所有者の承諾書（筆界確認書ないし筆界協議書）を提供する取扱いをしている。

2　登記の実務においては，地積の増加による地積更正の登記を申請する場合には，隣接地所有者の承諾書（筆界確認書ないし筆界協議書）を提供することになるが，地積の減少による場合には，これの提供は要しないとする見解もある。これは，旧土地台帳法施行当時における取扱い（注）が踏襲されて，今日に至っているためと推察される。

　しかし，地積更正の登記は，登記されている土地の地積が，その土地を登記した当時から誤って記録されている場合に，これを訂正して，登記した当時における現況の地積に合致させるためにするものであり，この地積の更正の登記によって隣接地との筆界に影響を及ぼすものではない。

3　不動産の表示に関する登記は，不動産の物理的な状況を登記記録の表題部に記録して公示するものであり，いわば事実に関する登記であるから，登記官に実地調査権が認められていて（法29条），必要があれば登記官は職権でも登記をすることができるとされている（法28

145

第二節　土地の表示に関する登記手続

条)。したがって，登記官は，地積更正の登記申請情報と併せて提供された地積測量図が正しい筆界に基づいて測量し，作成されたものか否かについて，登記所に備えられている帳簿や図面等のみでは明らかでない場合は，現地に赴き，土地の筆界について事実上の利害関係を有し，かつ，最も筆界について熟知している隣接地所有者等の意見をも聴取することも必要となる。しかし，この申請において，土地の筆界について，隣接地所有者の立会いを得て測量したものであることの筆界の確認書が提供されていれば，登記官は（その内容が他の資料によって明らかに疑義があると認められるものを除く），当該土地の筆界について争いがなく，正しい筆界に基づいて測量した成果によるものであることを確認することが可能となる。

4　土地の地積は，現地において筆界の確認を行い，所定の測量の結果により，求積されるものであるが，この求積された地積が，登記記録の表題部に記録された地積と比較して増加しているか，減少しているかにかかわらず，隣接地所有者の立会い等による筆界確認は，特別な場合を除き，必ず実施されるべきものである。また，求積後の地積が減少している場合であっても，すべてが隣接地の不利益にならないというものでもない。例えば，隣接地と申請地との筆界が申請地に入り込んでいて，求積後の地積が減少している場合であっても，申請地の境界の一部が他の隣接地に入り込んでいることもある。

　そして，地積更正の登記の申請において提供された隣接地所有者の承諾書は，申請した土地が正しい筆界に基づいて測量した成果であることを証する情報と解されるから，これは，地積の増加による場合のみならず，地積の減少による場合についても提供するのが相当である。

(注)　「土地台帳事務取扱要領」（昭和29・6・30民事甲第1321号民事局長通達）の第71は，「地積訂正の申告書には，地積の測量図を添附させる外，当該土地が他人の所有地（国有地を含む。）に接続するときは，接続地所有者の連署

を受けさせるか又はその者の承諾書を添附させ，若し接続地所有者の連署又は承諾書が得られないときは，その理由を記載した書面を添附させるものとする。」と規定していた。しかし，実務の取扱いにおいては，「地積の減少する誤謬訂正を申告する場合には，隣接地所有者の承諾書の添付を要しない。」としていた（登記研究108号44頁）。

第二節　土地の表示に関する登記手続

60　地積更正の登記の申請において隣接所有者の承諾を得る範囲

問　地積の更正の登記を申請する場合には，隣接地所有者等の筆界確認書を提供することになるが，下図の５番１の土地について地積の更正の登記を申請する場合には，乙，丙及び丁の筆界確認書を提供しなければならないか。

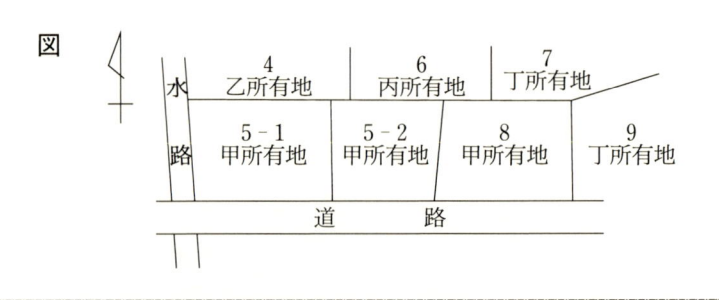

図

```
水  │  4      │  6      │ 7    │
路  │ 乙所有地 │ 丙所有地 │丁所有地│
    ├─────┼─────┼───┬──┤
    │ 5-1    │ 5-2    │ 8   │ 9  │
    │ 甲所有地│ 甲所有地│甲所有地│丁所有地│
    └─────┴─────┴───┴──┘
           道　　　路
```

【答】　道路，水路の管理者の筆界確認書を提供するとともに，原則として，乙，丙及び丁の筆界確認書をも提供するのが相当と考える。

【解説】

1　地積の更正の登記は，登記記録の表題部に記録されている土地の地積が登記した当初から誤っている場合において，これを訂正し正しい地積に是正するものである。そして，この地積更正の登記の申請情報と併せて地積測量図を提供すべきこととされている（令別表六項添付情報欄）。また，この登記の申請においては，法定されたものではないが，実務上，筆界確認書を提供する取扱いとされている。地積の更正の登記を申請する場合に筆界確認書が提供されていない場合でも，そのことのみをもって当該登記の申請を却下することはできないが，筆界確認書が提供されていれば，特別な事情がない限り，登記官は現地において隣接地所有者の筆界に関する調査を省略することができる。

2　地積更正の登記の申請情報に併せて提供する地積測量図を作成す

場合には，まず当該土地の範囲（筆界）を確定しなければならない。筆界は，隣接地所有者と共有するものであるから，筆界を確定するためには，原則として隣接地所有者の立会いを求め，筆界確認書を作成することになる。もとより，地積更正の登記は，当該土地の形状や範囲あるいは権利関係に変更を来すものではない。また，当該土地に隣接する筆界を変更するものでもないから，隣接地所有者の権利関係に何ら影響を及ぼすことはない。したがって，地積の更正の登記を申請する場合において提供する隣接地所有者の筆界に関する証明書は，登記申請情報と併せて提供された地積測量図が，申請にかかる土地の正しい筆界に基づいて測量され，その結果により作成されたものであることを証明するものであるといえる。

3　ところで設問は，道路，水路の管理者及び乙の筆界確認書を提供することについては異論のないところである。しかし，申請地と筆界が接していない6番（丙所有），7番及び9番（丁所有）の土地についても，筆界確認書を提供するかどうかについては疑問がある。もっとも，6番の土地は，5番1の土地から分筆した甲（申請人）が所有する5番2の土地と，また，7番及び9番の土地は，甲（申請人）が所有する8番の土地と筆界が接しているにすぎない。しかし，同一所有者が隣接する数筆の土地を所有している場合には，各土地が一体として利用されていて，それらの土地の筆界が判然としない場合が多い。したがって，このような事案にあっては，たとえ5番1の土地の地積を更正するものであっても，5番1，5番2及び8番の土地は一体とみるのが相当であり，設問の場合には，丙及び丁の筆界確認書をも提供することを要するものと解する。

4　地積の更正の登記を申請する場合に提供する確認書は，不当，不正な地積更正の登記を防止し，その結果として，将来の筆界に関する紛争を防止する役割をも果たすものである。したがって，5番1，5番2，8番の各土地について，最近，分筆又は地積の更正の登記がさ

第二節　土地の表示に関する登記手続

れ，既に地積測量図が提出されていて，その地積測量図と現地が合致している場合，又は，5番1と5番2の両土地の利用状況が異なり（一方が畑で，一方が宅地の場合など），かつ，両土地の筆界がコンクリートの側溝などにより明確になっている状況にあるときなど特別の事情がある場合には，丙及び丁の筆界確認書の提供を省略して差し支えないものと考える。

三 その他

61 分筆線を誤って分筆登記をした場合の地積更正による是正の可否

問 分筆して所有権を移転した土地について、その分筆登記の際に分筆線を誤って（下図ＥＦ）地積測量図を作成していた場合には、前の所有者の承諾があれば地積更正（下図ＧＨ）の登記を申請することができるか。

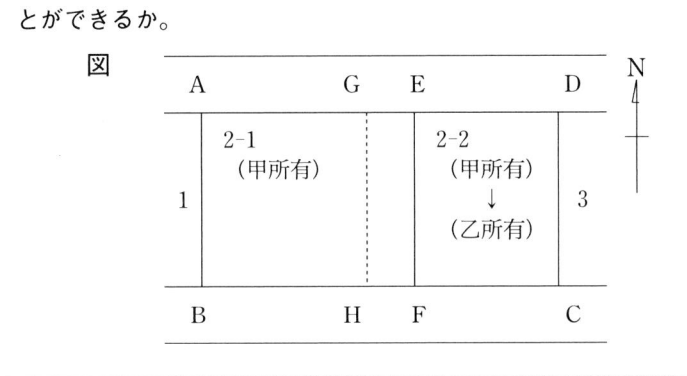

図

	A	G	E	D	
1	2-1 （甲所有）		2-2 （甲所有） ↓ （乙所有）		3
	B	H	F	C	

N↑

【答】 地積更正の登記の申請はできない。

【解説】

1　分筆の登記は、1個の土地を2個以上の土地に分筆して、その個数を変更する登記であり、この登記を申請する場合には、分筆前の土地を図示し、分筆線を明らかにした分筆後の土地の地積測量図を提供しなければならない（令別表八項添付情報欄イ、規則78条）。また、この地積測量図は、分筆前の土地ごとに作成し（規則75条2項）、土地の形状及びその面積を明確にするとともに、申請された土地を現地において特定するため、土地の筆界に境界標がある場合にはこれを記録することとされている（規則77条1項8号）。

2　土地を分筆する場合には、地積測量図上、分筆する土地の分筆線を

第二節　土地の表示に関する登記手続

明らかにしなければならないが（規則78条），現地における分筆線を誤って測量をし，その結果に基づいて地積測量図が作成され分筆の登記がされている場合，その是正方法としては，分筆後の各土地を合筆するか，分筆錯誤を原因として当該分筆の登記を抹消した上で，正しい分筆線で再度測量し，改めて分筆の登記を申請することになる。ところが，設問の場合は，既に分筆後の土地（2番2）の所有権が甲から乙に移転しているので，実務上は，その所有権移転の登記を抹消した上でなければ合筆の登記又は分筆錯誤を原因とする分筆登記の抹消は認められない。そこで，2番2の土地の所有権移転の登記を抹消した上で，合筆の登記又は分筆錯誤を原因として分筆の登記を抹消し，再度分筆をして，甲から乙への所有権移転の登記をすることになると思われる（抵当権設定の登記のある土地を分筆登記した後，この分筆が錯誤によることを原因として分筆前の状態に戻すための分筆登記の抹消を認めた先例として，昭和38・12・28民事甲第3374号民事局長通達）（注）。

　また，もう一つの是正方法は，2番1の土地からG，H，F，E，Gの各点を直線で結んだ範囲を測量した上で，この土地の分筆の登記を行い，その部分を甲から乙に所有権移転の登記をするということも考えられる。

3　なお，設問において誤った登記の原因が，正しい分筆線に基づいて地積の測量をしたものの，地積測量図を作成する際，分筆線を誤って表示し，その結果，地積が誤ったというものであれば，理論的には2番1及び2番2の各土地の地積更正の登記は可能といわざるを得ない。しかし，地積測量図等からその事実が明確であるとはいえないことから，このような地積更正の登記を肯定することは難しいものと思われる。

（注）　藤原勇喜「不動産登記の実務上の諸問題」57頁

62　隣接者との和解に基づき地積更正の登記をすることの可否

問　隣接する土地所有者間の境界確定訴訟で，筆界を下図のようにE Fから GH とする和解が成立し，この和解に基づいて地積更正の登記が申請された場合，受理することができるか。

図

```
        A       G     E        D    N
      ┌─────┬─────┬─────┐  ↑
      │ 2-1  │和│ 2-2  │
      │(甲所有)│解│(乙所有)│
    1 │      │の│      │  3
      │      │線│      │
      └─────┴─────┴─────┘
        B       H     F        C
```

【答】　判例は，公法上の筆界を確定する内容の訴訟上の和解は許されないが，所有権の範囲に関する当事者の合意と解されるときはこれを有効であるとしているところから，和解調書を添付情報とした地積更正の登記申請は，そのことのみを理由として却下すべきではなく，登記官は，当該和解調書を筆界に関する資料の一つとして取り扱い，実地調査を行い現地を確認した上で，その受否を判断するのが相当と考える。

【解説】

1　境界確定訴訟の性質については，形式的形成訴訟とするのが通説・判例である（注1）が，これによると，「境界確定の訴は，隣接する土地の境界が事実上不明なため争いがある場合に，裁判によって新たにその境界を確定することを求める訴であって，土地所有権の範囲の確認を目的とするものではない。」（最高裁判所第一小法廷昭和43・2・22判決・民集22巻2号270頁）ということになる。

　その結果，境界確定判決により確定された境界は，形成的効力を有

し，その形成力は対世的効力を生じ，第三者に対しても及ぶことになる（東京高等裁判所昭和59・8・8判決・訟務月報31巻5号979頁）。したがって，「一般に境界確定の判決が確定すると，右判決で定められた境界線について対世的効力（形成力）を生じ，第三者において右境界線を争うことができなく，したがって登記官といえども判決の定めた境界線に拘束され，これに基づき登記簿の記載を更正する必要があると解するのが相当である」（高知地方裁判所昭和51・12・6判決・訟務月報22巻12号2763頁）ということになる。

以上のことから，境界確定訴訟の性質を形式的形成訴訟であるとする通説・判例の見解によれば，境界確定の訴は所有権の範囲とは無関係であり，しかも公法上の境界そのものは客観的に固有のものであって，私人の自由な処分は許されないものであるから，判決によって形成されると同一内容の創設的効果を直接宣言するような内容の訴訟上の和解，すなわち，「甲地と乙地の境界を別紙図面表示のG・Hの両点を直線で結ぶ線であることを確定する。」という内容の和解は許されないということになる（注2）。

しかし，境界確定訴訟は，真相の発見が困難である上，当事者双方の必ずしも自己の主張について自信が持てない一方，その多くは境界そのものについての争いではなく，実質は所有権の範囲についてのものであるところから，和解により解決されるケースが相当ある。そこで，裁判実務では，境界確定についての和解条項を，「原告と被告は，別紙図面表示のG・H・F・C・D・E・Gの各点を順次直線で結んだ範囲の土地何何平方メートルについて，原告が所有権を有すること及び同図面表示のA・B・H・G・Aの各点を順次直線で結んだ範囲の土地何何平方メートルについて，被告が所有権を有することを相互に確認する。」等として，隣接する双方の土地の所有権の範囲を確認する方法がとられている（注3）。

2　境界確定そのもの（所有権の範囲を確認する方法でなく）について

訴訟上の和解が成立した場合，その効力が問題となる。このことについて，大阪高等裁判所昭和38年11月29日判決（下民集14巻11号2350頁）は，「裁判上の和解によって……土地の境界線が協定された場合において真実の境界線と協定線とが相違しているときは，特別の意思表示がない限り，両境界線にはさまれた土地は一方から他方へ譲渡される暗黙の合意がなされていると認めるのが相当である」と判示し，境界自体については無効であるが所有権の範囲については有効としている。

3　設問について検討すると，2番1の土地の所有者である甲と2番2の土地の所有者である乙との間で，GHの線を境界とする訴訟上の和解が成立したとして，当該和解調書を添付情報として地積更正の登記が申請されたときは，そのことのみを理由として却下すべきではなく，かかる場合には，登記官は，当該和解調書を筆界に関する資料の一つとして取り扱い，実地調査を行い現地を確認した上で，その受否を判断するのが相当と考える。

　　また，土地所有権の範囲を確認する和解調書を添付情報として地積更正の登記が申請された場合についても，土地の筆界に関する和解調書を添付情報とした場合と同様に取り扱うのが相当である。

　　もっとも，既に登記所に提出されている地積測量図等により，明らかに土地の筆界を移動したと認定できる和解調書を添付情報として地積更正の登記の申請があった場合には，当事者の合意により筆界を移動したことに伴う地積更正の登記の申請と同様に，当該申請を却下せざるを得ないものと思われる。

（注1）　倉田卓次「境界確定の訴えについて」『境界確定訴訟に関する執務資料』577頁
　　　　伊藤瑩子「境界確定の訴訟に関する判例・学説」同資料649頁
　　　　村松俊夫『境界確定の訴え〔増補版〕』4頁・44頁ほか
（注2）　村松・前掲書36頁・92頁ほか
（注3）　小川弘喜・渡辺昭二「書記官事務を中心とした和解条項に関する実証的研究」『裁判所書記官研修所実務研究報告書』

63 地目欄に「田」，地積欄に「500㎡内溜池50㎡」と記載されている場合の是正方法

> 問　登記簿と台帳の一元化の際，土地登記簿の地目欄に「田」と，地積欄に「500㎡内溜池50㎡」と記載されている土地について，調査したところ500平方メートルの全部が同一地目の「田」であることが明らかになった。この場合，どのような手続によって登記記録の記載を修正するのか。
> 　また，「外溜池50㎡」と記載されていて，550㎡の全部が「田」となっている場合はどうか。

【答】　いずれも，地積更正の登記の申請に基づき，登記記録の表題部の地積欄に「500㎡内溜池50㎡」と記録されている事項を抹消する記号を記録し，次欄に「500㎡」と記録する。また，「500㎡外溜池50㎡」と記録されている場合には，その事項を抹消する記号を記録し，次欄に「550㎡」と記録するのが相当と考える。

【解説】
1　登記記録の表題部の地積欄に内歩，外歩の記載がされた経緯は，旧土地台帳（土地台帳法は昭和35年法律第14号により廃止）が地租徴収の資料として利用されていた当時，1筆の土地全部が同一地目でなく一部異なる地目がある場合，1筆の土地のうち主たる地目の税率をもって課税すると公平を欠くことになるとして，異なる地目の部分を内歩又は外歩と表示して，課税上の事務処理を行っていた。

2　すなわち，内歩及び外歩の取扱いについて，明治8年「地租処分仮規定」の運用に関し，栃木県の伺いに対して指令（「台帳及券状面へ一筆内容各種名称腹書内外区分方」明治9・5・5地租改正事務局別報第24号）が発せられ，土地台帳の具体的な取扱いが示された（注1）。その後も内書（内歩），外書（外歩）の取扱いについては逐次整序され手当てさ

れていたが，当初，土地台帳に記載されたきりで，当該土地に異動がないものや，異動があっても所有者が何らの申告をしないものについては，当初の表示のままとなっていた（注2）。

3　このような状況の中，昭和35年から登記簿と台帳の一元化事業が進められることになり，この作業において，土地台帳の地積欄に外畦畔，内畦畔，石塚又は崖地等の記載がある場合には，新設する登記簿の地積欄にこれらの記載を要せず，地積が外歩で記載されているときは，これを本地の地積と合算して地積欄に記載するとされた。しかし，登記簿・台帳一元化実施要領（昭和42・3・20民事甲第666号民事局長通達）第27条第5項ただし書においては，「土地台帳中，『地積』欄にその土地の一部が別地目である旨及びその地積が記載されているときは，本来分筆すべき性質のものであるから，地積欄に内歩又は外歩の区別を明らかにして，そのまま移記し，又は平方メートルによる単位に換算して移記するものとする。」と定められていた。

4　設問は，「全部が同一地目の『田』であることが明らかになった」というものであるが，当初から溜池ではなかったのか，あるいは一元化前又は一元化後に「溜池」を「田」に変更したものかが明らかではない。しかし，当初から溜池ではなかった場合及び一元化前に「溜池」を「田」に変更したものであれば，地積の更正の登記を申請することになるものと考える。

　また，一元化後に「溜池」を「田」に変更したものであれば，本来当該土地は分筆すべきであったが，その登記をする前に同一地目の「田」となっているため，同様に，地積の更正の登記を申請することになるものと考える。

5　登記記録の修正方法は，内歩の場合は，その内歩の記録を抹消するだけでは明確性に欠けるので，「500㎡内溜池50㎡」と記録されている事項を抹消する記号を記録し，改めて次欄に「500㎡」と記録する。また，外歩の場合は，「500㎡外溜池50㎡」と記録されている事

第二節　土地の表示に関する登記手続

　項を抹消する記号を記録し，改めて次欄に「550 ㎡」と記録するのが相当と考える。

　なお，この登記記録が，登記簿を磁気ディスクによる登記簿に改製する際に，いわゆる「事故簿」として取り扱われ，当該改製が行われていない場合には，速やかに以上の修正をしたうえで，この登記用紙を磁気ディスクによる登記簿に改製することを要する（1巻問51＝124頁参照）。

(注1)　毛塚五郎「近代土地所有権」40頁　日本加除出版
(注2)　友次英樹「新版土地台帳の沿革と読み方」88頁　日本加除出版

第5　地目の変更の登記

一　地目変更の意義

64　地目の認定が現況主義といわれる理由

> 問　土地の地目の認定について，現況主義といわれる理由は何か。

【答】　不動産の表示に関する登記は，形式的な適合性ではなく，不動産の物理的な現況を登記記録の表題部に正確に記録し公示するものであることから，現況主義といわれている。

【解説】

1　不動産の表示に関する登記の申請があった場合において，その申請の受否を決する最大のポイントは，申請情報及びその添付情報の形式的な適合性にあるのではなく，当該申請に係る事項が不動産の物理的な現況に合致しているか否かである。

　これに関して，長崎地方裁判所昭和54年10月26日判決（行裁集30巻10号1790頁）は，「登記官が不動産登記簿に所定の事項を記載する登記行為は，行政行為のうちの公証行為に属し，特定の事実または法律関係の存否を公に証明するもので，本件に即していえば，地目を農地として表示することは，当該土地が農地であることを一般的に証明する効力を有するものではあるが，ある土地が農地に属するか否かは，登記簿上の地目の記載とはかかわりなく，当該土地の客観的現況によって決すべきものであるから，登記簿上の地目の表示は，これにより直接国民の権利義務を形成し，あるいはその範囲を明確にする性質を有しないといわなければならない。」と判示している。

　したがって，土地の地目についていえば，土地の所有者が自由に自己の都合によって定められるものではなく，最終的に土地の表題登記

第二節　土地の表示に関する登記手続

又は地目変更の登記申請がなされたときに，登記官がその土地を総合的，客観的に判断して認定することになるのである。

2　しかし，登記官が地目の認定をするに当たっては，現実の問題として，土地の利用状況が高度化し複雑化している今日においては，極めて困難を伴うものとなっているのが現実である。

　地目の認定に当たって準則第68条は，「土地の現況及び利用目的に重点を置き，部分的にわずかな差異の存するときでも，土地全体としての状況を観察して定めるものとする。」としている。これは，土地の地目を認定する場合に，現地の客観的状況のみにとらわれることなく，利用目的をも勘案すべきであるとされているが，この利用目的を客観的に探索するということは，多くの困難な問題があるといえる。

　特に，農地を農地以外の地目とする土地の地目変更の登記申請においては，農地法所定の許可書等の添付のないものについては，登記官は，関係農業委員会等の意見を聴取するなどの調査をした上で，当該土地の地目を認定することとされていることに留意する必要がある（昭和56・8・28民三第5402号民事局長通達ほか参照）。

3　このように，登記記録の表題部に記録される土地の地目は，当該土地の現況及び利用状況によって定まり，最終的には登記官の判断によって決定されることになるが，例外として保安林については，森林法に基づき農林水産大臣が保安林として指定した土地とされている（準則68条20号）。これについて福井地方裁判所昭和56年4月24日判決（訟務月報27巻10号1807頁）は，「保安林のみについては農林水産大臣又はその権限が委任された都道府県知事の指定という行政処分によって決定されるものであり，従って，保安林から他の地目への地目変更についても右保安林の指定を解除する行政処分がなされたことが必要不可欠の前提であることが明らかであり，これを不動産登記法第50条（現行法29条）にいわゆる登記官の実質的調査権との関係で論及すれば，右権限は地目が保安林となるか，保安林であったものがそうで

なくなるかについては及ばず,ただ保安林が解除された後いかなる地目に変更登記すべきかについてそれが及ぶものと解するのが相当である。」と判示していることからも明らかである。

65　中間地目の登記ができない理由

> 問　中間地目とはどのような状況をいうのか。また，この地目を登記できないのはどうしてか。

【答】　いわゆる中間地目とは，ある地目から他の地目に変更される過程にある土地の状況を通称する実務用語であって，未だ特定の利用目的に供されるまでに至っていないものである。したがって，この中間地目は，利用目的が変更される途中のものであることから，未だ地目の変更があったと認められず，設問の登記申請をすることはできない。

【解説】
1　土地の地目は，土地の主たる用途による区分であって，この登記は，土地を特定するための一つの要素であるとともに，土地の現況及び利用目的を公示するものである。そしてその区分は，田，畑，宅地，学校用地，鉄道用地，塩田，鉱泉地，池沼，山林，牧場，原野，墓地，境内地，運河用地，水道用地，用悪水路，ため池，堤，井溝，保安林，公衆用道路，公園及び雑種地（規則99条）と定められている。

　このことは，土地の利用状況を，社会通念上周知されている用語をもって数種の地目として特定することにより，登記された土地の状況を公示し，取引の安全と円滑化を図ろうとするものであると解され，地積が土地の量的なものを表すのに対し，地目は，土地の質的なものを表すものといわれている。

2　地目は，土地を特定する機能を持つものとして，土地の表示に関する登記の登記事項とされている（法34条1項3号）が，このような機能を十分に果たすためには，現実に土地の地目（現況地目）が何人にも明瞭であることが前提でなければならない。しかし，現実には，土地の利用状況が複雑化するに伴い，登記官の地目の認定は極めて困難なものになっている（畑から宅地への違法な地目変更登記を信用して

当該土地を買い受けた事案につき，買受人の国家賠償請求が認容された事例（名古屋地方裁判所昭和63・10・12判決・判タ684号199頁））。

3 ところで，いわゆる中間地目とは，ある特定の地目から他の特定の地目に変更される途中にある土地の状況を通称する実務用語であるが，変更される途中においては，これらの状況を地目として登記することはできず，地目として登記することができるのは，規則第99条に定められている23種類に限られるのであって，仮に，これ以外の地目が登記されたとしても，それは正しい登記とはいえない。

例えば，農地（畑）を宅地に転用し，住宅を新築する過程において，その敷地に工事用の土砂を搬入したり，工事用の車両や資材を置いたりした時点では雑種地とはならない。また，土砂を入れ，盛り土をして建物の土台となるコンクリートブロックを置いただけでは当該土地の地目は依然として畑であり，これを宅地と認定することはできない。

また，畑に木が生育しているからといって，直ちに，この土地の地目を山林とすることができない場合がある（苗木の栽培をしている畑であったり，少しの間だけ耕作を中止しているときなど）。

先例も，「農地を宅地に改廃する中間の過程で，単に盛土をし，又はブルドーザーによる地ならしをし，容易に農地に復旧できない状態がみられても，特定の目的の用に供されていない土地については，たとえその時点において耕作を止めているとしても，利用目的を積極的に判断できない流動的な状態であり，未だ現地目が他の地目に転化したとは解せられず，その地目を雑種地とするのは相当でない。」としている（昭和46・2・4民三第1040号民事局第三課長回答）。

第二節　土地の表示に関する登記手続

66　法定区分以外の地目を定めることの可否

> 問　規則第99条の規定により，土地の地目はその主たる用途により23種類に区分されているが，この法定区分により認定することが難しい場合には，登記官は適宜その他の地目を定めることができるか。

【答】　規則第99条が土地の地目を23種類に限定しているため，それ以外の地目を定めることはできない。

【解説】
1　地目とは，土地の現況及び利用状況によって定められる名称であって，土地を特定するための要素の一つである。この地目は，規則第99条において，土地の主たる用途により田，畑，宅地，学校用地，鉄道用地，塩田，鉱泉地，池沼，山林，牧場，原野，墓地，境内地，運河用地，水道用地，用悪水路，ため池，堤，井溝，保安林，公衆用道路，公園及び雑種地に区分して定めるとして23種類の地目を規定している。また，準則第68条において，土地の現況及び利用目的に重点を置き，部分的にわずかな差異の存するときでも，土地全体としての状況を観察して定めるものとして，その内容を定義している。

2　このように，土地の地目として23種類に限定し，これ以外に地目を認めていないのは，登記官が任意に地目の名称を付すことになると，その種類が限りなく増加し，ひいては，全国的な統一が図られ得ないことになるほか，課税台帳上の評価額を決定する上で地目は極めて重要な要素であり，土地の売買等における取引においても当該土地の価値を判断する基準にされることなどから，現時点においては上記のごとく限定しているものと解される。

3　ところで，地目と同じく登記事項とされている「建物の種類」については，規則第113条において，居宅を含めて12種類を示した上で，

「これらの区分に該当しない建物については，これに準じて定めるものとする。」と規定し，さらに，準則第80条において25種類を示し，「なお，これにより難い場合には，建物の用途により適当に定めるものとする。」と規定し，建物の主たる用途が2以上の場合には，例えば「居宅・店舗」とする表示も認めていることと対象的である。

　この理由としては，建物は近年の建築技術の向上により，構造上又は利用目的が多様化し，様々な建造物が見られるようになっている。そして，これらの建物の中には，建物の認定基準である，いわゆる「屋根及び周壁を有し，かつ土地に定着した建造物」という，物理的な構造上の要件並びに建物としての用途性を具備していながら，規則等によって定められた種類によっては区分し，特定することが困難な建物の出現が予想されることによるものと解される。しかも，建物の価値や評価額の決定においては，主として建物の構造等が重要な要素となるものの，これに比較して建物の種類は大きな要素とはなり得ないことにもあると解される。

第二節　土地の表示に関する登記手続

67　雑種地について具体的な用途基準を定めることの要否

> 問　土地の地目は，その利用目的等により22種類に区分されたもの以外の地目は雑種地とされているが，この雑種地について用途の基準を，さらに具体的に示すことはできないか。

【答】　現状では，雑種地を具体的に表示することはできない。

【解説】

1　土地の地目は，土地の現況及び利用目的を明らかにし，当該土地を特定するものであり，登記上の表示としては，規則第99条において，雑種地を含めた23種類の地目の名称を定めている。

　雑種地として登記されている土地には，「プール」や「駐車場」，「資材置場」など土地の利用目的が明確なものと，何ら利用目的に供されていない状況にあるものがあることに注意すべきである。

　なお，宅地を造成していく途中で，従前の地目と宅地との中間的な段階にある土地については，未だ宅地に変更されたとは認められないので，特段の状況にない限り，雑種地に認定することは許されない。

2　具体的な土地について地目の定め方を規定した準則第69条が雑種地として取り扱うものとしているものは，次のとおりである。なお，これは，旧土地台帳事務取扱要領（昭和29・6・30民事甲第1321号民事局長通達（昭和35・4・1廃止））第8においてもほぼ同様に規定されていた。

　　(1)　水力発電のための水路及び排水路（5号）
　　(2)　遊園地，運動場，ゴルフ場又は飛行場の一部に建物がある場合でも，建物敷地以外の土地の利用を主とし，建物はその附随的なものに過ぎないと認められるときはその全部（7号）
　　(3)　競馬場内の馬場（8号）
　　(4)　宅地に接続していないテニスコート，プール（9号）

(5)　建物の設備のない火葬場の用地（12号）
　(6)　高圧線の下の土地で他の目的に使用できない区域（13号）
　(7)　鉄塔や変電所の敷地（14号）
　(8)　抗口，やぐらの敷地（15号）
　(9)　製錬所の煙道敷地（16号）
　(10)　永久的設備と認められる雨囲いのない窯業場（17号）
　(11)　建物のない木場区域内の土地（18号）
3　また，先例，実例において雑種地として取り扱うものとされたものは次のとおりである。
　(1)　河川の氾濫により現況は河川であるが，河川の区域と認定されていない土地（昭和26・12・26民事甲第2420号民事局長回答，昭和27・3・4民事甲第228号民事局長通達）
　(2)　動物の遺骸又は遺骨を埋める私有地（注1）
　(3)　コンクリート造りの工作物があり，他より水を引き入れて地域の共同洗場として使用している土地（注2）
　(4)　山林，原野等の海岸線に近い急傾斜地に土砂崩れや地すべりを防止するために設けられた幅3メートル高さ15メートルの鉄筋コンクリート擁壁を構築した場合に，その擁壁の占める土地（注3）

　以上のように，具体的な土地の地目について限定的に定められているが，現在，雑種地として分類されている土地については，さらに具体的な名称を付すかどうかについて，将来の問題として検討すべきものと考える。

（注1）　登記研究42号28頁
（注2）　登記研究228号66頁
（注3）　登記研究422号103頁

二　登記の申請

68　債権者代位による地目変更の登記を申請することの可否

> 問　売買予約による所有権移転請求権の仮登記の権利者から，債権者代位による地目変更の登記の申請をすることができるか。

【答】　所有権の仮登記権利者から，代位原因を証する情報（令7条1項3号）を提供して，債権者代位による地目変更の登記を申請することができる。

【解説】

1　債権者は，自己の債権を保全するために，債務者である不動産の所有者に代わって表示に関する登記を申請することができる（民法423条1項，法59条7号）。

　代位登記は，債務者が代位の目的となる不動産について登記申請権を有し，債権者が債務者に対し債権を有することが必要とされる。代位行使できる債務者の権利は，登記申請権であるが，その登記には，権利に関する登記のみならず，表示に関する登記も含まれる。

　地目変更の登記は，現に土地の物理的な状況に変更が生じているその事実を，登記記録の表題部に記録して公示するために行う報告的な登記である。そして，不動産の表題部所有者又は所有権の登記名義人に申請義務が課せられており，これらの者が申請人になるのが原則であるが，表題部所有者又は所有権の登記名義人が登記申請をしない場合に債権者は，代位申請という方法で申請人となることができるのである。

　代位申請は，代理人による代理申請とは異なり，自己の名において申請することになる。

2　代位申請の要件としては，債務者が自らその権利を行使しないこ

と，及び債務者に対する債権保全の必要性があることである。登記の実例は，登記記録の表題部に記録された地目が農地で現況は山林である土地について，農地法第4条の許可を得て市町村が買収した場合に，市町村長は，所有者に代位して農地を山林とする地目変更の登記をすることができるとしている（注）。

以上のことから，設問の所有権移転請求権の仮登記権利者から，代位原因を証する情報（契約書等）を提供することにより，所有権の登記名義人に代位して，地目変更の登記を申請することができるものと考える。

なお，設問の仮登記については，地目変更の登記をしない状態で，登記の申請をすることはもとより可能ではあるが，当該仮登記が，いわゆる仮登記担保であるとき等，仮登記権利者において現状どおりの地目を登記記録の表題部に記録し，明らかにしたいとする場合があると思われる。

（注） 登記研究554号133頁

第二節　土地の表示に関する登記手続

69　筆界未定地について地目変更の登記を申請することの可否

> 問　筆界未定地について，地目変更の登記の申請があった場合，受理することができるか。

【答】　筆界未定地となっている数筆の土地のうち，1筆の土地についての地目変更の登記は，原則として認められないが，当該筆界未定地となっている土地全体が同一の地目であると認められるときは，受理できる。

【解説】

1　筆界未定地とは，国土調査法による地籍調査において，一筆地調査（地籍調査作業規程準則3条）を行った際，土地の所有者の立会いが得られず，又は筆界に争いがある等の理由により隣接する各土地相互間の筆界が確認されなかったことにより，当該部分の筆界を「筆界未定」として処理した土地のことをいう。

筆界未定地に対する地籍図の取扱いについても，当該筆界を地籍図には表示せず，例えば，5番1と8番の土地が筆界未定の場合には，筆界未定地の適宜の箇所に「(5－1＋8)」のように表示する取扱いとされている（地籍図の様式を定める総理府令・昭和61・11・18総理府令第54号）（注）。この場合，国土調査の成果の送付を受けた登記所は，当該土地については何ら成果に基づく登記等は行わないこととされている。

2　ところで，地目変更の登記は，登記記録の表題部に記録された一筆地の地目と現況の地目を一致させることを主眼とするものであることから，前提事実として，申請の客体である登記されている一筆地が現地で特定されなければならない。すなわち，土地の位置，範囲，形状及び利用状況等が明らかにされなければならないのである。

170

設問の場合は，申請に係る土地と隣接の土地の筆界が明確でないため，申請された土地が，どこから，どこまでなのか確認できないため，登記官は，申請された当該土地の現況地目を認定することができないので，受理できないことになる。

3　ただし，地籍調査によって筆界未定として処理されている部分であっても，筆界未定地を構成する区画においては，少なくとも筆界未定地を取り巻く隣接土地との筆界は明らかにされており，当該部分の中には何番と何番の土地が含まれていることが確認されているので，筆界未定地を構成する全部の土地について，同一の地目であると認められる場合には，その筆界未定部分のすべての土地について，地目変更の登記が申請されたときは，受理して差し支えないものと解する。

　(注)　例えば，2番，3番，4番の土地相互の筆界が未定である場合は，下図のように表示することになる。

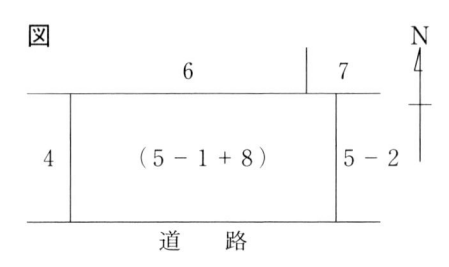

```
図                              N
      ┌─────────────┬───┐   ↑
      │      6      │ 7 │
      ├───┬─────────┼───┤
      │ 4 │ (5-1+8) │5-2│
      └───┴─────────┴───┘
              道　路
```

第二節　土地の表示に関する登記手続

70　農地転用に関して農業委員会への照会中に登記名義人の表示変更登記がなされた場合の処理

> 問　地目変更の登記申請があり，農業委員会への照会中に所有権登記名義人の住所変更登記がなされた場合，地目変更の登記の申請はそのまま処理することとなるのか。

【答】　そのまま処理することになる。

【解説】

1　土地の地目を農地から農地以外の地目に変更する登記の申請においては，当該申請情報に，①農地に該当しない旨の都道府県知事又は農業委員会の証明情報，②転用許可があったことを証する情報のいずれかが提供されていない場合は，農地法第4条若しくは第5条の許可又は第73条の許可の有無，対象土地の現況その他の農地の転用に関する事実について農業委員会に照会し，その回答を待って処理することとされ，回答を受けるまでの間は当該申請の処理は保留する取扱いとされている（昭和56・8・28民三第5402号民事局長通達一の1・2）。

2　ところで，登記申請事件の処理について法第20条は，「登記官は，同一の不動産に関し権利に関する登記の申請が二以上あったときは，これらの登記を受付番号の順序に従ってしなければならない。」と規定し，同一の物件に対する権利の登記の申請については強行規定とし，物件を異にする場合は一種の訓示規定と解されている。さらに，規則第58条は，「登記官は，法第20条に規定する場合以外の場合においても，受付番号の順序に従って登記するものとする。」と規定し，権利に関する登記に限らず，表示に関する登記においても受付番号の順に従って登記すべき原則が適用される。

　設問の場合は，同一不動産について，後に受け付けられた所有権登記名義人の住所変更の登記申請が，前に受け付けられた地目変更の登

記申請より先に処理され登記が完了していることから，法第20条及び規則第58条の規定に違反することは明らかである。しかし，同条は，登記官の処分行為に対する命令規定であり，権利関係の競合を避けるための規定と考えられることから，同規定の違反のみをもって登記の効力に影響することはないと解される。

　すなわち，地目変更の登記申請の処理においては，所有権登記名義人の住所変更の登記申請が処理される前に，申請人について適格者であるか否かの審査がなされ，登記申請人等については適法と判断された後に農業委員会に地目に関する照会をしたものであり，地目の認定を除いては法第25条及び令第20条各号に定める却下事由が存在せず，したがって，農業委員会の回答が地目変更を是認するものであれば，この土地について実地調査等を行った上で，地目の認定を行い処理することとなる。

3　不動産の表示に関する登記は，土地又は建物の物理的状況を正確に，かつ迅速に登記記録の表題部に記録し公示することとされているため，所有者等に一定の期間を定めて登記の申請義務を課す(法37条等)とともに，登記官に職権による登記を認めているところである(法28条)。このことから，設問においては，地目変更の登記申請をした申請人の住所が後発的な事由によって符合しなくなったものであり，申請自体を補正させる事由はないので，そのまま処理する取扱いとなろう。

4　なお，表題部所有者若しくは所有権の登記名義人が地目変更の登記を申請する以前に既に住所を移転していて，当該申請人の住所が登記記録の表題部の記録と異なるときは，申請人の移転後の住所を地目変更の登記における申請情報の内容とし，この申請情報に併せて住所の変更を証する情報を提供することになる(注)。

　ただし，コンピュータ化庁においては，前に受け付けされた地目変更の登記が未処理となっている場合には，後に受け付けされた住所変

第二節　土地の表示に関する登記手続

更の登記申請は処理することはできないので，今後は，設問のような事案は解消されるものと考える。

（注）　登記研究 302 号 71 頁，同 394 号 253 頁

71 山林を駐車場とした後，宅地として使用している場合の地目変更の登記手続

> 問　登記記録の表題部の地目が山林となっている土地について，いったん，駐車場として使用し，その後，さらに宅地として使用している場合，この地目変更の登記の申請はどのようにするのか。

【答】　直接山林から宅地への地目変更の登記を申請するのが相当である。

【解説】

1　登記記録の表題部に記録されている土地の地目は，その土地の利用方法の変更や自然的変化等により他の地目（規則99条，準則68条，69条）になったときは，表題部所有者又は所有権の登記名義人は，1月以内に地目の変更の登記を申請しなければならないとされ，その申請義務が課せられている（法37条）。したがって，設問の事例については，本来であれば当該事由が生じた都度，その変更の登記を申請すべきことになる。

2　ところで，不動産登記法においては，登記は不動産の表示に関する登記と不動産の権利に関する登記についてするものとされている（法3条）。そして，不動産の表示に関する登記とは，権利の客体である土地又は建物の物理的な状況を明らかにするため，土地の登記記録及び建物の登記記録の表題部に所要の記録をすることをいう。

　すなわち，不動産の表示に関する登記は，日本の全域における土地及び建物の物理的な状況を常時正確に把握して，権利の客体を明らかにし，もって不動産取引の安全と円滑に資することと同時に，国及び地方公共団体等の行政上の諸施策のための基礎資料を提供し，副次的には地方税法による土地及び建物の固定資産税の納税者を明らかにしようとするものである（法1条，地方税法343条）。

3　このような表示に関する登記の特質から，不動産の表示に関する登

175

第二節　土地の表示に関する登記手続

　記においては，不動産の所有者に対して過料の制裁をもって登記申請の義務を強制し（法164条），また，登記官には実質的な調査権限を与え，申請がないとき又は申請が相当でないときは，登記官が職権で登記することができることとされている（法28条，29条）。

　以上のとおり，表示に関する登記については，不動産に関する権利の得喪変更の過程を登記記録の権利部に記録し，これを公示することを目的とする権利に関する登記とは異なり，現在の不動産の物理的な状況を把握して公示するのが目的である。このことから，土地又は建物の物理的な状況が数次にわたって変更している場合には，その中間の状態を省略して，速やかに直接現在の不動産の現況を登記する取扱いとされている。

　したがって，設問においては，地目を山林からいったん雑種地（駐車場）に変更した後，宅地に地目変更することなく，山林から直接宅地に地目変更の登記をすることになる。

72　苗木を植林してどの程度年月が経過すれば山林に地目変更できるか

> 問　苗木を植林して山林へ地目を変更する場合，植林後どの程度の年月を経過すれば山林として地目変更の登記を申請することができるか。また，その基準はあるのか。

【答】　樹木が土地に定着した時を基準とすべきであり，一般的には植林後3年ないし8年の経過をもって地目変更の登記を申請することができる取扱いとされている。

【解説】

1　山林とは，耕作の方法によらないで竹木の生育する土地の地目である（準則68条9号）。したがって，苗木を植林した土地については，植林してすぐに地目が山林となるものではなく，苗木が完全に根付き，下草刈等の肥培管理をする必要がなくなり，独立して生育できるようになって初めて山林と認定できるのである。そして，その期間も樹木の種類，その地域の気候等により一概にはいえないが，一応の基準として植林から少なくとも3年から8年程度の経過が必要であり，植林後直ちに地目変更の登記申請があっても，これを受理することはできないとされている。

2　ところで，山林は，傾斜地や起伏の多い地形に限ることはなく，平坦地にあるものもすべて含まれる。そして，専門の造林業界においても，苗木を植林して造成林を山林形態にまで育成するには，樹種により多少の差異はあるが，下草刈等の保育管理を施す必要がなくなるのは，植林して3年から8年程度の経過を要するとされている。

　登記の実務においては，畑に台湾桐を植林している土地について，客観的に畑の効用形態を失ったときは山林に地目変更することができるとしている（注1）。また，農地法第4条の許可を受け農地に植林し

第二節　土地の表示に関する登記手続

　　た場合において，植林しただけの状態では農地から山林に地目変更があったとは認められず，植林後数年を経て完全に根付き，永続的な山林と認められる状態となったときに地目変更があったものとみるべきであるから，植林後直ちに地目変更の登記の申請があっても，これを受理することはできないとしている（注2）。
3　このことから，山林への地目変更の登記を申請する場合において，苗木を植林して数年又は10数年経過している場合には，登記原因の日付については遡及して地目が山林に変更した年月日と認定することになるが，その判断は非常に困難な問題である。したがって，具体的事案において，仮に原因の日付に疑義が生じた場合には，現況を十分に調査する一方，所有者等の説明を求め，あるいは森林組合，農業委員会等の関係機関に照会する等，変更原因の年月を特定するよう努めなければならない。

（注1）　登記研究170号98頁（昭和36・3・13福岡法務局管内登記官吏会同決議に対する民事局長指示）
（注2）　登記研究429号120頁

73 一部地目変更による分筆登記で分筆元地を地目変更することの可否

> 問　1筆の土地の一部が別地目となった場合の「分筆及び地目変更登記」において，地目変更する土地を元地とすることはできないか。

【答】　積極に解するのが相当である。

【解説】

1　1筆の土地は，土地の表題登記及び分筆の登記等により創設されることになるが，この1筆の土地の創設される要件は，同一の地番区域内に存在し，連続している土地であって，同一の地目であることを要する。したがって，1筆の土地の一部が別の地目となったときは，当該土地の所有者の申請又は登記官の職権によって，分筆及び一部地目変更の登記をすることになる（法37条1項，39条2項）。

　分筆の登記（地目変更を伴うか否かは別）の場合，元地（規則第101条で「甲土地」といい，本番，元番又は親番ともいう。）以外の土地を創設された土地として取り扱い，一部地目変更による分筆の登記においては，地目の変更を生じた一方の土地を新たに創設された土地として取り扱うのが一般的である。

2　分筆の登記における「元地」という考え方は，その登記記録が分筆後も使用され，かつ，その土地の甲区，乙区の登記記録に登記された事項が新たに創設された土地の登記記録に転写（規則102条）されるという，登記事務の処理上の手法から用いられてきたものと考えられる。しかも，この手法は，公示の明確性及び記録の利便性等から採られたものと思われる。

　ところで分筆の登記とは，分筆後の土地を目的とする権利について対抗要件を具備させるために，その前提としてする登記であり，ある土地を1筆とするか数筆とするかは，土地の所有者の選択に委ねられ

第二節　土地の表示に関する登記手続

ている。したがって，分筆後の土地のいずれを元地とし，いずれを創設する土地とするかもまた所有者の意思により定めることになる。

　一方，土地の地番は他の土地を区別する符号であり，登記官がこれを定めるものとされている（法35条）。

3　設問は，甲土地の一部の地目変更により「一部地目変更・分筆登記」を申請する場合の事案である。通常であれば，地目変更の部分を分筆した土地とすることになるが，特別の事情により地目変更の部分を元地とすることの可否を問うものである。例えば，5番1の山林の一部に住宅を建築したため分筆及び一部「宅地」とする地目変更の登記を申請する場合に，たまたま当該土地の所有者が5番1を本籍地等として長年使用していたことから，宅地に変更する部分を5番1の地番（元地）とするよう希望した場合などは，このような問題が生ずることがある。もっとも，このような場合には，「一部地目変更・分筆登記」の方法によらず，宅地部分を5番1として分筆の登記をした後に，同地について地目変更の登記を申請するのが通常であると思われる。

4　しかしながら，規則第101条第2項は，分筆の登記手続（表題部の登記）について，甲土地（元地）の登記記録に，「土地の表題部の登記事項，何番の土地を分筆した旨及び従前の土地の表題部の登記事項の変更部分を抹消する記号を記録しなければならない。」と規定し，かつ，準則第74条第1項は，「甲土地の登記記録の表題部に，地番，地目及び地積のうち変更する事項のみを記録し……」としている。このことから，「一部地目変更・分筆登記」の手続においては，元地の「地目」に変更があり得ることを示しているものと解される。したがって，設問の場合については，積極に解するのが相当である。

74 原因日付の異なる数筆の地目変更の登記を1件で申請することの可否

問　地目変更の原因の日付が異なっていても所有者が同一であれば，数筆の土地について一の申請情報で一括して地目変更の登記を申請することができるか。

【答】　便宜，一括申請をして差し支えないものと考える。

【解説】

1　法第2条第5号は，登記記録について，「1筆の土地又は1個の建物ごとに……作成される電磁的記録をいう。」と規定し，いわゆる一不動産一登記記録主義を採用している。これが採用された趣旨は，まず，不動産の特定を容易にし，権利関係等の混乱（二重登記）を防ぎ，その上で正確で過誤のない登記事務の処理を行うという，登記法の基本的な要求に基づくものである。これにより，登記の申請についても，また，1個の不動産については1個の申請により申請するのが原則となる。

　　しかしながら，この一不動産一登記記録主義の建前を厳格に貫くと，申請人に過重な負担を課すことになり，また，登記の実行などの手続においても極めて煩瑣なものとなる。

2　そこで，令第4条は，申請情報は，登記の目的及び登記原因に応じ一の不動産ごとに作成して提供しなければならないとしながら，その例外として取り扱うことのできる場合について規定している。すなわち，二以上の不動産に関する登記を申請する場合であっても，①不動産が同一の登記所の管轄内にあり，②登記の目的が同一であり，かつ，登記原因及びその日付が同一である場合に限り，一の申請情報をもって登記の申請をすることができるとし，さらに，規則第35条により，この原則を緩和している。これは，仮に，①一の申請情報をも

181

第二節　土地の表示に関する登記手続

って申請することを認めても，登記事務の処理において煩瑣となることはなく，したがって，②登記事務に過誤を生ずるおそれがなく，かつ，③申請人にも便利であると考えられるところから，申請手続の簡素化を認めようとするものである。

　ところで，「登記原因及びその日付が同一」の解釈についてはいくつかの説があるが，実務においては，「登記原因」とは，登記すべき不動産に関する権利又は不動産若しくは登記名義人の表示の変更の原因である法律行為又はその他の法律事実をいうのであり，「同一であるとき」とは，上記の法律行為又は法律事実の内容及びその成立ないし発生の時期が同一であり，その当事者が同一であることを要するとしている（注）。

3　1不動産の登記は1個の申請情報によるとする原則は，前述のように，不動産の特定を容易にし，権利関係等の混乱を防ぎ，過誤のない登記事務の処理を行うというものである。そうだとすれば，登記の種類によっては，①登記の実行段階で過誤を発生させる余地が少なく，②申請人の負担の軽減となり，③登記所の事務処理の煩瑣を回避できる場合には，一括申請が認められるのではないかとする考え方もある。

　登記の先例（昭和20・5・21民事特甲第100号民事局長回答）も，既登記の主たる建物につき，まず，附属建物を新築し，その後主たる建物を増築したことによる表示の変更の登記は，それぞれ登記原因の日付を記載し，一の申請情報をもって申請することができるとしている。

4　新法（平成16年法律第123号）の施行に伴い定められた規則の第35条第6号は，同一不動産に関する場合であるが，「不動産の表題部の登記事項に関する変更の登記又は更正の登記」は一の申請情報をもって申請することができるとしている。これは，設問の場合とは事例を異にするものであるが，地目変更の登記は，報告的な登記であって，申請人に登記義務を課していること及び登記の実行段階で過誤を発生

させる可能性が少ないことを考慮すると，設問の事案については，便宜，一の申請情報をもって一括申請して差し支えないものと考える。

(注)　枇杷田泰助監修「不動産登記法入門」111頁　きんざい

第二節　土地の表示に関する登記手続

75　一部が別地目となった部分を含めて数筆の土地に分筆する登記を一括申請することの可否

> 問　1筆の土地のうちの一部が別地目となった場合は，分筆の登記と分筆後の一方の土地についての地目変更の登記を一の申請情報で申請することができるが，次の場合も同様に認められるか。
>
> （例1）残地部分（元地）を地目変更する場合
>
> | ①地番 | ②地目 | ③地積 m² | 登記原因及びその日付 |
> |---|---|---|---|
> | 8番 | 宅地 | 300　14 | |
> | a8番1 | 公衆用道路 | 221 | 年月日一部地目変更 ①③8番1・8番2に分筆 |
> | b8番2 | 宅地 | 79　10 | 8番から分筆 |
>
> （例2）分筆が多数筆であり，その内の一筆を地目変更する場合
>
> | ①地番 | ②地目 | ③地積 m² | 登記原因及びその日付 |
> |---|---|---|---|
> | 8番 | 宅地 | 300　14 | |
> | a8番1 | 宅地 | 84　94 | 年月日一部地目変更 ①③8番1・8番2・8番3・8番4に分筆 |
> | b8番2 | 宅地 | 78　43 | 8番から分筆 |
> | c8番3 | 宅地 | 77　29 | 8番から分筆 |
> | d8番4 | 公衆用道路 | 59 | 8番から分筆 |
>
> （例3）分筆が多数筆であり，それぞれ地目が違う場合
>
> | ①地番 | ②地目 | ③地積 m² | 登記原因及びその日付 |
> |---|---|---|---|
> | 8番 | 宅地 | 300　14 | |
> | a8番1 | 公衆用道路 | 30 | 年月日一部地目変更 ①③8番1・8番2・8番3・8番4・8番5に分筆 |
> | b8番2 | 宅地 | 74　92 | 8番から分筆 |
> | c8番3 | 宅地 | 76　29 | 8番から分筆 |
> | d8番4 | 公衆用道路 | 41 | 8番から分筆 |
> | e8番5 | 宅地 | 77　38 | 8番から分筆 |

【答】　いずれの場合も，一の申請情報をもって申請することができるものと考える。

【解説】

1　土地の表示に関する登記においては，登記記録にその土地を特定するための要素の一つとして，当該土地の地目が登記事項とされている（法34条1項3号）。そして，この地目は，1筆の土地の主たる用途の面から特定して公示するために付されるものであるから，1筆の土地

第5　地目の変更の登記

について二つ以上の地目を定めることは認められていない（法39条2項）。したがって、1筆の土地のうち、ある特定の区画について、その主たる用途が変更され、その部分が登記された地目と別の地目となった場合には、当該土地を単一の地目として特定できず、法第34条の規定による1筆の土地として公示することもできない。そこで、このような事実が生じた場合は、当該1筆の土地を各地目ごとに分筆したうえ、分筆後の土地のうち、その用途を変更した土地について別地目とするための、一部地目変更による分筆の登記を申請することになる。

2　一般に分筆の登記を申請するか否かは、土地の所有者の意思に委ねられているが、土地の地目が変更されたときは、土地の表題部所有者又は所有権の登記名義人は、その変更のあった日から1月以内にその登記を申請しなければならないとされている（法37条1項）。このことから、一部地目変更の場合には、別の地目となった部分について1筆の土地とする必要があり、地目変更の登記の前提として分筆の登記を要することになる。

3　不動産登記法は登記の申請をするには1個の登記（法律行為又は法律事実）について、1個の申請情報をもってすることを原則としている（令4条本文）。

　しかし、不動産の表示に関する登記は、現在の土地又は建物の物理的な状況を迅速、かつ正確に登記することにその制度の目的があるから、1個の不動産について「登記原因及び登記の目的」が同一でないときでも、登記原因及び登記の目的を併記して、一の申請情報により、数個の登記を申請することが認められている。例えば、地目及び地積変更の登記申請（法37条1項）、あるいは、一部地目変更・分筆登記の申請（法39条2項・3項）等がある。また、土地の一部を分筆して、これを他の土地に合筆する分合筆の登記（規則35条1号）、同一の不動産について申請する二以上の登記が、いずれも不動産の表題部

第二節　土地の表示に関する登記手続

の登記事項に関する変更の登記又は更正の登記（同条6号）の場合には，一の申請情報をもって申請することができるとされている。

4　設問の（例1）については，1筆の土地を2筆に分筆し，その分筆した元地について地目変更するものであるが，**問73**（179頁）と同様であり説明を省略する。

　設問の（例2）については，次のとおりである。すなわち，1筆の土地の地目変更と分筆の登記は，かつては下図(1)のように，土地の一部（8—4）が地目変更されたことにより，当該部分を1個の土地とするためにする分筆の登記に限って，一個の申請をもってすることができるとされていた。しかし，不動産登記法の改正（平成16年法律第123号）に伴い定められた規則第35条第7号では，1筆の土地を分筆する場合において，分筆後の土地の地目が変更される部分と変更されない部分が複数ある下図(2)のような場合であっても，その登記は一の申請情報をもってすることができるとされたものと解される。

　設問（例3）については，（例1），（例2）が一の申請情報をもってすることができることから，同様の取扱いが認められるものと解する。

図(1)

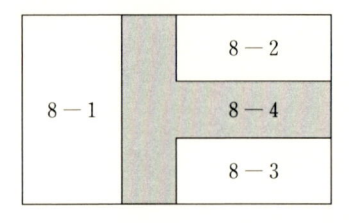

8—1		8—2
		8—4
		8—3

図(2)

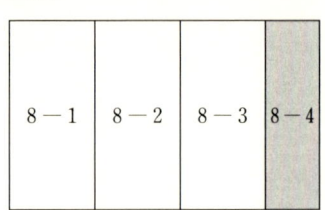

| 8—1 | 8—2 | 8—3 | 8—4 |

76 農地転用許可日前に当該土地に建物が建築されている場合の地目変更の原因日付

問　平成15年5月1日新築された建物の敷地となっている土地について，平成17年3月1日付の農地法第5条の許可書を提供して地目変更の登記申請があった場合，地目変更の原因及びその日付は，建物新築の日を記録することになるのか。

【答】　建物新築の日を登記原因及びその日付として記録するのが相当であると考える。

【解説】

1　土地及び建物の表示に関する登記は，権利の客体である不動産の客観的な状況を明らかにし，もって，不動産の取引の安全に寄与しようとするものである。そして，登記記録の表題部に「登記原因及びその日付」を記録（法27条1号）することが求められるのは，不動産の客観的な状況は不動なものではなく，常に変わり得るものであるところから，その不動産がいつの時点で表題部に記録される状況になったのかを明らかにすることによって，不動産の特定を容易にし，その実質的内容を公示しようとするところにある。

2　そのため，不動産登記法は，土地の客観的な状況に変更があった場合は，その状況を速やかに登記記録に反映させるため，当該不動産の表題部所有者又は所有権の登記名義人に対して，一定の期間内にその変更登記を申請することを義務付けている（法37条1項等）。

したがって，登記記録の表題部に記録される登記原因の日付は，現実に地目の変更があった日を記録し公示することになる（注）。

地目の変更は，前述のとおり当該土地の現在の客観的な状況を速やかに公示することにあることから，その変更の登記申請については，原則的には許可とか同意は考慮する必要はない。しかし，農地につい

第二節　土地の表示に関する登記手続

ては、優良な農地を確保し、農業生産力を維持するとともに、農業経営の安定を図る趣旨から、これを他の利用目的のために変更（転用）するには、農地法において権利移動及び転用の制限として（農地法3条～5条）規制されていて、原則として都道府県知事又は農林水産大臣の許可を求めることとされている。

3　そこで、登記記録の表題部に記録された土地の地目が農地（田又は畑）であり、これを農地以外の地目に変更する登記が申請され、この申請情報に併せて農地転用の許可書が提供されていない場合は、登記官は、農業委員会に許可の有無、対象土地の現況その他農地の転用に関する事実について照会し、その回答を受けて当該申請の受否を判断するものとされている（昭和56・8・28民三第5402号民事局長通達）。

　このように、農地の転用に係る地目の変更については、農地法との整合を図る取扱いが求められているが、この場合にあっても、登記原因の日付は、現実に地目が変更された日であり、その日が表題部に記録されることになる。

4　設問にあっては、農地法上の転用許可を得ているが、同許可の日付より以前に、同土地上に建物が建築されていることから、地目変更の日付をいつにするかを問うものである。

　ところで、宅地と認定される場合の基準として、準則第68条第3号は、「建物の敷地及びその維持若しくは効用を果たすために必要な土地」と規定している。したがって、設問の事案は、現に建物の敷地となっているので、当該建物が新築された日を地目変更の原因の日付とするのが相当であると考える。

　（注）　登記研究44号29頁

77 コンピュータ庁において改製前の登記簿に尺貫法で地積が表示されている土地を地目変更する場合の地積の表示方法

> 問　コンピュータ庁においては，改製前の登記簿（閉鎖登記簿）に朱抹された旧尺貫法の単位で表示されている地積が，登記事項証明書又は要約書に表示されないことから，当該土地の地目を田から宅地又は鉱泉地に地目変更の登記を申請するときは，申請情報の内容として地積に小数点以下2位までを00と記録することになるのか。また，コンピュータ化以前の取扱いとすれば，閉鎖登記簿を閲覧することになるのか。

【答】　前段意見による取扱いが相当であると考える。

【解説】

1　長さや面積等の単位を尺貫法（旧度量衡法）からメートル法によると定めた計量法（昭和26年法律第207号）が制定され，昭和27年3月1日から施行（平成4年法律第51号により全部改正）されたが，同時に施行された計量法施行法（昭和26年法律第208号）第3条において，土地又は建物に関しては昭和33年12月31日以降において政令の定める日まで，この適用は猶予されていた。

　その後，昭和35年政令第228号により不動産登記法施行令が制定（昭和35年8月5日施行）された。この施行令第4条においては，地積の単位の定め方として，宅地及び鉱泉地以外の土地で10平方メートルを超えるものは1平方メートル未満の端数は切り捨て，その他の土地（宅地及び鉱泉地等）については1平方メートルの100分の1未満の端数は切り捨てると規定された。

　しかし，同施行令附則第3項において，地積は，昭和41年3月31日までの間は，第4条の規定にかかわらず尺貫法の単位で定めること

第二節　土地の表示に関する登記手続

ができるとされていた。

2　以上のことから，実際の登記手続において土地の地積を平方メートルを単位として取り扱うこととされたのは，昭和41年4月1日以後ということになる。

　このため，旧尺貫法による単位で表示されている登記簿については，昭和42年から昭和47年にかけて，全国の登記所において計画的に書き替える作業が実施された。そして現在においては，「地積は，水平投影面積により，平方メートルを単位として定め，一平方メートルの百分の一（宅地及び鉱泉地以外の土地で十平方メートルを超えるものについては，一平方メートル）未満の端数は，切り捨てる。」と規定されている（規則100条）。

　この書替えの方法は，昭和41年3月26日民三第307号民事局第三課長依命通知において，「登記簿に尺貫法による単位で地積等が記載されている不動産について地積等……の書替えをするには，……尺貫法による単位をもって記載されている地積等の表示の左側に平方メートルによる地積等を記載し『原因及びその日付』欄には，『平方メートルに書替』と記載し，その下部に登記官が押印し，尺貫法による単位の表示を朱抹するものとする。」とされていた（下記登記簿記載例参照）。

3　これにより，宅地及び鉱泉地以外の土地について平方メートルを単位として書き替える場合には，例えば，尺貫法による登記簿の地積の記載が1反4畝28歩であったとすれば，昭和41年3月1日民事甲第279号民事局長通達の換算表に従い計算すると，1480平方メートルと記載することになり，尺貫法の記載を朱抹することになる。また，この場合は，端数の0.99平方メートルは切り捨てられることになる。

　その後の実務においては，表題部に平方メートルにより表示されている田，畑等の土地を宅地又は鉱泉地に地目変更する登記が申請された場合において，右の表題部に朱抹された旧尺貫法の記載があれば，

第5　地目の変更の登記

〔登記簿記載例〕

①地番	壱五五番	番
②地目	田	
③地積	ha町 反畝 a畝 m²歩（坪）	壱 壱 四 四 八〇m² 弐八
原因及びその日付	平方メートルに書替㊞	

1平方メートル以下を「00」と記載せず，旧尺貫法による地積を換算して，平方メートル以下2位まで求めて処理する取扱いに統一された（昭和54・1・8民三第343号民事局長回答）。

4　このことから，当時の取扱いの例に従えば，登記簿に田，1480平方メートルと記載されていて，その欄に旧尺貫法による記載が1反4畝28歩と記載され，これが抹消されているときは，この土地を宅地に地目変更するのであれば，前掲，昭和41年の民事局長通達の換算表により積算し，1480.99平方メートルと記載することになる。

　以上の処理は，登記簿がいまだコンピュータ化されていない場合であって，かつ，登記簿上に朱抹された旧尺貫法の記載がなされている場合の取扱いである。したがって，登記簿が磁気ディスクをもって調整されている場合においては，登記記録の表題部に地積として田1480平方メートルと記録されていて，当該土地の地目を宅地に変更する場合であっても，地目を宅地に変更した後の地積も1480平方メートルと記録することになる。

　なお，申請人において，閉鎖登記簿により，旧尺貫法の地積を立証して平方メートル以下2位まで求めて申請した場合には，便宜，これを認めて差し支えないものと考える。

第二節　土地の表示に関する登記手続

78　区画整理実施地区の畑を宅地に地目変更する場合の1㎡未満の記録の要否

> 問　土地区画整理事業による換地処分の登記が完了した後，地目を畑から宅地へ変更する登記の申請をする場合，地積が1平方メートル未満の端数は「00」とするのか。又は，区画整理組合から登記所へ送付されている資料等により，1平方メートルの100分の1未満の端数を切り捨てた数字とするのか。

【答】　区画整理事業に基づく換地処分の登記の際の各種の資料により，1平方メートル未満の具体的な数値が明らかな場合において，これを証する書面を提供して申請する場合には，1平方メートルの100分の1未満の端数を切り捨てた数字として差し支えないものと考える。

【解説】
1　不動産登記における土地の地積は，規則第100条の規定により平方メートルを単位として定め，原則として10平方メートルを超えるものについては1平方メートル未満の端数は切り捨て，10平方メートルまでのもの及び宅地及び鉱泉地については1平方メートルの100分の1未満の端数を切り捨てることとされている。したがって，設問のように土地の地目が畑で，その面積が10平方メートルを超えるものであれば，例えば「50平方メートル」のように，1平方メートル未満の端数を切り捨てることになり，この土地の地目を宅地に変更するときは1平方メートルの100分の1未満の端数を切り捨て，前掲の例でいえば「50.00平方メートル」と記録することになる。
2　このように，土地の地目を畑から宅地に変更する場合に，1平方メートル未満の地積が「00」と記録する理由は，地目変更の登記を申請する場合には，地積測量図が添付情報とされておらず（令別表五項添付情報欄参照），変更前の地積を単純に引き直して表示することとされて

いることによる。

　ところで、土地の分筆又は合筆の登記をする場合において、地積測量図により切り捨てられた数値（ただし、実測したものについてのみ）が明らかな場合は、登記簿上の地積に当該数値を加えたものを、分筆又は合筆後の地積算出の計算の基礎として差し支えないとされている（昭和41・10・5民三第953号民事局第三課長回答）。

　この理由は、既に提出されている地積測量図の測量データを有効に活用し、正確な地積を登記記録の表題部に記録するのが望ましいとの考えによるものと思われる。

3　特に最近は、国土調査法に基づく地籍調査の成果である地籍図、あるいは土地改良事業及び土地区画整理事業の土地所在図等は、土地の現地復元性を兼ね備えた数値地図であり、これらの事業の過程では種々の数値資料が存在している。このことから、登記所においては当該事業の施行者に対し、施行区域内の図根三角点、多角観測手簿、記簿及び図根多角点網図等、測量に関する各種の成果の提出を可能な限り求めることとしている。

4　表示に関する登記が権利の客体である不動産の物理的な状況を正確に公示することを目的としている趣旨からすれば、土地の地積についても可能な限り正確に登記記録に記録することが求められているのである。このような観点からすれば、設問のような区画整理事業の換地処分に基づく登記の際に、その実施機関の面積計算簿等に1平方メートル未満の数値が登載されていて、規則第100条の規定によって切り捨てられた端数の数値が明らかになれば、宅地への地目変更の登記を申請する場合には、切り捨てられた端数の数値についての立証資料を添付して、切り捨てられた数値を生かした申請情報を提供することができるものと解する。

第二節　土地の表示に関する登記手続

79　共有地の地目変更登記の申請人

> 問　共有地について地目を変更するには，共有者の一人から申請することができるか。

【答】　地目変更の登記の申請は，一種の保存行為として，共有者の一人から申請することができる。

【解説】

1　土地の地目変更の登記申請について法第37条第1項は，「地目又は地積について変更があったときは，表題部所有者又は所有権の登記名義人は，その変更があった日から一月以内に，当該地目又は地積に関する変更の登記を申請しなければならない。」と規定している。したがって，この変更の登記は，変更があった日から1月以内に申請しなければならず，この申請を怠った場合は，10万円以下の過料の制裁を受けることになる（法164条）。

2　共有地の場合は，共有者の全員がこの義務を負い，この申請義務を履行しないときは，共有者の全員が過料の制裁を受けることになる。これは，土地の登記記録の表題部に記録された内容（質的なものとしての地目及び量的なものとしての地積）に物理的な変更があった場合は，その変更された状況を直ちに登記記録に記録し，公示することによって，取引の安全を図るとともに，行政施策の基礎資料を提供しようとするものである。

3　共有地の地目変更の登記を共有者の一人から申請するということは，土地の物理的状況の変動を速やかに登記記録に反映させるという点から，他の共有者にとっても必要な行為であり，また，申請人の負担を考慮すると，他の共有者の利益になるものであり，共有者間で利害の対立が生じるものではない。したがって，地目変更の登記の申請は，民法第252条ただし書に規定する共有者の保存行為であって，共

有者の一人から申請することができるということになる（注）。

（注）　登記研究275号75頁

第二節　土地の表示に関する登記手続

80　地積測量図のある数筆の農地を合筆し宅地に地目変更する場合の端数の切り上げ計算

> 問　地積測量図が提出されている数筆の農地を合筆し，この合筆後の農地を宅地に地目変更する場合，当該地目変更の登記の申請情報の内容とする地積は，下記のように地積測量図に示された平方メートル以下四位までの端数を合計したものでよいか。
>
> 　地積測量図に記録されている地積
> 　　5番1の土地　　　　　56.6543 平方メートル
> 　　6番の土地　　　　　　36.6004 平方メートル
> 　　8番の土地　　　　　　78.9901 平方メートル
> 　　9番2の土地　　　　　80.2351 平方メートル
> 　　合　計　　　　　　　252.4799 平方メートル
> 　申請情報の内容とする地積 252.47　　平方メートル

【答】　合筆後の農地を宅地に地目変更する場合には，既に提出されている合筆前の土地の地積測量図に記録されている地積について，小数点以下四位までの数値を合算した上で，この数の1平方メートルの100分の1未満の端数を切り捨てて，地目変更後の地積として記録するのが相当と考える。

【解説】

1　土地を分筆又は合筆する際の地積の算出方法は，規則第100条により切り捨てられた数値が，既に提出されている地積測量図によって明らかな場合（実測したものに限る）には，登記簿上の地積に当該数値を加えたものを地積算出の基礎として差し支えないとされている（昭和41・10・5民三第953号民事局第三課長回答）。これは，地積測量図の測量データを有効に活用するとともに，可能な限り正確な地積を登記記録の表題部に記録することが望ましいという趣旨によるものである。

この取扱いは，土地の分筆及び合筆の登記について示したものであるが，地目の変更の登記であっても，既に提出されている地積測量図の測量データを十分に活用することが望ましいことはいうまでもない。
2 　一方，登記簿の地積についてメートル法に書き替えた際に，朱抹された旧尺貫法による表示が登記簿に記載されているときは，土地の地目変更又は分筆の際は，この朱抹された旧尺貫法を換算し，平方メートル以下二位まで求め処理するとされている（昭和54・1・8民三第343号民事局長回答）。これは，分筆又は合筆の登記において，既に提出されている地積測量図の測量データを活用することができるとする，1の場合と同一の趣旨によるものである。したがって，地目の変更の登記においても，地積測量図の測量データが存在するときは，これを積極的に活用していくべきものと考える。
3 　ところで，地積測量図に記録する積算方法について，地積測量図が現在の様式に改められた当初は，小数点以下三位まで記載するとされていた（昭和39・10・2民事甲第3191号民事局長通達）。その後，地積測量図の求積方法については，各辺の長さをセンチメートルまで求め，それに基づいて面積を計算して差し支えないとされた（昭和41・12・21民事甲第3640号民事局長回答）。したがって，地積の数値は「センチメートル×センチメートル＝小数点以下四位」までとなり，それ以来，地積測量図に記録する地積の数値は，小数点以下四位まで記録することとされている。なお，近時は座標値を用いて求積する事案が多くなっているため，実務上は，小数点以下の位は多くなっているものがある。
4 　設問は，農地を合筆し，この合筆後の土地を宅地に地目変更する場合である。そこで，合筆の登記を申請する土地の登記記録の表題部に記録されている地積は
　　　5番1の土地　　　　　　56平方メートル
　　　6番の土地　　　　　　　36平方メートル

第二節　土地の表示に関する登記手続

　　　8番の土地　　　　　　　78平方メートル
　　　9番2の土地　　　　　　80平方メートル

と記録されていて，この合計は250平方メートルとなる。一方，合筆前の各土地について既に提出されている地積測量図からその地積を合計すると，252.4799平方メートルとなり，その差は2.4799平方メートルとなる。したがって，この場合は既に提出されている地積測量図を活用して，合筆登記の申請情報の内容とする地積は，1平方メートル未満の端数を切り捨てて，252平方メートルと記録することになる。

　さらに，この252平方メートルの農地を宅地に地目変更する場合においても同様に，既に提出されている合筆前の土地の地積測量図に記録されている地積について，小数点以下四位までの数値を合算した上で，この数の1平方メートルの100分の1未満の端数を切り捨てて，地目変更後の地積として252.47平方メートルと記録するのが相当と考える。

三　添付情報（農地法関係を除く）

81　抵当権のある土地の地目変更と抵当権者の承諾書の要否

> 問　抵当権が設定されている土地について，地目の変更又は更正の登記を申請するには，抵当権者の承諾書を提供しなければならないか。

【答】　抵当権者の承諾書の提供は，原則として要しない。

【解説】

　不動産の表示に関する登記事項の変更又は更正の登記は，既に表題登記がなされている土地又は建物について，登記記録の表題部に記録された事項に物理的変更が生じたとき又は錯誤がある場合にする登記であり，登記と実体とを一致させるための登記である。

　地目の変更又は更正の登記は，現に物理的な変更が生じていたり又は錯誤があるといった事実を，登記記録の表題部に記録し公示するための報告的な登記である。このことから，たとえ地目を変更（更正）する土地の登記記録に既に抵当権設定の登記がされていたとしても，この地目の変更（更正）の登記を申請する場合には，その申請情報と併せて，抵当権者の承諾書を添付情報として提供することとはされていない。

　ただし，実務においては，地目の変更又は更正の登記を申請するときは，可能な限りその変更又は更正を証する情報（例えば，地目の変更については，整地工事を施行した工事人の工事完了証明など）の提供を求めているのが通常である。このため，設問の事案のうち，特に，地目の更正にあっては，事案により，抵当権者の承諾を得ることは要しないものの，この地目の更正の登記について抵当権者が認識しているといった内容の，申請人が作成した説明書等を提供するのが望ましい。

第二節　土地の表示に関する登記手続

82　砂防地を宅地に地目変更する場合の添付情報

> 問　登記記録の表題部に砂防地と記録されている土地の地目を宅地に変更する場合，登記の申請で留意することは何か。また，この登記を申請する場合には，どのような情報を提供するのか。

【答】　砂防指定地内であれば，当該土地に建物を建築してもよい旨の都道府県知事の許可を得ているか否かを確認する必要がある。なお，登記申請情報には，主務官庁の許可書等を添付情報として併せて提供することとはされていない。

【解説】

1　設問の「砂防地」という地目は，土地の地目の区分を定めている規則第99条，及び地目の定め方等を規定した準則第68条及び第69条には定められていない。また，既に廃止されているが，土地台帳の地目を規定した旧土地台帳法（昭和35年法律第14号により廃止）第7条にも「砂防地」という地目はないが，現実には地目を「砂防地」として登記されているものがあるようである。

　これは，土地台帳時代の旧土地台帳法第7条第2項後段に「その他の土地にあっては，その現況により適当に区別して，これを定める。」と規定されていて，これに基づいて登載されたものと思われ，昭和35年に不動産登記制度と台帳制度の一元化によって，登記用紙の表題部が改正された際に，そのまま土地台帳から登記簿の表題部に移記されて現在に至っているものと思われる。

2　現行の登記法令に関する規定には，「砂防地」の地目の規定がないが，この「砂防地」をこれ以外の地目に変更する上で何ら制限する規定もない。しかし，登記上の「砂防地」が砂防法（明治30年法律第29号）に規定する土地であるか否かは定かではないが，砂防法第2条で指定された土地は，治水上砂防のため一定の行為を禁止若しくは制限

されることになり（砂防法4条），この砂防法第2条で指定された土地は，砂防法施行規程第1条により官報に公告されることになる。

　また，砂防指定地として指定を受けた土地（砂防法2条）について現況を変更するには，砂防法第4条第1項により一定の行為が禁止若しくは制限されている場合があり，都道府県において定めている砂防指定地管理規則等において都道府県知事の許可が必要とされている。

3　対象土地が宅地として認められる現状にあるときは，砂防法による指定を受けた土地であるとしても，地目変更の登記を申請する場合，その申請情報と併せて都道府県知事の許可書等を提供すべきとはされていない。しかし，砂防指定地として指定を受けた土地を，宅地に造成するときは，都道府県知事の許可を得なければならないと規定されていることから，地目変更の登記を申請するまでに，あらかじめこの許可を得ておくことが必要であると思われるので，できればこの許可書の写しを提供することが望まれる。

4　なお，砂防法上の砂防地とは，指定された一定の地域（砂防指定地）の総称であるとの見解があり，登記の地目としては23種類の地目には該当しないことは先に述べたとおりである。この，砂防地が一定の地域（砂防指定地）の総称であるとすれば，現に登記記録の表題部に地目として，「砂防地」として記録されている土地については，これを是正するための法的な措置，すなわち，森林法による規制を受ける「保安林」が，登記上の地目としているのと同様の措置が必要であると思われる。このことにより，行政上，法令で制限を定めているものは登記記録の表題部に記録することにより，一定の制限を負担する土地であることを公示することで，取引の安全と，その利便が図られるものと考える。

83　墓地を墓地以外の地目に変更する場合の添付情報

> 問　墓地を墓地以外の地目に変更する登記を申請する場合には，どのような情報を提供することになるのか。

【答】　都道府県知事の許可を証する情報等の提供は必ずしも要しないが，地目変更の認定資料として，提供されるのが望ましい。

【解説】

1　墓地，埋葬等に関する法律第10条によれば，墓地を経営しようとする者，あるいは，墓地を廃止しようとする者は，都道府県知事の許可を受けなければならないとされている。また，同法第2条第5項には，墓地とは，墳墓を設けるために，墓地として都道府県知事の許可を受けた区域をいうと規定されている。このことから，適法な墓地の成立又は廃止は，都道府県知事の許可がなければならないことは当然のことである。

2　しかし，不動産登記法上の地目の認定は，行政地目とされる「保安林」（森林法に基づき農林水産大臣が保安林と指定した土地（準則68条20号））を除き，原則として現況主義を採っている。このことから，基本的には，都道府県知事の許可の有無は登記官の地目の認定と直接的には関係ないものと理解すべきである。すなわち，登記における地目の認定は，土地の現況とその利用目的によって定められるものであって，土地の質的なものを表示することによって，一種の特定機能を果たしている。これに対し墓地，埋葬等に関する法律による墓地は，主として公衆衛生その他公共の福祉等の見地から定められるものであって，明らかにその目的を異にしている。したがって，墓地を墓地以外の地目に変更する登記を申請する場合に，その申請情報と併せて，都道府県知事の許可書を提供することは，必ずしも要しないことになる。

しかしながら，墓地を他の地目に変更する場合は，農地の転用の場合と同じく，墓地，埋葬等に関する法律の要求する手続を適正に履践しているか否かということは，今後その土地が供されようとする利用目的を登記官が判断する場合の重要な資料になることは否定できないので，都道府県知事の許可書の提供を求めるのが望ましいことはいうまでもない。

3　ところで，ここで注意を要するのは，墓地を廃止したとしても，客観的な現況から利用目的を把握することが困難な場合，あるいは，差し当たりどのように利用するのか何も定まってない場合である。地目は，本来，土地の現況及び利用目的に重点を置いて認定するとされている（準則68条）。このことから，所有者の主観的な利用目的は判明していたとしても（例えば，地目変更の登記の申請があれば，少なくとも形式的には，所有者の利用目的は申請意思から判断できる。），土地の客観的な現況を調査しても利用目的を把握することが困難な場合がある。すなわち，所有者に何らの利用目的がない場合には，雑種地以外のどれにも該当する要素がないとして，これを雑種地と認定することが許されるかという問題がある。

　しかしながら，雑種地という土地の地目は，他の地目と同じく特定の利用目的に供されているか，又は少なくとも近い将来には供されることが確実でなければならないのが原則であって，利用目的の判然としない場合には雑種地に変更したと認めないというのが実務上の考え方である。したがって，墓地の廃止について許可を得た土地であっても，現地の状況によっては，墓地以外の地目に変更することができない場合があるものと解する。

第二節　土地の表示に関する登記手続

84　雑種地を境内地に地目変更する場合の添付情報

> 問　雑種地を境内地とする地目変更の登記を申請する場合には，どのような情報を提供することになるのか。

【答】　原則として，所轄庁の証明書や包括法人の許可書等の書面の提供は必要ないが，地目認定資料として提供するのが望ましい。

【解説】

1　宗教法人法上における境内地とは，神社，仏閣等の敷地内の土地で，同法第3条第2号から第7号までに掲げるような宗教法人の同法第2条に規定する目的のために必要な当該宗教法人に固有の土地とされている（宗教法人法3条）。

　一方，登記の実務における境内地とは，境内に属する土地で，宗教法人法第3条第2号及び第3号に掲げる土地（宗教教義の宣布，儀式，行事の執行，信者の教化，育成など，宗教法人の目的のために供される建物又は工作物（本殿，拝殿，本堂，会堂，僧堂，僧院，信者修行所，社務所，庫裏，教職舎，宗務庁，教務院，教団事務所等）が存する一画の土地，及び参道として用いられる土地（宗教法人の所有に属しないものを含む。））のこととされている（準則68条13号）。なお，宗教施設と接続している土地に建てられた納骨堂用地も境内地として取り扱って差し支えないとされている（注1）。

2　ところで，農地を農地以外の地目に変更する登記を申請する場合には，当該申請情報と併せて都道府県知事の許可書，若しくは農地に該当しない旨の証明書の提供が必要とされている。このことから，境内地を境内地以外の利用目的に変更する地目変更の登記を申請する場合にも，宗教法人法第5条により宗教法人の所轄庁とされる都道府県知事の許可書，若しくは同法第3条の規定に該当する旨の証明書を提供しなければならないのではないかという疑問がある。

境内地は，宗教法人の基本財産として宗教法人法第 25 条の規定により，宗教法人が作成しその事務所に備える財産目録に記載され，さらに，同法第 26 条では，宗教法人の規則を変更しようとする場合には，所轄庁の認証を受けなければならないとしている。しかし，財産目録の変更，すなわち，境内地を境内地以外の利用目的に変更することについては，許可又は認証を必要とされていない（ただし，境内地の著しい模様替や用途の変更，目的外利用については，信者その他利害関係人に対し公告しなければならないとされている（宗教法人法 23 条）。）。

3 この点について先例においては，信者の教化育成，研修の目的のために使用されている信者詰所敷地を境内地に地目変更する申告（登記申請）において，登記官が現地調査の上，当該物件が宗教法人法第 3 条第 2 号の規定に該当するものとして，申告書（申請書）に「当該物件が宗教法人法第 3 条の規定に該当する旨」の宗教法人法第 5 条に規定する所轄庁の証明書が添付されていなくても，職権で認定し境内地への地目の変更の登記事件を処理して差し支えないとしている（昭和 39・7・30 民事甲第 2689 号民事局長回答）。また，設問のような雑種地を境内地へ地目変更することについては，宗教法人の所轄庁たる都道府県知事の許可についての法的な根拠規定はなく，これらの許可書及び宗教法人法第 3 条に該当する旨の証明書等は発給されない。したがって，実務においては，雑種地を境内地とする土地の地目変更の登記を申請する場合の申請書には，これらの証明書を添付することを要しないとしている（注 2）。しかしながら，所管庁の証明書など，申請に係る土地が境内地であることを証する何らかの書面が存するときは，可能な限りこれらを提出するのが望ましい。

（注 1） 登記研究 122 号 38 頁
（注 2） 登記研究 491 号 107 頁

四　宅地への地目の変更

85　私的な通路部分の地目を宅地とすることの可否

> 問　建物から公道に至るまでの私的な通路部分（建物の敷地とは別地番となっている。）は，地目を宅地と認定することができるか。

【答】　私道部分が建物の敷地と別地番であることのみをもって，宅地として認定できないものではないので，積極に解する。

【解説】

1　土地の地目は，その主たる用途によって，田，畑，宅地など23種類（規則99条）に区分されており，基本的には1筆の土地ごとにその主たる利用状況を表すものである（ただし，現地において数筆の土地が一団として一定の利用目的に供されている状況にあり，かつ，その中に存在する各筆の土地の筆界が物理的に明らかとなっていない場合には，各筆の土地について地目を設定するものではなく，その一団となっている土地全体について判断すべきである。）。また，登記官がその土地の地目を認定するに当たっては，土地の現況及び利用目的に重点を置き，部分的にわずかな差異の存するときでも，土地全体としての状況を観察して定めるべきものとされている（準則68条）。

　ところで，設問の趣旨は，建物から公道に至る通路部分の土地の地目を不動産登記法の視点から，どのようにとらえるかということである。初めに，建物の敷地とは別の地番ということが前提の事実とされていることから，その通路部分のみの独立した利用状況によって，地目を認定できないかを考える必要がある。その理由は，地目は，基本的には1筆の土地ごとに定めることを予定しているからである（法34条参照）。そこで，可能性として考えられる地目を挙げて，検討することとする。

2　まず，公衆用道路について検討すると，公衆用道路とは，一般交通の用に供する道路のことであり，道路法（2条1項，3条）にいう道路であるか否かを問わず（準則68条21号），農道，林道，里道も公衆用道路であり，私有地であっても，一般公衆の用に供されるものは公衆用道路として取り扱われることになる。設問の場合においては，建物から公道に至る私的な通路部分という利用状況にあることから，当該通路を利用する者は，建物に居住する者，若しくはその建物を訪れる者に限られることが推認される。したがって，不特定多数の者の利用を前提にする概念である公衆用道路とは利用者の状況という点では若干異なるものと思われる。しかし，公道と私道の境界部分に柵を設けるなどにより一般人が自由に出入りができない状況でない場合には，公衆用道路として認定できないものではないと考える。

　先例は，町道から間口2間，奥行25間の私有地で不特定の人又は車が往来できる循環路線でないもの（袋小路）であっても，客観的にみて土地の現況及び利用目的が公衆用道路と認められる場合には，公衆用道路に該当するものとして取り扱って差し支えないとしている（昭和37・6・20民事甲第1605号民事局長回答）。

3　次に，宅地として認定できるかについて考察すると，宅地とは，「建物の敷地及びその維持若しくは効用を果すために必要な土地」と定義されている（準則68条3号）。設問の通路部分は，建物の敷地とは別地番ではあるが，そのことのみをもって宅地とは認定できないというものではなく，建物の維持，効用を果すものであれば宅地として認定することが可能である。ところで，建物の維持，効用を果すとは具体的にはいかなることを意味するのか。最終的には，個別・具体的事例によって判断せざるを得ないが，建物の敷地と一体的に利用され，かつこれと接続し，又は接続しているものと同視される一団の位置関係にあることを要するものと解される。

　したがって，設問の場合，建物から公道へ至る私的な通路部分であ

第二節　土地の表示に関する登記手続

ることから，建物の敷地と一体的に利用され，かつ，これと接続していることが明らかであるので，宅地とすることについて，不適当であると認められる特段の状況にある場合を除き，宅地と認定することもできるものと思われる。

　以上いずれにしても，土地所有者の申請意思を考慮に入れた判断も必要であろう。

86　定着性のない建物が建築されている土地の地目

> 問　仮設小屋などで定着性がない建物は登記の対象とはならないが，電気，水道の設備があり，炊事場があって床面積は15平方メートル程度の建物が建築されている土地の地目は，宅地と認定することができるか。

【答】　原則として，宅地として認定することはできないと解する。

【解説】

1　宅地についての定義は不動産登記法に明文の規定はなく，準則に規定されている。それによると「建物の敷地及びその維持若しくは効用を果すために必要な土地」と定義されている（準則68条3号）。したがって，宅地の概念は，原則として建物の存在を前提にしたものであることが理解される。つまり，地目を宅地と認定するときは，必ず建物が現存していることを要するが，現に建物が存在していない場合においても，客観的に建物の敷地として利用されることが明らかな土地も宅地として認定することができる。

2　この場合の建物の意味は，登記能力のある建物（屋根及び周壁又はこれらに類するものを有し，土地に定着した建造物であって，その目的とする用途に供し得る状態にあるもの（規則111条））のほか，不動産登記法上の建物と認められないものであっても，耕作地の区域内にある農具小屋等の敷地は，その建物が永久的設備と認められる場合には，その敷地の区域に属する部分だけ宅地とされ（準則69条3号），またガスタンク，石油タンクのように大規模なものであって，かつ，永続的に存置されることがそのものの性質である場合には，その敷地も宅地とするとされている（同条10号）。

3　設問の仮設小屋は，たとえ屋根や周壁を有し電気，水道等の設備があり，人が十分に生活でき得るようなものであっても，工事現場の仮

第二節　土地の表示に関する登記手続

設小屋のように，設置した当初の目的を終えれば撤去されるか，他の場所へ移される性質のものについては，土地への定着性がないため登記能力がなく，不動産登記法上における「建物」に該当しないことが明白である。しかも，前述の永久的設備と認められる農具小屋又は石油タンク等とは異なり，仮設小屋は永続的に存在するものではないことから，その敷地については，宅地と認定することは消極に解するのが相当であろう。

87　整然と区画されている土地の地目

> 問　広範囲な宅地造成によって整然と区画されている土地は，電気，ガス，水道の設備がない場合であっても，地目を宅地と認定できるか。

【答】　所定の行政的な手続を適正に履行した上で，造成されたものであるときは，便宜，宅地として認定される場合がある。

【解説】

1　土地の地目について，法第34条第2項は，「前項第3号の地目及び同項第4号の地積に関し必要な事項は，法務省令で定める。」と規定していて，それを受けて規則第99条においては，土地の主たる用途により，23種類の地目が定められている。さらに準則第68条及び第69条には23種類の地目及びその定め方の基準が示されている。

　これによれば，宅地とは，「建物の敷地及びその維持若しくは効用を果すために必要な土地」と規定されている（準則68条3号）。このことから，宅地は原則として「建物が現存すること」を前提にしている。しかしながら，実社会においては，建物が存在していなくても宅地と認識され，かつ取引されている場合がある。かかる実状において，実務においては，近い将来，確実に建物が建つであろうとの見込み（蓋然性）がある土地，すなわち，客観的に建物の敷地として利用されることが明らかな土地であれば，宅地として認定している。

2　ところで，実際に，宅地か否かを認定する場合，現実に建物が建っているのであれば何ら問題はなく宅地と認定することができるが，そうでない時期に宅地と認定するときは，単に現況のみをもって判断しかねる場合がある。そこで，実務においては，地目を宅地と認定するに当たっての根拠を，現況だけでなく，別の視点に求めている。それは，適法な行政的な手続が履践され利用目的に従っているかどうかと

第二節　土地の表示に関する登記手続

いうことである。

　具体的には，都市計画法，農地法，建築基準法等において要求される許認可を得ているかどうかである。つまり，これらの手続が適正にされていることで，たとえ現地に未だ建物が建築されていない場合でも，その土地の利用目的が公文書により明らかにされることで近い将来，建物が建つであろうということが予見され，その結果，宅地として認定することが可能となる。

3　実務においては，農地を宅地へ変更する場合において，次の(1)ないし(4)のいずれかに該当するときは，近い将来建物の敷地等に供されることが確実に見込まれるものと認定して差し支えないとされている（昭和56・8・28民三第5402号民事局長通達及び同日付け民三第5403号民事局第三課長依命通知）。つまり，対象の土地について，各筆の土地が道路等で区画され，土盛，土留め，及び側溝等の工事が完了している場合で，

(1)　建物の基礎工事が完了しているとき。

(2)　対象土地を建物の敷地等とするために，当該建物の建築について，建築基準法第6条第1項の規定による確認がされているとき。

(3)　対象土地を建物の敷地とするために，開発行為に関する都市計画法第29条の規定による都道府県知事の許可がされているとき。

(4)　対象土地を建物の敷地等とするために，建物の建築について都市計画法第43条第1項の規定による都道府県知事の許可がされているとき。

等の状況にあれば，近い将来，建物の敷地に供されることが現況及び公文書に記載された利用目的から推認することができることから，宅地と認定してよいとされている。

4　以上のことから，設問の事例を考えると，広範囲にわたる造成工事が所定の法的な手続を経た上でなされている場合には，整然と区画さ

れた時点では，既に電気，水道等の生活上の諸設備の敷設工事については完了しているのが通常であると思われる。仮に，それらの敷設工事が未着であったとしても，同工事がいつごろなされるのか等今後の工事計画を見極めるなどにより，妥当なものと判断できるときは，便宜，宅地と認定して差し支えないものと思われる。

第二節　土地の表示に関する登記手続

88　大規模分譲地について山林から宅地への地目変更

> 問　大規模分譲地（市街化調整区域内で側溝，擁壁及び道路等により区画され整地されていて，上下水道の工事が完了し，周囲には建物が建築されている。）の土地について，山林から宅地に地目変更する登記の申請は受理できるか。また，前段の状況を長年放置していて樹木が生い茂っている場合はどうか。

【答】　前段については，所定の行政上の手続を経ている場合であって，近い将来建物等の敷地に供されることが確実に見込まれると判断できるのであれば，受理できると考える。後段については，建物等の敷地に供されることが確実に見込まれるとは判断できないので，受理できないと解する。

【解説】

1　近年，市街地の地価の高騰により都市部で土地を購入することが困難となり，郊外で，特に比較的地価の安い山間部で山林を切り開いた大掛かりな宅地造成が行われ，土地や建売住宅等の分譲が行われている。このような山間部の土地は，都市計画法第7条により市街化調整区域に指定されている場合が多い。

　この市街化調整区域については，当該地域における開発行為は原則として抑制され，市街化を促進するような宅地造成などは原則として禁止されている。例えば，同法第29条では，市街化区域又は市街化調整区域において開発行為をしようとするときは，あらかじめ都道府県知事の許可を受けなければならないと規定している。

2　新たに山林を切り開いて建物を建築しようとする場合は，当然のごとく，付随的に上下水道はもとより，電気，ガスの設備が必要となるが，まず，建物の敷地等の造成区域全体の設備として道路や側溝の建設，あるいは上下水道，電線の敷設をしなければならない。また，土

砂の流出を防止するため擁壁を設けなければならないことになる。

　このような設備が整い，敷地を区画し整地して初めて建物を建築することができる状態になる。

3　ところで，土地の地目を定めるには，その土地の現況及び利用目的に重点を置き，部分的にわずかな差異の存するときでも，土地全体としての状況を観察して定めるとされ，地目の一つである宅地とは，建物の敷地及びその維持若しくは効用を果たすために必要な土地（以下「建物の敷地等」という。）と定められている（準則68条3号）。

　そこで設問は，このような状況で土地の造成が行われている場合，この山林の地目を宅地に変更することができるかということである。この点について，昭和56年8月28日民三第5402号民事局長通達二の1（ただし，この通達は，農地を農地以外の地目への地目変更の登記に関するものである。）によれば，土地を宅地に造成するための工事が既に完了している場合であっても，対象土地が現に建物の敷地等に供されているとき，又は近い将来それに供されることが確実に見込まれるときでなければ，宅地への地目の変更はできないとしている。

　ここにいう「近い将来それに供されることが確実に見込まれるとき」について，同日付け民三第5403号民事局第三課長依命通知二の7（ただし，この依命通知も，前記通達と同様の事案についてのものである。）は，建物の基礎工事が完了しているとき等，いくつかの具体的な事例を列挙している。この取扱いは，登記記録の表題部に記録された地目が農地である土地について，農地以外の地目への地目変更の登記が申請された場合の，登記官の判断基準を示したものであるが，この趣旨は，設問のような山林の場合にも適合するものと考える。

4　したがって，前段については，都市計画法等所定の法的な手続を経ている場合であって，上述のような状況にあるものについては，当該登記申請は受理できると解する。

第二節　土地の表示に関する登記手続

　また，設問後段のように，一定の造成工事が終わった状態で長年放置したため樹木が生い茂ってしまった場合には，再度整地する必要があり，当然に近い将来建物の敷地等に供されることが確実に見込まれるとはいえないので，山林から宅地への地目変更の登記申請は受理できないと解する。

89　市街化調整区域内の農地を宅地に地目変更することの可否

> 問　市街化調整区域内の農地について，その地目を宅地に変更する登記を申請することができるか。仮にできるとした場合，どのような書面を提供すればよいか。

【答】　都市計画法に基づく開発許可と農地法に基づく転用許可の二つの許可を受けた上で，市街化調整区域内にある農地を宅地に地目変更する登記の申請をすることができる。当該地目の変更の登記の申請情報には，併せて農地法第4条又は第5条の転用許可書及び都市計画法第36条第2項に規定する検査済証を提供するのが相当と考える。

【解説】

1　都市計画法は，計画的な都市づくりを進めるための基本法であり，この法律に基づいて，土地利用の規制と合理的な利用が図られている。都市計画では，無秩序な市街化を防止し，計画的な市街化を図るため，都道府県知事は，一定の地域を都市計画区域として指定し（都市計画法5条），この区域を，①市街化区域（既に市街地を形成している区域及びおおむね10年以内に優先的かつ計画的に市街化を図るべき区域），②市街化調整区域（市街化を抑制すべき区域）の二つに区分するとしている（同法7条）。この区分はいわゆる「線引き」といわれ，市街化を計画的，段階的に進めるための区分だとされている。都市計画区域には，この線引きが行われている市町村と線引きが行われていない市町村とがある。

2　開発行為とは，主として建築物の建築又は特定工作物の建設の用に供する目的で行う土地の区画形質の変更（都市計画法4条12項）をいい，市街化区域又は市街化調整区域内において開発行為をしようとする者は，原則としてあらかじめ都道府県知事の許可を得なければなら

第二節　土地の表示に関する登記手続

ないとされている（同法29条）。

　しかし，市街化調整区域においては，開発行為が認められるのは例外的で（都市計画法33条，34条）あり，次に掲げる開発行為に限定される。

　①周辺居住者の日常生活のために必要な物品の販売，加工，修理等の店舗，事業場等の建築の用に供する目的（都市計画法34条1号），②鉱物資源，観光資源等の有効な利用上必要な建築物等の建設の用に供する目的（同条2号），③温度，湿度，空気等について特別の条件を必要とする事業の用に供する建築物等で，市街化区域内で建設することが困難なものの建築又は建設の用に供する目的（同条3号），④農林漁業用又は市街化調整区域内で生産される農林水産物の処理，貯蔵，加工に必要な建築物等の建設の用に供する目的（同条4号），⑤特定農山村地域における農林業等の活性化のための基盤整備の促進に関する法律の規定により所有権移転等促進計画に定める利用目的に従って行う開発行為（同条4号の2），⑥国，都道府県等が助成する中小企業の事業の共同化，店舗等の集団化に寄与する事業の用に供する建築物等の建設の用に供する目的（同条5号），⑦市街化調整区域内の既存工場と密接な関連を有する事業の用に供する建築物等の建設の用に供する目的（同条6号），⑧危険物の貯蔵，処理用の建築物等で市街化区域内で建築することが，不適当なもの等の建設の用に供する目的（同条7号），⑨市街化区域内で建築することが困難又は不適当な建築物等の建設の用に供する目的（同条8号），⑩集落地区計画区域内において，この計画に適合する建築物等の建設の用に供する目的（同条8号の2），⑪市街化区域に隣接し，又は近接し，かつ，自然的社会的諸条件から市街化区域と一体的な日常生活圏を構成していると認められる地域で，おおむね50以上の建築物が連たんしている地域であって政令で定める基準に従ったもの（同条8号の3），⑫市街化を促進するおそれがなく，市街化区域内において行うことが困難又は著しく不適当と認

められる開発行為で，条例で区域，目的又は予定建築物等の用途を限り定められたもの（同条8号の4），⑬市街化調整区域に関する都市計画が定められた際等において，自己の居住用又は業務用建築物で，土地又は土地の利用権を有していた者で，6か月以内に都道府県知事に届け出た者が当該目的に従って権利を行使するもの（同条9号），⑭次のいずれかに該当する開発行為で，都道府県知事があらかじめ開発審査会の議を経たもの，(ア)20ヘクタール以上の面積の土地で，計画的な市街化を図る上に支障がないと認められたもの，(イ)開発区域周辺の市街化を促進するおそれがなく，かつ，市街化区域内で行うことが困難又は著しく不適当なもの（同条10号）。

3 一方，市街化調整区域の農地の転用については，開発行為の許可を受けた上，さらに，農地法による都道府県知事の許可が必要である。農地転用の具体的な基準は，農地転用許可基準（昭和34・10・27三四農地第3353号，最終改正平成元・3・30元構改B第152号農林水産事務次官通達）によって定められている。さらに，市街化調整区域内にある農地については，市街化調整区域における農地転用許可基準（昭和44・10・22四四農地B第3165号，最終改正平成2・3・31二構改B第1400号農林水産事務次官通達）により定められている。

4 以上のように，市街化調整区域内にある農地を宅地に変更するには，通常は，都市計画法に基づく開発許可と農地法に基づく転用許可の二つの許可を受けた上でしなければならないことになる。

　したがって，地目変更の登記を申請する場合においては，原則として，都市計画法と農地法の二つの許可情報の提供が必要であると考える（昭和47・2・16民事甲第699号民事局長回答）。

第二節　土地の表示に関する登記手続

90　田を宅地に地目変更しm²以下が「00」となる場合の原因及びその日付欄の記録方法

> 問　田を宅地に地目変更する登記の申請において、地積が354平方メートルから354.00平方メートルとなる場合、申請情報の内容として原因及びその日付欄には、「②年月日地目変更」又は「②③年月日地目変更」のいずれを記録し提供するのか。

【答】　登記の申請情報の内容としては、「②③年月日地目変更」として提供することになる。

【解説】

1　登記される土地の地積は、水平投影面積により、平方メートルを単位として定め、1平方メートルの100分の1（宅地及び鉱泉地以外の土地で10平方メートルを超えるものについては、1平方メートル）未満の端数は、切り捨てるとされている（規則100条）。

2　地目の変更の登記に伴い、実質的には地積の増減はないが、規則第100条の規定の関係から、登記記録の表題部に記録されている地積に変更を生じる場合がある。設問は、田を宅地に地目変更する場合であるから、田の地積として1平方メートル未満の端数は切り捨てられて記録されているが、この土地を宅地に地目変更した場合は、田の地積として切り捨てられた数値を宅地の地積として記録することになる。また、反対に、宅地を田に地目変更した場合は、宅地として1平方メートルの100分の1未満の数値が切り捨てられて記録されていたものが、田の地積として1平方メートル未満の端数を切り捨てて記録することになる。

3　この場合、実質的には地積の変更は生じないが、地目変更の登記の申請情報には、その内容として地積欄に変更後の地積を表示し（設問の場合であれば354.00平方メートル）、原因及びその日付欄には「②

③年月日地目変更」と記録し（注），②の地目のほか，③の地積の表示にも変更があった旨を記録して申請することになる（下記登記申請情報例参照）。

4 なお，設問のような地目変更の登記を申請する土地について，既に地積測量図が提出されていて，それに規則第100条の規定により切り捨てられた数値（実測したもの）が記録されている場合には，当該数値を申請情報の内容として提供するのが実務の取扱いである。

（注） 登記研究428号135頁

〔登記申請情報例〕

土地の表示	不動産番号			
	所　在	○○市○○町二丁目		
	①地　番	②地　目	③地　積　㎡	登記原因及びその日付
	３５番２	田	３５４	
		宅　地	３５４:００	②③平成○年○月○日地目変更

五　農地の地目変更（許可書のある場合）

91　農地を宅地に地目変更する場合に，建物が建築されていることの要否

> 問　農地を宅地に変更する農地法所定の許可があっても，建物を建築しないと，宅地に地目を変更する登記の申請は受理されないか。

【答】　近い将来建物が建築されることが明らかに見込まれる状況にあるときは，受理される。

【解説】

1　田，畑等の農地を農地以外のものに転用するときは，あらかじめ農地法第4条若しくは第5条により都道府県知事の許可（同一の事業の目的に供するため4ヘクタールを超える農地の場合は農林水産大臣の許可）又は同法第4条第1項第5号若しくは第5条第1項第3号により農業委員会への届出が必要となる。そして，これに基づく地目の変更の登記の申請情報には，併せてこれらの許可書等を提供することとなる。

　しかし，農地を宅地に地目変更するためには，知事等の農地転用の許可書を登記の申請情報として併せて提供するのみでは足りず，当該土地の現況が宅地として認められるものでなければならない。

2　ところで宅地とは，建物の敷地及びその維持若しくは効用を果たすために必要な土地のことであって（準則68条3号），宅地として認められる特殊なものの具体的な例として，準則第69条に定められている。

　設問においては，「建物を建築しないと」とあるが，建物を建築することを農地転用の目的として許可を得たとしても，登記上の地目は前記のごとく現況主義をとっていることから，対象土地の状況がいかにあるかということで判断することになる。したがって，現実に建物

が全く建築されていないときや，建築工事が途中で建物が完成していないときなどのように，客観的な判断が難しい場合は，個々の事例によって判断することになる。

3　この点について，昭和56年8月28日民三第5402号民事局長通達二の1は，対象土地を宅地に造成するための工事が既に完了している場合であっても，この土地が建物の敷地に供されているとき，又は近い将来それに供されることが確実に見込まれるときでなければ，宅地への地目変更はしないとしている。そして，同日付け民三第5403号民事局第三課長依命通知二の7は，次に掲げる場合には，近い将来建物の敷地に供されることが確実に見込まれるものとして差し支えないとしている。

(1)　建物の基礎工事が完了しているとき。
(2)　対象土地を建物の敷地等とする建物の建築について建築基準法第6条第1項の規定による確認がされているとき。
(3)　対象土地を建物の敷地等とするための開発行為に関する都市計画法第29条の規定による都道府県知事の許可がされているとき。
(4)　対象土地を建物の敷地等とする建物の建築について都市計画法第43条第1項の規定による都道府県知事の許可がされているとき。

4　このように，対象土地に一見建物の基礎らしく見せかけてコンクリートブロックを並べただけでは，建物の基礎工事が完了したとは認められないのは当然である。

　建物が建築されていない場合の判断として，対象土地の周囲を布コンクリートで擁壁した上で，土地を埋め立てて整地し，水道やガス等の建物に付随した設備が施されている等，確実に建物の敷地として利用されることが認められる状況にあれば，宅地への地目変更の登記申請は受理されるものと解されている。

第二節　土地の表示に関する登記手続

92　農地転用許可書に1筆の土地の一部を許可するとされた場合の取扱い

> 問　地目変更の登記の申請情報と併せて提供された農業委員会の農地転用許可書に，許可する土地として「A町147番1の土地，地目田，1534平方メートルのうち255平方メートル」と記載されている場合には，どのように処理するのか。

【答】　転用許可書に，許可する部分を特定するため図面が合てつしてあるときは，あらかじめ地目変更する部分について分筆の登記をしたうえ，分筆した部分について地目変更の登記を申請する。

【解説】
1　農地法は，耕作者の農地の取得を促進し，その権利を保護し，土地の農業上の効率的な利用を図るため，その利用関係を調整し，もって耕作者の地位の安定と農業生産力の増進とを図ることを目的としている（農地法1条）。

　このために，農地は農地法の規制を受け，農地を農地以外のものに転用するには，農林水産大臣又は都道府県知事の許可若しくは農業委員会に届け出て受理されることを要し（農地法4条又は5条），この許可若しくは届出の受理手続のないまま農地を農地以外の目的に転用することは許されない。また，登記記録の表題部に地目が田又は畑（以下「農地」という。）と記録されている土地について，登記官が農地以外に地目に変更する登記の申請を処理する場合には，不動産登記法による地目の認定と農地法の統制規定との相互の円滑な運用を図る趣旨から，種々の複雑かつ困難な問題があり，一層の慎重な処理が求められている。

2　登記記録の表題部に地目が農地と記録されている土地について，この土地の地目を農地以外の地目に変更する場合には，都道府県知事等

の許可又は農業委員会への届出の受理がなければならず（農地法4条1項），この登記を申請するには申請情報と併せてこの許可書等を提供することになる。

　この許可書等には，一般的には対象土地の所在地番が記載されることになるが，設問の場合には，A町147番1の土地で，地目田，地積1534平方メートルのうち255平方メートルについて農地以外の地目に変更することを許可するというものである。しかし，このような許可書では地目変更する土地が特定できないため，この地目変更の登記が申請されたとしても受理することはできない。したがって，この場合には，対象土地のどの部分について転用の許可があったのかを特定するために，当該許可書には図面を合てつすることになる。そして，この図面の合てつされた許可書を提供して，地目を農地以外の地目に変更する登記の申請をすることになる。

3　しかしながら，1筆の土地について二以上の地目は認められていない（法39条2項）ので，設問の場合には，地目変更の登記を申請する前提として，あらかじめ，転用許可書の図面に従い，A町147番1の土地のうち255平方メートルについて分筆の登記を申請することになる。そして，これに引き続いて，255平方メートルの土地について地目を農地以外のものにする地目変更の登記を申請することになる。

　この場合，当然のことながら分筆の登記の申請には，添付情報として転用許可書を提供する必要はないが，地目変更の登記の申請にはこれを提供することになる。そして，分筆後の255平方メートルの土地は，地目変更の登記の申請情報と併せて提供された転用許可書の図面と合致していなければならないことは当然のことである。

第二節　土地の表示に関する登記手続

93　農地の地目変更の申請に許可書と転用完了証明書が提供されている場合の実地調査の要否

> 問　農地を農地以外の地目に変更する地目変更の登記において，当該登記の申請情報と併せて農地法所定の転用許可書と転用完了証明書が提供されている場合は，実地調査を省略して受理することができるか。

【答】　証明書等により転用後の地目が認定できる場合には，実地調査を省略して受理することができるが，転用後の地目の認定に疑義がある場合には，関係農業委員会に照会した上で，実地調査等により認定する必要がある。

【解説】

1　登記記録の表題部に地目が農地（田又は畑）と記録されている土地について，この土地を農地以外の地目に変更する登記を申請する場合には，実勢上，①転用の許可があったことを証する書面，又は②農地に該当しない旨の都道府県知事又は農業委員会の証明書を提供することとされている。そして，これらの書面が申請情報と併せて提供されていないときは，登記官は農業委員会に対して照会した上で処理することになる（昭和56・8・28民三第5402号民事局長通達）。

　これらの書面の提供を求める趣旨は，過去において農地法の規制を逸脱して，農地について所有権移転の前提として，農地以外の地目とする地目変更の登記が申請されるという事例が頻発したため，国の行政の一貫性を確保する見地から，農地行政の運営と調和に配慮されたものである。

2　ところで，地目の変更は，原則として登記官が実地調査をした上で，準則第68条及び第69条の規定に基づき処理される。しかし，変更後の地目を推認できる確実な資料（注）が提供されている場合，又

は公知の事実である場合には，実地調査を省略して，その資料により地目を認定して処理することができるとされている。

　設問の場合にあっては，転用許可の目的に従った転用完了証明書が申請情報と併せて提供されていて，この証明書から変更後の地目が確認できる場合には，通常は，確実な資料があったものとして実地調査を省略して処理することができると考える。

3　しかしながら，転用許可に条件が付されていて，転用完了証明書の記載から農地以外の地目に転用されたことが推認できるものの，許可の条件と地目変更の登記申請情報の内容とが相違する場合，例えば，「山林」として許可されたにもかかわらず，「宅地」として申請された場合や，転用に期限が付されているにもかかわらず，その期限を大幅に徒過して申請される場合もある。このような場合には，登記官がその処理をするに当たっては，改めて関係農業委員会に照会するとともに，実地調査を行うなど，慎重に地目を認定する必要のあることはいうまでもない。

　　(注)　変更後の地目が確認できる資料としては，当該土地を敷地とする建物の登記記録，建築基準法第7条の検査済証，固定資産課税台帳の記載，航空写真，地元の農業委員会等の信頼し得る第三者の供述等が考えられる。

第二節　土地の表示に関する登記手続

94　駐車場等として転用許可を得た土地の地目

問　利用目的を駐車場，資材置場として農地転用の許可を受けた土地について，どの程度まで現況が変更されたときに雑種地として認定することができるか。

【答】　盛土，整地され，近い将来駐車場，資材置場として利用されることが明らかに見込まれる状況にあれば，便宜，雑種地として認定される。

【解説】

1　法定された特定の地目のいずれにも該当しない土地の地目は，雑種地として登記されることになる（規則99条，準則68条，69条）。

　設問の場合のように，農地を青空駐車場や資材置場に転用することについて，農地法所定の許可を受けた土地については，現実に当初の目的どおりに利用されたときは，地目を雑種地とする取扱いがなされている。しかし，目的どおりの利用がなされていない場合には，どの程度の状況に達したら，駐車場や資材置場と認められるかの判断が難しいところである。

2　まず，隣接地との関係においては，土地の状況から駐車場や資材置場として独自に区別できる状況にあることが必要であり，それには，土留やコンクリート擁壁等を構築して，対象土地が利用する目的に沿って明確にされていなければならない。

　駐車場についていえば，対象土地が地固めをしただけで何らの設備もされていないときや，舗装され，白線を引き，区画割がされているとき等，いろいろな事例が考えられるが，駐車場として利用する目的に供するためには，対象土地へ車を駐車するために，車が道路から支障なく出入りでき，駐車することが可能でなくてはならない。したがって，進入道路と対象土地との間に川やフェンス，あるいは側溝等の

障害物があれば，物理的にも駐車場としての効用が果たせないことになる。また，盛土をしただけでは車の重量で車の出入りができなくなるから，車を駐車するためには，相当の地固めと整地をすることが必要であり（注），かつ駐車区分の線引き（縄による区別もある。）がなされていることを要すると思われる。

3　しかし，対象土地が地固めされ，整地されていたとしても，果たして駐車場として継続的，かつ将来にわたって利用されるかどうかは，この段階では明らかではなく，実際に利用されていなければ確実な判断ができないとの疑問が残る。そこで，これについては農地法の許可が利用目的を駐車場としてなされていることや，貸駐車場であれば借主との間において賃貸借契約が締結されていれば継続した利用が見込まれるから，駐車場としての判断はできるものと考える。

　また，資材とは，製品を作るための材料，あるいは物資のことであり，これらの物資を置くための土地が資材置場であるが，資材としての価値を損なわないためにも，資材を置く場所として，資材の種類に応じた整地等の措置が講じられていなければならない。

4　よって，客観的に対象土地が隣接地と明確に区別されて，地固めや整地されていることが判断できて，かつ，農地法の許可書に記載された利用目的にそって，継続的に利用することが明らかに見込まれる状況にあれば，便宜，農地から雑種地への地目の変更が認められると考える。

（注）　登記先例解説集 16 巻 10 号 3 頁「不動産表示登記実務講座」参照

第二節　土地の表示に関する登記手続

95　転用許可書のある地目変更の登記申請と実地調査の要否

> 問　農地を農地以外の地目とする地目変更の登記において，当該登記の申請情報と併せて農地法所定の県知事の許可書が提供されていても，登記官は実地調査をすることになるのか。

【答】　原則として実地調査を行うが，添付情報等で地目が変更された事実が明らかであると判断できるときは，実地調査を省略することがある。

【解説】

1　表示に関する登記は，不動産の取引の安全を図るため権利の客体である土地や建物の物理的状況を正確に公示することにある。そのため，法第29条第1項は，「登記官は，表示に関する登記について第18条の規定により申請があった場合及び前条の規定により職権で登記しようとする場合において，必要があると認めるときは，当該不動産の表示に関する事項を調査することができる。」と規定している。また，同条第2項は，「登記官は，前項の調査をする場合において，必要があると認めるときは，日出から日没までの間に限り，当該不動産を検査し，又は当該不動産の所有者その他の関係人に対し，文書若しくは電磁的記録に記録された事項を法務省令で定める方法により表示したものの提示を求め，若しくは質問をすることができる。」と規定している。このように，登記官の実地調査は，事情の許す限り積極的に励行することによって，申請地の現況や利用目的を的確に把握することとされている（準則60条1項）。

　ただし，申請に係る不動産の調査に関する報告（土地家屋調査士が作成したもの），その他の申請情報と併せて提供された情報又は公知の事実若しくは登記官が職務上知り得た事実により登記官が実地調査をする必要がないと認めたときは，所要の実地調査を省略して差し

支えないとされている（規則93条ただし書）。
2　設問は，農地法所定の許可書（受理通知書）が提供されているときは，規則第93条ただし書の規定に当たるか否かを問うものである。設問の趣旨から，この事案は市街化調整区域内の農地の転用の場合であると考えられるが，実務では，対象土地の状況が，都道府県知事等の許可書に記載された利用目的に供されているか，あるいは，近い将来転用目的にそった利用に供されることが確実に見込まれる状況にあるかということを確認することとされている。そして，これらの事実が関係資料等によって明らかに認められれば，登記官は，実地調査を省略することができるものと解する。
3　例えば，当該許可書の利用目的が宅地と記載されている場合において，申請された土地の上に建物が建築されていることが建物の登記記録や建物の図面等で確認でき，明らかに宅地と判断できるときは，実地調査を省略して差し支えない。

　規則第93条ただし書では，土地家屋調査士等が作成した「申請に係る不動産の調査に関する報告」の記載内容（写真を含む。）等によって登記官が実地調査をする必要がないと認めたときは，実地調査を省略することができるとしている。

　したがって，登記官は，都道府県知事の農地転用の許可書が申請情報と併せて提供されていることのみをもって実地調査を省略することはできないが，他の確実な資料等により明らかに宅地として認定できる場合においては，実地調査を省略することができるものと解する。

第二節　土地の表示に関する登記手続

96　駐車場として転用許可を得，土地家屋調査士の報告情報を提供して宅地に地目変更する登記申請があった場合の農業委員会への照会等

> 問　転用の目的を駐車場として農地法所定の許可を受けた土地について，土地家屋調査士が作成した「隣接地に店舗が建築されていて，来客用の駐車スペースを拡張し，店舗用地として一体として利用している。」旨の報告情報を提供して，地目を宅地とする地目変更の登記の申請があったときは，登記官は，実地調査の前に農業委員会に照会しなければならないか。また，この土地の地目は宅地として認められるか。

【答】　登記官は，農地法所定の許可書等が提供されていなければ，実地調査の前に農業委員会に照会しなければならないが，同許可書等が提供されていれば原則として実地調査の前に農業委員会に照会する必要はない。また，宅地としての認定は，実地調査をした上で判断することになる。

【解説】

1　地目とは，土地の状況とその利用目的によって区分した土地の種類を表した名称であり，土地の質的なものを公示するものである。そして，土地の利用方法が変更若しくは自然現象等により他の地目に変化したときは，その土地の表題部所有者又は所有権の登記名義人は，1月以内に地目変更の登記を申請しなければならないとされている（法37条1項）。

　地目変更の登記は，土地の状況を登記記録の表題部に記録し公示するという機能を持ち，いわゆる報告的登記であるとされている。このことから，地目変更の登記の申請情報には，不動産登記法は何ら添付情報（代理権限を証する情報を除く。）の提出を要求していない（行

政地目とされる保安林を除く。)。しかし，農地を農地以外の地目に変更する登記を申請する場合には，当該登記の申請情報と併せて，実務上，農地法所定の許可書等を提供することとされ，農地法との関連から例外として取り扱われている。

　すなわち，農地を農地以外の地目に変更する場合には，都道府県知事等の許可（届出）を受けることとされている（農地法4条1項，5条1項）。しかし，かつて，この許可を受けずに土地の造成工事を行い，この現況に基づいて地目変更の登記を申請するという，農地法の趣旨を逸脱する事例が見られたことから，これらの登記申請があった場合には，農地行政の運営との調和に配意しつつ適正に処理することとされている。

2　実務においては，登記簿の地目が農地とされている土地について，農地以外の地目とする地目変更の登記の申請書には，農地法所定の許可書等の添付がなくても，当該登記の申請書を直ちに却下する取扱いはできないとされている（昭和36・8・24民事甲第1778号民事局長通達）。この点について過去の取扱いは，登記官の地目の認定について，現況で地目が変わっていることが認定できる場合は，農地法に違反している事実があるとしても，地目変更の登記をするという現況主義により処理されていた（昭和38・6・19民事甲第1740号民事局長通達，昭和48・12・21民三第9199号民事局長通達参照）。

　ところが，こうした現況主義による登記官の地目の変更の取扱いについては，農地法との整合性が指摘されたり，登記官に対し不当な圧力により地目変更の登記を強要する事件が発生し，これが訴訟事件になるなどして社会問題化した（名古屋地方裁判所昭和63・10・12判決・判タ684号199頁等参照）。

3　そこで，登記簿上の地目が農地である土地について，農地以外の地目に地目変更の登記の申請があった場合の取扱いについては，昭和56年8月28日民三第5402号民事局長通達が発出され，登記記録の

第二節　土地の表示に関する登記手続

　　表題部に地目が農地と記録されている土地について，農地以外の地目への地目変更の登記が申請されたときは，農地法所定の許可書又は農業委員会の非農地証明書等が提供されていないときは，登記官は，関係農業委員会に所定の照会をした上で，現況及び利用目的を確認して当該申請を処理（受理又は不受理）する取扱いに統一された。

　　登記記録の表題部に地目が農地と記録されている土地について，農地以外の地目へ地目を変更する登記の申請があり，これを登記官が処理するに当たっては，原則的には，当該申請情報と併せて許可書又は非農地証明書が提供されていない場合に限り，実地調査の前に農業委員会に照会することになる。しかし，上記許可書等の提供がある場合であっても，登記官が地目を認定するに際し必要があると認めるときは，適宜，地元の農業委員会の意見を聴取して差し支えないことはもちろんである。

4　登記官が地目を認定する場合に，準則第68条は，「土地の現況及び利用目的に重点を置き，部分的にわずかな差異の存するときでも，土地全体としての状況を観察して定めるものとする。」と規定し，さらに同条は，規則第99条に規定する23種類の地目について具体的な利用方法を掲げるとともに，準則第69条において，特殊な土地の地目の定め方を明示している。

　　これらの規定において宅地については，「建物の敷地及びその維持若しくは効用を果すために必要な土地」と定めている（準則68条3号）。このことは，建物の直下の部分以外の土地を宅地と認定するに当たって，その建物の「維持若しくは効用を果すために必要な土地」であるかどうかという判断が必要になることを意味している。

　　また，雑種地については23種類のうちで「以上のいずれにも該当しない土地」とされているが，客観的に利用目的が明確でないものを雑種地として扱うことが許されるかどうかが実務上問題となっている。

5　登記簿上の地目が農地である土地について，農地以外の地目への地目変更の登記申請があったときの取扱いについて先例（昭和56・8・28民三第5403号民事局第三課長依命通知二の8）は，現に特定の利用目的に供されているとき，又は近い将来特定の利用目的に供されることが現実に見込まれるときでなければ原則として雑種地として認めないとしており，雑種地に認定することについては，実務においてはかなり厳格な取扱いを求められているのが現状である（注）。

　設問の場合は，土地家屋調査士が作成した報告情報どおりの利用状況であるとすると，通常は駐車場としての地目，すなわち雑種地と認定されるものと思われる。ただし，申請地の現地の状況が拡張前の駐車場の地目が宅地となっていて，かつ，申請地との間に物理的な区分がなく，さらに，店舗の敷地と駐車場の面積の割合からみて，駐車場部分が，明らかに，社会通念上，店舗敷地とは認められないといった状況にないときは，宅地への地目の変更も可能であると考える。

（注）　登記研究352号104頁，同533号156頁

97　転用の許可を得て 1000 ㎡の土地を埋め立て 100 ㎡の建物を建築した場合の敷地の地目

> **問**　農地法所定の許可を得て田 1000 平方メートルを埋め立て，住宅（１階の床面積 100 平方メートル）を新築した上で，この建物の表題登記と共に，全体の敷地について地目変更の登記が申請された場合，受理することができるか。

【答】　土地の全部が建物の維持若しくは効用を果たすために必要なものである場合，あるいは，建物の敷地以外の部分が近い将来建物の敷地等に供されることが確実に見込まれるときには受理できる。しかし，全体が宅地として認められないときは，宅地と認められる部分を分筆した上で，その部分について地目変更の登記を申請することになる。

【解説】

1　土地の地目は，土地の利用状況による区分であって，土地を特定するための一つの要素として登記事項とされ（法34条１項３号），規則第99条において 23 の種類に区分されている。このうち宅地については，準則第68条第３号において「建物の敷地及びその維持若しくは効用を果すために必要な土地」と規定されている。

　この場合，建物が建築されている直下の土地の地目が宅地であることは当然として，一般的には，その建物の周囲の部分を含めて１筆の土地の全部が宅地として取り扱われている。しかし，広大な１筆の土地の一部に建物が建築されている場合には，その１筆の土地の全部を宅地として認定することができるかについては，事案によって異なる。

2　ところで，準則第69条においては，土地の一部に建物が建築されている場合の地目の認定について，次のように規定している。

(1)　遊園地，運動場，ゴルフ場又は飛行場において，建物の利用を主

とする建物敷地以外の部分が建物に附随する庭園にすぎないと認められる場合には，その全部を一団として宅地とする（6号）。
(2) 遊園地，運動場，ゴルフ場又は飛行場において，一部に建物があり，その敷地が道路，溝，堀その他により建物敷地として判然区分することができる状況にあるものは，これを区分して宅地として差し支えない（7号）。
(3) 競馬場内の土地については，事務所，観覧席及びきゅう舎等永久的設備と認められる建物の敷地及びその附属する土地は，宅地とし，馬場は雑種地とし，その他の土地は現況に応じてその地目を定める（8号）。
(4) 工場又は営業場に接続する物干場又はさらし場は，宅地とする（11号）。
(5) 火葬場については，その構内に建物の設備があるときは，構内全部を宅地とし建物の設備のないときは雑種地とする（12号）。

3　以上のことから，建物の規模に比較してその敷地が広い場合であっても，その敷地が建物と一体として利用されている場合には，その土地の全部を宅地として認定できるとしているものと解される。
　そこで設問は，人の居住する住宅の1階の床面積が100平方メートルであるのに対し，敷地の面積が1000平方メートルというものであり，一般的には，この敷地全体が建物の維持若しくは効用を果たすために必要な土地であるとは思われない。もっとも，特殊な場合として，豪邸の庭園として整備されていて，もっぱらその居住者のためにのみ利用されている場合もあり，この場合には敷地全体を宅地として認定して差し支えないものと考える。

4　一方，設問は，1000平方メートルの農地を宅地とするために，転用の許可を得て埋め立て，とりあえず，その土地の一部に100平方メートルの建物を建築し，他の部分については後日建物を建築する予定とし，それらを含めて全体の土地について地目の変更の登記を申請し

たものとも考えられる。この場合には，建物のない部分について，周囲を布コンクリートで擁壁を設置した上で，土地を埋め立てて整地し，水道やガス等の建物に附随した施設が設けられる等，確実に建物の敷地として利用されることが認められる状況にあれば，宅地への地目変更の登記申請は受理できるものと考える（昭和56年8月28日民三第5402号民事局長通達二において，「対象土地が現に建物の敷地（その維持若しくは効用を果たすために必要な土地を含む。）に供されているとき，又は近い将来それに供されることが確実に見込まれるときでなければ，宅地への地目の変更があったものとは認定しない。」とされている。）。

　なお，1000平方メートルの土地のうち，建物のない部分について宅地として認定できないときは，この部分を分筆し，建物の存在する部分についてのみ宅地として地目変更の登記を申請することになる。

98 転用許可を得て砕石置場とした後に全部の砕石を処分した状態で雑種地と地目変更することの可否

> 問　農地について砕石業者が農地法所定の許可を得て，当該土地を整地し境界にコンクリートで土留めして砕石置場として利用していた。その後，たまたま砕石の全部を処分した状態で地目を雑種地とする地目変更の登記の申請があったが，受理することができるか。

【答】　今後も引き続いて砕石置場として利用されることが認められれば，受理して差し支えないものと考える。

【解答】

1　土地の地目については規則第99条で，「主たる用途により……区分して定めるものとする。」として，23種類の地目を定めている。この主たる用途とは，土地の所有者が主観的に，このような用途に使用したいと思っている点に重点を置いて考えるのか，あるいは，土地の現にある状態をみて「主たる用途」を判断するのかという問題がある。準則第68条は規則第99条の規定を受けて，「土地の現況及び利用目的に重点を置き」と定めているが，このように，土地の地目は，客観的に把握された現況を忠実に公示するという，いわゆる現況主義を採用している。

　また，ある土地の地目が他の地目に変わる過渡的な状態，つまり，土地の客観的な利用状況が完全に他の地目に変わったと認定されない，いわゆる中間地目の土地については，これを登記記録の表題部に記録された地目が変更したものとは認められない。

2　一方，田，畑等の農地を農地以外のものに転用するときは，あらかじめ農地法第4条若しくは第5条により都道府県知事等の許可を得るか又は同法第4条第1項第5号若しくは第5条第1項第3号により，農業委員会に届出をしなければならない。そして，これに基づき当該

第二節　土地の表示に関する登記手続

　　土地の地目変更の登記を申請するときは，この申請情報と併せて知事の許可書等を提供することになる。
　　しかし，農地を雑種地に地目変更するためには，知事の許可書等を提供するのみでは足りず，前述のように，当該土地の現況が一定の利用目的に供されている雑種地として認められるものでなければならないことになる。
3　土地の地目を雑種地として認定する場合の実務上の取扱いは，昭和56年8月28日民三第5402号民事局長通達二の2において，「対象土地が埋立て，盛土，削土等により現状のままでは耕作の目的に供するのに適しない状況になっている場合であっても，対象土地が現に特定の利用目的に供されているとき，又は近い将来特定の利用目的に供されることが確実に見込まれるときでなければ，雑種地への地目の変更があったものとは認定しない。ただし，対象土地を将来再び耕作の目的に供することがほとんど不可能であると認められるときは，この限りでない。」として，雑種地に地目変更する登記の取扱いについての考え方を示している。
4　設問の場合は，転用の許可を得た農地を整地し，許可内容にそって，既に砕石置場として使用していたものであるが，その後，当該土地について地目変更の登記を申請する時点においては，たまたま砕石を全部処分した状態になっていたというものである。
　　このことから，この土地は，砕石置場として使用していた当時においては，既に特定の利用目的に供されていたものであるが，たまたま一時的に砕石の全部を処分したというものであれば，その利用目的は更に継続しているとみることができる。したがって，設問については，現地の状況から今後も砕石置場として引き続いて利用されることが明らかに認められるものであれば，雑種地としての地目変更の登記の申請は受理して差し支えないものと考える。

99 農地転用の許可を得て大規模な宅地造成をしたときは分合筆の後に地目変更するのか

問 農地法第5条による農地転用の許可を得て宅地造成工事を行った場合，農地のままで合筆又は分筆の登記を申請し，その後にそれぞれの土地について「宅地」，「公衆用道路」，「公園」として地目変更の登記を申請するのか。又は，一地域全体について，まず「宅地」と地目変更の登記をした上で分筆の登記を行い，さらに必要に応じて「公衆用道路」，「公園」等と地目変更の登記をするのか。

【答】 設問については，農地のままで合筆及び分筆の登記を行い，その後に宅地，公衆用道路及び公園等に地目変更の登記を申請するのが相当と考える。

【解説】

1 表示に関する登記は，権利の客体である不動産の現況を正確に登記記録の表題部に記録し，これを公示することにより，当該不動産についての取引が安全かつ円滑に行われることを目的としている（法1条）。このため，土地の地目を変更したときや建物を増築したときなど，不動産の物理的な現況が変動した場合には，速やかにこれらの状況を登記記録に反映させるため，不動産の表題部所有者又は所有権の登記名義人に対し，その事実の発生したときから1月以内に登記の申請をするよう義務付け（法37条1項，51条1項等），これら申請の義務がある者が登記の申請を怠ったときは申請義務者に対し催告し（準則63条），さらに申請をすべき義務がある者がその申請をしないときは過料に処するものとしている（法164条）。

2 ところで，設問は農地について地目変更するものであるが，土地の地目は，その土地を特定する機能を持つものとして土地の登記事項とされている（法34条1項3号）。そして，この機能を十分に果たすため

第二節　土地の表示に関する登記手続

には，現実の土地の地目（現況）が何人にも明瞭であることが前提でなければならない。したがって，例えば，田に盛土し，一応整地はしているが建物を建築していない時点では，これを宅地に地目変更されたとは認められないことになる。

　この点について先例（昭和56・8・28民三第5402号民事局長通達二の1）は，対象土地を宅地に造成するための工事が既に完了している場合であっても，対象土地が現に建物の敷地等に供されているとき，又は近い将来それに供されることが確実に見込まれるときでなければ，宅地への地目の変更はできないとしている。

3　設問は，農地について宅地等への転用の許可を得て，宅地造成の工事を行い，それらの造成工事が完了した時点で農地を農地以外の地目に変更する登記をどのようにするのかというものであると思われる。この場合には，①転用許可を得た複数筆の農地について宅地とする地目変更の登記をし，すべての土地の地目をいったん宅地とした上で合筆又は分筆等の登記を行い，その後に一般交通の用に供する道路については公衆用道路とし，また，公衆の遊楽のために供する土地については公園に，再度これらの土地の地目変更の登記をする方法がある。また，②転用許可を得た複数筆の農地を含めた一体の土地について，農地のままで合筆又は分筆の登記をし，その後に建物の敷地及びその維持若しくは効用を果たすために必要な土地については宅地と地目を変更し，その他の部分については公衆用道路又は公園等としての地目変更の登記をするという方法がある。

4　土地の地目は，土地の現況及び利用状況によって定められる名称であって，土地を特定するための要素の一つである。このため，準則第68条においては，土地の現況及び利用目的に重点を置き，部分的にわずかな差異があっても，土地全体としての状況を観察して定めるものとすると規定されている。

　そこで，①の方法による場合は，既に住宅地としての街区が形成さ

れていて，電気，ガス及び水道等の敷設も完了し，近い将来これらの土地に住宅が建設される状況が認められれば，宅地として地目変更することは問題がない。しかし，一般交通の用に供される部分については，既に舗装され側溝等が設けられ，また，公衆の遊楽のために供する部分についても樹木が植栽されているとすれば，これらの現況からして，便宜とはいえ宅地に地目変更することは相当ではない。

　したがって，設問については３の②の方法によるのが相当と考える。

100　農地転用許可を得て用悪水路とするための寄付承諾書が交付されている場合の転用許可書提供の要否

問　農地転用の許可を得て下図の6番の土地の一部（6番2の土地）に水路を新設し，この付け替え申請を行い，国土交通省国有財産所管部局長から用悪水路として寄付承諾書が交付されている場合，当該6番2の土地について，地目を用悪水路とする地目の変更の登記を申請するには，農地転用確認書を提供しなければならないか。

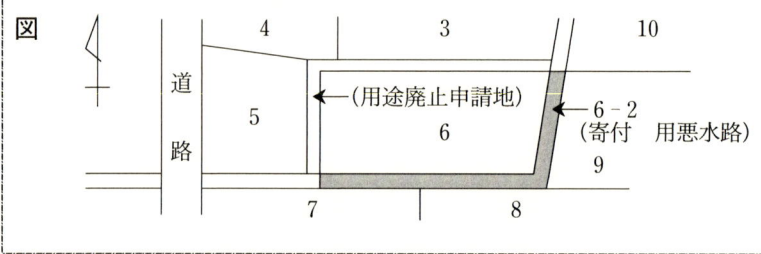

図

```
         4        3         10
道
路   5   ←(用途廃止申請地)    ←6-2
                6          (寄付  用悪水路)
                            9
         7        8
```

【答】　国土交通省国有財産所管部局長の寄付承諾書に，新設水路に対する都道府県知事等の許可又は農業委員会に届出があった旨の記載がある場合を除き，農地転用許可書の提供を要する。

【解説】

1　農地法は，耕作者の農地取得を促進し，その権利を保護し，土地の農業上の効率的な利用を図るため，その利用関係を調整し，もって耕作者の地位の安定と農業生産力の増進を図ることを目的としている（農地法1条）。

　農地は農地法の適用を受け，農地を農地以外のものに転用するには，農林水産大臣又は都道府県知事の許可若しくは農業委員会に届け出て受理されることを要するとされている（同法4条又は5条）。

2　登記記録の表題部に地目が農地（田又は畑）と記録されている土地を，農地以外の地目に変更するには，都道府県知事等の許可又は農業委員会に届け出て受理されることを要し（同法4条1項），この土地に

ついて地目変更の登記を申請するには，申請情報と併せてこの許可書等を提供することになる。そして，これらの書面が提供されていないときは，登記官は農業委員会に対し照会した上で，当該登記の申請を処理することになる（昭和56・8・28民三第5402号民事局長通達一の1）。

3 　設問は，6番の土地の所有者が，用悪水路の付け替えをするため，同土地を分筆した上，分筆した6番2の土地について農地転用の許可を得て水路を新設し，国土交通省国有財産所管部局長あて寄付申請を行い，同部局長から寄付承諾書の交付を受けたというものである。そして，この6番2の土地に代えて，同部局長が既存の水路について用途廃止をした上，6番の土地の所有者が同部局長から払い下げを受ける場合であると思われる。

　ところで，設問の6番の土地の所有者が，分筆した6番2の土地について地目変更の登記を申請する場合，申請情報と併せて国土交通省国有財産所管部局長からの寄付承諾書の提供があったとしても，当該土地について農地転用の許可を得ているか否かは登記官において明らかではないから，この場合は原則どおり農地転用の許可書を提供することになるものと解する。そして，この農地転用の許可を証する書面が申請情報と併せて提供されていないときは，登記官は農業委員会に対して照会した上で処理することになる（前掲通達一の1）。

4 　もっとも，国土交通省国有財産所管部局長からの寄付承諾書に，分筆した6番2の土地について農地転用の許可を得ている旨の記載がある場合（寄付申請書の写しの添付があり，その添付書面として農地転用の許可書の写しがある場合等）については，登記官において，寄付承諾書により農地法所定の手続がとられたことが明らかであり，同書をもって転用許可があったことを証する書面とすることができるので，別途，転用の許可書等の提供は要しないものと考える（前掲通達一の1）。

　また，分筆した6番2の土地について，国土交通省国有財産所管部

第二節　土地の表示に関する登記手続

　局長からの寄付承諾書に基づく所有権移転登記が先行して嘱託され，それに次いで同部局長から地目変更の登記が嘱託された場合には，転用の許可書の添付を要しない（農地法4条1項3号）。

六　農地の地目変更（非農地証明書の場合）
101　農地に該当しない旨の農業委員会等の証明書の内容

> 問　農地に該当しない旨の都道府県知事又は農業委員会の証明書とは，具体的にどのようなものをいうのか。

【答】　いわゆる非農地証明書，現況証明書，現地目証明書及び転用事実確認証明書等のことである。

【解説】

　登記記録の表題部に地目が農地（田又は畑）と記録されている土地について，農地以外の地目とする地目変更の登記の申請があった場合には，昭和56年8月28日民三第5402号民事局長通達一の1において，当該申請書に，①農地に該当しない旨の都道府県知事又は農業委員会の証明書，②転用許可があったことを証する書面のいずれかが添付されていないときは，登記官は，関係農業委員会に対し，当該申請された土地について，農地法第4条若しくは第5条の許可（同法第4条又は第5条の届出を含む。）又は同法第73条の許可（転用を目的とする権利の設定又は移転に係るものに限る。）の有無，対象土地の現況その他の農地の転用に関する事実について照会するものとされている。

　この場合の農地に該当しない旨の都道府県知事又は農業委員会の証明書とは，どのようなものをいうのか，以下，具体的に説明することとする。

　まず，農地に該当しない旨の都道府県知事又は農業委員会の証明書としては，非農地証明書，（非農地である旨の）現況証明書，（非農地である旨の）現地目証明書及び転用事実確認証明書がある。

1　非農地証明書

　非農地証明書とは，農地法第2条の農地及び採草放牧地（休閑地を

含む。）に該当しないことが明らかな土地，すなわち，農地法が施行される前の昭和27年10月20日以前から非農地であった土地について，農業委員会が確認して証明書を発行するものであり，登記記録の表題部に地目が山林，宅地等と記録されている土地であっても，現況が農地法第2条の農地又は採草放牧地と判断できる土地については当該証明書は発行できないこととされている。

農地法第2条の農地又は採草放牧地に該当するか否かは，当該土地の客観的な事実状態に基づいて農業委員会が現況を認定することになるが，無断耕作地，耕作放棄地（遊休農地），樹苗育成地，肥培管理している果樹園，竹林等はすべて農地とされ，現に耕作又は養畜の事業のために採草又は家畜の放牧の目的に供されるものは採草放牧地とされている。

また，農地が昭和27年10月21日以降において非農地化した場合には，その原因がどのようなものであっても，非農地化した時点で農地性が失われるものではなく，依然として農地法の適用があるとされている（注1）。

2　現況証明書，現地目証明書

現況証明書又は現地目証明書とは，農業委員会が農地の現況を確認して証明するものである。従前は，雑種地といった記載が多かったようであるが，最近は，休耕田，荒田という記載に変わってきているようである。

3　転用事実確認証明書

転用事実確認証明書とは，農地法第4条若しくは第5条の規定による農地の転用許可を得た土地について，農業委員会が，転用目的の工事が行われ，かつ，その工事が完了しているか否かを確認して発行するものである（注2）。

（注1）　登記先例解説集特集号33巻8号270頁
（注2）　同273頁

102 荒廃した農地について農業委員会の非農地証明書を提供して雑種地に地目変更することの可否

問　現況が農地の形状を残した荒廃地の場合，農業委員会の非農地証明書が提供されていれば，当該農地を雑種地とする地目変更の登記の申請は受理されるか。

【答】　対象土地が再び耕作の目的に供することがほとんど不可能であると認められるときは，受理される場合がある。

【解説】

1　農業委員会が農地法第2条の農地又は採草放牧地に該当するか否かを判断するには，当該土地の客観的な事実状態に基づき現況を認定することになるが，無断耕作地，耕作放棄地（遊休農地），樹苗育成地，肥培管理している果樹園，竹林等はすべて農地とされ，現に耕作又は養畜の事業のために採草又は家畜の放牧の目的に供されるものは採草放牧地とされている。また，農地が昭和27年10月21日（農地法の施行日）以降において非農地化した場合には，その原因がどのようなものであっても，非農地化した時点で農地性が失われるものではなく，依然として農地法の適用があるとされている。

2　ところで，農地とは，耕作の目的に供される土地をいい（農地法2条1項），耕作とは，土地に労費を加え肥培管理を行って作物を栽培することをいう。したがって，果樹園，牧草栽培地，苗圃，わさび田，はす池等も肥培管理が行われている限り農地とされる。

　耕作の目的に供される土地とは，現に耕作されている土地はもちろん，現に耕作されていなくても耕作しようとすればいつでも耕作できるような土地，すなわち，客観的にみてその現状が耕作の目的に供され得る土地（休耕地，不耕作地）をも含むとされている。このように，土地の地目が農地であるかどうかは，その土地の現況によって区

第二節　土地の表示に関する登記手続

分するのであって，登記記録の表題部の記録によって区分するのではないとしている（昭和27・12・20二七農地第5129号農林省次官通達）。

3　非農地証明書は，明らかに農地法第2条の農地（休閑地を含む。）に該当しない土地に限り発行することができるとされていることから，登記記録の表題部に記録された地目が山林，宅地等であっても，現況が農地法第2条の農地又は採草放牧地と判断できる土地については，農業委員会の非農地証明書は発行されないこととなっている。

　土地の地目は，土地の所有者が自由に決められるものではなく，登記官が認定することになるが，準則第68条は，登記官が地目を定めるに当たって，土地の現況及び利用目的に重点を置き，部分的にわずかの差異の存するときでも，土地全体としての状況を観察して認定すべきものとしている。

　また，雑種地は，規則第99条で定める23種類の地目のうち，準則第68条第1号の田ないし第22号の公園のいずれにも該当しない土地とされていることから，客観的に利用目的が明確でないものを，この雑種地として認定することが許されるかという問題がある。

　具体的な地目変更の登記の申請を処理する場合において，登記官は，登記申請人である所有者の意思を確認することはできるが，土地の現況により利用目的を認定するのは，極めて個別的な問題であり難しい。

4　利用目的の定まらない土地の地目を雑種地として認定することは，いわゆる，「中間地目」の問題として議論されてきている。実務においては，登記記録の表題部に地目が農地（田又は畑）と記録されている土地について，農地以外の地目とする地目変更の登記の申請があった場合の取扱いは，昭和56年8月28日民三第5402号民事局長通達等により，中間地目については否定的な見解を示している。

　設問の場合は，登記の申請情報と併せて農業委員会の非農地証明書が提供されていることから，行政的な添付情報である許可書の問題は

クリアされており，登記官が現実に雑種地として認定できるかどうかの問題が残ることになる。
5 　前記の通達が発出されて以降，原則的な地目の認定基準は，対象土地が形質の変更により現状のままでは耕作の目的に供するのに適しない状況になっている場合であっても，対象土地が，現に特定の利用目的に供されているとき，又は近い将来特定の利用目的に供されることが確実に見込まれるときでなければ，原則として雑種地への地目の変更があったものとは認定しないこととされた。しかし，対象土地が再び耕作の目的に供することがほとんど不可能であると認められるときは，雑種地への地目の変更があったものと認定して差し支えないとされている（前掲民事局長通達二の２）。
6 　設問は，農地の形状を残した荒廃地とあるのみで，その現状が具体的に明らかでないため，直ちに判断することはできないが，農地へ回復するための物理的，経済的事情等，諸般の事情を調査した結果，農地の形質が変更されていて，到底耕作の目的に供し得ない状況が将来にわたって固定的，安定的に継続し，少なくとも元の農地に回復する可能性は社会通念上あり得ないと認定できる場合には，当該登記の申請は，受理されるものと考える。

103 地目変更の登記申請に非農地証明書のみ提供した場合の農業委員会への照会の要否

> 問 「申請地は農地でないことを証明する」との非農地証明書のみを提供して，地目が農地である土地について，農地以外の地目に変更する地目変更の登記の申請があった場合，農業委員会への照会は要しないか。

【答】 非農地となった年月日や，変更後の地目の認定について意見を徴する必要があるなど，特段の理由のある場合を除き，照会は要しないと考える。ただし，地目の変更については，変更後の地目が認定できる確実な資料のない限り，実地調査を省略することは相当ではないと考える。

【解説】

1 登記記録の表題部に地目が農地（田又は畑）として記録されている土地を，農地以外の地目に変更する登記の申請があり，これを登記官が処理する場合には，「農地行政の運用との調和に配意しつつ，地目の変更及びその日付の認定を厳正に行う」ことが登記官に求められている。そして，この登記の申請情報と併せて，①農地に該当しない旨の都道府県知事又は農業委員会の証明書，又は②転用許可があったことを証する書面が提供されていないときは，関係農業委員会に対して，当該登記申請に係る土地について農地法第4条若しくは第5条の許可の有無，対象土地の現況その他農地の転用に関する事実について照会するものとするとされている（昭和56・8・28民三第5402号民事局長通達一の1）。

　なお，この前段の場合の農地に該当しない旨の証明書としては，具体的には①非農地証明書，②現況証明書（非農地），③現地目証明書（非農地）及び④転用事実確認証明書等が該当すると考えられる（問

101＝247頁参照）。
2　したがって，上記のような証明書等が提供されていて，農地法の適用を受けない土地であることが確認できる場合には，原則として前掲通達に基づく照会は要しないことになる。しかしながら，このような場合であっても，登記官が農地以外の地目であると認定する際，例えば，許可条件と相違する転用がされている疑いがある場合や，地目の認定及び地目の変更の年月日等について農業委員会等の意見を徴する必要があると認めるときは，非農地証明書が提供されていても照会することは差し支えなく，疑義がある場合は，むしろ積極的に関係農業委員会に照会することが望まれる。
3　また，これらの農業委員会の証明による非農地証明書は，客観的な土地の状況が農地に該当しないことを証明する資料ではあるが，農地以外の地目，例えば，宅地とか雑種地という地目を積極的に証明する資料ではないのが通常である。

　もっとも，これら非農地証明書の記載内容から，同証明書をもって地目を認定する有力な資料となり得る場合もあるが，地目の最終的な認定はあくまで登記官に委ねられていて，その認定は，原則として登記官が現地において当該土地の客観的な状況を直接確認してするものであるから，設問の場合にあっては，実地調査を省略することは相当でないと考える。

104 農地法4条1項6号に該当する地目変更につき農業委員会に照会することの要否

> 問　農地法第4条第1項第6号に規定する「その他農林水産省令で定める場合」に該当するとして地目変更の登記が申請された場合，農業委員会に照会することになるのか。

【答】　農地法施行規則第5条各号に掲げる事項に該当する旨の証明書等の提供のない場合は，原則として関係農業委員会に照会することを要するものと考える。ただし，公知の事実の場合あるいは事業施行者からの届出によって，転用について許可等があったことを確認することができる場合，及び地方公共団体（特別法によって設立された公団等）からの申請については，必ずしも照会を要しないものと解される。

【解説】
1　登記記録の表題部に地目が農地（田又は畑）として登録されている土地について，農地以外の地目に変更する登記を申請する場合には，その申請情報と併せて農地法第4条の許可等のあったことを証する書面若しくは農地に該当しない旨の都道府県知事又は農業委員会の証明書等を提供することとされている。そして，この申請において，これらの書面が提供されていないときは，関係農業委員会に対し，同条の許可等の有無，農地の転用に関する事実について照会することとされている。

　さらに，申請された土地の形質が変更され，その現況が農地以外の状態にあると認められる場合であっても，農地法第83条の2の規定による原状回復命令が発せられているときは，未だ地目変更があったものとは認定しないこととされている（昭和56・8・28民三第5402号民事局長通達，同日付民三第5403号民事局第三課長依命通知）。

2　農地法第4条第1項は，農地を農地以外のものにする場合には，都

道府県知事又は農林水産大臣の許可を受けなければならないとし，ただし，次の各号の一に該当する場合は，この限りでないと規定している。そして，このただし書に該当するものとして第1号から第5号まで掲げた上で，第6号において「その他農林水産省令で定める場合」にも，この許可を要しないと規定している。

3　このことから，「その他農林水産省令で定める場合」，すなわち，農地法施行規則第5条に該当するものとして地目の変更の登記が申請されたときは，登記官は，そのことを明らかにする許可書（証明書）等の提供を求め，上記規則に掲げる事例に該当するか否かを確認する必要がある。

　しかしながら，土地改良法による土地改良区設立の認可が公示（土地改良法10条3項）されたとき，土地区画整理事業について施行者から登記所に届出（土地区画整理法83条）されたこと等により，法律の規定によってその事業が実施されていることが確認できる場合は，改めて関係農業委員会等に照会することは要しないものと解される。

4　また，農地法施行規則第5条各号に掲げられている，独立行政法人緑資源機構，独立行政法人鉄道建設・運輸施設整備支援機構等の特別法によって設立された公団や地方公共団体から申請された場合は，公益を目的とする事業の遂行に必要があるものと推定されることから，この場合も照会は要しないものと解される。

　なお，「その他農林水産省令で定める場合」に該当する場合にあっても，例えば，都市計画法第36条第2項の検査済証等の資料の提供がなく，地目の変更されたことが確認できないときは，登記官は，実地調査を行った上で処理することになる（昭和47・2・16民事甲第699号民事局長回答）。

第二節　土地の表示に関する登記手続

105　競売の買受人から農地（現況非農地）について地目変更する登記手続

> 問　競売により売却された農地（現況非農地）について，取得者（非耕作者）から雑種地として地目変更の登記をする場合の手続はどうするのか。

【答】　競売により農地法の適用のない土地について売却されたときは，所有権移転登記の前提として，買受人から代位により当該土地の地目変更の登記を申請することになる。

【解説】

1　農地法は，農地の所有権を移転する場合等においては，農業委員会，都道府県知事等の許可を受けなければならないと規定し，この許可を受けずにした処分は無効としている（最高裁判所第二小法廷昭和50・3・17判決・金融法務751号44頁等）。そのため，農地について強制執行あるいは担保権の実行としての競売により，この土地が売却される場合は，実務上その手続において，関係農業委員会に対して当該土地が農地であるか，農地の場合は買受予定者が農地を取得する資格を有する者であるか否かについて，農地法上の要件を確認し，農地行政の運営との調和に配慮した取扱いがされている。

2　そこで，裁判所の競売手続についてみると，次のとおりである。すなわち，裁判所は競売開始決定により債務者の所有する土地を差し押さえると，執行官に対し当該土地の現況等を調査させることになる（民事執行法57条，188条）。そして執行官は，この土地の形状及び現況地目等を調査し，その結果を現況報告書として裁判所に報告することになる（民事執行規則29条，173条）。この調査において対象土地が農地法の適用を受けるものであるとされたときは，買受けを希望する者から，あらかじめ，これに参加する資格を有する（農地法3条2項5号等）

旨の証明書（適格証明書）を提出させることになる（民事執行規則33条）。これは，買受人が買受け後に農地法第3条による許可申請をしても不許可となることのないよう考慮したものである。しかし，この場合には，当該土地の地目を農地のままで移転することになるので，地目変更の問題は生じない。

3 　一方，対象土地が執行官の調査において農地法の適用がないとされたときは，裁判所は前記の資格証明書の提出を求めることなく売却許可決定をし，買受人への所有権移転の登記を嘱託することになる。しかし，この売却許可決定された土地の登記記録の表題部に，その地目が田又は畑と記録されている場合には，上記の所有権移転登記の嘱託は受理されないことになる。

　すなわち，登記記録の表題部に地目が農地（田又は畑）と記録されている場合は，たとえその土地が農地法の適用のないものであったとしても，そのままの地目では所有権移転の登記は受理できないことになる。そうするとこの場合には，所有権移転の登記の前提として，買受人が当該土地の所有権登記名義人に代位して，田又は畑の地目をその他の地目に変更する登記を申請することになる。

4 　もとより，この代位による地目変更の登記の申請においては，当該登記の申請情報と併せて，関係農業委員会等の許可書（農地法4条，5条）又は非農地証明書等を提供することになる。しかし，これらの書面が提供されていないときは，登記官は，原則として実地調査をする前に，関係農業委員会に農地法所定の許可の有無等，農地の転用に関する事実の照会をした上で，現況及び利用目的を確認して処理することになる（昭和56・8・28民三第5402号民事局長通達）。

　以上のように，設問の場合は，代位による地目変更の登記を行い，その後に競落による所有権移転の登記をすることになる。

106　農地を保安林に地目変更することの可否

> 問　登記記録の表題部に農地（田又は畑）として記録されている土地について，その地目を「保安林」と変更することができるか。

【答】　農地法の適用を受ける土地であっても，農林水産大臣が保安林として指定した場合には，当該土地について保安林として地目変更をすることができるものと解される。

【解説】

1　保安林については，準則第68条第20号において，「森林法（昭和26年法律第249号）に基づき農林水産大臣が保安林として指定した土地」の地目と規定している。

　森林法第25条第1項は，農林水産大臣は，水源のかん養，土砂の流出，崩壊又は飛砂の防備，風水害等災害の防備，なだれ等の危険の防止，火災の防備，魚つき，航行の目標の保存，公衆の保健及び名所又は旧跡の風致の保存等の目的を達成するため必要があるときは，森林を保安林として指定することができると定めている。

2　この規定による森林とは，「木竹が集団して生育している土地及びその土地の上にある立木竹」及び「木竹の集団的な生育に供される土地」とされている（森林法2条1項）。このことから，農林水産大臣が保安林として指定する土地は山林の場合が多いが，中には現に竹木の生育していない原野や山中の畑の場合もある。

　この点について，昭和46年3月15日民事甲第557号民事局長通達による準則第105条ソにおいては，保安林を「森林法に基づき農林大臣が保安林として『指定した山林』」と規定されていた。一方，同条トにおいては，山林を「耕作の方法によらない竹木の生育する土地」とされていた。このことから，山林以外の土地が保安林として指定されたときは，登記法上の地目を保安林とすることはできないのではな

258

いかとの疑問があったが，この規定が『指定した土地』にその後改正（現行の準則68条20号においても同じ）されたことにより，この問題は解消された。

3　このように，保安林は現に竹木の生育していない土地であっても，保安林としての指定があれば，土地の現況及び利用状況にかかわりなく「保安林」として地目を変更することになる。このことから，保安林は，行政上の目的を達成するための地目であるといわれている。

　設問は，登記記録の表題部に地目が農地（田又は畑）と記録されている土地について，保安林としての指定があった場合，農地法上の制限に抵触しないかという点にあると思われる。

4　しかし，前述したとおり，保安林として指定されたということは，当該土地の現況は，森林法にいう森林，つまり農地でないということになり，農地法上の制限には抵触しないことは明らかであるといえる。

　もし，そうでないとしても，農地法第4条第1項第3号には，「国又は都道府県が農地を農地以外のものにする場合」は同項本文で定める許可を要しないと定めていて，農地を保安林として指定する場合には，農地法上の制限はない。

　以上のことから，農地法の適用を受ける土地であっても，農林水産大臣が保安林として指定した場合には，当該土地について保安林として地目変更の登記をすることができるものと解される。

第二節　土地の表示に関する登記手続

107　雑草の生い茂った農地を雑種地等に地目変更することの可否

> 問　農地を耕作しないまま放置しているため，雑草が生い茂っている土地について，農業委員会の非農地証明書を提供して地目を農地から原野，あるいは雑種地（特定の利用目的のない遊休地）に地目変更する登記の申請は，受理することができるか。

【答】　登記官の実地調査により，現在の地目を認定することになる。

【解説】

1　地目は，土地の主たる用途による区分であって，土地の現況及び利用目的によって定められ，土地の特定機能を持つものとして土地の登記事項とされている（法34条1項3号）。また，この特定機能とともに，土地の質的な面に関する情報を提供することによって，取引の便にも資している。

　しかし，このような機能を十分に果たすためには，現実に土地の地目（現況地目）等が登記記録の表題部に明瞭に記録され，何人も正しい判断ができるものであることが前提とされる。

　そこで，地目は，規則第99条の規定において，主たる用途により23種類に区分し定めるものとされており，これらの用途区分以外の名称を用いることは許されないと解されている。また，その定め方の具体的方法については準則第68条，第69条にそれぞれ規定されている。

　さらに，土地の利用目的を変更しようとするときは，その土地の公共性及び政策的な面から制限を受ける場合があり，保安林，墓地，農地（田畑等）がこれに当たる。

2　農地を農地以外の地目に変更する場合については，昭和56年8月28日民三第5402号民事局長通達が発出され，具体的な取扱いが示さ

れているが、その二の2において、「対象土地が埋立て、盛土、削土等により現状のままでは耕作の目的に供するのに適しない状況になっている場合であっても、対象土地が現に特定の利用目的に供されているとき、又は近い将来特定の利用目的に供されることが確実に見込まれるときでなければ、雑種地への地目の変更があったものとは認定しない。ただし、対象土地を将来再び耕作の目的に供することがほとんど不可能であると認められるときは、この限りでない。」とされている。

　すなわち、対象土地が、特定の利用目的がない、あるいは準則第68条第1号ないし第22号までのいずれの地目にも該当しない状況にあるからといって、直ちに雑種地として認定することはできず、単に耕作をしないで放置した状態では、原野とは認定できないということである。

3　雑種地というのは土地の状況が、従前の地目（登記記録の地目）の状況が変化して、いずれの地目にも認定できない現況にあるというものではなく、何らかの用途に供されている（固定化している状態の）土地であって、雑種地以外の22種類のいずれの地目にも該当しない地目をいうものである。したがって、前掲通達二の2のただし書にあるように、将来再び耕作の目的に供することがほとんど不可能と認められる場合には、申請人からの聞取調査、資料の収集、現況等を十分に把握した上で、準則第68条及び第69条に照らして地目を認定することとなる。

　このことから、地目変更の登記の申請において、当該登記の申請情報と併せて農業委員会の発行した非農地証明書が提供されていたとしても、これはあくまでも参考とするものであり、地目の認定は当然のことながら、登記官の権限に属するものであり、この調査結果に基づき現況等により認定することになる。

第二節　土地の表示に関する登記手続

108　有効期間６か月と記載された非農地証明書を提供し３年７月後にされた地目変更登記申請の受否

> 問　地目変更の登記の申請情報と併せて提供された農業委員会の非農地証明書は３年７月前に発行されたものであり，当該証明書には「右証明書の有効期間は発行日から６か月とする。」と記載されている場合，どのように処理することになるのか。

【答】　非農地証明書が発行されてから既に３年７月を経過していることを考慮し，関係農業委員会に対して，対象土地の現況等について照会した上で処理するのが相当と解する。

【解説】

1　登記記録の表題部に記録された地目が農地（田又は畑）である土地を，農地以外の地目に変更する登記の申請があり，これを登記官が処理する場合には，「農地行政の運用との調和に配意しつつ，地目の変更及びその日付の認定を厳正に行う」ことが登記官に求められている。そして，この登記の添付情報として，①農地に該当しない旨の都道府県知事又は農業委員会の証明書，又は②転用許可があったことを証する書面が提供されていないときは，関係農業委員会に対して，当該登記申請に係る土地について農地法第４条若しくは第５条の許可の有無，対象土地の現況その他農地の転用に関する事実について照会するものとされている（昭和56・８・28民三第5402号民事局長通達一の１）。

2　このことから，設問のように地目変更の登記の申請情報と併せて非農地証明書が提供されていて，農地法の適用を受けない土地であることが確認できる場合には，原則として前掲通達に基づく照会は要しないことになる。しかしながら，農地に該当しない旨の証明書等が提供されていても，登記官が農地以外の地目の認定に当って疑義がある場合には，むしろ，積極的に関係農業委員会等に照会することが望まれ

る。例えば，農地法第4条若しくは第5条の許可書が提供されていても，許可条件と相違する転用がされている場合，又は地目の認定及び地目の変更の年月日等について，農業委員会等の意見を徴する必要があると認めるとき等の場合である。

3 　設問は，「有効期間は発行日から6か月」とされている非農地証明書を提供して，その発行日から3年7月後に地目変更の登記が申請されたというものである。この農業委員会の証明する非農地証明書は，客観的な土地の状況が農地に該当しないという事実を証明する資料であるから，その期間が経過したからといって，必ずしもその効力が失われるというものではないと考えられる。もっとも，農地の転用許可書に記載されている転用目的と異なる地目に変更する登記の申請があった場合は，転用許可書の提供がないものとして取り扱うとされている（注）。したがって，設問の場合においても，発行後，既に3年7月を経過していることを考慮し，関係農業委員会に対して，対象土地の現況その他の農地転用に関する事実について照会した上で処理するのが相当と解する。

（注）　登記研究485号120頁
　　　　登記先例解説集381号117頁

七　農地の地目変更（許可書，非農地証明書のない場合）
109　転用許可書を提供しないでした地目変更の登記の効力

> 問　農地法所定の許可書を提供しないでした地目変更の登記の効力は，どのようになるのか。

【答】　農地法所定の許可がないまま地目変更の登記がされたとしても，その効力に影響はない。

【解説】
1　農地を農地以外のものに転用するには，実体上は農地法の規制があり，農林水産大臣又は都道府県知事の許可等を得なければならないが，登記の申請情報と併せて，この許可書等を提供しているかどうかは，登記官がその土地の利用目的を判断する上での一つの要素にすぎない。したがって，登記の申請情報と併せて許可書を提供させることは，申請された土地の利用目的を登記官が把握する一つのポイントになる。しかし，地目の認定は現況主義が基本であることから，許可されているかどうかは地目の認定に当たって必ずしも決定的な要素にはならないと考える。したがって，結局は，当該農地の現況が登記申請の受否を決定するポイントになることになる。

2　この点について，最高裁判所第一小法廷昭和37年9月13日判決（民集16巻9号1918頁）は，「……土地の地目変更の登記申請をするに際し，農地法4条1項による都道府県知事の許可を証する書面を提出しない違法があったとしても，登記官吏において右申請を受理して土地の地目変更の登記をした以上，右違法により，右変更登記が当然に無効になるものとは解せられない。」と判示している。

　また，設問の事案とは多少異なるが，名古屋地方裁判所昭和57年2月26日判決（行裁集33巻1-2号320頁）は，登記官が職権により宅

地を雑種地へと地目更正の登記をした事案に対する抗告訴訟において，「登記官のなす表示登記ないしその更正登記は，当該不動産の権利関係，物理的形状等を確定する効力を有するものでないことは多言を要しないところであり，本件土地が，宅地であるか雑種地であるかは，もっぱら，本件土地の客観的形状により決せられるべきである。」と判示し，登記官が地目更正の登記をするという行為は，土地所有者の権利に法的変動を生じさせるものではないとして，抗告訴訟の対象たる処分性を有しないとしている。そして同判決とほぼ同様の理由で名古屋地方裁判所昭和57年3月29日判決（判時1050号66頁）及び同判決の控訴審における名古屋高等裁判所昭和57年7月13日判決（行裁集33巻7号1496頁）においても，地目更正の登記（宅地を畑と更正）には処分性がないとしている。

3　このように，登記記録の表題部に記録されている地目を変更するという登記官の行為は，法律行為ではなく事実行為であるから，農地法所定の許可を得ずに農地を農地以外の地目に変更の登記をしたとしても，このことをもって当該登記の有効無効という問題が生ずる余地がないのである。

　地目の認定は，前述したとおり現況主義の上に立って行われるべきものであるから，農地法の許可の有無は，その地目変更の登記の効力には何ら影響を及ぼすものではないと考える。しかし，登記官としては，表示に関する登記の現況主義と農地行政の運営との調和に配意し，地目の変更及びその日付けの認定を厳正に行う必要がある。このため，本件のような農地法所定の許可書を提供せずに地目変更の登記申請があったときは，許可の有無，対象土地の現況，その他農地の転用に関する事案について関係農業委員会に照会をすることとされており（昭和56・8・28民三第5402号民事局長通達一の1），この照会は，登記官の実地調査の内容の一つとしてなされるものである。

4　登記の実務では，農地法所定の手続を経ていない事案については，

第二節　土地の表示に関する登記手続

　農地法所定の手続を経てから現状変更を行うよう指導し，仮に，現状の変更が先行し，農地が農地以外の利用目的に供されている場合であっても，転用の許可を取得してから地目変更の登記の申請をするよう，申請人に助言する取扱いがなされているのが通常である。

110 市街地の農地に盛土した場合の地目変更の可否

問　市街地にある農地に盛土した場合，当該農地の登記の地目を変更することができるか。

【答】　農地に盛土をしたのみでは，特定の利用目的及び将来の利用目的を確実に認定することができないので，農地以外のものへの地目変更の登記はできないと考える。

【解説】

1　規則第99条は，土地の地目として，土地の主たる用途により23種類の地目に区分している。また，準則第68条は，地目の認定に当たっては土地の現況及び利用目的に重点を置き，部分的にわずかな差異の存するときでも，土地全体としての状況を観察して定めるものとするとした上で，規則第99条に規定されている23種類の地目の定め方が示されている。

　このうち雑種地については，「以上のいずれにも該当しない土地」として，雑種地以外のいずれの地目にも該当しない土地が雑種地であるとされている。この趣旨は，利用目的が未だ判然としていない状態の土地を雑種地とするというものではなく，駐車場あるいは資材置場のように，それぞれ具体的な目的に従って利用されている土地ではあるが，それが具体的に定義付けられた22種類の地目に該当しない場合に，これを雑種地とするとしているのである。

2　そこで設問は，単に農地とあるのみで田なのか畑なのかは不明であるが，仮に，田に盛土した場合は，田としての利用は不可能としても，畑として利用することは可能であるし，また，宅地に変更するために盛土したことも考えられる。このような土地の状態は，従来の目的に従って利用していた地目を，他の地目に変わる過渡的な状態であることから，このような状態にある土地は，実務上いわゆる中間地目

といわれている。

　このように，土地が中間地目の状態にある場合は，未だ変更の途上にあることから，その変更の途上にある現況をとらえて，特定の地目のいずれにも該当しないとして，前述の雑種地であると認定することは相当に疑問がある。準則第68条は，土地の現況及び利用目的から地目を判断することとされているが，設問の事例においては，現況及び利用目的が未だいずれとも判断できない状態であると思われる。

3　地目の変更の登記は，地目の変更があったとき（法37条1項）になす登記であるから，当該土地の現況と利用目的がある程度，固定的，安定的な状態となった時点で認定すべきであると考える（注）。

　この点について先例は，農地を宅地に改廃する中間の過程で，特定の目的の用に供されていない流動的な土地の地目については，未だ現地目が他の地目に転化したとは解せられず，その地目を雑種地とする当該申請は受理すべきではない（昭和46・2・4民三第1040号民事局第三課長回答）としている。

　また，農地から農地以外の地目への地目の変更について，「対象土地が埋立て，盛土，削土等により現状のままでは耕作の目的に供するのに適しない状況になっている場合であっても，対象土地が現に特定の利用目的に供されているとき，又は近い将来特定の利用目的に供されることが確実に見込まれるときでなければ，雑種地への地目の変更があったものとは認定しない。」（昭和56・8・28民三第5402号民事局長通達二の2）として，利用目的が判然としない状態にある土地の地目は，雑種地とは認定しないという考え方を採用している。

4　以上のように，農地を農地以外の目的に利用しようとする場合においては，どの程度その現況が変わっていれば地目の変更の登記が可能になるのかについては，個々の事案について，申請土地の物理的な状況のほか，立地条件などの周囲の状況などを総合的に判断することとなるが，設問の事例のように，農地に単に盛土した状態や，整地した

状態のみでは，田，畑等の農地が他の地目に変更したものとは認められないのが通常である。

　なお，設問は市街化区域にある農地についての問題と思われるが，当該土地を転用するときは，農地法所定の関係農業委員会への届出が必要であることはいうまでもない（農地法4条1項5号）。

(注)　登記先例解説集16巻10号3頁「不動産表示登記実務講座」参照

111 造成工事が完了したが建物の建築されていない農地を宅地に地目変更することの可否

> 問　宅地造成の工事が完成していれば，建物が建築されていなくても農地から宅地に地目変更の登記を申請することができるか。仮にできないとした場合，どのような状況になればよいか。

【答】　実務上は，整地をし，道路，側溝及び擁壁等の工事が完了しているほか，建物の基礎工事が完了しているなど，近い将来建物の敷地に供されることが確実に見込まれるときは，宅地と認定する取扱いがなされている。

【解説】

1　宅地とは，建物の敷地及びその維持若しくは効用を果たすために必要な土地（準則68条3号）とされていることから，建物が建築されている状態であれば地目を宅地とすることに疑問はない。

　しかし，問題は，未だ建物が築造されていない土地の地目を宅地として認定する場合に，その基準をどこに置くかということである。

　この件につき，昭和56年8月28日民三第5402号民事局長通達二の1は，「対象土地を宅地に造成するための工事が既に完了している場合であっても，対象土地が現に建物の敷地（その維持若しくは効用を果たすために必要な土地を含む。）に供されているとき，又は近い将来それに供されることが確実に見込まれるときでなければ，宅地への地目の変更があったものとは認定しない。」としている。

2　この通達を受けて発出された，同日付け民三第5403号民事局第三課長依命通知二の7においては，対象土地を宅地に造成するための工事が完了している場合において，「次の各号のいずれかに該当するときは，対象土地が近い将来建物の敷地等に供されることが確実に見込まれるものと認定して差し支えない。」として，次の四つの事項を掲

げている。
　　(1)　建物の基礎工事が完了しているとき。
　　(2)　対象土地を建物の敷地等とする建物の建築について建築基準法第6条第1項の規定による確認がされているとき。
　　(3)　対象土地を建物の敷地等とするための開発行為に関する都市計画法第29条の規定による都道府県知事の許可がされているとき。
　　(4)　対象土地を建物の敷地等とする建物の建築について都市計画法第43条第1項の規定による都道府県知事の許可がされているとき。
3　以上のうち、(1)の基礎工事が完了しているとは、布コンクリート等によりなされるのが通常であり、この状況においては、近々建造物が建築される可能性が認められるというものである。(2)の建築基準法上の建築の確認がなされているとは、土地の現況では明らかではないが、建築基準法の確認がされていることは、建物が建築されることが十分に見込まれ、実現する蓋然性が高いというものである。(3)、(4)は、近い将来、当該土地に建物が建築されることが確実に見込まれると考えられたものである。その理由としては、都市計画法の規定による許可がされるときは、農地法第4条又は第5条の農地転用の許可も同時にされるといった実態があり、近い将来、建物が建築され、建物の敷地になる可能性が極めて高いと解されている。
4　このように、前掲の民事局第三課長依命通知による基準は、そのいずれかに該当すれば、近い将来建物の敷地等に供されることが確実に見込まれるとの判断から、宅地として認定して差し支えないとしているものと思われる。したがって、個別的な事案においては、これらの基準を念頭において、認定するのが相当である（注）。
　（注）　登記先例解説集21巻11号6頁「不動産表示登記実務講座」参照

112　農地を埋め立て2・3年放置している土地の原野等への地目変更

> 問　宅地として分譲するため農地を埋め立てて2・3年放置していた土地について、原野若しくは雑種地への地目変更の登記の申請は、受理されるか。

【答】　農地を埋め立て2・3年放置していたとしても、現に特定の利用目的に供されているか、近い将来特定の利用目的に供されることが確実に見込まれるときでなければ、原野又は雑種地への地目変更の登記は認められない。

【解説】

1　設問のように、農地を宅地として分譲するために埋め立て、そのまま放置しておいた土地の地目の変更の事例について、先例は次のように定めている。

　すなわち、昭和56年8月28日民三第5402号民事局長通達二の2においては、「対象土地が埋立て、盛土、削土等により現状のままでは耕作の目的に供するのに適しない状況になっている場合であっても、対象土地が現に特定の利用目的に供されているとき、又は近い将来特定の利用目的に供されることが確実に見込まれるときでなければ、雑種地への地目の変更があったものとは認定しない。」として、雑種地への地目変更の基本的な考え方が明確に示されている。

　この通達においては、二の2のただし書において、「対象土地を将来再び耕作の目的に供することがほとんど不可能であると認められるときは、この限りでない。」とし、例外として雑種地への地目の変更を認めることとしている。この通達を受けて、同日付け民三第5403号民事局第三課長依命通知二の8は、「……対象土地が現に特定の利用目的に供されておらず、また、その将来の利用目的を確実に認定す

ることもできないときであっても，諸般の事情から対象土地が将来再び耕作の目的に供することがほとんど不可能であると認められるときは，雑種地への地目の変更があったものと認定して差し支えない。」としている。

　しかし，これは決して中間的な地目を雑種地と認定することができるとする趣旨のものではなく，宅地造成の工事が完了している場合について，極めて例外的な取扱いを示したものと思われる。

2　ところで設問の事例は，宅地として分譲するため農地を埋め立てて2・3年放置していた土地を，原野若しくは雑種地への地目の変更が可能かどうかというものである。現況では，農地を埋め立てたのみで，道路や各区画割りの工事が完了していない状況にあると思われることから，宅地とすべき造成工事が完了したものとはいえない状況であって，「特定の利用目的に供されている。」又は「近い将来特定の利用目的に供されることが確実に見込まれるとき。」のいずれにも該当しないことは明らかであり，地目が変更したものと認定することはできないと考える。

　一方，前掲民事局第三課長依命通知の例外的な事例に該当するかどうかの点であるが，農地を埋め立てた後2・3年放置している状況のみをもって「農地の形質が変更され耕作の目的に供し得ない状態になり，しかも元の農地にかえるという可能性は社会通念上あり得ないと認められる。」かどうかである。この点については，放置されている期間が何年以上という基準はないとしても，少なくとも設問のように2・3年では，元の農地に回復する可能性が社会通念上あり得ないと認定できる状況ではないものと思われる。このことから，雑種地への地目の変更は認められないと判断するのが相当であると考える。

3　また，原野に変更することについては，準則第68条第11号において，原野とは，耕作の方法によらないで雑草，潅木類の生育する土地としていて，設問の事例の場合，当該土地の範囲，規模，周囲の状況

第二節　土地の表示に関する登記手続

　等が不明であるが，埋立て後2・3年を経過したのみでは，原野の認定要件である潅木類が生育しているとは，認められないと思われる。
　したがって，原野への地目の変更についても，これは消極に解するのが相当であると考える。

113 産業廃棄物が積み重ねられ農地に復元できない土地の雑種地への地目変更

> 問　産業廃棄物が積み重ねられ踏み固められている農地について，将来，農地に復元することが到底困難な状況にある場合には，登記の地目を雑種地と認定できるか。

【答】　産業廃棄物を排除して農地に回復するためには，物理的，経済的に困難を伴い，さらに，都道府県知事の原状回復命令が発せられる見込みのないことが明らかであるなど，社会通念上，農地への復元が不可能であると認められるときは，例外的に登記の地目を雑種地として認定することができるものと思われる。

【解説】

1　設問のような事例について，実務上の見解は，「対象土地が埋立て，盛土，削土等により現状のままでは耕作の目的に供するのに適しない状況になっている場合であっても，対象土地が現に特定の利用目的に供されているとき，又は近い将来特定の利用目的に供されることが確実に見込まれるときでなければ，雑種地への地目の変更があったものと認定しない。ただし，対象土地を将来再び耕作の目的に供することがほとんど不可能であると認められるときは，この限りでない。」（昭和56・8・28民三第5402号民事局長通達二の2）として，雑種地への地目の変更についての考え方が示されている。

2　前掲民事局長通達を受けて，同日付け民事局第三課長依命通知は，「……対象土地が現に特定の利用目的に供されておらず，また，その将来の利用目的を確実に認定することもできないときであっても，諸般の事情から対象土地が将来再び耕作の目的に供することがほとんど不可能であると認められるときは，雑種地への地目の変更があったものと認定して差し支えない。」（昭和56・8・28民三第5403号民事局第三課

第二節　土地の表示に関する登記手続

長依命通知二の8）とし，例外的に雑種地へ地目を変更することができる範囲を示している。しかし，これは決して中間的な地目を雑種地と認定することができるとする趣旨ではなく，土地の現況が，固定的，継続的なものとなったものについて，極めて例外的な取扱いを示したものであり，農地法等の所定の手続を経ていないものについては，都道府県知事の原状回復命令が発せられないことが明らかな場合における取扱いであると思われる。

3　そこで，設問が前述の例外に該当するか否かということであるが，産業廃棄物が積み重ねられ，踏み固められ，それを排除して農地に回復するためには，社会通念上，また物理的，経済的に不可能に近いと考えられ，加えて関係農業委員会への意見照会の結果，都道府県知事の原状回復命令が発せられる見込みのないことが明らかであり，かつ，この状態が今後も長く続くと認められるのであれば，後者の依命通知に該当するものとして，例外的に雑種地と認定しても差し支えないと考える。

114 転用許可書の提供がないことを理由に却下することの可否

> 問　農地を農地以外のものとする地目変更の登記の申請において，当該申請情報に併せて農地法所定の許可書が提供されていない場合は，この提供のないことが却下の事由になるか。

【答】　設問の許可書の提供がないことのみをもって，却下の事由にはならない。

【解説】

1　登記記録の表題部に記録されている土地の地目について，その土地の地目が利用方法の変更や自然的変化等により他の地目（規則99条，準則68条，69条）になったときは，表題部所有者又は所有権の登記名義人は，その変更があった日から1月以内に地目変更の登記を申請しなければならないとされている（法37条1項）。

2　ところで，土地の地目が農地の場合には，この農地の転用につき農地法第4条第1項又は第5条第1項の規定により都道府県知事等の許可を要することになる。そして，この場合には，実務上，登記の申請情報と併せて右許可のあったことを証する書面を提供することとしている。しかし，当該書面は，令第7条第1項第5号ハに規定する第三者の許可等のあったことを証する添付情報ではないとされている（令別表五項添付情報欄参照）。

　すなわち，土地の地目の変更は，法律行為ではなく事実行為であり，この土地の地目が何であるかは，もっぱら，その現況と利用状況によって登記官が客観的に判断するものである。先例も，農地であった土地が，現況において宅地等の農地以外の地目に転用されている場合において，地目変更の登記の申請書に，農地法所定の許可書が添付されていない場合であっても，それだけの理由で却下の事由（旧法49

第二節　土地の表示に関する登記手続

　　条8号，現行法25条9号）とはならないとしている（昭和36・8・24民事甲第1778号民事局長通達）。

3　実務においては，設問のように農地法所定の許可書等の提供のない地目変更の登記申請があった場合には，農林水産大臣又は都道府県知事の許可書若しくは農地に該当しない旨の都道府県知事又は農業委員会が発行する証明書等の提供を求め，これの提供のないものについては関係農業委員会の意見を徴するなどの取扱いをするものとしている（昭和56・8・28民三第5402号民事局長通達，同日付け民三第5403号民事局第三課長依命通知）。

　この取扱いの趣旨は，農地行政の運営との調和に配慮しつつ，地目の変更及びその日付の認定を厳正に行うことにあり，これにより，管内の登記行政の統一的運営を確保しようとするものである。

115 農地である旨の農業委員会の回答により取り下げた後，同一農地について再申請があった場合の再照会の要否

問　農地から農地以外の地目とする地目変更の登記の申請があり，登記官が農業委員会に照会したところ，農地であると判断されたため，申請人がいったんこれを取り下げた。その後同一の農地について再申請，再々申請があった場合でも，改めて農業委員会に照会することになるのか。

【答】　改めて農業委員会に照会することになる。

【解説】

1　かつて，一部の地域の農地について，農地法上の許可を得ないで宅地造成の工事等を行い，これを農地以外の土地に転用し，登記記録の表題部に記録された地目を農地以外の地目に変更する登記をした上，第三者に所有権を譲渡する等の事例が見受けられた。

　このような状況は，優良農用地を確保し，良好な農業環境を保持することを目的とする転用規制等，農地法の励行確保を期する上で看過することのできないものである。そこで，登記の実務においては，農地についての地目変更の登記申請事件の処理に当たっては，農地行政の運営との調和に配意し，当該地目変更の登記の申請情報と併せて，農林水産大臣又は都道府県知事の許可書若しくは農地に該当しない旨の都道府県知事又は農業委員会発行の証明書等の提供を要求することとされた（昭和56・8・28民三第5402号民事局長通達，同日付け民三第5403号民事局第三課長依命通知）。

2　また，登記官は登記の申請情報と併せて，①農地に該当しない旨の都道府県知事又は農業委員会の証明書，②転用許可があったことを証する書面が提供されている場合を除き，関係農業委員会に対し，当該登記申請に係る土地についての農地法第4条若しくは第5条の許可

(同法第4条又は第5条の届出を含む。) 又は同法第73条の許可（転用を目的とする権利の設定又は移転に係るものに限る。）の有無，対象土地の現況その他の農地の転用に関する事実について照会すべきものとされ，農業委員会からの回答を受けるまでの間，当該登記申請の事件処理を留保すべきものとしている（前掲民事局長通達一の2）。

　ただし，上記の照会後2週間を経過しても農業委員会からの回答がないときは，登記官は，実地調査を実施した上，対象土地の客観的状況に応じて申請を受理し，又は却下等の処分をすることとしている（前掲民事局第三課長依命通知二の4）。

3　また，登記官は，対象土地が農業委員会から非農地との回答を受けた場合であっても，当該回答は地目を認定する有力な資料とはなるが，最終的な認定は登記官が実地調査の上，現地の状況を直接把握して判断することとなる。その上で，この認定に疑義が生じたときは，農地行政との調和を図ると同時に管内の登記行政の統一的運営を確保するため，法務局又は地方法務局の長に内議して処理することとしている（前掲民事局長通達一の4）。

　なお，現状回復命令が発せられている場合は，未だ地目の変更がないものとして取り扱うことになる。

4　以上により，登記官が登記申請された土地を農地と認定したため，却下又は取下げとなった事件については，その後再申請，再々申請があった場合であっても，却下又は取下げ後に転用の許可がされるなど，対象土地の現況等に変化が生じていることもあり得るので，登記官は，関係農業委員会に対し，再照会しなければならないことになる。

八　特殊な土地の地目変更

116　公道に至るまでの通路部分を数個の建物の所有者が個別に所有している場合の当該土地の地目

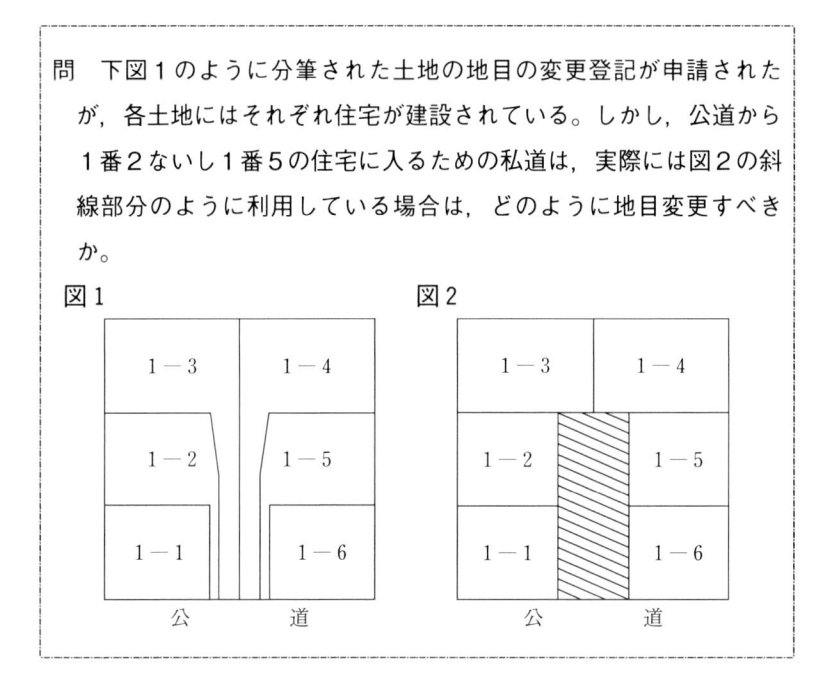

問　下図1のように分筆された土地の地目の変更登記が申請されたが，各土地にはそれぞれ住宅が建設されている。しかし，公道から1番2ないし1番5の住宅に入るための私道は，実際には図2の斜線部分のように利用している場合は，どのように地目変更すべきか。

図1

1－3	1－4
1－2	1－5
1－1	1－6

公　道

図2

1－3	1－4
1－2	1－5
1－1	1－6

公　道

【答】　通路部分は，建物の直下の部分と一体的に利用されていて，建物の維持若しくは効用を果たしていると判断できるので，当該土地の全体を宅地と認定して差し支えないものと考える。

【解説】

1　土地の地目の定め方について準則第68条は，「土地の現況及び利用目的に重点を置き，部分的にわずかな差異の存するときでも，土地全体としての状況を観察して定めるものとする。」と規定している。このことから，登記官が実際に土地の地目を認定する場合においては，現地の客観的な状況のみにとらわれることなく，その利用目的をも勘

案して判断することになるが，最近のように土地の利用状況が高度化し複雑化している現状においては，この判断は決して容易なものではない。

設問は，建物の建築されている場所から公道に至るまでの通路部分の土地の地目を，不動産登記法の視点からどのように捉えるかというものである。

2 ところで，土地の地目は基本的には1筆の土地ごとに定めることが予定されている（法39条2項）。そこで，設問について考えられる地目を挙げ，検討することとする。

表示に関する登記における土地の地目で公衆用道路とは，一般交通の用に供する道路であって，道路法による道路であるか否かは問わず，私有地であっても一般公衆の用に供されるものは公衆用道路として取り扱われることになる（準則68条21号）。

設問では，数棟の建物の居住者等が公道に至るまでの私的な道路として利用しているものであると思われる。これと同様な事案（道路法第3条による道路の沿道から数人のために設けられた，幅2間，奥行25間の袋小路）について先例は，客観的にみて土地の現況及び利用目的が公衆用道路として認められる場合には，その地目を公衆用道路として取り扱って差し支えないとしている（昭和37・6・20民事甲第1605号民事局長回答）。

したがって，設問においては，個々の敷地から延長されている通路部分は，宅地ではないと判断し，この通路部分を分筆することにより，その地目を公衆用道路と認定することも考えられる。

3 一方，宅地とは，建物の敷地及びその維持若しくは効用を果たすために必要な土地と定義されている（準則68条3号）。そして建物の敷地とは，建物が所在する1筆の土地をいい，建物の直下の土地が建物の敷地であることはいうまでもないが，それのみではなく，特別な場合を除き，建物の存在する1筆の土地全部が建物の敷地となる。さら

に，1筆の土地の地目は一つでなければならないから（法39条2項），建物の直下の部分の地目が宅地であれば，これと一体として利用している同一地番の土地の全部が宅地ということになる。

　ただし，建物が1筆の土地の一部分に建築されていて，その1筆の土地の全部を宅地として認定できるか否かは，建物の種類や土地の状況によって判断されることになる。このことから，広大な土地の一部に建物が建築され，この敷地について地目を変更する場合など，事情によっては同一地番であっても，その土地の一部の地目が宅地ではないと判断されることがある。この場合には通常は，法第39条第2項の規定に基づき，一部地目変更による分筆の登記をすることになる。

4　以上のことから，設問については，要するに，通路部分の土地が「建物の維持若しくは効用を果たすために必要な土地」であるか否かということで考察することとなる。建物の維持・効用を果たすとは，建物を良好な状態で保存及び管理し，有効に利用し活用するという趣旨と考えられるが，これは，具体的に個々の事案によって判断されることになる。

　設問の通路部分は，距離も決して長いものではなく，面積もその余の部分の面積に比して必ずしも広大であるとはいえないと思われる。しかも当該土地の利用者は，ここに建築されている建物の住人と，これらの建物を訪れる者に限られ，一般の通行人が利用する道路ではない。このことから判断すると，この通路部分は建物の直下の土地と一体的に利用されていて，建物の敷地としての効用を果たしているものと判断することができる。したがって，この通路部分をあえて分筆の登記をした上で別地目とすることなく，全体を宅地として認定して差し支えないものと考える。

117　土地改良により造成された棚田の面積のうち畦畔部分の割合が高い場合の地目

> 問　土地改良により傾斜地を棚田式に整地し，畦畔の面積が田の面積の30パーセントを占める場合，その畦畔部分は別の地目（雑種地）とすることができるか。

【答】　畦畔が本地である田の維持，保全のためにのみ存在するものであれば，畦畔を含む1筆の土地として地目を田とするのが相当であると考える。

【解説】

1　土地の地目は，その主たる用途によって，田，畑，宅地など23種類に区分されていて（規則99条），基本的には1筆の土地ごとにその主たる利用状況を表すものである（ただし，現地において数筆の土地が一団として一定の利用目的に供されている状況にあり，かつ，その中に存在する各筆の土地の筆界が物理的に明らかになっていない場合には，各筆の土地について地目を設定するものではなく，その一団となっている土地全体について判断すべきである。）。また，登記官がその土地の地目を認定するに当たっては，土地の状況及び利用目的に重点を置き，部分的にわずかな差異の存するときでも，土地全体としての利用状況を観察して認定すべきものとされている（準則68条）。

2　ところで畦畔とは，田畑を区切るあぜ，又はあぜ道のことである。すなわち畦は，「うね，くろ」のことであり，田が次々に畝をもって重なっていること，傾斜地の田ごとの境界である。また，畔は，「あぜ，くろ」のことであり，田と田を二つに分ける境界，さかいである。

このことから，現地において畦畔をみると，2筆の土地の地番界にある場合と，1筆の土地の中に数個の畦畔がある場合がある。後者に

多い例は，傾斜地にある数枚の田畑（棚田，段々畑）が1筆として登記されているときで，その保全機能の必然として一枚一枚の田畑ごとに畦畔が設けられている場合である（棚田について，明治9年3月18日地租改正事務局別報17号は，「山間僻邑ニ至リ棚田ト称スル地ハ頃少ノ耕地数枚ヲ合セテ一筆トナシ毎段二三間以上殊ニ大ナル畦畔有之一筆内ト雖トモ無論図面上ニモ現形載録之上番号ハ何番幾箇ノ内ト登記ノ積ニ候……」としている。）。したがって，従来から存在する田畑の畦畔は，田畑の本地の保全機能を持つものであるから，田畑の区画ごとに本地と一体をなしているものである。もっとも，中には単に耕作の便利のためだけに畦畔を設けている場合もある（注）。

3　従来から，田面高の異なる場合の筆界は，別図によるものが一般的であった。そして，この畦畔は土地台帳の制度が設けられた当初には，「内歩」又は「外歩」として本地の地積とは別に記載されていた。その後，これらは本地に量入することとされ，土地台帳事務取扱要領（昭和29・6・30民事甲第1321号民事局長通達）第78第1項第3号においても，「畦畔，小径，小池は，本地に量入する。」とされていた。また，登記簿・台帳一元化実施要領（昭和42・3・20民事甲第666号民事局長通達）第27の5においても，土地台帳の地積欄に外畦畔，内畦畔等の記載がある場合には，登記用紙の地積欄にこれらの記載をしないこととし，外歩の地積は本地の地積に合算することとされていた。

4　設問は，土地改良事業の換地計画に基づいて行われた事案であるから，換地後の各土地の地目，予定地番等は，土地改良区等の実施機関において計画段階で明らかにされるものであり，換地処分の効力発生後に，実施機関から換地処分の登記の申請がなされるものである。

　　したがって，実施機関が設問の畦畔部分を，例えば田の維持，保全を目的とするほか，農耕用の道路として一般の通行の用に供するものとして計画し，事業を実施したのであれば，本地である田の部分とは別の土地（公衆用道路）として登記することはあり得ると考える。し

第二節　土地の表示に関する登記手続

かしながら、土地改良事業による造成地であっても、傾斜地に設けられた畦畔は従来のものと同様に、本地である田を保全するものであって、もっぱら本地である田を維持するために存在するものである場合には、本地の面積に占める畦畔の割合が30パーセントに達するものであっても、当該畦畔部分は別の地目とすることなく、本地の田と合わせて1筆の土地として取り扱うのが相当であると考える。なお、換地処分の登記がなされた後、土地の状況に変更がないにもかかわらず、土地所有者からの、設問のような地目変更の登記の申請は受理されないものと考える。

（注）　友次英樹「新版土地台帳の沿革と読み方」92頁　日本加除出版

別図

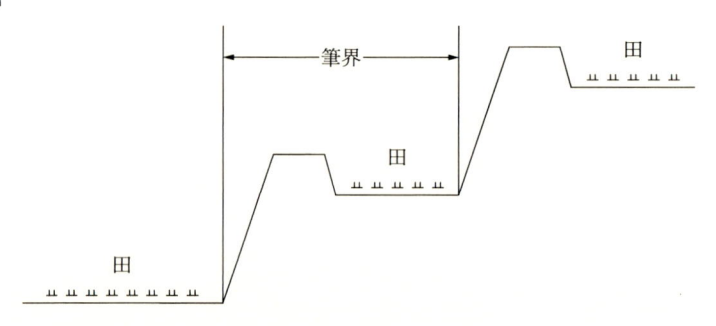

棚田式の場合の筆界は、上方の田の畔下(くろした)（法尻）が筆界である。

118 土地改良により造成した排水路が埋設した排水管である場合の土地の地目

問　下図のような土地改良事業により造成された排水路は，排水管が埋設されているため地表に水路の形状は見えないが，これは水路の管理を容易にするためのものであり，排水路としての機能のほかには利用できないことから，当該土地の登記の地目は「用悪水路」とすることができるか。

従来の排水路　　　　　土地改良後の排水管

（平面図）

【答】　用悪水路とするのが相当であると考える。

【解説】

1　土地の地目は，土地の現況及びその利用目的によって定められる区分であって，土地を特定するための一つの要素として，土地の表題登記における登記事項とされている（法34条1項3号）。そして，土地の地目の名称は法第34条第2項を受けて，規則第99条で田を含む23

287

第二節　土地の表示に関する登記手続

種類の地目が定められている。さらに，地目の定め方として，準則第68条でその認定基準を示した上で，地目の認定が困難な具体的な事例について，さらに，同第69条においてその取扱い方を詳細に定めている。

2　設問は，土地改良事業により造成された水田等の排水路が，その管理を容易にする趣旨から埋設された排水管を利用している場合に，当該排水管を埋設した土地の地目は，用悪水路とすることができるかというものである。

ところで，明治9年5月18日内務省議定による「地所名称区分細目」によれば，土地の種類の名称として，「溝渠ト称スルモノハ地ヲ掘リテ水ヲ流決シ又ハ水道ト称スルモノハ飲料ノ用ニ供スル水路又ハ人家稠密ノ宅地間ニ溜癈セル穢水或ハ鉱気等ヲ含蓄シテ植物ニ害アル噴出水ヲ流決スル悪水路等ヲ総称スルモノトス」とし，「用悪水路」についての用語は存在しない。

一方，旧土地台帳法による土地の種類等には，第3条で「用悪水路」は定められているものの「溝渠」という地目はなく，この「用悪水路」について旧土地台帳事務取扱要領第7第2号ニは，「潅漑用及び悪水排泄用の水路で農業用のもの」と規定している。そして，登記簿と台帳の一元化においては，土地台帳に地目が「溝渠」と記載されている場合には，これを「用悪水路」として取り扱うとしている（注1）。このことから，前掲の地所名称区分細目で定められている「溝渠」は，「用悪水路」と同意語と解される（注2）。

なお，現行の準則第68条第16号において用悪水路は，「かんがい用又は悪水はいせつ用の水路」とされている。

3　一般的に，水田等の農用地に設けられた排水路は掘削式のものであり，この地目は用悪水路である。この場合は，水田等から不要となった水を掘削された水路に放流されることから，この土地の利用状況は外形上からも一見して明らかである。一方，設問の場合には，水田等

288

から放流される水が地中に埋設された排水管に流入することから，外部からでは排水管の埋設された土地がどのように利用されているものか必ずしも明瞭ではない。

しかしながら，土地の地目を定める場合には，土地の現況及び利用目的に重点を置き，部分的にわずかな差異の存するときでも，土地全体としての状況を観察して定めるものとする（準則68条本文）とされている。したがって，たとえ当該土地の利用状況が地表面の観察では判断できないとしても，この土地の主要な用途は水田等の不要となった水を排水するために利用されているものであることから，この土地の地目は用悪水路とするのが相当であると考える。

(注1) 登記研究164号42頁
(注2) 友次英樹「新版土地台帳の沿革と読み方」67頁　日本加除出版

第二節　土地の表示に関する登記手続

119　立木登記がされている山林の一部を公衆用道路に地目変更する方法

> 問　地目が山林で立木登記のされている土地の一部について，樹木を伐採し分割した上で，公衆用道路とする地目変更の登記を申請する場合は，この前提として当該土地について立木登記の抹消をしなければならないか。

【答】　立木について一部伐採による表示変更の登記を申請し，土地の分筆，地目変更の登記をした後に，立木の分割の登記を申請することになる。

【解説】
1　土地に生立している樹木は，土地の定着物として取り扱われ，建物のように土地とは別個独立して権利の客体とはされていないので，これを土地と別個独立した権利の客体とするためには，「立木ニ関スル法律」の定めるところに従い登記しなければならない。したがって，「1筆ノ土地又ハ1筆ノ土地ノ一部ニ生立スル樹木ノ集団」について，その所有者が立木ニ関スル法律の規定により所有権保存の登記をしたときは，当該立木は土地から完全に独立した不動産として取り扱われることになる（立木ニ関スル法律2条1項）。

2　設問は，地目が山林とされている土地の全部に立木の登記がされているが，この土地の中央部分に公衆用道路を通すため，この部分について樹木を伐採し，当該土地を分筆して公衆用道路に地目を変更する場合において，山林が分割されることになるので，立木登記についてどのように取り扱うことになるかというものである。

　ところで，立木については，2筆以上の土地に生立する樹木の集団について，1個の所有権保存の登記を受けることができないとされている（立木ニ関スル法律1条）。したがって，1筆の土地に生立する樹木

の集団について所有権保存の登記を受けた後に，その土地が分筆され2筆以上の土地となったときは，立木についても分割の登記をすることになる（同法20条1項前段）。また，立木ニ関スル法律第15条第1項第2号に掲げる事項（樹種，数量及び樹齢）に変更があった場合，又は立木の存する土地の地目，字，地番又は地積に変更があった場合には，所有権の登記名義人は，遅滞なくその登記を申請することとされている（同法20条1項後段・2項）。

3　このことから，設問の場合には，次の順序により登記を申請することになる。
(1)　立木の一部伐採による表示の変更の登記

　　1筆の土地の全部に生立する樹木について立木の所有権保存の登記がされていて，この土地の一部が公衆用道路となることから，この立木の一部を伐採したときは，立木が1筆の土地の一部に存することになるので，この場合には，立木の存する位置と数量の変更について登記を申請しなければならない（立木ニ関スル法律20条1項）。なお，この場合においては，(2)，(3)の登記の後に，直接(4)により立木の分割の登記等をすることで足りることもある。
(2)　山林の分割による分筆の登記

　　山林として登記されている土地の一部が公衆用道路となることから，この部分について分筆の登記をすることになる（法39条1項）。
(3)　山林を公衆用道路とする地目変更の登記

　　(2)において分筆した土地について，当該土地の地目を山林から公衆用道路に地目変更の登記を申請する（法37条1項）。
(4)　土地の分筆に伴う立木の分割の登記等

　　立木の保存登記のされているA地が，A地，B地（いずれも立木の生立する土地）及びC地（立木の生立しない公衆用道路）に分筆されたことから，数筆の土地の上に存する立木について1個の立木の登記は許されない。そこで，当該立木は，分筆後のA地及びB

第二節　土地の表示に関する登記手続

　地の上の立木に当然分割されることになり，この登記を申請しなければならない（立木ニ関スル法律20条1項）。この場合，不動産登記法に基づき地目変更の登記をしたC地については，同時に地目変更の登記を申請することになるが，当該土地は公衆用道路であるから，立木の滅失の登記（立木登記規則27条）を申請することで足りるものと解する。

　また，立木の分割の登記を申請するときは，当該申請情報と併せて分割後の立木図面を提供することになる（同規則9条1項）。

　なお，分割後の立木について抵当権等の担保権の登記があり，これが分割後の立木に存続するときは，登記官が共同担保目録を作成することになる（同規則22条1項）。しかし，分割後の立木について所有権以外の権利を消滅させるときは，当該権利者の消滅の承諾書を提供することになる（立木登記規則22条4項，法40条，規則104条1項ないし3項）。

120 河川区域内の土地の地目変更について河川管理者の許可の要否

> 問　河川区域内の土地について地目変更の登記をするには，河川法第27条の規定による河川管理者の許可書の提供を要するか。

【答】　河川区域内の土地については，高規格堤防（スーパー堤防）特別区域内の土地を除き，地目変更の登記の申請において河川管理者の許可を得ているか否かを確認する必要があるので，この登記の申請においてはこれを添付情報として提供するのが相当である。

【解説】

1　河川法においては，河川区域内の土地として次のように規定し，常時流水下にある土地のみでなく，河川の維持及び管理をするために必要な土地として認定された土地も含むとしている。

(1)　河川の流水が継続して存する土地（常時流水下にある土地）及びそれに類する状況を呈している土地の区域（河川法6条1項1号）。

(2)　河川管理施設（ダム，堤防等について同法3条2項参照）の敷地である土地の区域（同法6条1項2号）。

(3)　堤外（堤防と堤防の間の流水の存する側の土地）の区域のうち，(1)の土地の区域と一体として管理を行う必要があるものとして，河川管理者が指定した区域（同法6条1項3号）。

2　河川法第2条第2項は，「河川の流水は，私権の目的となることができない。」と規定していることから，前記1の(1)の土地の区域のうち，常時流水下にある土地にあっては，支配可能性がないものとして，その部分に限って私権の目的とならないと解されている。登記の実務においても，このような考え方に立ち，河川区域内の土地が常時流水下にある土地になった場合で，その状況が1筆の土地の一部の場合にあっては，地積変更（一部滅失）の登記（法43条6項）を，1筆

第二節　土地の表示に関する登記手続

の土地の全部の場合にあっては，滅失（全部滅失）の登記（法43条5項）を河川管理者は嘱託するものとされている。

　したがって，河川区域内の土地といえども，常時流水下の状況にある土地以外の土地については，私権の目的となり得ることになる。しかしながら，この場合，私権の目的となり得る土地であっても，公共用物としての河川の保全，利用その他の管理（河川法2条1項）の必要上から，土砂等の採取（同法25条），工作物の新築等（同法26条）及び土地の掘削，盛土，切土などによって土地の形状を変更する行為や，竹木の栽植，伐採等（同法27条）をする場合は，あらかじめ国土交通省令で定めるところにより，河川管理者の許可を受けることが求められていて，その土地の利用については，制限を受けている。

3　なお，平成3年法律第15号により河川法の一部が改正され，河川区域内の土地のうち高規格堤防（一般的には「スーパー堤防」と呼ばれる。）特別区域として指定された土地（河川法6条2項）については，高規格堤防が主として市街地において整備される幅の広い堤防であって，通常の利用に供されても計画高水流量を超える流量の洪水の作用に対して耐えることができる規格，構造を有する堤防であることから，土地の掘削，盛土及び切土以外の土地の形状を変更する行為や竹木の栽植，伐採等については，許可を要しないとされている（同法27条2項）。

　このように，河川区域内の土地は，原則として高規格堤防特別区域を除いて現状を変更する行為が禁止されていることから，この許可を受けずにした行為については，河川管理者は，原状の回復を含むその違反行為を是正するために必要な処分を行うことができ（河川法75条），この処分に従わないときは，行政代執行により従前の状況に回復させることができることになる。

4　河川区域内の土地の地目の認定については，森林法に基づく「保安林」の指定とは異なり，規則第99条の規定による区分に従って，現

状に基づき認定することになる（注）。

　しかしながら，河川区域内の土地は前述したように，その利用について種々の規制があり，私権の制限を受けることから，法第43条第2項は「……河川区域内又は……の土地となったときは，河川管理者は，遅滞なく，その旨の登記を登記所に嘱託しなければならない。」と規定し，制限を受ける土地であることを登記することにより，取引の安全を図ることとしている。そして，この登記事項は，法第43条第1項により，河川法第6条第1項の河川区域内の土地等とし，土地の登記記録の表題部中登記原因及びその日付欄に記録されることとなる（規則4条1項別表1・下記登記事項証明書例参照）。

5　河川区域内の土地について地目の変更の登記を申請する場合においては，河川管理者の許可書が添付情報とされていないことから，高規格堤防特別区域以外の土地にあっても，必ずしもその許可書の提供を要しない。しかしながら，河川区域内の土地の現状を変更するためには，高規格堤防特別区域以外の土地にあっては，その前提として河川管理者の許可を要することから，その地目の認定については，客観的な土地の状況がそのまま将来にわたって固定的，安定的に継続するかどうかという観点から確認することが求められるので，同許可書を提供するのが相当であり，同許可書が提供されていないときは，登記官は，河川管理者の許可の有無及びその内容を確認する必要があると考える。

（注）　登記研究389号124頁
〔参考〕
　　有馬厚彦「表示に関する登記」登記研究582号52頁

第二節　土地の表示に関する登記手続

〔登記事項証明書例〕

【表題部】（土地の表示）			調製　平成年月日	地図番号	
【不動産番号】						
【所　　在】						
【①地　番】	【②地　目】	【③地積】	㎡	【原因及びその日付】		【登記の日付】
5番	雑種地	330				
				昭和何年何月何日河川法による河川区域内の土地		昭和何年何月何日㊞
				平成何年何月何日河川法による高規格堤防特別区域内の土地		平成何年何月何日㊞

河川法による河川区域内の土地が同法による高規格堤防特別区域内の土地となった場合

121 袋小路等の特殊な通路を「公衆用道路」とすることの可否

問 土地が袋小路であっても，一般公衆の交通の用に供するものであれば，その登記の地目を「公衆用道路」として取り扱うことになるが，下記(1)ないし(5)の場合も同様に「公衆用道路」とすることができるか。

(1) 建築基準法第42条第1項第5号に規定する道路の指定を受けた土地，又は同条第2項の規定により道路とみなされた下図1の3番1の土地

図1

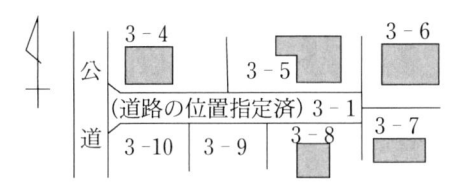

(2) (1)の指定はないが，現況は不特定多数の者が利用していることが明らかな下図2の10番3及び11番5の土地

図2

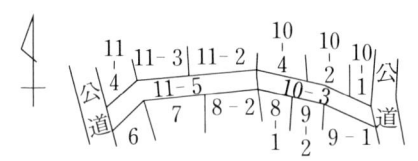

(3) 社員寮に出入りする道であるが，不特定の者の利用する下図3の10番2，11番2の土地

図3

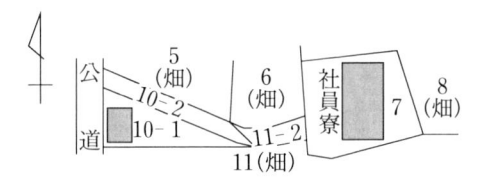

(4) 公衆用道路から住宅地に出入りする道で，もっぱらその住人が利用している下図4の6番2の土地

図4

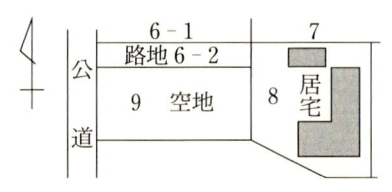

(5) 公衆用道路から住宅地に出入りする道で，その間に水路がある下図5の10番2の土地

図5

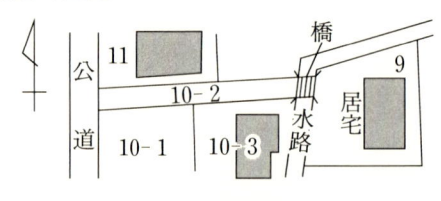

【答】
(1) 土地の状況により，「公衆用道路」とするのが相当と考える。
(2) 「公衆用道路」とすることができる。
(3) 不特定の者が交通の用に供している場合には，「公衆用道路」とするのが相当と考える。
(4) 「公衆用道路」以外の地目とするのが通常である。
(5) 通常は，「公衆用道路」とすることができるものと考える。

【解説】
1 道路は，人や車の移動を容易にする動脈的な役割を果たすものであるが，不動産登記法においては，一般交通の用に供する道路（道路法（昭和27年法律第180号）による道路であるかどうかを問わない）を公衆用道路というとしている（準則68条21号）。したがって，高速自動車国道，一般国道，都道府県道，市町村道（以下道路法3条）のほか，農道，林道，里道等も公衆用道路である。不動産登記法における公衆用道路は，「一般交通の用に供する道路」のみを要件とし，道路法上

の道路であるかどうか，道路法上の道路認定の有無，建築基準法上の道路指定の有無（同法42条は道路の定義を規定している），道路用地の所有者の公益性の認識，道路の循環性等を要件としていない。このため，道路法上の道路認定を受けていず，舗装工事が施されていない私有地であって，しかも袋小路の場合でも先例（昭和37・6・20民事甲第1605号民事局長回答）は，客観的に一般公衆の交通の用に供されていれば，不動産登記法における公衆用道路ということになるとしている。

　もっとも，道路法上の道路又はその認定を受けている場合，及び建築基準法上の道路指定を受けているものであれば，「公衆用道路」に地目変更する場合の有力な判断資料となる。そこで，特定の者のみの用に供することを目的とした道路は，私有地あるいは公有地の区別をすることなく，その利用状況により判断して，公衆用道路以外の地目とするのが通常である（注）。しかし，当該通路を利用するのが，通路の先にある建物に居住する者又はその建物を訪れる者に限られる状況にある場合であっても，当該通路部分が，別地番であってかなりの長さを有しており，かつ，通路の入り口及び周囲に柵を設けて一般人が自由に出入りできない状態にはなっていないものについては，公衆用道路として認定できないものではないと考える。この場合には，所有者の意思を斟酌する必要があると考える。

2　以上の理由を前提に各問について検討すると，次のとおりである。

(1)について　一般的に，建築基準法第42条第1項第5号に規定する道路指定を受けた土地，又は同条第2項の規定により道路とみなされた土地であっても，この要件のみで直ちに公衆用道路とすることは相当ではない。すなわち，1個の建物を対象に道路指定又は道路とみなす場合もあり，この場合は，特定の者のみの用に供することを目的とした道路となる。しかし設問は，建造物の建築許可を受けるために，建築基準法第42条第1項第5号に規定する道路指定を受け，又は同条第2項の道路とみなされた土地で，既に3番4ない

第二節　土地の表示に関する登記手続

し3番8の各土地には建物が建築され，利用目的が「一般交通の用に供する道路」と認められるから，土地の現況により「公衆用道路」とするのが相当と考える。

(2)について　10番3及び11番5の各土地は，公道から公道に至る通り抜けの道として利用され，その現況及び利用目的が一般交通の用に供することが明らかであるから，「公衆用道路」とすることができる。

(3)について　10番2及び11番2の各土地は，もっぱら社員寮の居住者のみが利用するのではなく，5番，6番，11番等の各畑への進入路としても利用するなど，不特定の者が利用するものと認められるので，「公衆用道路」とするのが相当と考える。

(4)について　6番2の土地は，6番1，9番等，他の土地への出入りはできない路地であって，もっぱら，8番の土地上建物の居住者が通行の用に供していると思われるので，公衆用道路以外の地目とするのが通常である。ただし，6番2の路地がかなりの長さを有し，路地の入り口に柵を設けて，一般人の自由な出入りができない状態でない場合であれば，所有者の意思により，公衆用道路として申請することができるものと考える（**問132 = 326頁参照**）。

(5)について　10番2の土地は，9番の宅地から水路を隔てて公道に出入りする道であるが，もっぱら，9番の居宅の居住者のみが利用するような設備（柵など）がないときは，「公衆用道路」とすることができるものと考える。

（注）　表示登記教材「地目認定」135頁　民事法務協会

122 現況は「家庭菜園」として利用されている農地を「雑種地」に変更することの可否

> 問　農業委員会発行の非農地証明書の現況欄に,「農地,採草放牧地以外」と記載されているが,現況は「家庭菜園」として利用されている場合,この土地の登記の地目を「雑種地」と変更することができるか。

【答】　非農地証明書が発行されていることから,「田」又は「畑」以外の地目に変更することは原則として可能であるが,家庭菜園の土地の規模,土地の利用状況等を調査し,所有者の意思等を勘案した上で,現況の地目を認定すべきであると考える。

【解説】

1　農地とは,耕作の目的に供される土地をいい（農地法第2条1項）,不動産登記法においては,農耕地で,用水を利用して耕作する土地を「田」と,農耕地で用水を利用しないで耕作する土地を「畑」と定義している（準則68条1号・2号）。そして,これらの農地を農地以外の地目に変更するには,当該地目変更の登記の申請情報と併せて,①農地に該当しない旨の都道府県知事又は農業委員会の証明書,②転用許可があったことを証する情報のいずれかを提供しなければならない。しかし,これらの情報の提供のない登記が申請されたときは,登記官は,関係農業委員会に対し,当該申請された土地について,農地法第4条若しくは第5条の許可（同法第4条又は第5条の届出を含む。）又は同法第73条の許可（転用を目的とする権利の設定又は移転に係るものに限る。）の有無,対象土地の現況その他の農地の転用に関する事実について照会することとされている（昭和56・8・28民三第5402号民事局長通達一の1）。

2　農地に該当しない旨の都道府県知事又は農業委員会の証明書として

第二節　土地の表示に関する登記手続

　は，非農地証明書，(非農地である旨の)現況証明書，(非農地である旨の)現地目証明書及び転用事実確認証明書がある。
　　このうち，非農地証明書は，農地法第2条の農地及び採草放牧地(休閑地を含む。)に該当しないことが明らかな土地，すなわち，農地法が施行される前の昭和27年10月20日以前から非農地であった土地について，農業委員会が確認して証明書を発行するものである。そして，登記記録の表題部に記録されている地目が山林，宅地等であっても，現況が農地法第2条の農地又は採草放牧地と判断できる土地については，当該証明書は発行できないこととされている。

3　設問の場合は，農業委員会の非農地証明書が発行されていることから，「田」又は「畑」以外の地目に変更することは差し支えないものと解するが，「家庭菜園」としての利用状況が必ずしも明らかではない。仮に，住宅用地の一角を自己の家族が消費するための野菜類を栽培しているのであれば，当該土地の地目を「宅地」に変更することは可能であると考える(注)。
　　しかし，住宅用地と一体とされていないかなりの規模の土地を，もっぱら自己の家族が消費するための野菜類の栽培に利用されている場合，又は複数の者にその家族が消費する野菜類の栽培に利用させている場合には，未だ農地(畑)としての機能を有していると思われる。したがって，たとえ，非農地証明書が発行されているとしても，農地以外の地目に変更するのは相当でないと考える。いずれにしても，この場合には，家庭菜園の規模等，土地の利用状況を調査し，所有者の意思等を勘案した上で認定するのが相当である。
(注)　表示登記教材「地目認定」20頁　民事法務協会

123 竹林，梅林，蓮池，金魚・鯉・鰻の養殖池，芝生育成地の地目

問　竹林，梅林，蓮池，金魚や鯉あるいは鰻の養殖池，芝生を育成している土地の登記の地目はどのように定めるのか。

【答】　竹林及び梅林の土地の地目は，これらの土地の竹木が肥培管理されているものであれば「畑」，肥培管理されている蓮池は「田」，金魚，鯉及び鰻の養殖池の土地の地目は「池沼」，芝生を栽培している土地の地目は「畑」とするのが相当である。

【解説】

1　土地の地目は，土地の主たる用途による区分であって，土地を特定するための一つの要素であるとともに，この地目の登記は，土地の現況及び利用状況を公示するものである。土地の地目の区分は，23種類と定められ（規則99条），それ以外の地目を定めることはできない。したがって，土地の特定機能を十分に発揮するためには，土地の現況が登記された地目と常に一致し，実際の土地の利用状況が登記事項によって何人にも明瞭であることが望ましい。そして，地目の定め方については，土地の現況及び利用目的に重点を置き，部分的にわずかな差異の存するときでも，土地全体としての状況を観察して定めるとされている（準則68条）。

2　土地の現況が竹林の場合は，筍あるいは竹林の収穫を目的として計画的に肥培管理がされている事実が認められれば，当該土地は農地である（福井地方裁判所昭和23・8・31判決・行裁月報5号24頁，津地方裁判所昭和31・8・13判決・行裁例集7巻8号1923頁）。しかも，この土地は，農耕地で用水を利用しないで耕作する土地であるから，当該土地の地目は「畑」とすることになる（準則68条2号）。しかし，この竹林が耕作の方法によらないで竹木の育成する土地（同9号）であれば，傾斜

地や起伏の多い地形に限らず平坦地であっても,「山林」とすることになる（注1）。

3　土地の現況が梅林の場合は,土地に労資を加え,肥培管理を行って作物を栽培するものであれば,「耕作の目的に供される土地」として農地として取り扱われることになる（注2）。そして,その作物は穀類,蔬菜類にとどまらず,花卉,桑,たばこ,梨,桃,りんご等の植物を広く含み,それが林業の対象となるようなものでない限り,永年生の植物でも妨げないとされている（最高裁判所第二小法廷昭和40・8・2判決・民集19巻6号1337頁）。したがって,この場合も,農耕地で用水を利用しないで耕作する土地であるから,当該土地の地目は「畑」とすることになる（準則68条2号）。

4　土地の現況が蓮池の場合も2及び3と同様に,土地に労資を加え,肥培管理を行って作物を栽培するものであるから農地として取り扱われることになる。しかし,この場合は,農耕地で用水を利用して耕作する土地であるから,当該土地の地目は「田」とすることになる（準則68条1号）（注3）。

5　土地の現況が金魚や鯉あるいは鰻の養殖池の場合は,潅漑用水でない水の貯溜池であれば,当該土地の地目は「池沼」とすることになる（注4）。すなわち,潅漑用水でない水の貯溜池は,水源地等の「水道用地」又は耕地潅漑用の「ため池」以外の貯溜池であり,海面の一部を区画し,コンクリートで築造した養鰻場（水産物の養殖場）も「池沼」として取り扱うとしている（昭和36・2・17民三第173号民事局第三課長心得通知）。

6　土地の現況が芝生を育成している土地の場合は,2,3,4と同様に,芝生の栽培地について整地,散水,施肥,刈込み等の肥培管理を行っているものであるから,農地として取り扱われることになる（東京地方裁判所昭和28・6・11判決・行裁集4巻6号1284頁,（注5））。そして,この場合は,農耕地で用水を利用しないで耕作する土地であるか

ら，当該土地の地目は「畑」とすることになる（準則68条2号）。

(注1)　表示登記教材「地目認定」99頁　民事法務協会
(注2)　登記研究223号66頁
(注3)　同上232号72頁
(注4)　登記情報471号137頁
(注5)　登記先例解説集381号139頁

124 田に水を入れビニールで覆った淡水魚の養殖池の地目

問　農地転用の許可を得て田に水を入れ，ビニールで覆い淡水魚の養魚池として利用している場合，この土地の登記の地目を「雑種地」と変更することができるか。

【答】　当該土地が転用目的どおりの利用状況にあり，かつ，養魚池としての機能を有すると認められる場合には，「池沼」として，地目の変更の登記を申請することができるものと考える。

【解説】

1　土地の地目は，土地の主たる用途による区分であって，土地を特定するための一つの要素であるとともに，この地目の登記は，土地の現況及び利用状況を公示するものである。土地の地目の区分は，23種類と定められ（規則99条），それ以外の地目を定めることはできない。

2　田，畑等の農地を農地以外のものに転用するときは，あらかじめ農地法第4条若しくは第5条の規定により，都道府県知事の許可（同一の事業の目的に供するため4ヘクタールを超える農地を農地以外のものにする場合には，農林水産大臣の許可）又は同法第4条第1項第5号若しくは第5条第1項第3号の規定により，あらかじめ農業委員会への届出が必要であり，これに基づく地目の変更の登記を申請する場合には，これらの許可書等を添付情報とすることになる。

　しかし，登記記録の表題部に地目が農地（田，畑）と記録されている土地について，その地目を農地以外の地目に変更するためには，都道府県知事の許可書等を当該登記の申請情報と併せて提供するのみでは足りず，当該土地の現況が農地以外の地目として認められるものでなければならない。

3　設問では，農地転用の許可の転用目的や当該土地の状況（水を入れたときの水深，ビニールの設置状況など）が明らかでないが，当該土

地の状況が，転用目的どおりの設備があり，かつ，淡水魚の養魚池として十分な機能を果たしているのであれば，かんがい用水でない水の貯留池（準則68条8号）と解し，「池沼」とするのが相当と考える。なお，先例は，海面の一部を区画し，コンクリートで築造した養鰻場（水産物の養殖場）について「池沼」とするとしている（昭和36・2・17民三第173号民事局第三課長心得通知）。

4　設問の養魚池は，田に水を入れたというものであるが，田の形状には何らの変更が加えられずに利用されていて，水深も浅く，上部をビニールで覆っていたとしても，田に復元するには極めて容易なものと思われる。このことから，ただ単に田に水を入れて養魚池として利用しているからといって，当該土地の地目を「池沼」として認めることは相当でないとする考えがある。したがって，これらの問題点については，当該土地の養魚池としての機能性の有無，とくに，水深，水の出入りや保水設備の状況，ビニールの設置の状況，養魚の育成の設備（餌の散布，魚の捕獲用）の状況などについての調査をすることを要する。その上で，農地転用の許可の転用目的をはじめ所有者の意思，養魚池としての利用期間をも斟酌して判断すべきものと考える。

第二節　土地の表示に関する登記手続

125　保安林について地目変更の登記を申請することの可否

> 問　登記記録の表題部に保安林として記録されている土地の地目は，他の地目へ変更の登記を申請することができるか。

【答】　地目が，保安林として記録されている土地については，保安林としての指定が解除されない限り，他の地目に変更する登記の申請はできない。

【解説】
1　保安林については，準則第68条第20号において，「森林法に基づき農林水産大臣が保安林として指定した土地」の地目と定めている。
　森林法第25条は，農林水産大臣は，水源のかん養，土砂の流出・崩壊又は飛砂の防備，災害の防備，魚つき，航行の目標の保存，公衆の保健及び名所又は旧跡の風致の保存等の目的を達成するため必要があるときは，森林を保安林として指定することができると定め，同第26条では，指定の理由が消滅した場合の解除について規定している。
2　ここにいう森林とは，「木竹が集団として生育している土地及びその土地の上にある立木竹」及び「木竹の集団的な生育に供される土地」とされている（森林法2条1項）。このことから，農林水産大臣が保安林として指定する土地は山林の場合が多いが，中には現に木竹の生育していない原野や山中の畑の場合もあり得る。この場合には，保安林の指定によって地目は原野又は畑から保安林に変更されることになる。したがって，保安林は，他の地目のように土地の現況及び利用目的から判断する地目ではなく，いわば行政上の目的を達成するための地目であるといえる。
3　このことから保安林は，森林法第25条第1項により農林水産大臣から指定されると，森林法により立木の伐採の制限，植栽の義務等の規制を受け，私権が制限される土地となるため，このような制限を受

ける土地であることを登記記録の表題部に記録し明らかにすることとされたものである。

　保安林の指定及び解除は，農林水産大臣の告示によって効力を生ずることになるから（森林法33条2項），地目を保安林から他の地目へ変更するためには，農林水産大臣が保安林の指定を解除するという行政処分をすることが必要不可欠の前提であり，この処分がない限り竹木が育成していない土地であっても，保安林以外の地目に変更することはできない（昭和51・12・25民三第6529号民事局第三課長依命回答）。

　したがって，保安林から他の地目への変更登記の申請がなされた場合，不動産登記法の添付情報としては，森林法第33条第1項に定める保安林指定の解除の告示を掲載した県公報（注）又は同条第3項による都道府県知事から土地所有者あての保安林の指定を解除した旨の通知書を提出することとなる。

（注）　登記研究461号117頁

第二節　土地の表示に関する登記手続

126　遺骨を埋葬している山林を墓地とすることの可否

> 問　登記記録の表題部に地目が山林と記録されているが，現実には人の遺骨を埋葬する土地として利用されていることから，この土地の地目を墓地に変更したいができるか。仮に可能とした場合，この登記を申請する場合には，どのような添付情報を提供することになるか。

【答】　積極に解するのが相当である。また，都道府県知事の所定の許可を証する書面は，法令上の添付情報とはされていないが，これを提出することが望ましい。

【解説】

1　登記の実務において，墓地とは，「人の遺体又は遺骨を埋葬する土地」と定められている（準則68条12号）。

　一方，墓地，埋葬等に関する法律によれば，墳墓とは「死体を埋葬し，又は焼骨を埋蔵する施設」とされ（墓地，埋葬等に関する法律2条4項），墓地とは「墳墓を設けるために，墓地として都道府県知事の許可をうけた区域」をいう（同法2条5項）と定義している。

　ところで，現況及び利用目的からみて不動産登記法上では墓地として認定し得る土地であっても，都道府県知事の許可を得ていない限り，当該土地を墓地として認定することはできないかという問題がある。

2　不動産登記法上は，地目の認定に当たっては，土地の現況及び利用目的に重点を置き，その現況を忠実に公示するという，いわゆる現況主義を採用しているが，墓地，埋葬等に関する法律は，墓地を衛生面の観点から許可制にすると定めているのであって，登記官が地目を墓地として認定するための基準とは明らかに異なるものである。

　したがって，登記官のなす地目の認定は，現況主義の上に立って行

うという原則を貫くべきであり，都道府県知事の許可の有無は，地目の認定とは直接的には関係がないと理解すべきである。

　すなわち，不動産登記法上の墓地でありながら，墓地，埋葬等に関する法律上の墓地ではない場合があり，これは墓地としての許可のない墓地に当たり，この場合は，地目を墓地とすべきである。反対に，不動産登記法上は別の地目であるのに，墓地，埋葬等に関する法律上は墓地とされている場合があり，これは例えば，墓地としての許可は得たものの未だ着工していない場合などであり，この場合も現況に合わせて地目を定めることになる（注1）。

3　地目を山林から墓地に変更しその登記を申請する場合には，当該登記の申請情報と併せて都道府県知事の許可書を提供することを要しない（注2）。しかし，地目の変更を証する情報の提供が一切ない場合には，登記官は，実地調査権に基づき，必要に応じて申請人に対し疎明資料等の提出又は提示を求めることがあるので，申請人は可能な限りこれらの添付情報を提供するのが望ましい。特に土地の地目の認定は，現状を見ることによって判断できるのが通常であるが，変更の時期については，他の資料（第三者の証言を含む。）によらざるを得ないからである。

　この点，保安林という地目については，現況がどのようなものであれ，農林水産大臣の指定がない限り，保安林の登記は許されないし，逆に保安林として指定されている土地については，保安林の指定が解除されない限り，保安林以外の地目に変更する登記は許されない（昭和51・12・25民三第6529号民事局第三課長依命回答）とされていて，いわゆる行政地目といわれる保安林とは取扱いを異にしている。

（注1）　登記研究342号69頁（昭和50年度全国登記課長会同決議）
（注2）　登記研究485号120頁

第二節　土地の表示に関する登記手続

127　宗教法人が駐車場に利用している土地を境内地とすることの可否

> 問　農地法所定の許可（転用許可の目的は信徒の駐車場）を受けて，既に現況は駐車場として利用している宗教法人名義の土地について，境内地とする地目変更の登記が申請された場合，受理することができるか。

【答】　土地の現況及び利用目的が共に駐車場であるので，原則として受理しないのが相当と考える。

【解説】

1　地目の決定について法第34条第2項は，地目に関し必要な事項は省令をもって定めると規定し，これを受けて規則第99条は，土地の主たる用途により，田，畑，宅地など23種類の地目を定めている。この23種類の地目は，旧土地台帳法（昭和35年法律第14号により廃止）当時における地目とほとんど変わらず，「境内地」，「公園」，「水道用地」，「学校用地」，「鉄道用地」の5種類が，現行の規則で加えられたにすぎない。

地目とは，土地の現況とその利用目的によって区分した土地の種類を表した名称であり，土地の質的なものを公示している。そしてこの地目は，土地の表題登記及び地目変更の登記の際に定められることになるが，これは所有者の主観だけではなく，登記官が客観的な利用状況を観察することにより認定することになる。

この点について準則第68条は，登記官が地目を認定するに当たっては，土地の現況及び利用目的に重点を置き，部分的にわずかな差異の存るときでも，土地全体としての状況を観察して定めるべきものとしている。すなわち，数筆の土地が同一の所有者に属し，一団として存在（筆界も不明）しているなどの特別の状況にない限り，基本的に

は，1筆の土地ごとに地目を認定することになる。
2　ところで，境内地とは，境内に属する土地で宗教法人法第3条において，下記(1)から(6)までに掲げるような宗教法人法第2条（宗教団体の定義）に規定する目的のために必要な当該宗教法人に固有の土地をいうとしている。
　　(1)　本殿，拝殿，本堂，会堂，僧堂，僧院，信者修行所，社務所，庫裏，教職舎，宗務庁，教務院，教団事務所その他宗教法人の活動の目的に供される建物又は工作物が存する一画の土地（立木竹その他建物及び工作物以外の定着物を含む。）（2号）
　　(2)　参道として用いられる土地（3号）
　　(3)　宗教上の儀式行事を行うために用いられる土地（4号）
　　(4)　庭園，山林その他尊厳又は風致を保持するために用いられる土地（神せん田，仏供田，修道耕牧地等を含む。）（5号）
　　(5)　歴史，古記等によって密接な縁故がある土地（6号）
　　(6)　(1)から(5)までに掲げる建物，工作物又は土地の災害を防止するために用いられる土地（7号）
3　一方，不動産登記法上の境内地については，準則第68条第13号において「境内に属する土地であって，宗教法人法第3条第2号及び第3号に掲げる土地（宗教法人の所有に属しないものを含む。）」と規定し，前記(1)及び(2)の土地を境内地とするとし，さらに，土地の所有名義が宗教法人であることを要件としていない。
4　一般に，登記の実務においては，建物その他の施設がなく，現況及び利用目的が駐車場とされている土地は，準則第68条第1号ないし第22号のいずれにも該当しない土地として，その地目を雑種地として認定している。
　　設問の場合，宗教法人の名義の土地であり，もっぱら信徒の専用駐車場として利用されていることから，宗教法人法の「境内地」として取り扱われる可能性は否定できないが，土地の現況及び利用目的が共

に駐車場であることから，当該土地の地目は「境内地」として認定することはできず，雑種地と認定するのが相当と考える。ただし，設問の土地が境内地に隣接し，既に境内地として登記されている土地に比較してわずかな面積であるような場合は，境内地とする地目変更の登記が認められる可能性はある。

九　地目の更正

128　一部の土地が保安林と指定されたのに全部の土地に登記されている場合，農林事務所から更正の申出をすることの可否

> 問　1筆の土地の一部について，「保安林」として指定されたにもかかわらず，誤って当該土地の全部の範囲について「保安林」として登記がされている場合，錯誤を原因として農林事務所長又は都道府県所管課長から地目の更正の申出をすることができるか。

【答】　保安林としての指定のあった部分を明らかにした書面を提供して，当該土地の所有者から元の地目に戻すための地目の更正の登記（その上で一部地目変更による分筆登記をする。）を申請することができる。しかし，この申請がないときは，登記官に対し職権発動を促すための申出を農林事務所長又は都道府県所管課長からすることができるものと考える。

【解説】

1　保安林とは，森林法に基づき農林水産大臣が自然災害の防止等，一定の目的を達成するために指定した土地のことであり，土地の現況からその登記上の地目は判断し得ないものである。

　不動産登記法に基づく地目は，各筆の土地の現状及び主たる用途（利用目的）などについて，登記官が事実認定し，これを登記記録の表題部に記録することになるが，保安林は，一定の行政目的を達成するために指定（森林法33条2項）されたものであることから，行政地目といわれている。

　したがって，所有者から他の地目への変更登記の申請があった場合には，登記官は，当該土地が保安林としての指定が解除されたか否か

第二節　土地の表示に関する登記手続

を確認する必要があり，これが明らかでない限り他の地目に変更することはできないとされている（昭和51・12・25民三第6529号民事局第三課長依命回答）。

2　ところで設問の場合は，1筆の土地の一部について保安林に指定されたにもかかわらず，1筆の土地の全部について保安林として指定があったものとして登記されているというものである。

　通常，1筆の土地の一部について保安林としての指定があった場合の登記手続は，1筆の土地のうち指定のあった部分（範囲）について，まず分筆の登記をして，この部分についてのみ地目を保安林と変更する登記をすることになる。したがって，設問の場合の是正方法は，次のような方法が考えられる。

(1)　当該土地の地目を錯誤を原因として，いったんこれを従前の地目に復する更正の登記をした後に，保安林として指定があった部分と指定のない部分に分筆し，分筆後の指定された部分について地目を保安林と変更する。

(2)　当該土地について，保安林として指定があった部分と，指定のない部分に分筆し，分筆後の指定されていない部分について錯誤を原因として従前の地目に更正する。

　なお，(1)又は(2)のいずれの場合であっても，保安林の指定があった旨及びその部分を明らかにした農林水産大臣の告示を証する情報の提供が必要となる。

3　しかしながら，土地の所有者からこの申請手続が期待できない場合には問題となる。もっとも，保安林の指定が行政目的を達成するために法令でその用途について制限を設け，登記記録の表題部に記録し公示することで，取引の安全を図っている点に着目すれば，既に設問のように登記されているときは，前記2の方法により是正することを前提として更正する以外に，保安林と変更した地目の範囲に誤りがあっても，従前の地目に更正する登記はできないとする考え方もある。

4　しかし，いったん保安林として指定されると，立木の伐採の制限，植栽の義務等の規制を受け，私権が大幅に制限されることになり，所有者にとっては，土地の取引はもとより土地の有効的な活用にも制限を受けることになる。また，保安林の指定は官報に告示され一般に周知されていて，登記の有無にかかわりなくその効力を有している等の点から考察すれば，所有者が所定の申請をしない場合は，利害関係人の申出により，登記官の職権で更正の登記をすることもできるものと解される（法28条）。したがって，設問の場合にあっては，農林事務所長又は都道府県所管課長から疎明資料を提供して，前記2の方法による地目の更正の申出をすることができるものと考える。

第二節　土地の表示に関する登記手続

129　地目変更の登記原因の日付を更正することの可否

> 問　農地から宅地に地目変更の登記をしたが，この登記原因の日付に誤りがあった場合は，この更正の登記を申請することができるか。

【答】　可能である。

【解説】

1　法第27条は，「土地及び建物の表示に関する登記の登記事項は，次のとおりとする。」として第1号ないし第4号に規定している。また，法第34条及び第44条では，土地及び建物の表示に関する登記の登記事項についてそれぞれ規定している。

　このように，表示に関する登記において「登記原因及びその日付」は登記事項とされているが，ここにいう登記原因及びその日付とは，登記すべき原因たる法律行為又は法律事実とその日付のことである（注1）。したがって，表示に関する登記においては，表題登記及び表示の変更の登記等における当該登記の原因たる事実，すなわち，土地の場合であれば公有水面の埋立等（法36条），地目又は地積の変更（法37条），海没等（法42条）による登記，建物の場合であれば新築（法47条），増築（法51条），取り壊し（法57条）等による登記においては，登記記録の表題部の「原因及びその日付」欄にこれらの事実とその日付を記録することになる。例えば，地目変更の登記であれば，「平成18年1月14日地目変更」のように記録される。

　しかし，表示に関する登記であっても，土地の分筆又は合筆（法39条），建物の分割，区分又は合併（法54条）の登記等については，登記官が当該登記をすることによってその効力が生ずることとなるので，登記原因及びその日付の記録は要しないとされている（準則74条，75条等）。

2　ところで，何らかの事情によって，登記原因の日付を誤って登記さ

れる場合があり，これを正しい日付に是正することの可否及びその方法が問題となる。不動産の表示に関する登記における登記事項の変更又は更正の登記申請手続については，法第31条，第37条，第38条，第51条及び第53条等に規定されている。しかし，表示に関する登記における登記原因及びその日付の更正の登記手続については明文の規定がないが，実務においては，不動産の表示の更正の登記に準じ，更正の登記ができるものとされている（昭和36・7・20民事甲第1722号民事局長回答）（注2）。

3 ところで，一般的に，地目変更の登記は，登記記録の表題部に記録されている地目を変更後の地目に変更する登記（法37条1項）であって，土地の表示に関する登記の一つである。そして，登記官が土地の表示に関する登記の申請事件を処理するには，申請情報，添付情報，土地及び建物の登記記録，地図又は旧土地台帳附属地図，土地図面つづり込み等を調査して，さらに必要に応じて実地調査をすることができるとされている（法29条1項）。

　したがって，設問の場合は，いったん登記官が認定した地目変更の日付を覆すことになるから，当初の認定資料を否定するだけの確実な資料が要求されることになる。例えば，対象の土地を敷地とする建物の登記記録の表題部の記録，建築基準法第7条の検査済証，固定資産課税台帳の記載，航空写真，地元の農業委員会の証明又は信頼し得る第三者の供述等である。また，当初の日付が明らかに誤りであることは確認できるが，実際の地目の変更の年月日が判明しないときは，地目変更の日付を「年月日不詳」と認定し得るものと思われる。

（注1）　登記研究44号29頁
（注2）　新築建物について，昭和36年7月20日民事甲第1722号民事局長回答は，更正の登記の記載方法を次のように示している。
　　　　登記原因及びその日付の更正の登記の記載は，更正すべき登記原因及び日付の記載のある「原因及びその日付」欄における最終の記載の次の余白に，その余白がないときは次行の「原因及びその日付」欄に，「新築の登記

第二節　土地の表示に関する登記手続

原因日付を昭和参五年六月壱日と更正」のごとき振り合いにより記載し，その記載の下欄の「登記の日付」欄に登記の年月日を記載して，錯誤にかかる記載を朱まつする。

130　農地の地目更正の登記と農地法所定の許可の要否

問　農地を農地以外の地目に更正する登記の申請においても，農地法所定の許可書を提供しなければならないか。

【答】　登記所保管の関係資料で更正の事実が明らかである場合を除き，提供を要する。

【解説】

1　登記記録の表題部に記録されている地目が，登記の申請時に誤って実際の地目と異なった地目として記録されている場合には，地目の更正の登記をすることとなる。

　すなわち，地目変更の登記は，登記記録の表題部に記録されている地目が後発的な事由により他の地目に変更した場合に，変更後の地目に是正するためになされるものである。これに対し，地目の更正の登記は，実際の地目と異なった地目に当初から誤って登記され，又は規則第99条（準則68条，69条）に規定された地目以外の地目が地目として登記され，若しくは全く地目の登記がなされていない場合に，これを正しい地目に訂正するためになされる登記である。

2　このように，地目が誤って登記される場合としては，①土地の表題登記の際に誤ったもの，②土地の分筆の登記の際に分筆前の登記記録から誤って移記したもの，③地目の変更の登記の際に誤ったものなどがある。このように，①ないし③の登記の申請又はこれらの登記申請を処理する段階において，形式的な手続の誤りにより実際と異なった地目で登記され，その事実が登記所に保管されている登記の申請情報等の関係資料によって明らかな場合には，たとえ，その土地の地目が田又は畑（農地）と登記されていても，この更正の登記を申請する場合には，農地法所定の許可書の提供を要しないことは明らかである。したがって，設問としては，これら以外の場合における事例として解

第二節　土地の表示に関する登記手続

　　説することとする。
　3　地目の更正の登記は，表題部所有者又は所有権の登記名義人以外の者は申請することができないとされている（法38条）。
　　そして，地目を更正する登記の申請期間（法37条1項参照）については法定されていないが，地目の登記に誤りがあることを発見した場合には，制度の本旨に照らし，表題部所有者又は所有権の登記名義人は速やかに地目更正の登記をすることが望ましいことはいうまでもない。
　4　ところで，地目更正の登記の申請手続については，更正後の地目を申請情報の内容とする旨が定められているが，添付情報については何らその定めがない（令別表五項参照）。もっとも，地目変更の登記を申請する場合にも，農地法に定める許可書等は添付情報とされていないが，実務上，申請された土地が農地法所定の手続を履践しているか否かを確認し，その土地の利用状況を把握するための資料として提供を求めている（昭和56・8・28民三第5402号民事局長通達）。その理由は，かつて，農地について農地法上の許可を得ないで宅地造成の工事等を行い，これを農地以外の土地に転用し，登記記録に記録されている地目を農地以外の地目に変更する登記をした上，第三者に所有権を譲渡する等の事例が頻発していたことによる。
　　したがって，地目更正の登記の申請においても，原則として，当該許可書等を提供することとなる。しかし，誤って登記された原因が登記官にある場合で，その誤りが登記所保管の関係資料により明らかなときは，提供は要しない。

131　地目に「田，内溜池」,「池，外堤塘」等とある場合の地目更正の方法

> 問　登記記録の表題部若しくは旧土地台帳の地目に「田，内溜池」又は「池，外堤塘」等と記録されていて，旧土地台帳附属地図には下図のように表示されている農耕地内の無番地の土地（青で着色），あるいは池に隣接している無番地の土地について，地目を更正するにはどのような方法があるか。
>
> 図1　　　　　図2
>
> （図略：図1に里道，青色，139,138,137，田；図2に10,13,11池,12，里道）

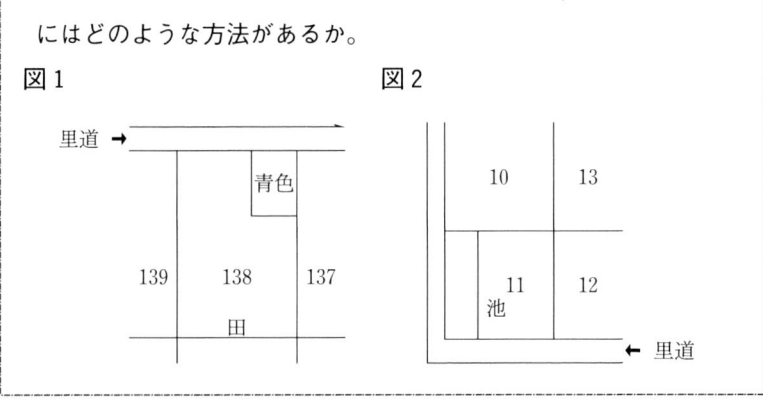

【答】　設問の記載が現地と一致している場合には地目ごとの分筆の登記を申請することにより是正するのが相当と考える。

【解説】

1　登記記録の表題部の地目欄（地積欄）に「田，内溜池」,「池，外堤塘」等と記録された経緯は，旧土地台帳（土地台帳法は昭和35年法律第14号により廃止された。）が地租徴収の資料として利用されていた当時，1筆の土地全部が同じ地目でなく，一部が異なった地目の場合には，地租徴収に際して主たる地目と同じ税率をもって課税するとすれば公平を欠くことから，土地台帳にこの部分を内歩又は外歩として表示して処理することとされていた。

2　このような旧土地台帳の記載については，登記簿と台帳の一元化において移記する際に整理されることとされていた。すなわち，登記

第二節　土地の表示に関する登記手続

簿・台帳一元化実施要領（昭和42・3・20民事甲第666号民事局長通達）第27の5は、「土地台帳中、地積欄に外畦畔、内畦畔、石塚又は崖地等の記載のある場合は、「地積」欄にこれらの記載を要しない。この場合、これらのものの地積が外歩として記載されているときは、本地の地積とこれらのものの地積とを合算して「地積」欄に記載するものとする。ただし、土地台帳中、地積欄にその土地の一部が別地目である旨及びその地積が記載されているときは、本来分筆すべき性質のものであるから、内歩又は外歩の区別を明らかにして、そのまま移記し、又は平方メートルによる単位に換算して移記するものとする。例えば、田1反歩内原野1畝歩のごとき記載があるときは、そのまま移記し、又はそれぞれ平方メートルによる単位に換算して移記する。」と定められていた。

3　このことから、設問の場合は必ずしも明らかではないが、旧土地台帳に「内溜池」又は「外堤塘」としての地積の記載がされている場合には、次のような手続が必要になる。すなわち、「田、内溜池」又は「池、外堤塘」と表示されている土地について、田又は池の部分が現地において溜池又は堤塘の部分と区別できる形態を有している場合には、所有者は、当該土地の溜池又は堤塘部分を分筆する分筆の登記を申請（分筆した部分の土地の地目は「ため池」又は「堤」とする。）することにより是正するのが相当と考える。

4　旧土地台帳の地目欄に「田、内溜池」、「池、外堤塘」等と記載されているが、内溜池及び外堤塘については地積としての記載がないもの（このような事案はないと思われるが）であれば、内溜池、外堤塘の記載は一元化において移記を要しないものと解して、田又はため池（現況により「池沼」とすることもあり得る。なお、明治9年5月18日内務省議定「地所名称区別細目」によれば、「池ト称スルモノハ耕地ノ涵養魚鳥水草等ノ利ヲ獲ンカ為メ地ヲ穿チ堤塘ヲ築キ水ヲ蓄フルモノナリ是亦沼ト形質相近キヲ以テ旧唱判然ナラス今天造ヲ沼トシ人

為ヲ池トス」としている。）に地目の更正の登記をすることにより是正して差し支えないものと考える。

第二節　土地の表示に関する登記手続

十　その他

132　公衆用道路とすることの基準と所有者の意思の要否

> 問　地目を公衆用道路として認定するには、不特定多数の者の通行の用に供しているかどうかが判断の基準と考えるが、私有地の所有者の公衆用道路として登記する意思も左右するのか。

【答】　基本的には、所有者の公衆用道路として登記する意思には左右されないが、当該土地をどのように利用するかについては、土地所有者の意思に基づくことになるので、事案によっては、同人の意思が登記申請に表れる場合がある。

【解説】
1　公衆用道路とは、一般の交通の用に供する道路をいい、道路法による道路たると否とを問わないとされている（準則68条21号）。

　すなわち、農道や林道、里道等も公衆用道路であり、また、個人が所有する土地であっても、それが一般公衆の交通の用に供されるものであれば、当該土地の地目は公衆用道路として取り扱われる。

　また、一般の交通の用に供する道路とは、一般的には不特定多数の人や車等が往来できる循環路線を意味するものと解されるが、当該道路が循環路線ではなく袋小路であったとしても、客観的にみて、土地の現況及び利用目的が公衆用道路と認められる場合には、当該土地の地目が公衆用道路に該当するものとして取り扱われる（昭和37・6・20民事甲第1605号民事局長回答）。

2　ところで、土地の地目は、当該土地の主たる用途により区分して定められ（規則99条）、具体的には、土地の現況及び利用目的に重点を置き、部分的にわずかな差異の存するときでも、土地全体としての状況を観察して定めるものとされている（準則68条）。このことからも

明らかなように，基本的には，所有者の登記意思は地目の認定材料とはならない。しかし，特定の土地（又は建物）の所有者のみが利用するのが通常である同人所有の袋小路（通行部分）のようなものについては，その部分の土地の面積や物理的な施設等の状況のみにより判断できかねる場合もある。したがって，場合によっては，所有者の利用意思ないし登記意思により，最終的に判断せざるを得ないものもあると思われる。

3 なお，特定の者のみの用に供される通路は，公衆用道路とは認められないとの見解がある。もっとも，この「特定の者のみの用に供される」の意味は，一般の人（新聞，牛乳，郵便等の配達人も含む。）が自由に通行できない状態をいうことと解するのが相当である。すなわち，前述のいわゆる袋小路のように，その先端が公道に通じているものについては，公道に接する部分に柵が設けられており，所有者以外の者が自由に出入りできないような状況にあったり，その部分が物理的に宅地と一体として利用されているといった特別の状況にない限り，公衆用道路とする地目変更の登記の申請は，受理するのが相当であると考える。

133　温室内で花き等を栽培している土地の地目

> 問　温室内で椎茸を栽培している場合や，温室内の土地を直接耕作しないで花きを栽培している場合の地目は，雑種地と認定することができるか。

【答】　いずれの場合も雑種地と認定することはできない。

【解説】

1　規則第99条は，雑種地を含む23種類の地目を掲げ，さらに準則第68条は，この23種類の地目について，それぞれその分類方法を定めている。このうち，第1号の「田」から第22号の「公園」までの22種類の地目については，具体的な利用目的が掲げられているが，雑種地については，「以上のいずれにも該当しない土地」と定め，22種類のどれにも該当しない土地が雑種地であるとしている。

　しかし，雑種地という地目の土地についても，他の地目と同様に，特定の（他と区分され得る）継続的な利用目的に供されている状態にあるか，又は，少なくとも近い将来には供されることが確実であることが認められなければならないとされている。

2　設問の土地は，登記記録の表題部に地目が農地（田又は畑）と記録されているものと思われるが，温室内で椎茸及び花き（花の咲く草木）を栽培しているというものである。このことから，その栽培形態は，直接土地を耕作することはないとしても，少なくとも肥料を与え，除草その他の管理をして，作物を栽培するという作業が行われていることは容易に想像することができる。

3　ところで，先例は「農地法第2条第1項にいう農地とは，耕作の目的に供されている土地であり，耕作とは，土地に労費を加え肥培管理を行って作物を栽培することをいう。従って果樹園，牧草栽培地，苗圃，わさび田，はす池等も肥培管理が行われている限り農地である。」

（昭和27・12・20二七農地第5129号農林省次官通達）としている。また，最高裁判所第二小法廷昭和40年8月2日判決（民集19巻6号1337頁）は，「農地法にいう農地とは『耕作の目的に供される土地』（同法2条参照）であり，耕作とは土地に労資を加え，肥培管理を行なって作物を栽培することをいい，その作物は穀類蔬菜類にとどまらず，花卉，桑，茶，たばこ，梨，桃，りんご等の植物を広く含み，それが林業の対象となるようなものでないかぎり，永年生の植物でも妨げないと解すべきであるから，本件果樹園のごときも，同法にいう農地に含まれないとする理由はないのである。」と判示している。さらに，同裁判所第二小法廷昭和56年9月18日判決（判時1018号79頁）においても，「その土地が農地であるかどうかは該土地にいわゆる肥培管理が施されているかどうかによって決定すべきものであるところ，上告人は，本件土地で庭園等に使用する各種花木を幼木から栽培して右土地に肥培管理を施していると主張しているばかりでなく，庭園用の花木を幼木から栽培するには施肥，薬剤散布，除草等の作業を行うものであることは容易に窺われるのであるから，かりにそのとおりであるとすれば，本件土地は，農地にあたると認められる余地があるといわなければならない。」と判示している。

4 設問の場合は，ビニールハウス等の温室内において作物が栽培され，その栽培形態も，労力と費用をかけて肥培管理を行っているという利用状況にあるときは，その土地は，農地以外の地目に変更したものとは認められないので，雑種地と認定することはできないと考える。

　しかし，仮に，設問の温室が大規模にして，かつ堅固なものであり，登記の対象となり得る建物と認められるものであるときは，その敷地部分の土地の地目は宅地と認定するのが相当であると考える。けだし，椎茸の栽培や花きの植木鉢による栽培は，土地を直接耕作していないのであるから，いわば工場内で人工的に栽培しているのと同様の利用状況にあるとみられるからである。

134 建物を取壊しして2年ほど経過した宅地を雑種地とすることの可否

問　建物を取壊しして1・2年の間更地で放置している宅地を，雑種地として認定することができるか。

【答】　消極に解するのが相当と考える。

【解説】

1　土地の地目を定めるに当たって規則第99条では，「主たる用途により……区分して定める。」として23種類の地目を定めている。この主たる用途というのは何を基準としているのか，つまり，土地の所有者が主観的に，こういう用途に使用したいと思っている点に重点をおいて考えるのか，あるいは，土地の現にある状態をみて「主たる用途」を判断するのかという問題がある。準則第68条は規則第99条の規定を受けて，「土地の現況及び利用目的に重点を置き」と定めているように，土地の地目は，客観的に把握された現況を忠実に公示するという，いわゆる現況主義を採用している。

　　また，ある土地の地目が他の地目に変わる過渡的な状態，つまり，土地の客観的な利用状況が完全に他の地目に変わったと認定されない状況にある，いわゆる中間地目の土地については，これを登記上の地目が変更したものとは認められていない。

2　中間地目は雑種地として認定できないかという点については，雑種地という地目も，土地の状況がいずれの地目か認定できないものをいうのではなく，何らかの用途に供されている（固定化している状態）土地であって，雑種地以外の22種類のいずれの地目にも該当しないものをいうとするのが実務上の取扱いである。

　　これに関し先例も，「農地を宅地に改廃する中間の過程で，単に盛土をし，又はブルドーザーによる地ならしをし，容易に農地に復旧で

きない状態がみられても，特定の目的に供されていない土地については，たとえその時点において耕作を止めているとしても，利用目的を積極的に判断できない流動的な状態であり，未だ現地目が他の地目に転化したとは解されず，その地目を雑種地とすることはできない。」としている（昭和 46・2・4 民三第 1040 号民事局第三課長回答）。

　設問のように，流動的，過渡的な土地の地目の認定については，その状況が一時的なものであるかどうか，あるいは対象となる土地本来の利用の仕方であるかどうかなどについて，参考資料や周囲の状況，これまでの利用経緯，将来の利用見込みなどを総合して判断した上で行うことが必要である。

3　設問の土地の場合は，建物が取り壊された後 1・2 年の間，更地のまま放置された状態にあり，周囲の状況にさほどの変更もみられず，近い将来，雑種地と認定できるような恒常的な利用目的に供されることが確実に見込まれないことから，現段階においては，地目に変更があったと認めることは相当でないと考える。

第二節　土地の表示に関する登記手続

135　竹の子を採取していた土地が長年放置され竹林が生育することとなった場合の土地の地目

> 問　竹の子の採取を目的として管理している土地の地目は，畑として取り扱うこととされているが，長年，自然のまま放置していたため竹林の生育する土地になった場合，その土地の登記の地目は，山林として認定することができるか。

【答】　自然のまま放置された期間が，例えば10年以上になるなど，長年月にわたって竹の子を採取するための一定の管理がなされていないことが認められるときは，山林と認定して差し支えないものと考える。

【解説】

1　竹林が生育する土地の本来の地目は，山林とされている（準則68条9号）。竹の子あるいは竹材の収穫を目的として計画的に肥培管理が施されている場合，その土地の地目は農地であるとするのが判例上の立場である（福井地方裁判所昭和23・8・31判決・行裁月報5号24頁）。実務においても梅林，竹林，はす池，芝生等の植物の栽培管理を目的とする土地であれば，その地目は畑と認定して差し支えないとされている（注）。

　このような土地の地目は，客観的な現況のほか，所有者の主観的な主たる利用意思をも考慮に入れて判断すべき地目である。設問の事例については，竹の子を採取していた当時と，これを廃止した現在とにおいては，物理的な状態の面でもかなりの変化が生じていることは，現地を調査すれば分かるのが通常である。

2　設問のような土地の地目は，その利用状況によって，畑若しくは山林のいずれの地目にも認定され得るのであり，地目の認定に当たっては，所有者の主観的な利用意思のほか，現実に一定の栽培管理がなされているか否かといった現況を十分に調査すべきである。そして放置

された期間が，例えば10年以上といった長年月にわたっていることが，現地の状況，人証等で認められるときは，当該土地の地目は，山林に変更したものと認定して差し支えないと考える。

　同様な事案について，東京高等裁判所昭和25年6月29日判決（行裁集1巻7号1041頁）は，「かつて桐樹栽培のため肥培管理がされたとしても，肥培管理を廃してすでに相当期間を経過し，現況が森林状態を呈している土地は，たとえ，豊沃で，桐樹伐採後ただちに農耕の用に供することができる場合であっても，農地ではない。」と判示している。

3　畑とされた土地は農地であり，農地法の規定の適用を受け，原則として所定の許可（届出を含む。）を得ないで転用することは許されない。しかし，土地の地目の変更は事実行為であり，もっぱらその土地の客観的な事実状態によって判断されるものである。このため，その地目の変更が自然現象によるものであれ，人為的な原因に基づくものであれ，現況が既に農地でなくなっているときは，許可書の提供のない地目変更の登記の申請があったとしても，そのことのみをもって当該申請が却下されることはない。実務においては，農地法の許可書等の提供がない申請事件については，登記官は，関係農業委員会へ所定の照会をするなど厳正な取扱いをすることとされている（昭和56・8・28民三第5402号民事局長通達参照）。

（注）　登記研究223号66頁

136　広大な土地の一部にある住宅の庭のみの分筆及び一部地目変更登記の可否

> 問　原野2,100平方メートルの土地の一部に住宅が建設されている場合において，住宅の敷地の地目は原野としたまま，住宅の庭として利用している部分200平方メートルについてのみ地目を宅地とする，一部地目変更による分筆の登記を申請することができるか。

【答】　住宅が登記能力のある建物であり，かつ，建物の存する部分と，庭として利用している土地が一体として宅地と認められる場合には，一部地目変更による分筆の登記の申請をすることができるものと考える。

【解説】

1　土地の表題登記においては，登記記録の表題部にその土地を特定するための要素の一つとして，当該土地の地目が登記事項とされている（法34条1項3号）。そして，この地目は，1筆の土地の主たる用途により特定して公示するために付されるものであるから，1筆の土地について二以上の地目を定めることは認められていない（法39条2項）。したがって，1筆の土地のうち，ある特定の区画について，その主たる用途が変更され，その部分が登記された地目と別の地目となった場合には，単一の地目として特定できず，法第34条の規定による1筆の土地として公示することもできない。そこで，このような事実が生じた場合は，当該1筆の土地を各地目ごとに分筆した上で，分筆後の土地のうち，その用途を変更した土地について別地目とするため地目変更の登記を申請することになる。

2　分筆の登記は，原則として表題部所有者又は所有権の登記名義人の申請によりすることとなる（法39条1項）。そして，この分筆の登記は，所有者の自由な意思に基づく登記で，登記することによってその

変更の効果が生じるという意味で創設的登記といわれている。一方，土地の地目については報告的な登記といわれ，地目に変更が生じたときは，表題部所有者又は所有権の登記名義人は，変更があったときから1月以内に，その登記を申請しなければならないとされている（法37条1項）。このことから，登記されている土地の一部について地目変更があった場合には，別地目となった部分について1筆の土地とする必要があり，地目変更の前提として分筆の登記を要することになる（実務上は，一部地目変更による分筆の登記を一の申請情報ですることになる。）。

3 設問は，登記の地目が原野とされている広大な土地の一部に住宅が建設されているが，当該住宅の敷地については地目を原野としたまま，住宅の庭の部分についてのみ地目を宅地とする一部地目変更による分筆の登記を申請することができるかというものであるが，住宅の敷地について地目変更をしないまま，その庭の部分のみの地目変更の登記は認められない。すなわち，住宅が既登記の建物（又は登記することができる建物）であれば，その敷地部分は宅地として利用していることが明らかであり（準則68条3号），当該建物の所有者は，当然に，その土地について地目変更の登記を申請しなければならない（法37条1項）。

4 住宅の庭の部分については，建物を維持若しくは効用を果たすために必要な範囲で宅地への地目変更が認められるものと解される（準則68条3号参照）。設問は，庭として利用している200平方メートルの土地を宅地に地目変更するというものであるが，当該土地が住宅用地として周囲と明確に区画され，その住宅の規模も比較的に大規模なものであるなど，住宅敷地と一体として利用しているなどの事情が認められる場合には，住宅の存する部分と併せて宅地とする地目変更の登記を申請することができるものと解される。したがって，この場合は，建物の存する部分の土地と，庭として利用している土地を一括して地

第二節　土地の表示に関する登記手続

目変更の登記を申請することになる。なお，この場合には，一部地目変更による分筆の登記を，一の申請情報をもって申請することができるものと解する（法39条2項）。

137 「原野」を「雑種地」に地目変更する申請後に予定変更を理由に申請を取下げることの可否

> 問 地目を「原野」から「雑種地」に変更する地目変更の登記が申請され，登記官が現況を調査して雑種地と認定した後，登記完了前に，申請人から今後この土地を「宅地」として利用したいとして，申請の取下げの申出があったが，これに応じることができるか。

【答】 現状では利用目的を積極的に判断できない流動的な状態にあるから，登記が完了していない時点でなされた土地の所有者からの地目を「原野」から「雑種地」に変更する登記申請の取下げについては，これに応じて差し支えないものと考える。

【解説】

1 土地の表示に関する登記においては，登記する土地を特定するための要素として，土地の所在，地番，地積とともに地目が登記事項とされている（法34条1項3号）。この地目は，土地の現況及び利用目的によって定められる土地の質的な面で特定し分類した名称である。このため，土地の所有者が自由に土地の地目を定めて登記することはできず，土地の所有者等からの土地の表題登記及び地目の変更の登記の申請に基づき，登記官がその利用状況を確認した上で認定することになる。

2 地目の種類は，規則第99条において宅地，原野，雑種地等23種類が定められ，準則第68条においては，「土地の現況及び利用目的に重点を置き，部分的にわずかな差異の存するときでも，土地全体としての状況を観察して定めるものとする。」と規定し，その主な利用目的を判断基準として掲げている。

これによれば，「原野」は，耕作の方法によらないで，雑草，かん木類の生育する土地とされ，「雑種地」は，準則第68条第1号ないし

第二節　土地の表示に関する登記手続

　　第22号のいずれにも該当しない土地とされ，また，「宅地」は，建物の敷地及びその維持若しくは効用を果すために必要な土地とされている。

3　設問の場合は，現地は雑草やかん木類が除去され，部分的には整地され駐車場又は資材置場等として利用している状況が想定される。そして，当該土地の所有者は，この土地を雑種地とする地目の変更の登記を申請したが，登記が完了する前に当該土地を建物の建築用地に転用することにしたものと考えられる。そうすると，この土地の地目は原野から宅地に変更される途中の，いわゆる「中間地目」の状況にあることになる。このように，所有者の利用意思からみて，土地の利用状況が確定していない状態にあると判断できる場合には，現状が一時的に駐車場等として利用されていたとしても，これを「雑種地」として登記することは相当でないものと考える。

4　農地についての先例ではあるが，「農地を宅地に改廃する中間の過程で，単に盛土をし，又はブルドーザーによる地ならしをし，容易に農地に復旧できない状態がみられても，特定の目的の用に供されていない土地については，例えその時点において耕作を止めているとしても，利用目的を積極的に判断できない流動的な状態であり，未だ現地目が他の地目に転化したとは解せられず，その地目を雑種地とすることは相当でない。」としている（昭和46・2・4民三第1040号民事局第三課長回答）。

　　そうすると，設問の場合においても，登記が完了していない時点で土地の所有者からなされた地目を「原野」から「雑種地」に変更する登記申請の取下げについては，これに応じて差し支えないものと考える。

第6　地図の役割等

138　法14条1項の地図の意義

> 問　法第14条第1項の地図とはどのような地図をいうのか。

【答】　各筆の土地の位置及び形状を明確にした地図であって，登記所において法第14条第1項に規定する地図として備え付けられたものをいう。

【解説】

1　土地については，その登記記録の表題部の記録によって地積，地目が明確にされ，地番が付されている。しかし，その記録によって表された土地が，現地のどの土地を表示し，どういう広がりと形状をもった土地であるかは，その記録のみでは明らかではない。この点は建物においても同様であって，その登記記録の表題部には，建物の所在地番，種類，構造，床面積等が記録されているが，現実に建物がどこにあるかは，図面の記録によらなければ明らかにすることはできない。そこで，法第14条第1項は，登記所に地図及び建物の所在図を備え付けるものとしている。

　法第14条第1項に規定する地図には，登記所において作成し備え付けたもののほか，国土調査法第20条第1項の規定により送付された地籍図，土地改良登記令第5条第2項第3号，土地区画整理登記令第4条第2項第3号，新住宅市街地開発法による不動産登記に関する政令第6条第2項の土地の所在図，その他これに準ずる図面についても，特別の事情がある場合を除き，これを法第14条第1項の地図（以下「地図」という。）として備え付けるものとしている（規則10条5項・6項）。

2　したがって地図は，登記された各筆の土地について，これらの筆界

第二節　土地の表示に関する登記手続

　線を基準に地球楕円体面上に水平投影して図上に表示し，一筆地の地球上の位置及び形状を明らかにし，登記記録の表題部に記録された事項とともに，権利の客体となる土地自体に関する公示機能を果たすことを目的として，登記所に備え付けられている図面である。つまり，不動産登記法において最も端的に，しかも適切に各筆の区画を表現し得るものとして，地図を備え付けることとされているのである。
　このような地図が有している機能を完全に果たすためには，登記によって観念的に示されている各筆の土地の位置及び区画を，現地において現実に示すものでなければならない。このことは，これを反面からみると，例えば，土地の形状が人為的又は自然的な原因によって全く変更されてしまった場合，あるいは，相隣接する土地の所有者間において，現地の筆界に争いが生じたような場合には，当該登記されている土地の筆界線を現地に復元し得るものでなければならないものである。

3　ところで，地図がこのような現地指示能力，ないし現地復元能力を有し得るためには，まず測量が国家三角点等に基づいて行われ，次に，各筆の筆界点の位置を求めるための基準点（図根点）が現地にあって，それが地図上にも表示されていて，筆界点が図根点からの距離と方向によって，一定の精度で現地に示し得ることが必要である。
　このことから地図は，1筆又は2筆以上の土地ごとに作成し，各筆の土地の区画及び地番を明確にするものでなければならず（法14条2項），地番区域又はその適宜の一部（単位区域）ごとに，正確な測量及び調査に基づいて作成することとしている（規則10条1項）。さらに，地図の縮尺は市街地地域250分の1又は500分の1，村落・農耕地域500分の1又は1000分の1，山林・原野地域1000分の1又は2500分の1により作成することとされている（規則10条2項）。また，地図を作成するときは，磁気ディスクその他の電磁的記録に記録することを原則としながら，ポリエステル・フィルムを用いて作成する場

合には，準則別記第11号様式により，縦29.7センチメートル，横42センチメートルによって作成するとしている（準則12条1項・2項）。

　そして，地図には，次の事項を表示しなければならないとしている（規則13条）。すなわち，①地番区域の名称，②地図の番号，③縮尺，④国土調査法施行令第2条第1項第1号に規定する平面直角座標系の番号又は記号，⑤図郭線及びその座標値，⑥各土地の区画及び地番，⑦基本三角点等の位置，⑧精度区分，⑨隣接図面との関係，⑪作成年月日等である。

　以上に掲げた要件を備えた地図については，各登記所において法第14条第1項に規定する地図として備え付けることによって，以後，地図として取り扱われることになる。

第二節　土地の表示に関する登記手続

139　現地復元性の意義

問　現地復元性とは何か。

【答】　不動産登記制度における地図（法第14条第1項の地図。以下同じ。）は，登記記録の表題部に記録する登記事項とともに，各筆の土地を特定する役割を持つものであるから，地図上に描画された情報から土地の位置及び筆界を現地に求めることができなければならない。このように地図の持っている現地を特定する機能について，実務上「現地復元性」あるいは「現地復元能力」という。

【解説】

1　不動産登記法は昭和35年にその一部が改正され，地図に関する規定が新設され，登記所に地図を備え付けることが義務付けられたが（旧法17条），新法においても同様に定められている（法14条1項）。

　この地図は，登記された土地とこれに対応する現地とを結び付ける機能とともに，登記事項をもって表現することのできない土地の所在位置や形状を公示する機能を併せ持っていることを要し，その基本的な要件は，地図が1筆又は2筆以上の土地ごとに作成され，各筆の土地の区画及び地番を明確にするものでなければならない（法14条2項）と規定されている。

　地図がこのような機能を有するためには，土地の位置，形状，すなわち筆界点の位置を求めるための基準となる点（図根点）が現地に存在し，これが地図上にも表示されていること，及び筆界点が図根点からの距離と方向によって一定の精度（一定の誤差の範囲内）で，現地に示し得ることが必要である。さらに，現地における図根点が確実に保護されるか，あるいは図根点そのものが，より高次の図根点から復元することが可能であることなどが必要である。このように地図の持っている現地を特定する機能については，実務上「現地復元性」ある

いは「現地復元能力」という。
2 　地図は，各筆の土地の位置及び筆界を現地で確認した上，測量した結果に基づいて作成されたものであるところから，地図の現地復元能力の限度は，地図の持っている精度によって左右される。すなわち測量の方法，縮尺，作図の精粗等によって地図に含まれる誤差は，地図によって現地へ復元する場合には影響を受けるため，その誤差の範囲内において，当初に現地で確認測量した筆界点と不一致が生ずることは通常避けることができず，これに復元測量に伴う誤差が加わることになる。

　仮に，縮尺500分の1の地図上に図示された0.2ミリメートルの筆界線を例にとると，この線は現地において10センチメートルの幅を有し，さらにその両端に10センチメートルの図解誤差が伴うことを考慮すると，図上0.2ミリメートルの線が現地に示す筆界は，30センチメートルもの幅の中で動く可能性があることになる。これによって一辺10メートルの正方形の土地の面積を計算すると，その上限は約106平方メートル，下限約94平方メートルとなり，この差は約12平方メートルにも及ぶ。このことは当該地図が，精度区分甲1の精度による測量に基づいて作成されたものであっても，図解法を用いた地図に基づく現地復元である限り上記のような結果となる。

3 　また，この復元能力の限界は，地図を作成するための測量の基準点をどこに置くかによって異なる。現地に元の筆界を復元するときの基準点としては，①近隣の土地の筆界点（土地の境界標），②近隣に存在する恒久性のある地物（堅固な構築物や変動の少ない天然地物等），③国家基準点である基本三角点等がある。これらは，いずれも地図を作成するための基準点であり，通常は地図上に表示されていなければならないものである。

　この基準点については，永続性があって，さらにそれが自然的あるいは人為的原因によって損壊した場合でも，正確に復元可能なものが

第二節　土地の表示に関する登記手続

　最適である。①の土地の境界標や②の恒久的地物を基準点とした地図は，これらの亡失あるいは損壊によって，その復元能力を失うことになる。これに反し③の国家基準点は，基本三角点にみられるように，地球上における位置が経度，緯度及び平面直角座標値によって求められていて，各種の測量の基準とされているもので，永続的に存置し得るものである。また特定の三角点等が損壊しても他の三角点等から容易に復元することが可能である。

　したがって，不動産登記法の要請に応えて，登記所に備え付けられるべき地図の測量は，③の国家基準点を基礎として行われたものでなければならないとされている（規則10条3項）。

140 任意の点を与点として作成した地図を法14条1項の地図とすることの可否

> 問　永続性のある任意の点を与点として作成された図面を，法第14条第1項の地図として登記所に備え付けることができるか。

【答】　国家基準点を基礎として作成されていない図面は，法第14条第1項の地図として備え付けることはできない。

【解説】

1　法第14条第1項に規定する地図は，登記記録の表題部の記録とあいまって，各筆の土地の位置及び形状を明確に表示した図面であって，この地図により現地が復元できるものでなければならないとされている。

　地図が現地復元能力を有するためには，土地の区画，すなわち筆界点の位置を求めるための基準となる点（図根点）が現地に存在し，この点が地図上にも表示されていること，筆界点からの距離と方向によって一定の精度（一定の誤差の範囲内）で現地に示し得ること，さらに，現地における図根点が確実に保護されるか，あるいは図根点そのものが，より高次の図根点から復元することが可能なものであること等，いくつかの要件が求められている。

　設問の図面のように，永続性のある任意の点（与点）を基準として，図根測量及び一筆地測量を行った場合（極座標による局地測量），一定の地域においては，精度的に統一のとれた，しかも，ひずみのない図面が作成できることになり，当然のことながらこの図面は復元力の高い図面ということができる。したがって，この限りにおいては，局地的には，現地復元性は満たしていることとなる。

2　ところで，昭和35年法律第14号による不動産登記法の一部改正によって，登記所に「各筆ノ土地ノ区画及ビ地番ヲ明確」（旧法18条1

第二節　土地の表示に関する登記手続

項）にした「地図」を備えることとした（旧法17条）ものの，法令上はどのような図面を不動産登記法上の地図とするのかは明らかにされていなかった。

　その後，旧法第17条の地図を作製する場合の具体的な基準については，旧準則（昭和52・9・3民三第4473号民事局長通達）第25条において，地図の材質（1項），地図を作製するための測量の方法（2項），地図の縮尺（3項）及び地図を作製するための測量の誤差の限度（4項）を定めるとともに，旧準則第26条においては，地図を調製する場合の様式を，また旧準則第27条においては，地図に表示しなければならない事項がそれぞれ規定された。

3　旧準則が実施される以前における旧法第17条の地図の作製基準は，「地図は，不動産登記法施行令第1条の地番区域又はその適宜の一部（単位区域）ごとに，正確な測量及び調査の成果に基づき作製するものとする。」（昭和37年準則22条1項，昭和38年準則24条1項，昭和46年準則25条1項）と規定されていたので，旧準則に定める地図の要件（平面直角座標系の名称又は記号，基本三角点及び基準点の位置等の記入）を備えていない土地区画整理法による換地図であっても，正確性が確認されれば，旧法第17条の地図とすることができる（昭和37・3・29民三第125号民事局第三課長回答）とされ，極座標による局地測量で作製された地図も旧法第17条の地図に指定できる取扱いがなされていた。

4　しかし，このような一つの局地測量の対象とした地域も，現地においては他の地域へ連続して存在しているので，異なる極座標によって作成された各々の地図の相互間では，それらの相対的な位置を定める共通基準がなく，精度的な統一もとれていないことから，地図の接合も困難となる。仮にこれが接合できたとしても，両地図面間の筆界点の相互位置にひずみが生ずる結果ともなり，一つの極座標によって表されている地図上の図根点により，他の極座標によって表されている

地図上の土地を現地に復元することはかなりの誤差を含むことになる。

　また，一つの極座標によって測量された地域全体にわたって，天災地変等による図根点標識の亡失，あるいは移動が生じた場合には，地図上の土地の位置を現地に復元することは極めて困難といえる。

5　新法の施行に伴い定められた規則においては，地図を作成するための測量方法について，旧準則第25条第2項の規定の趣旨が，ほぼ踏襲されている。すなわち，規則第10条第3項では，法第14条第1項の地図を作成するための測量は「測量法第2章の規定による基本測量の成果である三角点及び電子基準点，国土調査法第19条第2項の規定により認証され，若しくは同条第5項の規定により指定された基準点又はこれらと同等以上の精度を有すると認められる基準点を基礎として行う」こととされた。そして，当該測量に基づいて作成する地図には，「国土調査法施行令第2条第1項第1号に規定する平面直角座標系の番号又は記号」並びに「基本三角点等の位置」も，必ず記録しなければならないとしている（規則13条1項4号・7号）。

　したがって，設問の図面のように，全国共通の骨格である国家基準点等に基づく測量がされていない地図は，法第14条第1項で規定する地図として備え付けることはできないといえる。

第二節　土地の表示に関する登記手続

141　法14条1項の地図に誤りがある場合に，その備付けを取り消すことの可否

> 問　法第14条第1項の地図として備え付けられた地図の内容に誤りがあるものの，その誤りを訂正することが困難な場合には，その備え付けを取り消すことができるか。

【答】　法第14条第1項の地図（以下「地図」という。）として絶対的な要件である現地復元性を欠く（基本三角点等の国家基準点を基礎とした測量がなされていない。）等その備付けの手続（判断）に明白な誤りがある場合にあっては，その備付けの取消しも考えられる。

　しかしながら，備付け後の事情変更（規則第10条第4項の地域区分が後発的に変動した場合等）はもとより，その他の場合にあっても，いったん地図として備え付けた後は，地図利用者を困惑させることにもなるので，原則として当該地域に更に高精度の地図が備え付けられない限り，地図としての取扱いを廃止するのは相当でないと考える（材質が不適合なものについては，ポリエステル・フィルムを用いて再製することで足りる。）。

　なお，地図に記録されている土地の一部について位置及び形状が現況の土地と部分的に相違する等その内容に誤りがある場合にあっても，登記官は，表題部所有者若しくは所有権の登記名義人等の協力を得る（規則16条1項）等の方法によって，地図としての効用を果たすようその訂正（修正）に努めるのが相当と考える。

【解説】
1　法第14条第1項の規定に基づき登記所に備え付けられている地図は，「各土地の区画を明確にし，地番を表示」（法14条2項）したもので，一般的に「法14条1項地図」と呼ばれている。
2　登記所に地図を備え付ける趣旨は，登記されている権利の客体であ

第6　地図の役割等

る土地が現地のどこに位置し，どのような形状を有するかを明らかにし，もって，不動産取引の安全と円滑に資するところにある。

　そのため，登記所に備え付ける地図は，地番区域ごとに基本三角点等の国家基準点を基礎として，正確な測量及び調査の成果に基づき作成すべきものとされている（規則10条3項）。そして，作成された地図にはその「縮尺」，「平面直角座標系の番号又は記号」，「図郭線及びその座標値」，「基本三角点等の位置」及び「精度区分」等を記録することになる（規則13条）。これらの記録は，単に土地の相対的位置関係（位置，形状及び地番等）を描画するのみならず，何らかの人為的又は自然的な原因によって土地の筆界が不明になったときは，地図から登記された土地が，現地のどの土地であるかを特定することができる能力（いわゆる現地復元能力）を有するものでなければならないとされている。

3　このような観点から，登記官は，規則第13条第1項の規定に適合する国土調査法第20条第1項の規定により送付を受けた地籍図や，土地改良登記令第5条第2項第3号又は土地区画整理登記令第4条第2項第3号の規定に基づく土地の所在図等の図面について，所定の登記が完了した後には特別の事情がない限り，地図として備え付けることが義務付けられている（規則10条5項・6項）。

4　ところで，いったん，不動産登記法の要請に適合する図面であると登記官が認定し備え付けた地図が，その後において規則第13条第1項に規定する各号の一部の要件を欠くことが判明した場合，当該地図の取扱いが問題となる。

　この場合，地図としての要件を欠くとしてその備付けを取り消すことも考えられる。しかしながら，地図に表示されている各土地の筆界を地球上の位置関係に基づいた測量体系により現地に復元するために必要不可欠な基本三角点等の国家基準点を基礎とした測量がなされておらず，地図としての絶対的な要件を欠く場合以外は，地図の備付け

349

第二節　土地の表示に関する登記手続

　の趣旨から，単に，地図に規則第13条第1項各号の一部の記録がなく，地図としての形式的な要件を欠くことを理由に，その備付けを取り消すべきではない。むしろ登記官は，地図作成の基となった測量の成果を関係機関から収集する等の方法によって，地図の修正に努める必要がある。

　　また，規則第10条第4項の地域区分が後発的に変動した場合でも，地図には誤差の限度が表示されていることから，その場合にあっても地図としての表示機能は依然として有しており，なお，地図としての適格性は失っていないと考える。

　　したがって，地図として備え付けた後は，原則として当該地域について更に高精度の地図が得られない限り，その扱いを取り消すことは相当でないと考える。

5　なお，登記所に地図を備え付ける趣旨から，登記官は，地図を備え付けた後においても，常に土地の現況を正しく反映している地図の備付けが求められており，未登記の土地について表題登記を行ったとき，及び既登記の土地について分筆又は合筆の登記を行ったときは，それに応じて該当する地図の記録に変更（修正）を施し，もって，地図の現地復元性の維持を図る必要がある。

　　さらに，地図に記録されている各土地の位置，形状等が部分的に現地の状況を反映しておらず，その訂正（修正）に困難が予想される場合であっても，地図として備え付けたときは，当該登記所の事務処理に支障を生ずる特別の事情がある場合を除き，登記官は，所有者その他の利害関係人等に対して，また，その誤りが地籍調査の誤りに起因するときは，地籍調査実施機関の長に所要の修正の申出を求める等の方法で，その訂正に努めるのが相当と考える（規則16条1項）。

142 地籍図の意義

問 「地籍図」とはどのような地図をいうのか。

【答】 地籍図とは，国土調査法（昭和26年法律第180号）による地籍調査の成果図であって，国の測量体系に結び付けた所定の精度を有する測量によって作成されたものである。この地籍図が地籍簿とともに登記所に送付されると，登記官は，国土調査法による登記が完了した後に，地図として備え付けることを適当としない特別の事情がある場合を除いて，地籍図を法第14条第1項による地図（以下「地図」という。）として備え付けるものとされている（規則10条5項）。

【解説】

1 国土調査は，国土の開発及び保全並びに高度利用に資するとともに，併せて地籍の明確化を図るため，国土の実態を科学的かつ総合的に調査することを目的としている（国土調査法1条）。地籍調査は，その中の事業の一つであって，通常は市町村が実施機関となり，土地登記簿，地図又は地図に準ずる図面を基に，1筆ごとの土地について地番，地目，境界の調査及びその所有者について確認し，併せて境界の測量及び地積の測定を行い，その結果に基づいて地籍簿及び地籍図を作成することとされている。

　この地籍調査の成果（地籍図・地籍簿）は，主務大臣等の認証を受けた後に，その写しが登記所に送付されるが（国土調査法20条），登記所はその地籍簿に基づいて登記記録を改めるなどの所要の登記を行い，地籍図については，地図として備え付けることを適当としない事情がない限り，地図として登記所に備え付けることとされている（規則10条5項）。

2 地籍図は，地籍調査地域内のあらゆる土地の1筆（1区画）ごとについての境界を，国家基準点を基礎とした近代的な測量技術をもって

第二節　土地の表示に関する登記手続

　　正確に記録した図面である。この測量の方法は，大骨格として地球上の経緯度が正確に記録されている一等から三等までの基本三角点から，中骨格としての四等三角点（基準点）を設置し，さらに小骨格として地籍図根三角点を設置して，これを基準に現地に設置した筆界標示杭を測量したものである。
　　　したがって，筆界点の位置を求めるための基準となる点（地籍図根点等）が現地に存在し，それが地籍図の上にも表示されているので，自然的あるいは人為的な事由によって土地の筆界が不明になっても，当該地籍図の有する精度の範囲内において，その筆界点を現地において復元することが可能となる。
　3　地籍調査では，現地復元能力のある正確な地籍図を作成する必要から，その成果における誤差の限度を定めるとともに，これを確保するための測量精度を保持しなければならない。このことから，誤差の限度を，筆界点の位置誤差については平均二乗誤差及び公差で，筆界点間の図上距離又は計算距離と直接測定による距離との差異及び地積測定については公差で定めている。これらの誤差の限度は，土地の経済性や利用状況に応じて甲1，甲2，甲3，乙1，乙2，乙3の6段階に分けて規定し（国土調査法施行令別表五），いかなる誤差の限度（精度）を採用するかは，その地域の状況に応じて次のように定められている（昭和61・11・18国土第488号国土庁土地局長通達）。

　　　　大都市の市街地区域　　　　　　　　　　　　　甲1
　　　　中都市の市街地区域　　　　　　　　　　　　　甲2
　　　　上記以外の市街地，村落並びに整形された農用地区域　甲3
　　　　農用地及びその周辺の区域　　　　　　　　　　乙1
　　　　山林，原野及びその周辺の区域　　　　　　　　乙2
　　　　山林，原野の区域　　　　　　　　　　　　　　乙3
　4　地籍図は，40センチメートル×50センチメートルの図紙（ポリエステル・フィルム）を用いて作成され，地籍図の名称，番号，縮尺，

352

座標系の名称又は記号，図郭線及びその数値，隣図の関係，地番区域の名称，基本三角点，地籍図根点，毎筆の土地の境界線及び地番その他が表示されている。方位は，地積図の短辺が平面直角座標系の南北方向であり，上部が北となるよう一律に図郭を定めているので表示する必要がない（地籍図の様式を定める総理府令（昭和61・11・18府令第54号））。また，地籍図の縮尺は，250分の1，500分の1，1000分の1，2500分の1，5000分の1，10000分の1，25000分の1若しくは50000分の1又は100000分の1以下で，採用する縮尺は，土地の状況に応じて国土交通大臣が定めるとされ（国土調査法施行令2条1項2号），①主として宅地が占める地域及びその周辺の地域については，500分の1（国土交通大臣が特に必要があると認める場合には，250分の1），②主として田，畑又は塩田が占める地域及びその周辺の地域については，1000分の1（国土交通大臣が特に必要があると認める場合には，500分の1又は2500分の1），③主として山林，牧場又は原野が占める地域及びその周辺の地域については，2500分の1又は5000分の1と定められている（国土調査法施行令2条1項5号）。

　このように，地籍図には，日本列島を17に区分した座標系（国土調査法施行令別表一）の名称と，座標系原点からの座標値（X・Y）による地点位置が表示され，地籍図1枚でその位置関係，縮尺，精度等のすべてが表現される仕組みになっている。

第二節　土地の表示に関する登記手続

143　地籍図と土地所在図の違い

> 問　「地籍図」と「土地所在図」とではどのように異なるのか。

【答】「地籍図」は，国土調査法に基づく地籍調査の成果であって，登記所に送付された後，地図として備え付けることを適当としない特別の事情のある場合を除いて，法第14条第1項の規定に基づく地図として備え付けられるものである（規則10条5項）。また「土地所在図」は，土地の表題登記を申請する場合において，申請情報と併せて登記所に提供される図面であって，登記官が地図上にその土地の筆界線を記入するための資料となるものである。

【解説】

1　「地籍図」は，国土調査法に基づく地籍調査の成果図である。すなわち，土地における地籍の明確化を図る目的をもって，毎筆の土地について，所在，地番，地目及び境界の調査と，登記記録に記録された所有者に関する確認，並びに境界の測量及び地積に関する測定を行い，その調査の結果に基づいて作成された地図である（国土調査法2条5項）。

2　地籍調査が終了すると，この地図は成果の写しである地籍図として地籍簿とともに登記所に送付され，送付を受けた登記所はこれに基づいて所要の登記をしなければならないとされている（国土調査法20条）。登記官は，この地籍調査の成果についての正確性については，法令上の根拠があり担保されているところから，実地調査をすることなく，その成果に基づいて直ちに登記することになる。また，送付を受けた地籍図は，国土調査による登記が完了した後に，その測量が国家基準点に準拠するなど法第14条第2項に規定される地図の要件（規則10条，同13条，準則12条）を満たしていることから，地図として備え付けることが適当としない特別なことがない限り，法第14条第

第6　地図の役割等

1項の地図（以下「地図」という。）として登記所に備え付けられる（規則10条5項）。

　地籍図が地図として登記所に備え付けられると，当該地図の左側上部に「地図（法第14条第1項）」と記録し（準則別記11号様式），地番区域の名称及び地図の番号を付し（規則13条1項2号），土地の登記記録の表題部に地図の番号を記録した上で（同15条），地図保存簿に記録して（準則17条1項3号），永久に保存することになる（規則28条2号）。

3　「土地所在図」は，土地の表題登記を申請する場合（法36条，令別表四項添付情報欄イ），表題登記のない土地について所有権保存の登記を申請する場合（法74条1項，令別表二十八項添付情報欄ホ），又は表題登記のない土地について所有権の処分の制限の登記を申請する場合（令別表三十一項添付情報欄ロ）において，申請にかかる土地の位置等を明確にするため，地積測量図とともに登記所に提供するものとされている。

　この他，地図又は地図に準ずる図面に記録されている土地の区画等に誤りがあり，当該土地の地図等の訂正の申出をする場合には，この申出情報に併せて土地所在図を提供することとされている（規則16条5項）。

　また，広大な1筆の土地を分筆する場合において，分筆後の土地の全部又は一部が図上で僅少となるとき，及び長狭な土地（道・水路等）を分筆するときなど，地積測量図の上に明確に図示することが困難な場合等にも，土地所在図を提供することとされている（昭和39・10・2民事甲第3191号民事局長通達）。

4　土地の表題登記は，その土地について初めて登記されるものであるから，登記官がその位置を確かめ，地図又は地図に準ずる図面にその土地の筆界線を記録する必要があり，土地所在図は登記官がこの記録をするための資料とするものである。したがって，これには地積及び

355

第二節　土地の表示に関する登記手続

　求積の方法は記載する必要はない（規則74条，76条）。
　　土地所在図は，登記所に提出された後は，土地図面つづり込み帳（規則18条3号）に編てつして（同20条1項）永久に保存され（同28条12号），当該土地の表示の変更や滅失の登記をなした場合において従前の図面を除却したときは，当該従前の図面は，その登記をしたときから5年間保存される（同号）。

5　土地所在図は，規則別記第一号様式により，日本工業規格B列4番の丈夫な用紙をもって作成し（規則74条3項），方位，土地の形状及び隣地の地番を記録することとされている（同76条1項）。また，この縮尺は，近傍類似の土地の地図と同一の縮尺により（同条2項），誤差の限度は，地図を作成するときに適用される精度区分によることとされている（同条3項）。さらに，地図の精度を維持するためにも，0.2ミリメートル以下の細線で鮮明に作成するものとされている（規則74条1項）。
　　なお，「土地所在図」の用語は，土地改良登記令第5条第2項第3号及び土地区画整理登記令第4条第2項第3号等の規定にも用いられている。

144　表示に関する登記における地図の役割

問　地図（法第14条第1項の地図。以下同じ。）は，表示に関する登記においてどのような役割を持っているのか。

【答】　不動産登記制度における地図は，登記記録の表題部の記録とともに各筆の土地の位置関係と区画及び地番を明確にし，登記された土地を現地で特定する役割を有する。

【解説】

1　不動産の表示に関する登記制度は，権利の客体となるべき土地及び建物を登記記録の表題部に記録し公示する制度である。これを土地についてみると，登記記録の表題部に，その土地がどこに存在するかを明らかにするために，土地の所在の市，区，郡，町，村及び字並びに当該土地を特定するために，地番，地目，地積を登記することとされている（法34条1項）。これは，登記されている権利の客体である土地の物理的状況を明らかにして，不動産取引の安全と円滑を図るためである。

　しかし，現実には，これらの登記記録の表題部に記録された登記事項のみでは，登記された土地が現地のどこに位置しているのか，また，その範囲や形状等がいかなるものであるかを明らかにすることはできない。例えば，表題部に記録された土地の所在及び地番，地目，地積が判明しても，当該土地の形状がどのようなものであるかは不明であるし，隣接する土地が何番であるかを知ることも不可能である。そこで，登記された土地を現地で特定するための媒介としての地図が必要となる。もっとも，土地の特定を文字によって表現する，すなわち，各筆界点の位置を経緯度又はある原点からの座標値によって求め，表題部にその数値を記録する（数値地籍）ことで，土地の特定と位置の明確化を図ることも考えられるが，一般的に理解しやすい表現

第二節　土地の表示に関する登記手続

とはいい難い。

2　昭和35年の不動産登記法の一部改正（法律第14号）においては，各筆の土地の区画及び地番を明確にした地図を登記所に備えることとされたものであるが（旧法17条，18条），新法においても，電磁的記録に記録された地図を備え付けることができるとされた以外は，ほぼ同様に規定されている（法14条1項・2項・6項）。すなわち，地図は，登記記録の表題部の記録とあいまって，各筆の区画及び地番を明確にするという機能を持つものである。これは登記によって観念的に示されている各筆の土地の区画線を，現地において現実に示すことが可能である（現地指示能力）ということである。換言すれば，現地において登記された土地の区画が，自然的又は人為的な原因によって，土地の形質が変更されたり，あるいは隣接土地との筆界について争いが生じたときには，その区画を復元できる能力（現地復元能力）を有しているということである。

3　地図がこのような機能を果たすためには，土地の区画，すなわち，筆界点の位置を求めるための基準となる点（図根点）が現地に存在し，これが地図の上にも表示されていることを要し，さらに，筆界点が図根点からの距離と方向によって，一定の精度で現地に示すことができるものでなければならない。地図は相当広範囲の地域を表示するものであるために，地物の状況，地形及び筆界点の数に応じて，相当の密度で図根点を配置することが必要である。これらの図根点は，任意の点を基礎として行う局地的な図根測量によっても設置することができる。

　しかし，任意の点及びこれを基礎として設けられた図根点は，土地の形質の変更等によって亡失又は移動した場合には，これを復元することができなくなる事態が生じることも起こり得る。このような事態を避けるために，図根点は測量法の規定により設置されている三角点や多角点等の，いわゆる国家基準点を基礎とした図根測量によって設

置されたものであることが望ましい。このことは，万一図根点が亡失又は移動した場合にも，より高次の国家基準点からこれを復元することが可能となるからである。

　不動産登記法が予定する地図の具体的な基準（要件）については，規則第10条及び第13条によって定められている。

4　ところで，現在，登記所に備え付けられている地図の大半は，国土調査に伴って送付された地籍図である。このほか，昭和35年法律第14号による不動産登記法の一部改正以前から，登記所で保管，管理されてきた旧土地台帳附属地図等の，いわゆる公図が「地図に準ずる図面」（法14条4項）として備えられている。この図面は，その作成過程から，正確な現地復元能力を有していないものではあるが，当該土地が何番の土地と隣接しているかなど，相対的な位置関係や，土地の区画の概略を知ることができることなどから，地図の備付けのない地域について，この地図が整備されるまでの間，これに代わるものとして，不動産の表示に関する登記の処理や土地の取引等の資料として公開されるなど，地図の役割の一端を担っている。

第二節　土地の表示に関する登記手続

145　地図に準ずる図面の意義

問　「地図に準ずる図面」とはどのような地図をいうのか。

【答】　法第14条第1項の地図（以下「地図」という。）は，測量及び地図の作成方法等一定の要件と精度を具備したものであって，その内容が正確なものである。一方，同条第4項の地図に準ずる図面は，このような地図としての適格性は一般的には有しないものといえるが，その大部分は，各筆の土地の位置，形状等の概略を把握することができる図面（旧土地台帳附属地図等）である。

【解説】

1　不動産登記法は，登記された土地と，これに対応する現地とを結び付ける機能を有するものとして，登記所に地図を備え付ける旨を規定している（法14条1項）。この地図は，1筆又は数筆の土地ごとに作成し，各筆の土地の区画及び地番を明確にするものでなければならない（法14条2項）とされており，令・規則及び準則によって，地図を作成するための具体的な基準（要件）等が定められている。

　　不動産登記制度は，登記されている土地のすべてに地図を備え付けることを原則としているものの，現実の整備状況はその過渡期的な段階であって，この地図の整備されている地域の面積は僅少である（現状では，国土調査の成果である地籍図をもって法第14条第1項の地図として整備しているのが実状である。）。

　　したがって，地図の備付けのない地域において，登記事務を適正，円滑に処理するためには，地図の機能を十分に果たし得ない図面であっても，地図が整備されるまでの間は，これに代わるものとしてこれを「地図に準ずる図面」と位置付け，登記所に備え付けることとされ（法14条4項），土地の分・合筆等による異動があった場合には，地図と同様に変更又は修正を行うものとされている（準則16条1項4号・5

号)。

2　現在，登記所に備え付けられている地図に準ずる図面の大半は，昭和25年法律第227号をもって土地台帳法の一部が改正され，土地台帳事務が税務署から登記所に移管されたことに伴い，登記所に引き渡された旧土地台帳附属地図等の，いわゆる公図といわれるものである。この公図は，昭和35年法律第14号による不動産登記法の一部改正（表示に関する登記の新設）により，土地台帳法が廃止されたことに伴って法的根拠を失ったが，その後も依然として，一般社会において土地の取引に活用され，登記所においても不動産の表示に関する登記の事務処理にも利用されている。そして，さらに，訴訟上の重要な公的資料としても広く利用されている現状から，地図に準じた取扱いがされ，その維持，管理がなされてきたものである。

　また，国土調査法第20条第1項の規定により登記所に送付された地籍図は，基本的には以後，地図として備え付けるものとされている（規則10条5項）。しかし，登記所に送付された地籍図等のうち，特別の事情があって地図として備付けがされなかったもの，土地改良事業，土地区画整理事業，その他各種の事業に基づく登記の申請情報又は嘱託情報と併せて提供された土地の所在図等で，地図としての所定の要件が具備しないなどの理由により地図として備え付けられなかったもの（規則10条5項・6項）等がある。

3　これらの図面のうち，地籍図や土地改良等の図面は，修正等によって地図としての要件を充足するものとなったとき，又は特別の事情があるために地図として備え付けられていないものについて，特別の事情が消滅したときは，地図として備え付けるものとされている（準則13条2項）。

　しかし，いわゆる公図については，その作成過程からいかなる修正を加えても，地図として備え付けることは難しいものといえる。すなわち，公図の多くは明治初期の地租改正の際に作成された改租図，あ

第二節　土地の表示に関する登記手続

　　るいはこれを基に更正する趣旨で作成された地押調査図（更正図）であるが，その作成方法は，前近代的な方法で土地の丈量を行い，その成果によって一筆限図を作成し，それを寄せ集めて一字限図を，さらに一村限図を作成したといわれる。このため，この地図の作成方法には基本的な無理がある上に，地図の要件とされている国家基準点に準拠した測量がされていない以上，地図として認定することはできない。

4　登記の実務上では，昭和52年の準則の改正（昭和52・9・3民三第4473号民事局長通達）の際に，従来から登記所が保管している図面で，旧法第17条の地図として備え付けられていない地籍図等の図面や，旧土地台帳附属地図を総称するものとして，地図に準ずる図面の規定が置かれていた（平成5・7・30民三第5319号民事局長通達による改正前の準則29条）。

　その後，平成5年法律第22号による不動産登記法の一部を改正する法律により，旧法に第24条ノ3の規定が新設され，はじめて法的にも，地図に準ずる図面を登記所に備え付けることとされた。そして，この地図に準ずる図面の備付け，保存，管理等については平成5年7月30日民三第5320号民事局長通達により定められている。

　新法（平成16年法律第123号）においても，地図に準ずる図面については，第14条第4項において，その備付けについて規定されている。そして，この地図に準ずる図面の備付け，保管等については，従来と同様に定められている（規則10条5項・6項，準則13条，14条等）。

146 地図に準ずる図面が法定された趣旨

> 問　地図に準ずる図面（法14条4項）が法定されたのはどのような理由によるのか。

【答】　地図に準ずる図面について，適正な取扱いと，維持，管理の充実を図るためであると解される。

【解説】

1　昭和35年法律第14号による不動産登記法の一部改正により，登記された土地が現地のどこに位置しているか，また，その土地の範囲や形状等がいかなるものであるかを明確にするために，登記所に地図の備付けが義務付けられるとともに，地図の閲覧及び写しの交付の制度が規定された（旧法17条，21条1項）。

それまで登記所で保管，管理されてきた旧土地台帳附属地図（以下「附属地図」という。）は，その作成目的及び作成方法の違いから，法の予定している地図に適さないものもあり，そのほとんどは不動産登記法上の地図（旧法17条）として備え付けられることはなかった。

2　しかし，この附属地図も現地における土地の配列，すなわち土地の相対的な位置関係を表示しているものであり，これを利用することによって，現地の占有状況等とあいまって，登記された土地が現地のどの土地であるかを特定することはある程度可能である。このことから土地台帳法及びこれに関連する法令が廃止されて，法律上の根拠を失った附属地図については，地図（旧法17条）が整備されるまでの間，便宜的に従来どおりの取扱いをし，その手続については，地図（旧法17条）についての修正又は訂正に関する規定に準じて処理するのが相当である（昭和37・10・8民事甲第2885号民事局長通達）とされた。

一方，当分の間，旧土地台帳の閲覧及び謄本の交付並びに附属地図の閲覧についても従来と同様の取扱いによることとしたが，これらの

第二節　土地の表示に関する登記手続

閲覧及び謄本の交付については手数料を徴収しないこととされていた（昭和36・3・2民事甲第534号民事局長通達）。

3　本来，予定されていた地図（旧法17条）の整備が遅々として進まない状況の下，表示に関する登記の事務処理，あるいは不動産取引に当たっての閲覧等，附属地図の利用が常態化されるにつれて，その法的な位置付けが明確でないことなどから，土地の分・合筆等による異動に伴う地図の修正漏れ，あるいは地図訂正の必要性の問題等が顕在化していた。このため，昭和52年の不動産登記事務取扱手続準則の改正（昭和52・9・3民三第4473号民事局長通達）の際に，附属地図等の地図（旧法17条）以外の地図を「地図に準ずる図面」として位置付け，その保管，修正等に関する規定（旧準則29条，31条4項，50条4項，113条2項，115条2項）の整備が図られた。また，和紙による附属地図をポリエステル・フィルムにするための再製作業や，地図整備作業（重複地図の整理，登記簿と地図との一筆対査，修正作業等）を実施するなど，適正な維持，管理を図ることとされていた。

4　昭和60年法律第54号により登記特別会計法が公布，施行され，登記所における登記簿の謄本若しくは抄本又は地図等の写しの交付，あるいは登記簿若しくはその附属書類又は地図（旧法17条）等の閲覧に要する費用は，それらの利用者の納付する手数料によって賄われることとされた。しかし，「地図に準ずる図面」については，不動産登記法上に何らの根拠規定も置かれていないため，その手数料を徴収する根拠もなく，事実上一般利用者の閲覧に供されているにもかかわらず，その手数料は徴収されていなかった。このことは，「地図に準ずる図面」の維持，保管等のために多額の費用が支出されているにもかかわらず，登記特別会計の下では，その費用は他の登記制度の利用者が支払う手数料によって賄われるということであって，同じ登記制度の利用者相互の間に著しい負担の不公平が生じる結果となっていた。そこで，「地図に準ずる図面」を今後とも登記所における表示に関す

る登記の事務処理に利用するとともに，一般の利用者の閲覧に供していくためには，「地図に準ずる図面」を不動産登記法上で明確に位置付け，その閲覧の制度を設ける必要が生じることとなった。

5　以上のような経緯から，平成5年法律第22号による不動産登記法の一部改正により，旧法第24条ノ3の規定が新設されて，従来，実務上の存在であった「地図に準ずる図面」は，法律上の存在となり，その保管及び維持，管理も，従来の地図（旧法17条）に準じた取扱いから，地図（旧法17条）と同様の取扱いをするものとされたのである。

　新法（平成16年法律第123号）においても，同様の趣旨により，第14条第4項において，「登記所には，……地図が備え付けられるまでの間，これに代えて，地図に準ずる図面を備え付けることができる。」と規定された。そして，国土調査法第20条第1項の規定により登記所に送付された地籍図，土地改良登記令第5条第2項第3号又は土地区画整理登記令第4条第2項第3号により登記所に提供された土地の所在図で，地図として備え付けることを不適当とする特別な事情のある場合（規則10条5項・6項）において，これらの図面が地図に準ずる図面としての要件を満たすと認められるときは，地図に準ずる図面として備え付けるものとするとされている（準則13条1項）。その上で，土地の分筆の登記又は合筆の登記をしたときは，登記官は地図に準ずる図面について変更又は修正をすることとされ（準則16条1項4号・5号），その全部又は一部の写しの交付，閲覧の請求が認められている（法120条1項・2項）。

第二節　土地の表示に関する登記手続

147　地図に準ずる図面を活用する場合の注意事項

> 問　地図に準ずる図面を活用する場合，どのようなことに注意し，心掛ける必要があるか。

【答】　地図に準ずる図面には，作成の経緯や作成の方法及び測量技術等の異なった多種多様な図面がある。これらの図面の活用については，当該図面の作成時期，作成目的，作成機関等を調査し，その性格（精度）を十分に把握した上で，個々の図面について具体的に判断しなければならない。

【解説】

1　地図に準ずる図面には，その作成経緯及び作成方法等の違いから，各筆の土地の現地復元能力は，隣接する土地等との相対的な位置関係と形状の概要程度しか把握し得ないものから，局地的には，かなり正確に現地を反映できる機能を有するものがある。登記の事務においては，このような図面に基づいて不動産の表示に関する登記の事務を処理し，一般に不動産の取引をする場合においても，境界の確認等の調査資料として広く利用されている。

　地図に準ずる図面は，大別すると，昭和35年法律第14号による不動産登記法の一部改正以前から，登記所で保管，管理してきた旧土地台帳附属地図と，この改正後，国土調査法の規定に基づいて登記所に送付された地籍図，及び土地改良，区画整理事業等の登記に伴って提出された土地の所在図（換地確定図）等で，法第14条第1項（旧法17条）の地図としての要件に欠ける等の理由から，法第14条第1項の地図として備え付けられなかったものとがある。

　また，地図に準ずる図面の大半を占める旧土地台帳附属地図には，明治初期における地租改正事業によって作成された改租図，明治中期の全国地押調査事業によって作成された地押調査図（更正図）や，旧

耕地整理事業による換地確定図，自作農創設特別措置法によって作成された確定図等の地図がある。
2　これらの地図に準ずる図面は，その作成の時期，作成の目的，作成機関を異にし，測量の方法及び精度が異なっている上に，個々の図面にこれらの表示がされていないものもあり，しかも，これらの図面の材質が和紙であったことから損耗，劣化が進んでいた。このため，これらの地図に準ずる図面をポリエステル・フィルム（一般に「マイラー図面」といっている。）によって再製する作業（昭和47年からの公図のマイラー化）が実施され，その結果，現在公開されているマイラー図面の閲覧のみでは個々の図面の特徴を知ることはできないものが存在している。したがって，これらの図面を画一的にみることなく，各々の図面について，その性格をどのように把握することができるかが重要な問題となる。

例えば，改租図又は更正図は，地租徴収のために明治初期，あるいは明治中期に課税台帳の附属地図として作成されたものであり，この作成に当たっては，測量技術を持たない地権者等の手によって，あるいは測量技術をもった者に依頼するなど，中央官庁からの相応の基準をもって測量が行われたといわれている。しかし，現在の測量方法，あるいは測量技術からすれば，その精度は見取図的なものも多く，隣地との関係においても，おおよその位置，形状を相似形で示したものにすぎないといわれ，作成の目的が地租徴収のためであったことから，いわゆる「縄延び」の存在等が認められるものもある。

また，境界確定訴訟にみられる裁判所の評価にあっても，筆界が直線であるか否か，あるいは土地がどこに位置しているかといった，定形的な面においては比較的正確であるが，距離，角度といった定量的な面では不正確なものである（名古屋地方裁判所昭和53・9・22判決・下民集29巻9～12合併号276頁ほか）としているものが多い。
3　旧土地台帳附属地図といわれるものでも，旧耕地整理事業による換

第二節　土地の表示に関する登記手続

地確定図や自作農創設特別措置法によって作成された確定図等には，作成の目的が違うことから，改租図又は更正図のような縄延びの存在はみられず，これの精度は，その作成した時代における測量誤差及び作図誤差のみであると考えられる。もっとも，耕地整理事業施行区域の把握があいまいであったり，あるいは1筆の土地の一部が耕地整理事業の施行区域に編入されたにもかかわらず，その旨の分筆の台帳申告がされなかったために，当該地域の改租図，あるいは更正図と換地確定図等が重複したり，隙間が生じたりする事例等が散見される。

一方，国土調査法第20条第1項の規定により送付を受けた地籍図や，土地改良あるいは土地区画整理事業による換地確定図等で，特別の事由により法第14条第1項の地図として備え付けることを留保され，地図に準ずる図面として取り扱われているものについては，いずれも近代的測量の成果であって，表示に関する登記の事務処理上においては，原則として，法第14条第1項の地図と同様の取扱いをしている図面もある。

4　このように，地図に準ずる図面といっても一様に扱うことができず，その活用に当たっては，各々の図面について個々具体的に判断しなければならない。そのためには，旧土地台帳の登録事項あるいは登記簿の登記事項から，また，再製された図面にあっては，再製原図に表示されている記載内容等から，図面を作成した時期，作成の目的，作成した機関等を調査し，さらに，現地の地形等と対比するなどして，その図面の性格（精度）を十分に把握する必要がある。

148　公図の意義

> 問　「公図」とはどのようなものをいうのか。

【答】　公図とは，旧土地台帳法施行細則（昭和25年法務府令第88号）第2条第1項の「登記所には，土地台帳の外に，地図を備える。」という規定により，登記所に備え付けられていた旧土地台帳法所定の土地台帳附属地図のことであり，不動産登記法上の「地図に準ずる図面」の一種である。

【解説】

1　いわゆる公図とは，旧土地台帳法施行細則（昭和25年法務府令第88号）第2条第1項の規定に基づく地図のことであり，実務上は，旧土地台帳附属地図とも称されている。

　旧土地台帳附属地図（以下「公図」という。）は，土地の状況を明確に把握して地租の課税標準の均衡適正を図るために設けられた土地台帳の附属地図である。土地台帳事務は，税務署の所管であったが，昭和25年法律第227号による土地台帳法等の一部改正により，台帳事務が税務署から登記所に移管された。これに伴い，土地台帳とともに旧土地台帳附属地図も同時に移管されたものである。その後，昭和35年法律第14号による不動産登記法の一部改正（土地台帳法廃止）時の不動産登記法上で，登記所に地図を備え付けることとされた（旧法17条）が，作成目的及び作成経緯が旧法第17条の地図とは根本的に異なっている公図は，不動産登記法上の備付け地図とは解されなかった。

　しかし，法的な根拠を失った公図も，旧法第17条の地図に比して精度の点ではかなり劣るものの，公図に記載されている土地の形状及び配列等の点では，相当程度の信頼性が認められることから，旧法第17条の地図が整備されていない地域では事実上これに代えて，表示

第二節　土地の表示に関する登記手続

に関する登記の事務処理にこれを利用し，また，土地の取引や訴訟上の重要な資料として広く活用されてきた。

2　このように，公図が実質的に地図（旧法第17条）に近い扱いを受けてきたことから，昭和52年の準則改正（昭和52・9・3民三第4473号民事局長通達）の際に，これを「地図に準ずる図面」として位置付け，その保管，修正等に関する規定が整備されたが，さらに，不動産登記法上に何らの規定も置かれていないことによる，法的な不安定さ（例えば，閲覧に関する根拠規定の欠如等）を解消するために，平成5年法律第22号による不動産登記法の一部改正により第24条ノ3の規定が新設され，この規定によって公図は，「地図に準ずる図面」として新たに法的根拠を得ることとなった。その後，地図に準ずる図面については，新法（平成16年法律第123号）の制定により第14条第4項に規定され，従来と同様に取り扱われることとされている。

　公図には，広い意味では旧耕地整理事業による換地確定図，自作農創設特別措置法によって作成された確定図，土地台帳法施行時に備え付けられた土地改良あるいは土地区画整理事業の換地確定図，及び国土調査の地籍図等も含まれるが，通常は，明治6年から同14年にかけて実施された地租改正事業によって作成された改租図（野取絵図，字限図），及びこれを基に明治17年から同21年において全国的に実施された，地押調査事業によって作成された地押調査図（更正図）のことである。

3　一般的に公図の精度が劣っているといわれている理由は，明治期に作成された改租図及び更正図の作成目的及び作成経緯が，法第14条第1項の地図とは根本的に異なっていることに由来する。つまり，その作成目的は，地租の賦課，徴収を行うための内部的な基礎資料とするために作成されたものであって，課税台帳である土地台帳とともに，その附属地図として税務署において維持，管理されてきたものである。

作成経緯からみた場合，改租図は，政府の命によって全国的に統一した規則により作成されたとはいえ，測量技術の未熟な時代のものであり，しかも，村民自らの手で，あるいは専門家に頼んだりして測量を行い，その作成手順は，1筆ごとの一筆限図を作成し，これをつないで字限図及び村限図を作成したといわれている。検証については，政府の官吏が測量等に誤りがないか，現地に赴いて確認する方法がとられた。

4　また，この図面は，市街宅地，田畑，山林，原野等によってその精度を異にし，なかには相当粗雑なものもあって，手直しがされることになり（地押調査），これによって作成されたのが地押調査図（更正図）である。地押調査図は，平板測量と同様の方法によって作成されたといわれているが，基準点と関連する図根測量を経たものでないので，その精度は法第14条第1項の地図に比べるとかなり低いものである。しかも，改租図が正確であるとみられる地域については，地押調査が行われなかったといわれ，また，山林・原野については，地押調査が実施されても，歩測あるいは目測による測量が許されていたことから，見取図的な図面の作成に止まっているものが多いといわれている。

5　公図の精度について判例にみられる評価は，一般的には，当該土地の位置及び区画を現地において特定する現地復元能力を有しておらず（東京高等裁判所昭和62・8・31判決・判時1251号103頁），筆界が直線であるか否か，あるいは土地がどこに位置しているかといった定形的な面においては比較的正確であるが，距離及び角度といった定量的な面では不正確なものである（名古屋地方裁判所昭和53・9・22判決・下民集29巻9～12合併号272頁）としている。また，地域的な特徴として，田畑の耕地や宅地に比較し，地租徴収上収入の少ない山林や原野等については正確性に欠け（青森地方裁判所昭和60・4・16判決・訟務月報32巻1号23頁），公道等は比較的良好な精度を持つ（東京高等裁判所昭和32・1・

第二節　土地の表示に関する登記手続

30判決・判タ68号93頁）としており，村の中心部に比べて中心部でない土地は精度が低い（東京高等裁判所昭和57・1・27判決・判タ467号109頁）としている。

149　法14条1項の地図と地図に準ずる図面に表示された土地を合筆した場合の図面の処理

問　地籍調査等で法第14条第1項の地図に指定した図面に記録されている土地と，地図に準ずる図面に記録されている土地について，合筆及び分筆の登記が連続して申請された場合，これらの地図等の処理はどのようにするのか。

【答】　法第14条第1項の地図（以下「地図」という。）に記録されている土地の地形を地図に準ずる図面に書き移し，準則第16条第1項第5号の規定による方法をもって処理することになる。その上で，地図にある合筆前の土地の記録については，その部分に朱をもって平行斜線を施し，当該箇所に書き移した事由及びその年月日を記載し，登記官が押印することになる。

【解説】

1　不動産登記法は，登記された土地とこれに対応する現地とを結び付ける機能を有するものとして，登記所に地図を備え付ける旨を規定している（法14条1項）。すなわち，この地図は，各筆の土地の区画及び地番を明確にすることによって，登記事項では表現することのできない土地の地形や所在並びに位置等を記録し公示することとしている。したがって，この記録は極めて正確なものでなければならず，この地図の作成方法及びその前提である測量については，一定の要件（基準）と精度が定められている（規則10条）。

　　不動産登記制度は，登記されている土地のすべてについて地図を備え付けることを原則としているが，現実の整備状況は過渡的な段階であって，この地図の整備されている地域の面積は僅少である。

2　一方，地図に準ずる地図は，このような地図としての適格性は一般的には有していないもので，その大部分は，各筆の土地の位置や概略

第二節　土地の表示に関する登記手続

　的な形状は把握することができるものの，その精度は地図に比較して低く，そのほとんどが旧土地台帳附属地図として利用されていたものである。

　　したがって，地図の備付けのない地域において，登記事務を適正，円滑に処理するためには，地図としての機能を十分に果たし得ない図面であっても，地図が整備されるまでの間は，この「地図に準ずる図面」を登記所に備え付けるものとされていて（法14条4項），法定された図面として，その維持，管理も地図に準ずる取扱いをすることとされている。

3　したがって，土地の分筆又は合筆の登記等により土地の形状に異動があった場合には，地図に準ずる図面についても地図と同様に，土地の筆界線の書き入れ又は削除等，当該図面の変更又は修正を行うことになる（準則16条1項4号・5号）。

　　例えば土地の分筆の登記をした場合には，分筆の登記の申請情報と併せて提供されている地積測量図に基づいて地図又は地図に準ずる図面（以下「地図等」という。）に分筆線を記入し，分筆後の地番を記録することになる（準則16条1項4号）。また，合筆の登記をした場合にも，地図等の筆界線を朱抹又は削除し，合筆後の土地の地番を記録して従前の地番を朱抹し又は削除することになる（同項5号）。なお，この地図等の修正等は，地図等を訂正する場合においても同様である。

4　設問は，地図に記録されている土地と地図に準ずる図面に記録されている土地について，合筆及び分筆の登記が連続して申請された場合に，これらの地図等の処理はどうすべきかというものである。

　　合筆する土地が地図と地図に準ずる図面の双方に記録されている場合は，いずれか一方の地図等に合筆後の土地を表示することになる。この場合，地図の精度を低下させることは相当ではないので，地図に記録されている土地の地形を地図に準ずる図面に書き移し，前記3で

第6　地図の役割等

示した方法により処理することになる。

　その上で，地図にある合筆前の土地の記録については，その部分に朱をもって平行斜線を施し，当該箇所に書き移した事由及びその年月日を記載し，登記官が押印することになる。

　その後，合筆した当該土地について分筆の登記をするときは，地図に準ずる図面において，前記３と同様に図面の処理を行うことになる。

第二節　土地の表示に関する登記手続

150　表題登記をした公有水面埋立地の形状等が地図の余白に記録できない場合の処置

> 問　公有水面の埋立てによる表題登記をした場合の地図（法第14条第1項の地図。以下同じ。）の処理は，土地所在図に基づいて備付けの地図に当該土地の所在する位置及びその形状を記録することになるが，備付けの地図に地形等を記録する余白がない場合，どのような処理をすればよいか。

【答】　図郭欄外にはみ出す場合にあっては，原則として別図を新たに設け，その部分を分属表示することになるが，はみ出す部分が僅少で図郭欄外の余白を用いて記録し得る場合は，欄外の余白を用いて記録することでも差し支えないと考える。

【解説】

1　公有水面埋立法によれば，河，海，湖，沼その他の公共の用に供する水流又は水面で，国の所有に属するもの（同法1条）の埋立てにつき都道府県知事の免許を受け（同法2条），埋立工事が竣功して竣功認可（同法22条）が与えられると，埋立ての免許を受けた者は，竣功認可の告示の日において埋立地の所有権を取得することになる。そして，埋立地の竣功認可を受けた者は，埋立地について土地所在図等を提供して土地の表題登記を申請することとなる（令別表四項添付情報欄イ）。

2　公有水面の埋立てによる未登記の土地について表題登記をした場合には，この土地所在図に基づいて当該土地の位置を確認し，地図又は地図に準ずる図面にその土地の位置を表示しその地番を記録することとされている（準則16条1項3号）。そのため土地所在図は，1筆の土地ごとに作成し（規則75条1項），近傍類似の土地についての地図と同一の縮尺により作成するものとされている（規則76条2項）。また，誤

差の限度，すなわち土地所在図の精度も，地図を作成するための一筆地測量及び地積測定における誤差の限度（規則10条4項）と同一の精度が求められている（規則76条3項）。

3　地図には，当該地図に表示された各土地について測量体系に基づく地図の現地復元能力を具備させるため，「図郭線及びその座標値」等が必要的記録事項とされており（規則13条1項5号），各土地は，図郭線内に表示されることとなるが，設問のように地図に余白がなく，申請された土地を記録すると図郭線をはみ出す場合がある。

4　このような場合の地図の処理については，次のような方法が考えられる。

(1)　図郭線外にはみ出す部分について，別図を新たに設け，当該部分を分属表示する。

備付地図

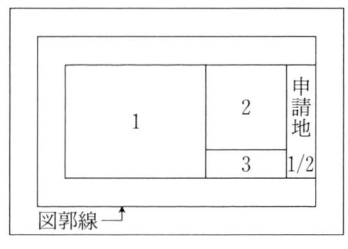

```
┌─────────────────────┐
│ ┌─────────────────┐ │
│ │      │   2  │申 │ │
│ │  1   ├──────┤請 │ │
│ │      │   3  │地 │ │
│ │      │      │1/2│ │
│ └─────────────────┘ │
└─────────────────────┘
 図郭線→
```

別　図

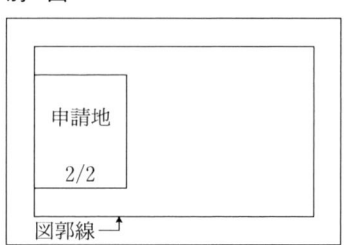

```
┌─────────────────────┐
│ ┌─────────────┐     │
│ │   申請地    │     │
│ │    2/2      │     │
│ └─────────────┘     │
└─────────────────────┘
 図郭線→
```

(2)　図郭線外にはみ出すが，はみ出す部分が僅少で図郭線欄外に表示し得るものについては，別図を設けず図郭線欄外の余白を用いて表示する。

　この場合，1筆の土地の内部に図郭線が表示されることになり，あたかも数筆の土地を記録したかのような誤解を受ける恐れがあるので，その部分の図郭線を消去（空白）するなどの処理をするのが相当と考える。

第二節　土地の表示に関する登記手続

備付地図

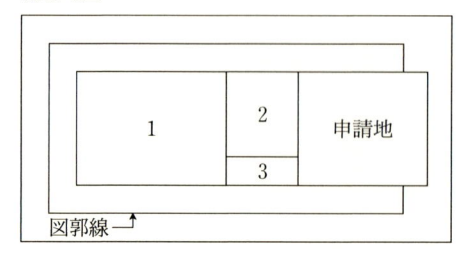

```
┌─────────────────────────────────┐
│  ┌──────────────────────────┐   │
│  │        │  2  │           │   │
│  │   1    ├─────┤  申請地   │   │
│  │        │  3  │           │   │
│  └──────────────────────────┘   │
│   図郭線─┘                      │
└─────────────────────────────────┘
```

5　設問の場合にあっては，原則として上記4(1)の別図を設けて処理するのが相当であるが，事案により(2)の方法によって処理することでも差し支えないと考える。

　なお，別図を設け分属表示する場合，分属表示される土地は，図郭線をはさんで接合していることが求められ，例えば，別図の中央に分属表示される部分のみを表示することは適当でないと考える。

151 分筆した土地の形状が地積測量図と公図で異なる場合の分筆線の記録方法

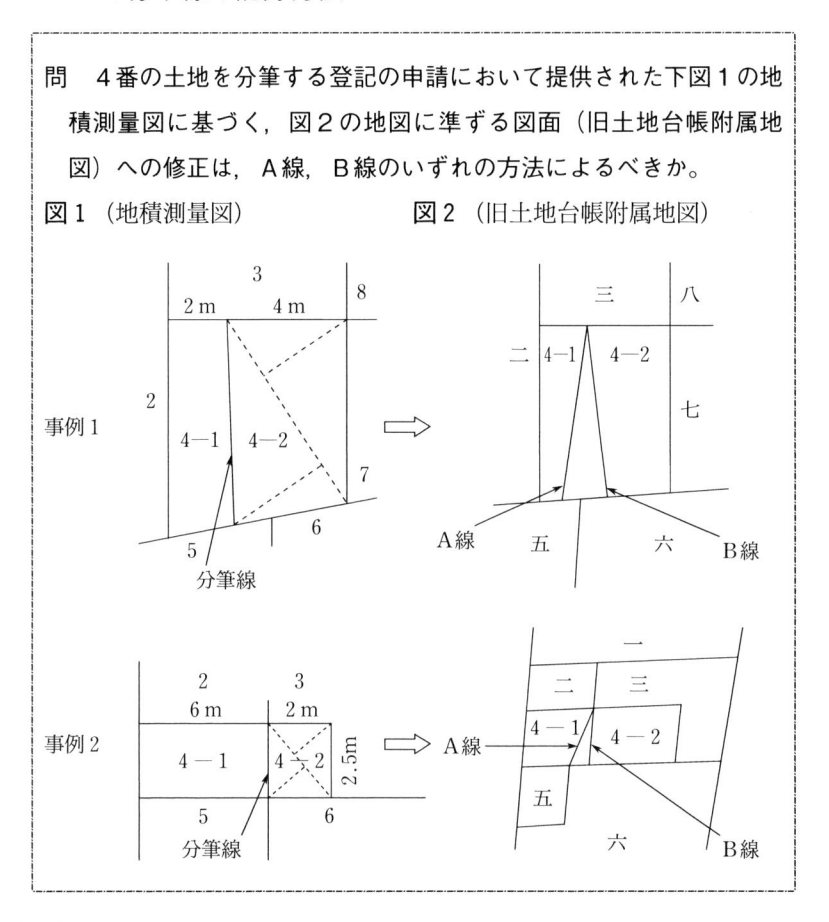

> 問　4番の土地を分筆する登記の申請において提供された下図1の地積測量図に基づく，図2の地図に準ずる図面（旧土地台帳附属地図）への修正は，A線，B線のいずれの方法によるべきか。
>
> 図1（地積測量図）　　　図2（旧土地台帳附属地図）
>
> 事例1
>
> 事例2

【答】　いずれの事例も，A線によるのが相当と考える。

【解説】

1　地図又は地図に準ずる図面（以下「地図等」という。）の変更又は訂正の手続について，土地の表示に関する登記をしたとき，地図等の訂正の申出を相当と認めたとき，その他地図等の変更又は訂正をするときは，表示に関する登記の申請情報又は地図等の訂正の申出情報と併

379

第二節　土地の表示に関する登記手続

　　せて提供された土地所在図又は地積測量図及び実地調査の結果に基づいてするとされている（準則16条1項1号）。そして，土地の分筆の登記をしたときは，地図等に分筆線及び分筆後の地番を記録することになる（同項4号）。

　　なお，地図等に誤りがあり，土地の現況と著しく相違するため，地図等への分筆線の記録ができないときは，原則として地図等の訂正の申出（規則16条）により当該地図等を訂正した上で，当該分筆の登記を申請することになる。

2　設問の事例は，土地の現況を調査・測量して作成された地積測量図と地図に準ずる図面として備え付けられている旧土地台帳附属地図（以下「公図」という。）を対査したところ，両者は，全体的にはほぼ合致し，公図は現況を比較的正確に反映していると認められるものの，申請地（4番）の形状及び隣接地との位置関係に細部で相違しているというものである。

　　事例1においては，申請地と隣接地5番，6番との位置関係（いわゆるヒゲ部分）が相違している。

　　事例2においては，地積測量図では隣接地2番，5番は申請地をはさんで直線の位置関係にあるにもかかわらず，公図ではヒゲ部分が左にずれている。

3　ところで公図は，明治初期の地租改正事業において実施された地押丈量により，1筆ごとの境界の調査と地積の測量の結果を集め字限図として作成されたものである。この改正事業における地積の測量方法は地域によって必ずしも一定していなかったが，概ね平板測量と同様の方法がとられたものの，山林については歩測，目測も認められていたようで，技術的には未熟であったようである。

　　そのため，明治中期の地押調査により字限図に調整が加えられ地押調査図が作成されたが，これがその後，公図となったものである。

　　したがって，作成の沿革からみると各土地の形状や地番の配列状況

(位置関係）等については，耕地，宅地はもとより山林についても比較的正確であるが，距離，面積，方位，角度等は正確性に欠けるものがある。

4　そこで，公図の変更又は訂正については，その作成の経緯を踏まえ，個々の図面の精度に応じて対処する必要がある。

　筆界線が図面作成の当初から誤っていると認められるときは，隣接地所有者及び利害関係人の証明書や市区町村が保管している図面（公図の副本又は固定資産税課の図面）等の資料を添えて公図を訂正した上で，処理するのが相当と考えられる。しかし，設問の事例では前記2で述べたとおり，いずれの公図にも著しい誤りがあるとは認められないことから，便宜，分筆登記の申請情報と併せて提供された地積測量図に基づき修正して差し支えないと考えられる。

5　したがって，公図の記載が土地の現況と相違するときの公図の修正について，公図に正確な分割線を記入することができないときは，おおよその位置に分割線を記入し修正すれば足りる（昭和37・10・8民事甲第2885号民事局長通達）とされている。そこで，B線による修正は，修正後の隣接地との位置関係が相違する（事例2の分筆後の4番1は6番と接していないにもかかわらず，接しているような位置関係で表示される。）こととなることから，設問の修正方法は，いずれの場合もA線により修正するのが相当と考える。

152　１筆の土地が分属表示され，かつ縮尺の異なる地図等に表示された土地と合筆した場合の地図等の修正方法

問　法第14条第１項の地図の備え付けられていない地域の土地と備え付けられている地域の土地が，下図のように縮尺の異なる地図及び地図に準ずる図面（以下「地図等」という。）に分属表示されている。今回，地図番号Ａ１に記録されている２番の土地に，地図番号Ａ１―１，Ａ１―２に分属表示されている10番の土地を合筆する合筆の登記及び合筆後の土地を２筆に分筆する登記の申請が同時になされた場合，合筆についての地図等の修正はどのようにすればよいか。

なお，10番，11番の土地は，地図番号Ａ１―１，Ａ１―２の地図が備え付けられるまで地図番号Ａ１の斜線部分に記録されていたものである。

地図番号Ａ１（地図に準ずる図面）
　　1
　　2　　12
　　3
縮尺1000分の1

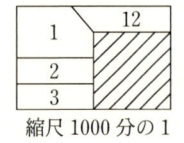

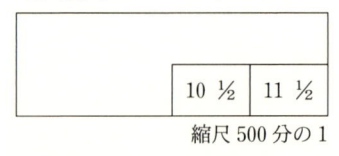

地図番号Ａ１―１（地図）
　　10 ½　11 ½
縮尺500分の1

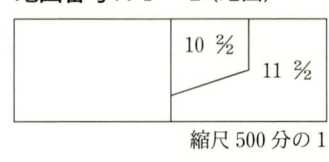

地図番号Ａ１―２（地図）
　　10 2/2　11 2/2
縮尺500分の1

【答】　地図番号Ａ１に記録されている２番を閉鎖し，地図番号Ａ１―１及びＡ１―２に合筆後の２番の土地を分属表示するのが相当と考える。

【解説】

1　既に地図が備え付けられている地域について，何らかの方法で重ね

て新たな地図が作成された場合，新たな地図が既に備え付けられている地図より精度が高く土地の現況をより正しく反映しているとするならば，それを既に備え付けられている地図と差し替えるのが合理的であることはいうまでもない。そこで規則第12条第1項は，新たな地図を備え付けた場合において，従前の地図があるときは，登記官は，当該従前の地図の全部又は一部を閉鎖しなければならないとしている。

2　設問は，地図番号Ａ１に記録されていた10番，11番の土地について，新たな図面が作成されたことから，新たな図面を地図として地図番号「Ａ１－１」，「Ａ１－２」を付し備え付けたものである。なお，その際，10番，11番の土地は分属表示されることとなった。

　　この結果，本地域には３葉の地図等が備え付けられることとなり，新たな地図と重複することとなった地図番号Ａ１の当該部分については閉鎖手続がなされたものである。

3　設問は，これら数葉の地図等にまたがって記録されている土地について合筆の登記の申請がなされた場合の修正（変更）方法（準則16条1項5号）を問うものであるが，このような場合の修正としては，次のような方法が考えられる。

(1)　合筆後の２番の土地の記録を下図のように３葉の地図等に分属表示する。

地図番号Ａ１

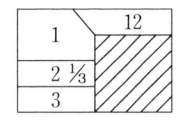

1	12
2 １/３	
3	

地図番号Ａ１－１

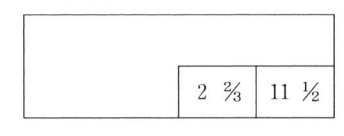

| | 2 ⅔ | 11 ½ |

地図番号Ａ１－２

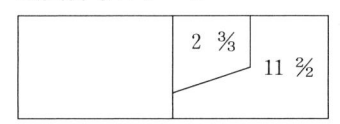

| | 2 ⅔ | |
| | | 11 ½ |

第二節　土地の表示に関する登記手続

合筆後の２番の土地が３葉の地図等に分属表示されていることを明らかにするため，当該地番に「１／３」ないし「３／３」の記録をする。

(2)　地図番号Ａ１に合筆後の２番の土地を次のとおり記録する。

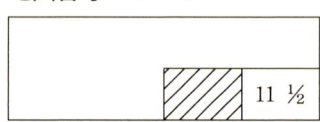

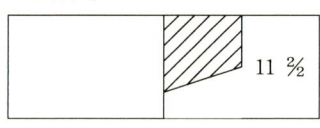

地図番号Ａ１に記録されている３番及び12番の土地に接続して合筆前の10番の土地の筆界を記録し，地図番号Ａ１－１，Ａ１－２に記録されている10番の土地については斜線を引き閉鎖する。

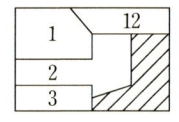

(3)　地図番号Ａ１－１，Ａ１－２に合筆後の２番の土地を次のとおり分属表示する。

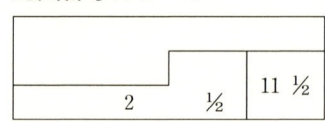

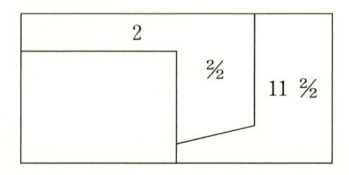

地図番号Ａ１－１，Ａ１－２に合筆後の２番の土地を分属表示

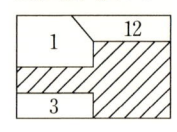

し，地図番号Ａ１の２番の土地については斜線を引き閉鎖する。
4 設問の場合，いずれの方法により修正するのが適当か考察すると次のことがいえる。
 (1)による修正の場合
　　修正方法としては，比較的容易であるが，１筆の土地が縮尺を異にする３葉の地図等に分割されて記録されることから，一覧性に欠け１筆の土地の全体の把握が容易でない。
 (2)による修正の場合
　　１葉の地図に準ずる図面に記録されることから隣接地との位置関係も明らかで一覧性を有するが，従前に比して精度の高い新たな地図が備え付けられた経緯を考慮すれば，再び従前の地図に準ずる図面に記録することは適当でない。
 (3)による修正の場合
　　２葉の地図に分属表示されるという点では(1)による修正方法と類似しているが，同一縮尺における分属表示であり，(1)の修正方法に比して一覧性を有している。
5 一般的に精度の異なる地図等が複数備え付けられている地域にあっては，精度の高い地図の活用が望まれることはいうまでもない。
　したがって，設問においても，地図番号Ａ１－１，Ａ１－２が地図として備え付けられた経緯を考慮すれば，地図番号Ａ１に比して精度の高いこれらの地図に合筆後の２番の土地を，後件で申請された分筆登記の申請情報と併せて提供された地積測量図に基づき，記録するのが相当であり，(3)の方法により修正するのが適切であると考える。なお，設問の事案が，合筆登記の申請のみの場合には，地積測量図又は土地所在図の提供がない限り(3)の方法によることができないので，(1)の方法によることで差し支えないものと考える．

385

第二節　土地の表示に関する登記手続

153　近傍類似の公図の縮尺が600分の1の場合に新たに作成する土地所在図の縮尺

> 問　土地所在図は，近傍類似の土地について法第14条第1項の地図と同一の縮尺により作成することとされているが，当該地域には縮尺600分の1の地図に準ずる図面（旧土地台帳附属地図。以下「公図」という。）が備え付けられている。この場合，当該地域の土地について表題登記を申請する場合に提供する土地所在図は，600分の1の縮尺で作成することができるか。

【答】　当該地域に備え付けられているのが公図で，その縮尺が600分の1の場合でも，土地所在図の縮尺は，原則として500分の1で作成する。

【解説】

1　土地所在図は，土地が新たに生じ，この土地について表題登記を申請する場合，及び表題登記のない土地について，所有権の処分の制限の登記を申請する場合等に，当該登記の申請情報と併せて提供することとされている（令別表四項添付情報欄イ，同三十一項同欄ロ）。この場合，設問のように，表題登記等を申請する地域における登記所には公図が備え付けられていて，その縮尺も600分の1のものである場合には，添付情報として提供する土地所在図についても600分の1の縮尺で作成することになるのかという疑問がある。

2　ところで，未登記の土地について初めて表題登記を申請する場合において，当該登記の申請情報と併せて土地所在図を提供する趣旨は，申請する土地の所在を明らかにすることにある。すなわち，登記官は，登記所に備え付けられたこれらの地図又は地図に準ずる図面（以下「地図等」という。）に，申請にかかる土地の位置及び形状を表示し，地番を記録することによって，その土地の所在，区画等を明らかにすることになる。そうすると，提出された土地所在図によって既存

の地図等に記録するには，当該土地所在図と既存の図面の縮尺が同一であれば容易に正確な記録が可能となる。このことから，法第14条第1項の地図の備え付けられていない地域，言い換えれば，地図に準ずる図面によって処理されている地域については，この図面の縮尺をもって作成した土地所在図を提供することになるのではないかとの考え方がある。

3　しかし，土地所在図の縮尺は，規則第76条第2項の規定により，近傍類似の土地についての法第14条第1項の地図と同一の縮尺により作成するとされている。そして，法第14条第1項に規定する地図の縮尺については，原則として，市街地域では250分の1又は500分の1で作成することとされている（規則10条2項）。したがって，旧土地台帳附属地図の備え付けられている地域の土地について表題登記を申請するときでも，土地所在図は600分の1の縮尺でなく，250分の1又は500分の1の縮尺により作成することになる（注）。

4　従来の尺貫法による計量単位は，1間6尺を基本としていたため，公図についても600分の1，1,200分の1等の縮尺により作成されていた。しかし，昭和26年法律第207号により計量法が制定されたことに伴い，同法第5条第1項（平成4年法律第51号により計量法の全部が改正され，改正後の計量法第3条（別表第1）に規定された。）の規定により，メートルによる計量単位を用いることとなった。そのため，メートルを計量単位とする測量の成果に基づく地図の縮尺は，1，2.5，5及びそのn乗倍をもって定めるのが通例とされていて，法第14条第1項の地図を作成する場合の縮尺についても同様に定められている（規則10条2項）。

　これらの事情から考察すると，設問の場合においては，土地所在図の縮尺は，原則として，500分の1をもって作成することを要するものと解する。

（注）　登記研究406号92頁

第二節　土地の表示に関する登記手続

第7　地図等の訂正

一　地図等の訂正の申出

154　地図等の訂正の意義

> 問　「地図等の訂正」とはどのようなことをいうのか。

【答】　地図又は地図に準ずる図面（以下「地図等」という。）の表示に誤りがある場合に，これを正しい表示に是正することである。

【解説】

1　不動産登記制度においては，権利の客体である土地（又は建物）の物理的な状況を登記記録に記録して公示し，土地にあっては，地図等によって現地における当該土地を特定することとしている。すなわち，土地登記記録の表題部に土地の所在，地番，地目及び地積等を記録することとし，記録した土地が現地のどこに位置し，その形状ないし区画がどのようなものであるかを明らかにするために，法第14条第1項は，各筆の土地の区画及び地番を明確にした地図を備えることを義務付けている。また，同条第4項は，第1項の地図が備え付けられるまでの間，これに代えて，地図に準ずる図面を備え付けることとしている。したがって，当初の表題登記等において作成された地図等が正確であり，かつ，その後における分筆又は合筆の登記等において，地図等の修正作業が正確に行われている限りにおいては，土地の所在，位置及び形状等の表示の正しい地図等が備え付けられていることになる。

2　しかしながら，何らかの原因によって，地図等の記録と現地の形状等の異なるものが出現してしまうことがある。この原因としては，①土地の分筆又は合筆の登記を処理する際に，地図等の修正処理をしな

かった場合，②表題登記を申請するときに，誤って作成された土地所在図が登記の申請情報と併せて提供され，それに基づいて地図等に記録したために，現地と地図等が異なっている場合，③土地の現況どおり正しい土地所在図が提供されたが，登記官の過誤によって地図の記録を誤った場合，④国土調査の結果等により，誤った図面が登記所に送付され，この誤った図面が地図等として備え付けられている場合などがある。

　このように，地図等の記録に誤りがある場合には，その機能を十分に果たすことは不可能であるばかりでなく，境界の紛争の原因にもなる。したがって，誤りのある地図等については現地と符合するように訂正することになる。

3 「地図等の訂正」の手続については，地図に表示された土地の区画又は地番に誤りがあるとき又は地図に準ずる図面に表示された土地の位置，形状又は地番に誤りがあるときは，当該土地の表題部所有者若しくは所有権の登記名義人又はこれらの相続人その他の一般承継人（以下「土地の所有者等」という。）は，その訂正の申出をすることができるとしている（規則16条1項）。

　新法施行前は，所有者その他の利害関係人が地図等の訂正の申出をすることができるとされていたが（旧準則113条1項），これは，登記官の職権の発動を促すものであり，その申出の要件，必要添付書面，申出に対する対応方法等は定められていなかった。

　新法においては，規則に地図等の訂正の手続が定められたが，利害関係人には地図等の訂正の申出権が認められていない。もっとも，登記官の職権による地図等の訂正は認められているので（規則16条15項），申出権が認められる者以外の者からの申出については，地図等の訂正の申出であるか否かを確認し，地図訂正等申出の趣旨である場合にはこれを却下し（同条13項2号），そうでない場合は，これを職権の発動を促す申出であったものとして取り扱って差し支えないとされ

第二節　土地の表示に関する登記手続

ている（平成 17・2・25 民二第 457 号民事局長通達第 1 の 11 の(2)ア）。

　土地の所有者等から地図訂正の申出があった場合において，登記官は申出に係る事項を調査した結果，地図等を訂正する必要があると認めるときは，これを訂正しなければならない（規則 16 条 12 項）。

4　土地の筆界線に関する地図等の訂正の要件としては，まず第一に，訂正に係る筆界が図示誤りであること，そして第二に，地図等の訂正の申出に係る筆界が正しいことについて立証されることが必要であり，この二つが立証されて，初めて地図等の訂正を行うことができる。

　この場合，まず最初に，訂正の申出に係る筆界の性質を明確にする必要がある（例えば，①原始的筆界であるか分筆の登記等による後発的な筆界であるか，②地図調製の時点において既に存在していた筆界であるか，又は，その後創設された筆界であるか等）。そして，その筆界の性質に応じて，地図等に図示されている筆界の表示が誤っていること，及び訂正の申出に係る筆界が正しいものであることが明らかにされなければならない。かかる判断を適正に行うためには，地図等及びその筆界の性質を十分に理解することが必要であり，そうでなければ，地図訂正についての合理的な確信を得にくい場合が多いと思われる。

　なお，地図等の訂正の申出情報には，登記実務においては，利害関係人の承諾書を提供することとなる（昭和 52・12・7 民三第 5936 号民事局第三課長回答）。

　ただし，分筆の登記をして，その部分について所有権移転登記を了した後，分筆登記の申請に錯誤があったとして，地図訂正の方法により分筆線を入れ替えることはできないとされている（昭和 43・6・8 民事甲第 1653 号民事局長回答）。

155　利害関係人等から地図等の訂正の申出をすることの可否

> 問　利害関係人等から地図又は地図に準ずる図面（以下「地図等」という。）の訂正の申出をすることができるか。

【答】　規則第16条第1項は，地図等の訂正の申出をすることができる者として，表題部所有者若しくは所有権の登記名義人又はこれらの相続人その他一般承継人としている。ただし，利害関係人等からの申出については，登記官の職権発動を促す申出として取り扱うことは可能である。

【解説】

1　地図等の訂正について，旧準則第113条は，地図等に誤りがあるときは，所有者その他の利害関係人は，その訂正の申出をすることができるとされていた。このように，旧準則では，所有者のほか利害関係人の申出に基づいて地図等を訂正することができるとされていたが，地図等に誤りがある場合の訂正は，登記官が職権ですることを原則とされていた。したがって，地図等の訂正の申出があった場合でも，この申出はあくまで登記官の職権の発動を促すものに過ぎず，その申出に理由があると登記官が認めたときは，当該地図等を訂正することになるが，申出にかかる地図等について誤りが認められないときは，その手続を単に中止する取扱いとされていた（注1）。このように，地図等の訂正の申出をした者は，その後，登記官の判断を求める手続上の地位が保証されていたものではなく，加えて，申出の要件，必要な添付書面のほか，申出に対する登記官の対応方法も定められていなかった。

2　ところで，地図等の記録の内容と現地とが相違している場合には，その土地について分筆の登記や地積の更正の登記をすることはできな

第二節　土地の表示に関する登記手続

い。したがって，当該土地の地図等の内容に誤りがある場合には，速やかに，これを訂正しておかなければならない。そこで，新法（平成16年法律第123号）の施行に伴い制定された規則では，一定の範囲の者に地図等の訂正の申出権を与え，その手続が整理された。

　すなわち，規則第16条第1項は，①地図に表示された土地の区画又は地番に誤りがあるとき，②地図に準ずる図面に表示された土地の位置，形状又は地番に誤りがあるときは，当該土地の表題部所有者若しくは所有権の登記名義人又はこれらの相続人その他の一般承継人（以下「土地の所有者等」という。）は，その訂正の申出をすることができるとされた。また，登記官は，地図等を訂正する必要があると認めるときは，これを訂正しなければならないとされ（同条12項），この申出が申出の権限を有しない者の申出によるもの等の場合には，当該申出を却下しなければならないとされた（同条13項2号）。

3　このように，新法における地図等の訂正の取扱いは，利害関係人からの申出は認められないこととされた。この趣旨は，土地の所有者等に地図等の訂正の申出権を与えることにより，その他の利害関係人にまで申出権を与える必要性がないと考えられたことによる。すなわち，土地の所有者等は，地図等の誤りをいち早く発見することが可能であり，土地の状況を詳しく知り得る立場にあるのが一般的である。したがって，地図等の正確性を確保するには，土地の所有者等に申出の権限を与えるのが最も合理的であると解されたことによる。

　また，規則第16条第2項においては，地図等の訂正の申出をする場合において，当該土地の地積に錯誤があるときは，地図等の訂正の申出は，地積に関する更正の登記の申請と併せてしなければならないとされているが，この場合の地積に関する更正の登記は，当該土地の所有者等が申請することになる（法38条）。したがって，地図等の訂正の申出権者についても，同様に土地の所有者等に限定したものと解される。

第 7　地図等の訂正

4　地図等の訂正の申出が，申出の権限を有しない者からされた場合には，その申出は規則第 16 条第 13 項第 2 号により却下されることになる。しかし，利害関係人から地図等の訂正の申出があった場合には，登記官の職権発動の契機ととらえ，処理されることになる。この場合の申出については，登記官はそれに応答する義務はないが，必要な調査を行い，地図等に誤りがあることが明らかに認められるときは，これを是正することになる。しかし，誤りを発見することができないとき，又は地図等の訂正の手続では是正することができないときは，単にその後の処理を中止し，却下処分等を行うことを要しないと解されている（注 2）。

　なお，地図等の訂正について，登記官の職権発動を促す申出をすることができる利害関係人の範囲については，特に制限はない。また，申出の方法は，規則第 16 条第 3 項から第 11 項までの規定に準じた方法によることになる。

（注 1）　清水湛監修，谷山忠也著「条解不動産登記事務取扱手続準則」166 頁 キンザイ
（注 2）　小宮山秀史「条解解説不動産登記規則」登記研究 696 号 186 頁

156　地図等の訂正の申出と併せて地積の更正の登記を申請する方法

> 問　地図又は地図に準ずる図面（以下「地図等」という。）の訂正の申出をする場合において，当該土地の登記記録の地積に錯誤があるときは，地図等の訂正の申出と併せて地積に関する更正の登記の申請をしなければならないとされているが，この地図等の訂正の申出と地積に関する更正の登記の申請は，どのような方法によってするのか。

【答】　地図等の訂正の申出と地積に関する更正の登記の申請は，前者は規則第16条に定める申出であり，後者は法第38条の規定に基づく登記の申請であることから，地図等の訂正申出情報と地積に関する更正登記の申請情報を各別に作成し，同時にこれを登記所に提供することになる。

【解説】

1　不動産の表示に関する登記は，権利の客体である土地又は建物の物理的な状況を登記記録の表題部に記録し公示することによって，取引の安全と円滑に資することを目的としている（法1条）。そのため，登記記録の表題部には，土地については，土地1筆ごとの所在，地番，地目及び地積等を記録することとしている（法34条1項）。しかし，これらの記録のみでは登記されている土地の位置及び区画等を明確にすることは，技術的には可能としても，必ずしも適当な方法とはいえない。そこで，登記所には地図等を備え付け（法14条1項・4項），この地図等に1筆ごとの土地の位置，区画及び地番等を記録し，現地における土地の状況を簡潔な方法によって公示することとしている。

2　しかし，地図等が何らかの事由により現地と合致しないこととなる場合がある。そこで，①法第14条第1項の地図に表示された土地の

区画又は地番に誤りがあるとき，又は，②地図に準ずる図面（同条4項）に表示された土地の位置，形状又は地番に誤りがあるときは，当該土地の表題部所有者若しくは所有権の登記名義人又はこれらの相続人その他の一般承継人は，地図等の訂正の申出をすることができるとされている（規則16条1項）。そして，この地図等の訂正の申出をする場合において，当該土地の登記記録の地積に錯誤があるときは，地図等の訂正の申出は，地積に関する更正の登記の申請と併せてしなければならないとされている（同条2項）。

3 　登記所に備え付けられている地図は，平面直角座標系の座標値を有する基準点を基に一定の精度を保持して作成され，図面ごとに図郭線及び座標値等が記録されている（規則13条1項）。したがって，これらの地図に記録されている区画から測定される地積は，実際の土地の地積と規則第10条第4項に規定する誤差の範囲内で同一性があり，登記記録の表題部に記録されている地積とも一致していることになる。したがって，地図に誤りがあり，その訂正の申出をする場合には，当該地図の区画から測定される地積及びこの登記記録の表題部に記録された地積とも一致しないことが予想される。このようなことから，地図の訂正の申出をする場合において，当該登記記録の表題部に記録された地積に錯誤がある場合には，地図の訂正の申出と併せて登記記録の地積についても更正の登記を申請することとされたものである。ただし，地図に準ずる図面の訂正については，当該地図の訂正の申出情報に併せて地積測量図を提供する場合に限り，地図に準ずる図面の訂正の申出と併せて登記記録の表題部に記録されている地積の更正の登記を申請することになる。

4 　地図等の訂正の申出と地積に関する更正の登記の申請は，前者は規則第16条に定める申出であり，後者は法第38条の規定に基づく登記の申請であることから，本来は，地図等の訂正申出情報と地積に関する更正登記の申請情報を各別に作成し，同時にこれを登記所に提供す

第二節　土地の表示に関する登記手続

ることになる。したがって，例えば，それらの情報が同日に提供された場合であっても，時間を異にして提供されたときは，地図等の訂正の申出については規則第16条第13項第3号の規定により却下されることになる。また，地図等の訂正の申出があり，調査の結果，併せて提供された地積測量図の地積と登記記録の表題部に記録された地積が相違していることが明らかとなり，地積に関する更正の登記の申請が併せてされていないときは，地図等の訂正の申出は却下されることになる（規則16条13項3号・4号）。もっとも，この地積が相違する場合であっても，その差が規則第77条第4項（規則10条4項の準用）に規定する誤差の限度内であるときは，地積に関する更正の登記の申請は要しないとされている（平成17・2・25民二第457号民事局長通達第1の11(2)イ(ウ)）。

(参考)　小宮山秀史「条解解説不動産登記規則」登記研究696号141頁以下

157 地図等の修正と地図等の訂正の違い

問　登記実務の上で「地図等の修正」と「地図等の訂正」は，どのように区別されているのか。

【答】　土地の表示に関する登記の申請に伴って，地図又は地図に準ずる図面（以下「地図等」という。）の記録事項に変更を施すことを「地図等の修正」といい，地図の記録事項に誤りがあり，これを是正することを「地図等の訂正」という。

【解説】

1　登記された土地の所在，位置及び形状等を明らかにするために，法第14条第1項は，各筆の土地の区画を明確にし，地番を表示した地図を登記所に備え付けなければならないと規定している。また，同条第4項は，第1項の地図が備え付けられるまでの間，これに代えて，地図に準ずる図面を備え付けるとしている。この地図等は，当然のことながら，常に土地の現況を正しく反映し，登記記録の表題部の記録とそごがあってはならないものである。したがって，未登記の土地について表題登記が行われたり，既登記の土地の現況に変更が生じ，それに伴う登記をしたときは，該当する地図等の記録事項について，登記に応じた変更事項を表示し，あるいは削除する等の修正をしなければならない。また，地図等の地番，筆界線等の記録事項に誤りがあった場合にも，同様に地図等の表示を訂正し，その誤りを是正する必要がある。この前者を「地図等の修正」といい，後者を「地図等の訂正」という（実務上は，これらを「地図等の書き入れ」という。）。

2　この地図等の書き入れの具体的な方法については，法令上には何らの規定も設けられていないが，準則（16条）に一応の処理基準が示されている。なお，地図等の修正及び地図等の訂正を要する場合としては，以下のようなものがある。

第二節　土地の表示に関する登記手続

(1)　地図等の修正

「地図等の修正」を必要とする場合としては，土地の表題登記（法36条1項）及び土地の分筆，合筆の登記（法39条1項）がある。

新たに土地の表題登記をした場合には，登記の申請情報と併せて提供された土地所在図に基づいて，地図等にその土地の位置を表示し，その地番を記録する（準則16条1項3号）。このため，土地所在図は，近傍類似の土地についての法第14条第1項の地図と同一の縮尺により作成するものとされ（規則76条2項），誤差の限度，すなわち精度も，地図を作成するための一筆地測量及び地積測定における誤差の限度と同一とすることが要請されている（同条3項）。

土地の分筆の登記をした場合には，登記官は分筆登記の申請情報と併せて提供された地積測量図に基づいて，地図等に分筆線及び分筆後の地番を記録するとされている（準則16条1項4号）。

土地の合筆の登記をした場合にも，登記官は，地図等に記録されている筆界線を削除し，合筆後の地番を記録して従前の地番を削除することになる（同項5号）。

(2)　地図等の訂正

「地図等の訂正」を必要とするのは，地図等を作成したとき，あるいはその後の地図等の表示を変更した際に地番，筆界線等を誤って記録したため，土地の現況が正しく地図等に反映されていない場合である。

3　「地図等の訂正」の申出は，当該土地の表題部所有者若しくは所有権の登記名義人又はこれらの相続人その他の一般承継人は，その申出をすることができるとしている（規則16条1項）。申出の大半を占めるのは，土地の筆界若しくは形状の訂正であり，この訂正の申出情報には，土地所在図及び地積測量図を提供しなければならないとしている（同条5項2号）。さらに，地図等の訂正の申出における建前は，地図等に誤りがあると主張する当事者において，誤りを主張，立証すべきで

第7　地図等の訂正

あるところから，申出事項が正しいものであることを，種々の資料や隣接地所有者等の関係人の承諾書等を申出情報と併せて提供することによって立証する必要がある（同条5項1号）。そして，この申出が相当であると認められる場合には，提供された土地所在図等の資料に基づいて，登記官は地図等に所要の表示をすることになる（同条12項）。地図等の訂正の方法は，電磁的記録に記録された地図等にあっては，電子情報処理組織を使用して従前の記録を訂正する措置を採ることになるが，それ以外の地図等については，「地図等の修正」の場合と何ら異なるものではない（準則16条1項2号参考）（注）。

4　地図等の変更又は訂正は，地図等の記録事項の全般にわたるから，申請又は申出にかからない地番区域の名称の変更（行政区画の変更）が生じたときにも，登記官は職権で当該名称の修正をすることとなる。

　なお，土地の表示に関する登記をしたことに伴う「地図等の修正」は，登記記録の表題部の記録によって，その経緯を明らかにすることができる。しかし，「地図等の訂正」の申出又は職権による「地図等の訂正」の場合には，訂正事項が登記記録の表題部に記録されないので，地図等の訂正の経緯を明らかにするために，一定の様式による訂正票を設けて，これに，訂正に係る土地の地番，訂正事項及び訂正年月日を記載して，登記官が押印することとされている（準則16条1項7号）。ただし，地図管理システムに登録されている電子地図の訂正を行った場合においては訂正票を作成し，適宜，別途保管する取扱いである（平成17・2・25民二第457号民事局長通達第1の11(2)カ）。

(注)　小宮山秀史「条解解説不動産登記規則」登記研究696号189頁

第二節　土地の表示に関する登記手続

158　土地所有者以外の者が地図等の訂正の申出をすることの可否

> 問　土地の所有者以外の者でも，「地図等の訂正」の申出をすることができるか。

【答】　地図又は地図に準ずる図面（以下「地図等」という。）の訂正の申出は，申出に係る土地の表題部所有者若しくは所有権の登記名義人又はこれらの相続人その他の一般承継人のみが申出をすることができる。

【解説】

1　不動産の登記制度においては，権利の客体である土地又は建物の物理的な状況（土地の地積，地目，建物の種類，構造等）を登記記録の表題部に記録して公示するとともに，登記記録によっては明らかにすることのできない土地又は建物の位置あるいは形状等を地図又は建物所在図に記録し，登記所に備え付けることとしている（法14条1項）。また，法第14条第1項による地図が備え付けられていない地域については，この地図が備え付けられるまでの間，これに代えて地図に準ずる図面（旧土地台帳附属地図等，以下「公図」という。）を備え付けることとしている（法14条4項）。

しかし，これらの地図等の記録は，さまざまな原因により現地の地番や形状と一致していないことがある。特に，公図においては，その作成の経緯等から精度に格差があり，現地と一致していないものが少なくない。このように，地図等の記録に誤りがある場合は，地図等としての役割は十分に果たすことができないばかりでなく，不動産の取引の障害となり，後日の境界紛争の原因となることもあるため，速やかにこれらを訂正する必要がある。

2　地図等の訂正の手続について，地図に記録された土地の区画又は地

番に誤りがあるとき，又は地図に準ずる図面に記録された土地の位置，形状又は地番に誤りがあるときは，当該土地の表題部所有者若しくは所有権の登記名義人又はこれらの相続人その他の一般承継人は，その訂正の申出をすることができるとされている（規則16条1項）。

3 従前の地図等の訂正の取扱いでは，利害関係人も地図等の訂正の申出をすることができたが（旧準則113条1項），これは，登記官の職権の発動を促すものであり，その申出の要件，必要添付書面，申出に対する対応方法等は定められていなかった。

 新法においては，規則に地図等の訂正の手続が定められたが，利害関係人には地図等の訂正の申出権が認められていない。もっとも，登記官の職権による地図等の訂正は認められているので（規則16条15項），申出権が認められる者以外の者からの申出については，地図等の訂正の申出の趣旨であるか否かを確認し，地図訂正等申出の趣旨である場合にはこれを却下し（同条13項2号），そうでない場合は，これを職権の発動を促す申出であったものとして取り扱って差し支えないとされている（平成17・2・25民二第457号民事局長通達第1の11(2)ア）。

4 地図等の訂正の申出情報には，土地所在図及び地積測量図（規則16条5項2号）のほかに，地図等の誤りであることを証する情報，例えば隣接地所有者の同意書，承諾書（昭和52・12・7民三第5936号民事局第三課長回答），境界確認書，立会証明書等を併せて提供することになる（規則16条5項1号参照）。

 また，分筆の登記の際に登記官が地図等に地番や分筆線を誤って記録したときや，公図の再製の際の地番，筆界の移記を誤った場合等においては，登記所に関係資料が保管されている場合があるので，この場合には，関係者からの口頭による申出により登記官の職権により訂正することができる。

 なお，地方税法第381条第7項の規定によれば，市町村長は課税上支障があると認める場合には，登記所に対し登記又は登記の修正の申

第二節　土地の表示に関する登記手続

　出をすることができることから，地図等の訂正についても同様に取り扱うこととされている（昭和48・10・18民三第7689号民事局第三課長通知）。

159 登記官が職権で地図等の訂正をすることができる場合

問　登記官が，職権で地図又は地図に準ずる図面（以下「地図等」という。）の訂正をすることができるのはどのような場合か。

【答】　地図等の訂正は，基本的には登記官が職権により行うものであり，通常は，当該土地の表題部所有者若しくは所有権の登記名義人又はこれらの相続人その他の一般承継人からの地図等の訂正の申出により行う事案が多い。

【解説】

1　地図等の訂正の手続について，規則第16条第1項は，「地図に表示された土地の区画又は地番に誤りがあるときは，当該土地の表題部所有者若しくは所有権の登記名義人又はこれらの相続人その他の一般承継人は，その訂正の申出をすることができる。地図に準ずる図面に表示された土地の位置，形状又は地番に誤りがあるときも，同様とする。」と規定している。すなわち，地図等の訂正の手続に関しては，表示に関する登記のように，土地の所有権の登記名義人等に申請義務を課すことなく，申出の形式を採っている。これは，法第14条第1項において「登記所には，地図及び建物所在図を備え付けるものとする。」と規定されていて，地図及び建物所在図は，登記官の職権により登記所に備え付けることとしていることから，その地図等に記録されている内容に誤りがある場合には，登記官が職権をもって訂正することとされているのである（規則16条12項・15項）。

2　もっとも，登記官は，登記所に備え付けられている地図等の状況と，その地図等に表示されている土地の現況を常に把握することは非常に困難なことである。したがって，通常の場合は，土地の分合筆の登記の申請，建物の表示に関する登記の申請，あるいは不動産の取引（売買，担保権の設定）等のために，当該土地の所有者その他の利害

第二節　土地の表示に関する登記手続

関係人又はそれらの代理人（土地家屋調査士）等が地図等を閲覧してその誤りを発見し，登記官に対して地図等の訂正の申出をすることが多い。

地図等の訂正の申出は，①法務大臣の定めるところにより電子情報処理組織を使用して地図訂正申出情報を登記所に提供する方法と，②地図等の訂正申出情報を記載した書面を登記所に提出する方法がある（規則16条4項）。この申出をする場合には，申出情報と併せて，①土地の区画若しくは位置若しくは形状又は地番に誤りがあることを証する情報，②土地所在図又は地積測量図その他の情報を提供することになる（同条5項1号・2号・3号）。

地図等の訂正の申出に基づき，当該地図等の記録に誤りのあることを登記官が認めたときは，地図等の正確性を保持するため地図等の訂正をしなければならないとされている（規則16条12項）。

3　地図等の訂正は，規則第16条第1項の規定による地図訂正等申出によるほか，利害関係人から同申出がなされた場合において，その内容が，登記官の職権発動を促す申出と認められるときは，登記官の職権により地図等の訂正がなされる。また，軽微なものについては，土地の所有者等からの口頭による申出が認められる場合がある。例えば，分筆の登記をした土地について登記官が当該地図等に分筆線や地番の記録を遺漏し又はこの記録を誤った場合，若しくは合筆の登記をした土地について地図等に記録されている筆界線の削除又は合筆後の地番の記録が誤っている場合には，登記官は，口頭による地図等の訂正の申出により，当該地図等を訂正することができる。また，登記官が自らこれらの誤りを発見したときは，既に登記所に提出されている地積測量図等の資料に基づき，職権により地図等の訂正（修正）をすることができる（規則16条15項）。

また，和紙により作成されている地図に準ずる図面（旧土地台帳附属地図）を再製した際，筆界等を誤って移記した場合等にも，登記官

は職権によりこれらの図面を訂正することになる。

　さらに，地方税法第381条第7項の規定に基づき，市町村長から地図等の訂正の申出を受けた場合には，登記官は，その事実を調査し，相当と認められるときは，職権により地図等の訂正をすることになる。

4　地図等の訂正とは異なるが，土地改良事業，土地区画整理事業による土地所在図又は国土調査法に基づく地籍調査による地籍図は，登記所に送付された後，登記が完了したときは，原則として，法第14条第1項の地図（以下「地図」という。）として備え付けられることになる（規則10条5項・6項，昭和37・3・20民事甲第369号民事局長通達，同日付民三第147号民事局第三課長依命通知）。そして，このような新たな地図の備付け及び新たな地図の備付けによる従来の地図の閉鎖処分についても，登記官が職権により行うことになる（規則10条5号・6号，12条1項）。

第二節　土地の表示に関する登記手続

160　地図等の訂正における調査及び立証資料

> 問　地図又は地図に準ずる図面（以下「地図等」という。）の訂正の申出においては，その調査及び誤りを立証するための資料としてどのようなものがあるか。

【答】　地図等の訂正における調査及び立証資料は，登記所に備え付けられている関係資料，地図等を作成した当時の資料（書証），現地の実態及び関係人その他近隣者等の証言（人証），あるいは現地におけるその他の境界標識（物証）等である。

【解説】

1　不動産登記法は，第14条第1項において「地図」を，同条第4項において「地図に準ずる図面」を登記所に備え付けることとし，これらの地図等に誤りがある場合の訂正手続については，規則第16条に定められている。

　もともと地図等は，登記官が職権で登記所に備え付けるべき性質のものである（規則10条5項・6項，準則13条1項）から，地図等の内容に変更が生じたり又は誤りがある場合には，当然に登記官が職権でその変更又は訂正をしなければならないものと考えられる。しかし，登記官は，備付け地図等の状況とそれに対応する土地の現況のすべてを把握することはできない。したがって，地図等に誤りがある場合であっても，土地の所有者等から申出されることによって初めて知る場合が多い。

2　そこで，登記の実務の取扱いは，地図等の訂正は登記そのものでないということから申請の形式をとらず，土地の表題部所有者若しくは所有権の登記名義人又はこれらの相続人その他の一般承継人からの申出を受けて訂正処理を行うこととしている（規則16条1項）。

　ところで，現在登記所には各種の地図等が備え付けられている。こ

れらの地図等は，その精度の範囲内で正しいものと判断するのが登記官の原則的な立場である。このことから，登記所に保管されている関係資料等によって地図等の誤りを是正できない場合には，地図等の訂正の申出人においてその誤りについて主張，立証しなければならない(規則16条5項)。

3 　地図等の訂正の要否を検討するためには，現地における当該土地及び周辺の関係する土地の実態調査と併せて，土地の分・合筆の経緯など，その沿革を知ることが必要となる。

　これらの調査及び地図等の誤りを立証する資料としては，現地の実態や隣接地等関係土地の境界標識（物証）のほか，次のものが考えられる。

(1) 　登記所に保管されている資料

　ア 　旧土地台帳

　　現行の登記記録の表題部に記録されている事項は，そのほとんどが登記簿と台帳の一元化作業により土地台帳から，その現に効力を有する登録事項で土地の表示に関する登記事項となるもの（所在，地番，地目，地積等）を移記したものである。したがって，この一元化作業前あるいは台帳事務が税務署において取り扱われていた当時の土地の異動は，旧土地台帳によって調査することになる。

　イ 　閉鎖登記記録

　　土地の合筆の登記がされると，合筆された当該土地の登記記録は閉鎖される（規則106条2項）。また，登記事務のコンピュータ化前の登記用紙が粗悪であったり，枚数が多く取扱いが不便な場合は，登記簿の現に効力を有する登記事項を新用紙に移記し，移記前の登記用紙は閉鎖された（旧法24条ノ2，76条，76条ノ2）。

　　したがって，現在の登記記録のみでなく，旧土地台帳，閉鎖登記簿及び閉鎖登記記録について順を追って調査しなければ，土地の沿革を知ることができない場合がある。

第二節　土地の表示に関する登記手続

　　ウ　閉鎖された従前の旧土地台帳附属地図

　　　現在閲覧に供されている旧土地台帳附属地図（以下「公図」という。）の大部分は，ポリエステル・フィルムで再製されたものである。したがって，再製される前の公図の原図は閉鎖され登記所に保管されているので，公図の正誤についての調査においては，旧土地台帳と突合しながら検討しなければならない。

(2)　土地及びその境界に係る土地の実測図

　　測量の年月日，精度並びに測量した者及び図面作成者の氏名，境界確認の立会者の有無等が確認できるもの。

(3)　市区町村保管の図面

　　登記記録及び登記所備付けの資料と照合した結果によっては，既に登記されている土地の位置が特定され形状が明らかであって，公図作成のための資料となり得る図面。

(4)　官公署又はこれに準ずる場所に保管されている図面

　　図面作成の経緯，隣接地の地図との接合関係（隣接地の地図がないときは，恒久的地物等により当該地域を特定できるとき）により，当該地域における既登記の土地の位置を特定し形状を明らかにするに足る図面。

(5)　地引絵図及び一筆限図等の地租改正事業に関する資料

　　現在登記所に備え付けられている地図に準ずる図面の多くは，改租図あるいは更正図と呼ばれるものであるが，これらの図面が作成された当時の資料。

(6)　土地宝典

　　個人又は出版社等が登記所（税務署），市町村役場に備置きしている地籍図，公図などと土地台帳を合体させ編集した地図帳である。この資料は，発行の時期，発行の目的及び原図となった公図等は何かを知った上で参考にしなければならない。

(7)　古老等，地域の土地の事情を熟知している者の証言（人証）

(8) 隣接土地の所有者及び借地人，管理人等の関係者の証言（人証）

(9) その他，公図の誤りを確認するに足る資料（書証）

第二節　土地の表示に関する登記手続

161　公図の空白地に地番を記録する場合の調査等

> 問　地図に準ずる図面（旧土地台帳附属地図。以下「公図」という。）の空白地（地番が記録されていない部分）に地番を記録する事例，あるいはその空白地を隣接地番に併合する事例などの公図の訂正については，どのような調査が必要か。また，申出情報と併せてどのような情報を提供するのか。

【答】　公図の訂正の申出をする場合には，空白地が国有地かあるいは他の土地の飛地か否かの調査を行い，当該土地は地番の付されていない公図の空白部分に該当する旨の立証資料を提供する。

【解説】
1　空白地への地番の記録とは，登記されている土地が現地に実在するが，その地番が登記所の備付け公図に記録がなく，この公図に当該土地に該当する空白地がある場合において，これに地番を記録することである。また，空白地をそれに隣接する土地に併合する場合としては，空白地が隣接する土地（地番）の一部であることによる訂正のことと思われる。

　公図上に空白地がある場合は，この空白地が登記上の何番の土地に該当するのか，あるいは，もともと地番の付されていない土地（未登録地）なのか，それらを判断する資料として何があるのかなど，多くの困難な問題がある。

2　このような訂正手続の対象となる公図は，明治期に作成された改租図あるいは更正図に多い。したがって，公図上の形状，面積等が必ずしも正確でないものがあるので，現地調査においては当該箇所及び隣接地のみならず，広域にわたって現地と訂正を要する公図との地番配列の比較等を行い，訂正の可否について調査及び検討しなければならない。

また，当該土地（地番）が他の字の飛地であったり，山林地域と耕作地域が隣接する地域界にあっては（公図作成時の地域界であって，現況の地域界でない。）山林あるいは耕作地の飛地として他の地域に存在する場合などがあるので，登記記録の面積と公図上の面積を比較（隣接地等も比較して参考にする。）検討し，空白地に該当する土地が他に存在しないか等の調査をしなければならない。
　さらに，当該空白地が国有地か否かの調査が必要となる（注）。
3　設問の公図の訂正を申出する場合に提供すべき立証資料としては，上記の調査結果のほか，次のようなものがある。
(1)　市町村備付け図面
(2)　地引絵図及び一筆限図等の地租改正に関する資料
　　(1)，(2)とも空白地の是正を立証し得る資料であること。
(3)　空白地が国有地でないことの証明
　　現実には，財務局等において国有地でない旨の証明書を発行していない場合が多く，その要否が問題となるが，仮に証明書の発行がなくても担当係官から国有地でない旨の証言を得ることは可能と思われる。
(4)　空白地の隣接地所有者等の証明書（承諾書）
　　空白地への地番の記録あるいは空白地の併合がなされても，隣接地所有者の権利関係には利害の影響はないと思われる。したがって，利害関係人の立場でなく，空白地の所有（占有）関係を含む隣接地域の土地の経緯等に関する事実の証明を得ることも必要とされよう。
(5)　その他（空白地の是正を立証し得る資料）
（注）
　　土地台帳附属地図の訂正申告の取扱いについて（昭和35・8・31登第219号東京法務局民事行政部長通達）
　　　土地台帳附属地図上地番未設定の土地について，隣接地の所有者から錯誤を原因として境界線を抹消する地図訂正申告がなされた場合，関東財務局長

第二節　土地の表示に関する登記手続

　　から別紙のとおりの申し越しの次第もあって，たとえ当該申告書に周囲の土地所有者の承諾書及び市区町村長の所有権を証する書面の添付があっても，当該土地が国有地でないことの権限ある官庁の証明がない限り，当該申告は受理登録すべきでないと考えるので，念のため通知する。
（別紙）
二線引（無地番）の畦畔について（昭和35・8・25関東財調第230号関東財務局長・東京法務局長あて）
　　当局所管の国有財産について実態調査したところ，二線引（無地番）の畦畔地を隣接地主が地目変更（耕地より宅地）に便乗し，自己所有の畦畔地として地方行政庁の証明を取付け，公図抹消を行っている事例が各所に見受けられ，特に三多摩地区においては著しいものがあり，国有財産管理上まことに遺憾とするところであります。
　　ついては，これら二線引（無地番）の畦畔は国有畦畔として大蔵省所管の普通財産に属するのであるからこれらの申報書類は受け付けないよう特段の御配意お願いいたします。

162 地図等の訂正の申出に隣接地所有者の承諾書を提供することの要否

問　地図又は地図に準ずる図面（以下「地図等」という。）の訂正の申出をする場合には，隣接地所有者の承諾書（印鑑証明添付）を必ず提供しなければならないか。

【答】　法定の添付情報ではないが，事務処理の適正，迅速な処理を図る観点から，提供することについて関係者の協力を求めている。

【解説】
1　地図等の訂正は，登記そのものではないこともあって，申請の形式をとらず，当該土地の表題部所有者若しくは所有権の登記名義人又はこれらの相続人その他の一般承継人からの訂正の申出によるものとされている（規則16条1項）。

　この申出情報には，①当該土地の区画若しくは位置若しくは形状又は地番に誤りがあることを証する情報，②土地所在図又は地積測量図その他の情報の提供を義務付けている（規則16条5項1号・2号・3号）。この地図等に誤りがあることを証するに足りる情報としては，官庁又は公署が保管する図面，隣接地所有者の承諾書等がある。

　このように，地図等の訂正の申出をする場合には，申出情報と併せて地積測量図を提供することとされているが，この地積測量図は，登記所に備え付けられている図面等では，正しい筆界に基づいて測量した上で作成されたものであるか否かが明らかでない場合が多い。そのため，土地の境界について事実上の利害関係を有し，かつ，最も境界について承知している隣接地所有者の筆界等の確認を得て測量したものであることを証する書面として承諾書が提供されていれば，登記官は，その申出の内容が他の資料によって明らかに疑わしいと認められるものを除き，正当なものであるとの判断資料を得ることになる。

第二節　土地の表示に関する登記手続

2　隣接地所有者の承諾書は，当該地図等の誤りであることを確認するための最も信頼度の高い資料となり得るものであり（昭和52・12・7民三第5936号民事局第三課長回答），地図等の訂正の申出に係る土地が，正しい境界に基づいて測量されたものであることを証する情報として提供されるものと理解することができる。したがって，登記官は，かかる取扱いによって地図等の訂正の事務を迅速に処理することができる。

　このように，隣接地所有者の承諾書は，申出に係る土地の境界に関する資料として提供されるものであり，法定の添付情報ではないから，これが提供されていないことを理由に，当該申出を却下することは許されないことはいうまでもない。

　実務では，隣接地所有者の承諾書が得られない場合には，その理由書（筆界の確認は，当該隣接地所有者の立会いにより，間違いなく行ったが，何々の事情により同人から承諾書（又は筆界確認書）を得ることができないなどの内容のもの）の提供を求めているのが通常である。この場合には，登記官は，通常，承諾書を提出していない隣接地所有者に対して立会いを求める等の方法により実地調査をすることとなるが，適正，迅速な処理を図る観点から，地図等の訂正の申出においては，できるだけ隣接地所有者の承諾書を提供するよう関係者の協力を得ることとしている。

3　実務においては，不動産の表示に関する登記の添付情報で，申請人以外の者の作成に係るものについては，それが間違いなく本人の意思に基づいて作成されたものであることを証明する手段として，印鑑証明書の添付を求めている（印鑑証明書は，官庁の発行するものであり，この証明書の印影と承諾書に押印された印影を対照することにより，本人の意思に基づくものと推認することができる（民事訴訟法229条1項ほか）。）。したがって，設問の隣接地所有者の承諾書に印鑑証明書が添付されていれば，その承諾書は，隣接地所有者が間違いなく作

成したことが推認され，登記官は，これにより容易に当該土地の境界を確認することができ，もって事務処理の適正，迅速な処理を図ることができる。

　しかし，印鑑証明書の添付のない隣接地所有者の承諾書は，これをもって無効ということにはならないので，この添付がない場合は，登記官は実地調査をする等の方法により，その者の真意を確認するべきこととなる。

第二節　土地の表示に関する登記手続

163　地積測量図が地図等と異なる場合の地図等の訂正の要否

> 問　分筆又は地積更正の登記の添付情報として提供された地積測量図の土地の所在，位置及び形状が地図又は地図に準ずる図面（以下「地図等」という。）と異なっている場合は，その登記を申請する前提として，必ず地図等の訂正の申出をしなければならないか。

【答】　調査の結果，登記所に備え付けられている地図等が誤っている場合には，原則として，当該分筆の登記又は地積更正の登記を申請する前提として，あるいはこれと併せて，地図等の訂正の申出をしなければならない。

【解説】

1　一般的に，登記官が分筆登記の申請の受否について審査する際には，当該登記の申請情報と併せて提供されている地積測量図の土地の形状及び隣接する土地の地番が，当該土地について登記所に備え付けられている地図等の内容と，整合性を有するか否かを調査しなければならない。この整合性の有無については，地図等の精度を考慮した上で，その事案ごとに判断することになる。したがって，分筆登記の申請をするに際しては，申請人は，当該登記の申請において添付情報として提供する地積測量図と地図等とにそごがあるときは，これらのどちらが正しいのかを調査した上で，地図等に誤りがあると認められるときは，原則として登記申請の前提として，あるいはこれと併せて，地図等の訂正の申出をしなければならない。

以下，地図等の種類別に考察する。

2　法第14条第1項の規定に基づく地図（以下「地図」という。）にあっては，個々の地図ごとに精度区分が記録されている（規則13条1項8号）ところから，その精度区分に基づいて判断することとなる。

第7　地図等の訂正

　(1)　地籍図は，国土調査法に基づく地籍調査の成果として，地籍簿とともに，登記所に送付されたものである（国土調査法20条1項）。そして，登記官がこの成果に基づいて土地の表示に関する登記等を完了した後に，地図として備え付けたものである（規則10条5項）。国土調査法に基づく地籍調査は（地籍調査作業規程準則によれば），一筆地調査，地籍測量，地積測定，地籍図及び地籍簿の作成の各作業からなり，一筆地調査（毎筆についてその所有者，地番，地目及び境界の調査）は，登記所の備付け図面から作成された調査図素図を基に行い，筆界の調査は，慣習，筆界に関する文書等を参考に，土地の所有者その他の利害関係人，又はこれらの代理人の確認を得てするものとされている。

　このように，国土調査法に基づく地籍調査は，既存の筆界を確認するにすぎず，地籍調査によって既存の筆界を変更したり，あるいは新たに筆界を創設したりするものではないところから，その作成の基礎となる一筆地調査において過誤があった場合等には，当該地図に誤りが生ずる余地がある。したがって，地積測量図と地籍図との不整合の箇所が，実地調査や他の資料から地図の誤りであることが立証されれば，当該登記の前提として，これの訂正を申し出る必要がある。

　(2)　土地改良又は土地区画整理による土地の所在図（換地確定図）は，土地改良又は土地区画整理事業による換地処分に伴う登記において提出され，登記が完了した後に地図として登記所に備え付けられたものである（規則10条6項）。換地処分は，換地計画に係る区域の全部について事業が完了した後に，区画形質の変更前の土地（従前の土地）に対して区画形質の変更後の一定の土地（換地）を割り当てて，これを従前の土地とみなす（土地区画整理法104条1項，土地改良法54条の2第1項）という法律上の擬制である。すなわち，施行区域内のすべての土地は法律上消滅させた上で，これに代えて，権利関係は従前の各筆の土地の上に存したものと同じ状態のまま，従前の各筆の土地

417

第二節　土地の表示に関する登記手続

に対応する形で，新たな区画形質の土地（換地）を生じさせたものである。したがって，換地処分による確定図と分筆等の登記の申請情報と併せて提供されている地積測量図の形状等が，その土地についての誤差の許容範囲の限度を超えている場合は，当該地積測量図に誤りがあると考えるのが通常である（もっとも，この換地確定図にあっても，作図における誤りであることが明らかである場合などが実施機関の資料により立証されるときは，これを訂正することができるであろう。）。

3　法第14条第4項の地図に準ずる図面（以下「図面」という。）にあっては，個々の図面ごとに精度区分の表示されていないため，当該図面の上からはその精度を把握することが困難なものが多い。なかでも，旧土地台帳附属地図のうち改租図や更正図は，明治初期の地租改正事業又は明治中期の全国地押調査事業によって，地租徴収のための課税台帳の附属地図として作成されたものである。これらの図面は，技術的に劣る測量をした上で，その結果を1筆ごとの形状に書いた見取図を作成し，それを寄せ集めて一字限図を，さらに一村限図を作成したといわれている。また，市街地，耕作地，山林等によってその測量方法も異なっていたことから，見取図的な単に地番の配列を示すようなもの（山林，原野に多い）から，比較的現地を正しく反映している（市街地）ものまで多様であって，一般的に隣接する土地との関係においては，おおよその位置及び形状が相似形で描画されているにすぎないといわれている。

　したがって，これらの図面と分筆等の登記の申請情報に併せて提供された地積測量図との整合性を判断するには，個々の図面について具体的に判断しなければならず，当該土地の不整合の原因が明らかに図面の誤りである場合であっても，図面の全体的バランス（精度）を考慮して，訂正の是非を判断しなければならない。

二 地図混乱地域

164 地図混乱地域とは何か

> 問 地図混乱地域とはどのような地域をいうのか。

【答】 地図混乱地域とは，一定の地域で，かなり広範囲にわたるその全域が，登記所に保管されている地図に表示された土地の位置及び区画と，これに対応する現地の位置及び区画とが著しく相違している地域をいい，登記実務上の呼称である。

【解説】

1 登記所には，作成の目的，作成の時期及び作成者を異にする精度の異なる多種多様な図面が，地図又は地図に準ずる図面（以下「地図等」という。）として備え付けられ，あるいは参考図面として保管されている。これらの図面のうち大半を占めるのは，主に明治期に作成された地図に準ずる図面として指定された旧土地台帳附属地図（以下「公図」という。）である。また，地図混乱地域も主としてこの公図の中にみられる。

　地図混乱地域というものの中には，公図が作成された当時から誤っているもののほかに，当初の公図は現地の区画を正しく反映していたが，その後の現地における利用関係が混乱してしまったと思われる地域等も含まれる。しかし，隣接土地間の地番の記載誤り，道路買収等による土地の形質変更に伴う登記手続の未了，あるいは分・合筆の登記に伴う地図等の未処理を原因とする局地的な地図等と現地の不一致については，関係当事者も少なく，地図等の訂正手続や登記手続を履行することによって比較的容易に是正することができるので，通常は，地図混乱地域とはいわない。

2 混乱地域の発生に至るまでには，いくつかの要因が複雑に絡まって

第二節　土地の表示に関する登記手続

おり，一つの要因だけを取り出してこれが発生原因だとすることには疑問があるが，おおむね次の3種類に大別される。

(1) 現地における土地の位置及び区画が変更されているにもかかわらず，登記手続がなされていない場合

これに該当する事例としては，次のようなものがある。

① 土地改良法又は土地区画整理法に基づき一時利用又は仮換地の指定まで行ったが，土地の配分又は精算金等の関係で紛争が生じたために，正規の換地処分，あるいはそれに伴う登記手続がなされないまま，事実上事業が中断されて現在に至っている地域

② 正規の法手続によらない私的な土地改良，あるいは区画整理のように，数人の関係者が事実上土地の交換をしたり，あるいは土地の位置及び区画を変更した地域

③ 川の氾濫，あるいは山崩れ等による災害後，土地所有者等が任意に土地を区画して占有したことによるもの

④ 戦時中に軍用地として強制買収された民有地が，戦後境界不明のまま返還されたために，元の筆界の回復が全く不可能となった地域

(2) 登記手続はなされているが，登記に対応する土地の位置及び区画が公図と現地とで全く相違している場合

この最も典型的な事例が宅地造成を原因とするものである。宅地造成をして分譲する場合には，分譲業者が造成地域として多くの筆数の土地を買収して，その土地を合筆し，宅地として造成区画した後に分筆の登記及び所有権移転の登記をするのが通常である。

しかし，いろいろな事情で合筆の登記ができない場合がある。例えば，合筆しようとする土地の1筆に担保権があるとか，合筆予定地の中に公図上無番地となっている里道，水路等の法定外公共用物がある等の場合には，登記上は，従来の土地の形態に即した分筆の登記を行い分譲しなければならないことになる。しかし，現地はこれらの土地を取り込んで宅地造成をしたため，造成区画した土地に即して分筆の

登記ができず，分譲する宅地の形状及び位置とは関係なく，従来の土地区画の中に入り込めるような形での分筆の登記（いわゆる図上で行う机上分筆）を行い分譲した結果，公図上に表示された土地の区画が，現地とは全く異なるものとなってしまったものである。

(3) 公図自体が作成の当初から全く現地の土地の位置及び区画を反映していない場合

　従来は，分筆登記の申請に伴う公図の修正に際し，公図そのものが不正確である場合の処理は，当該土地のおおよその位置に分割線を点線（又は朱線）で記入して，分割後の地番をそれぞれ記入するか，あるいはそれもできないときは「5の1，5の2に分割」の振合いで記載する方法（昭和37・10・8民事甲第2885号民事局長通達）が行われた。このような事例においても，分筆時に現地に即した正しい地積測量図が作られて提出されていたならば，これらの地積測量図の全部を接合することによって，精度的にはともかく，現地に即した形状図的な図面ができるはずである。しかし，分筆登記の申請の際に，公図と地積測量図の不一致を登記官に指摘されるのを逃れるために，不正確な公図に合致させる形で机上分筆を行い，これに見合う地積測量図を作成して提出し，これを前提に同様の分筆手続が繰り返された結果，公図に表示された土地の位置及び区画と，現地におけるそれとが全く異なる状況となったものである。

第二節 土地の表示に関する登記手続

165 地図混乱地域を解消する方法

> 問 地図混乱地域の解消方法としてはどのような方法があるのか。

【答】 一般的には，①分・合筆の登記等の原則的な手続による是正，②土地改良又は土地区画整理事業による是正，③土地所有者等の利害関係者全員の合意に基づく地図等の訂正（集団和解方式），④国土調査法に基づく地籍調査による是正，⑤地方税法の規定に基づく申出による是正等による解消方法が考えられる。

【解説】
　地図混乱地域の是正を考えるには，まず各地域の混乱発生の経緯等を十分に分析し，現況の把握と混乱状態を最小限に食い止める方法を検討し，その地域に最も適した現実的な是正を図ることが必要である。
　現在，一般的に次の是正方策が考えられている。

1 分・合筆の登記等の原則的な手続による是正
　旧土地台帳附属地図（以下「公図」という。）と現況図との合わせ図を作成し，これに基づいて分筆錯誤又は合筆によって元の状態に回復した上で，再分筆及びこれに関する所有権移転等の登記手続を行う。あるいは，現在の登記事項を基に，現況に合致するように分・合筆，所有権移転等の登記手続を行う方法である。

2 土地改良又は土地区画整理事業による是正
　地図混乱地域はもともと公図が現地に合致していたという前提で考えると，現地はその後の分・合筆によって公図のとおり確定されているはずであり，法律的にはむしろ公図が正しく現地が混乱しているという理屈になる。
　そこで，混乱地域が，土地改良又は土地区画整理事業の対象地区としての要件を満たしている場合には，現況区画を換地処分後の土地と

みなして、これらの公的手法に乗せて混乱地域を是正する方法である。

3 土地所有者等の利害関係人全員の合意に基づく地図訂正（集団和解方式）

　いわゆる集団和解方式は、現況の占有及び利用関係が安定している地域において、土地所有者等全員が現況区画を相互に確認し合い、合意された事実関係を登記所が認めた上で、それを登記に反映させるとともに、現況区画を測量して作成した図面を既存の備付け公図と差し替え、その後、この現況を実測した図面を備付け地図（地図に準ずる図面）とする方法である。

4 国土調査法に基づく地籍調査による是正

　国土調査法による地籍調査は、原則として、登記所の備付け公図を基礎として作成された調査図素図に基づいて、おおむね土地の配列の順序に従い、毎筆の土地について、所有者、地番、地目及び筆界の調査を行うものとされている。

　公図が全く機能を果たしていない地図混乱地域の場合には、何を基礎資料として調査図素図を作成するかが問題となる。公図の存在しない場合の一筆地調査に関しては、市町村の備付け地図、空中写真その他の資料に基づいて一筆地調査図を作成して現地調査を行うこととされている（昭和30・12・16民三第753号民事局第三課長回答）。このことから、集団和解的な要素に基づき作成された現況図面等が存在する場合であれば、それを資料として素図を作成し、地籍調査を実施することによって混乱地域の是正を図ることができるものと考えられる。

5 地方税法の規定に基づく申出による是正

　市町村における固定資産税の賦課は、専ら登記簿に登記された事項に依存している。このところから、地図混乱地域では課税対象とする土地の特定が困難であり、登記上の地積と現地の占有面積とが合致しない場合も多く、課税上支障があることは明らかである。そこで、課

第二節　土地の表示に関する登記手続

税上直接影響をもたらす登記上の地目又は地積等に関する事項が事実と相違する場合には，市町村長は，その事項の修正を登記所に申し出ることができるとされている（地方税法381条7項）。

そこで，登記所及び関係市町村が緊密な連絡協調を保ちながら，この規定の合理的な運用により，混乱地域の是正を図ることが考えられる。もっとも，この規定によって市町村長が申し出る場合でも，その前提として，土地所有者及び利害関係人の同意が必要であり，実質的には集団和解方式と同じであるといえる。しかし，市町村が所有者と登記所の間に介することは，地域の実状把握や関係者の意思をまとめやすいというメリットがあると思われる。

これらの方法には，それぞれに理論上の問題，関係者の意見調整，必要経費の負担，事務手続や作業担当者の選定等の問題などで一長一短があるが，事後に問題が生じないよう最大の配慮をした上で，当該地域に最適な方法を選択することが必要である。

166　集団和解方式による地図等の訂正で，一部の筆界確認ができない場合の処理

> 問　集団和解方式による地図又は地図に準ずる図面（以下「地図等」という。）の訂正等の申出は，土地の所有者等の利害関係人全員の合意に基づくものでなければならないが，一部の土地所有者又はその相続人等の所在が不明のため，一部の土地について筆界が確認できない場合において，下記の条件を満たしたときは受理することができるか。
> ①　確認不能地の面積が，登記記録の表題部に記録されている面積を確保している。
> ②　現地での土地の筆界が物理的に固定されている。
> ③　確認不能地について，登記上の利害関係を有する者が存在しない。
> ④　隣接する土地の筆界についての合意が得られている。

【答】　土地の所有者の一部が所在不明の場合における集団和解方式による地図等の訂正は，具体的，個別的な事案によって受否を判断すべきである。なお，設問のような事案にあっては，人証，物証，公的資料等により当該地図訂正等の申出の内容が正確であると認められるときは，一部の者の承諾がなくても受理して差し支えないであろう。

【解説】

1　設問は，集団和解方式による地図等の訂正において，その申出情報と併せて，所有者その他の利害関係人の一部の者の承諾書を提供することができない場合でも，集団和解方式による地図等の訂正が認められないかというものである。

　地図等の誤りを是正する手続は，規則第16条以下に定められているが，これらの規定は，表示に関する登記のように申請義務を課した

第二節　土地の表示に関する登記手続

ものではなく，また，権利に関する登記のように権利の得喪，変更を公示するものでもない。そのため，地図等の訂正は，登記そのものではないということから，申請によるのではなく，表題部所有者若しくは所有権の登記名義人又はこれらの相続人その他の一般承継人に訂正の申出の機会を与えて，正確な地図等の公示を図ろうとするものである。

2　ところで，実務における地図等の訂正の申出には，隣接地所有者又は利害関係人の承諾書の提供を求めているが，その根拠は，地租事務規程（大正 3・3・28 東京税務監督局長訓令第 20 号）第 48 条に「丈量又ハ地図誤謬訂正ノ申請アリタルトキハ其ノ願書ニ接続地地主ノ連署若クハ承諾書ヲ添付セシメ……処理スヘシ」と規定され，隣接地所有者の承諾書の添付を義務付けていた取扱いを踏襲したものと考えられる。その承諾書は，地積更正の登記申請情報，あるいは地図等の訂正の申出情報と併せて提供された地積測量図の境界部分に対して，異議がない旨の隣接地所有者の承諾書である。しかし，必ずしも隣接地所有者全員の承諾がなければ却下するものではなく，関係資料，その他の利害関係人の証言，物証等から当該境界の表示が明らかに誤りであることが登記官において確認できる場合においては，必ずしも全員の承認書の添付を必要としないとしている（昭和 52・12・7 民三第 5936 号民事局第三課長回答）。

3　集団和解方式による地図等の訂正の方法は，①宅地造成等の土地開発ブームにより，旧土地台帳附属地図（公図）の上に表示されている道路，水路等の公共用地を，正規の払下げ手続等によることなく造成された地域，②公図の形状に合わせた，いわゆる机上分筆等，ずさんな宅地造成がされた地域，③土地区画整理事業や土地改良事業等で仮換地の指定をしたまま事業が中断され，組合も解散してしまった地域等，登記所の備付け地図と現地が著しく相違しているため，地図等によって現地を特定することが困難である一定規模の地域（いわゆる地図混乱地域）について，占有状態等が安定していて，所有者その他の

利害関係人全員の同意の下で，現在の占有関係に基づく地図等を作成し，所要の地図等の訂正の申出がなされたときは，その地図等を当該地域の地図等として備え付けるものである。

4 このことから，本来であれば，地図等によって現地を特定することができない場合には，表示に関する登記はできないので，登記事務を全面的にストップするということになるが，集団和解方式による地図等の訂正は，このような非常事態を救うための，便宜的，行政的な措置であるといわれている。そして，集団和解方式による地図等の訂正は，当該地域の土地所有者らが各土地の筆界を互いに確認し合うものであって，境界争いなどのある地域はなじまないが，その地域の所有者全員がそれぞれ現在の区画について何らの異議がなく，将来もそういう区画に基づいて占有されていくであろうと予測される地域については，全員から境界に異議のない旨の同意書をとって，地図等の訂正によって是正していく方法であり，地方税法の規定に基づく申出以外は，当該地域の土地の所有者全員の申出によらなければならないものである。

5 集団和解方式による地図等の訂正は，個々の地図等の訂正の申出の集合体であるとみれば，同意書を提供することができない場合でも，登記官において人証，物証，公的資料等によって境界が確認できれば受理しても差し支えないと考えられる。もっとも，この場合でも，同意書の提供ができない事情について，合理的な理由が存在し，かつ，当該土地について設問に掲げられたような条件が満たされているなどの事案に限り，これを受理することとするなど，慎重な取扱いをすべきであろう。

6 なお，地図等の混乱地域に存する土地のうち，ごく一部の土地の筆界が確認できない場合には，当該筆界未定となっている土地部分を「筆界未定地」として処理した上，地域全体についての地図等の訂正を便宜認めることで差し支えないと考える。

三 地図等の訂正の具体的事例

167 隣接する土地の一部を取得し，これを地図等の訂正により是正することの可否

> 問　土地の一部を下図のように分筆しないまま，隣接の土地の所有者と売買や贈与，あるいは時効取得によって所有権を取得し，地図又は地図に準ずる図面（以下「地図等」という。）と現地の占有関係が異なっている場合には，これを地図等の筆界線の訂正により是正することができるか。
>
> 図　（地図）　　（現地の占有状態）　　N
>
> （地図）　A　　　　（現地の占有状態）　A　C
>
> 　　　1甲 ｜ 2乙　　　　甲占有 ｜ 乙占有
>
> 　　　　　B　　　　　　　　　　　B　D

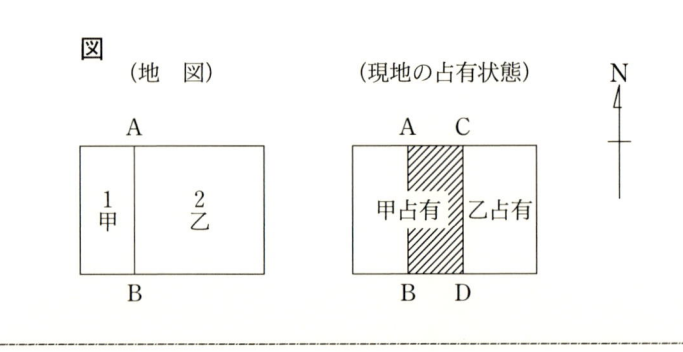

【答】　筆界は公法上のものであり，隣接する土地の所有者間の合意によって変動するものではないので，地図等の訂正によって是正することはできない。

【解説】

1　売買等の場合

　　甲所有の1番の土地と乙所有の2番の土地の筆界は，A及びBの各点を直線で結んだ線であったところ，乙所有の2番の土地の一部（斜線部分）を甲が売買等によって所有権を取得したことにより，甲と乙との占有関係がC及びDの各点を直線で結んだ線に移動した。これを地図等及び登記記録の表題部に反映させるためには，次の方法が考え

られる。①1番及び2番の土地について現地の占有状態に合致するよう地図等を訂正し，地積更正の登記を申請することにより現地の占有関係と地図等及び登記記録の表題部の記録を一致させる。②2番の土地について乙が2番の土地の一部A・B・D・Cの各点を順次直線で結んで囲まれた範囲を分筆し，その上でこれを甲に所有権移転の登記をする。

ところで，土地の境界（登記実務では筆界という。）について判例では，「相隣者間において境界を定めた事実があっても，これによって，その1筆の土地の境界自体は変動しないものというべきである。」（最高裁判所第三小法廷昭和42・12・26判決・民集21巻10号2627頁），「土地の境界は公法上のものであって，関係当事者の合意で左右することのできない性質のものであるから，関係当事者の和解で境界を定めた事実があっても，これにより固有の境界自体が変動するものでない。」（東京高等裁判所昭和37・7・10判決・下民集13巻7号1390頁）と判示して，筆界というのは客観的に決まっており，それは公法上のものであって，当事者間の合意によって変動するものではないとしている。

これを設問の事案について考えてみると，①の方法によった場合は，1番の土地と2番の土地の本来の筆界であるAとBの各点を直線で結んだ線を，所有者である甲と乙の合意によってCとDの各点を直線で結んだ線に変更することになり「当事者の合意によって筆界は変更しない。」とする判例理論に反することになる。したがって，設問のように売買等によって変更されたその占有関係を地図等及び登記記録の表題部の記録に反映させるためには②の方法によらなければならない。

2　時効取得の場合

乙所有の2番の土地の一部（斜線部分）を甲が時効取得した場合には境界は移動することになるか。このことについて判例は，「土地の一部を時効によって取得したとしても，これにより…番と…番の各土

第二節　土地の表示に関する登記手続

地の境界が移動するわけのものではない……取得時効の成否の問題は所有権の帰属に関する問題で，相隣接する土地の境界の確定とはかかわりのない問題である」（最高裁判所第一小法廷昭和 43・2・22 判決・民集 22 巻 2 号 270 頁）として，1 の場合と同様に，時効取得による場合も境界は変動しないとしている。

　したがって，1 筆の土地の一部を時効取得した場合も，前述 1 の①の地図等の訂正及び地積更正の登記によって筆界線を是正することはできず，同②の方法，すなわち当該部分について分筆の登記を行った後，時効取得を原因とする所有権移転の登記をすることによって，地図等と現地の占有（所有）関係を一致させなければならない。なお，時効による所有権の取得は，理論上は原始取得であるが，登記の手続上は移転登記によるものとされている（明治 44・6・22 民事第 414 号司法省民事局長回答）。

168 登記記録上の所有者が現地と異なる場合の地図等の訂正による是正の可否

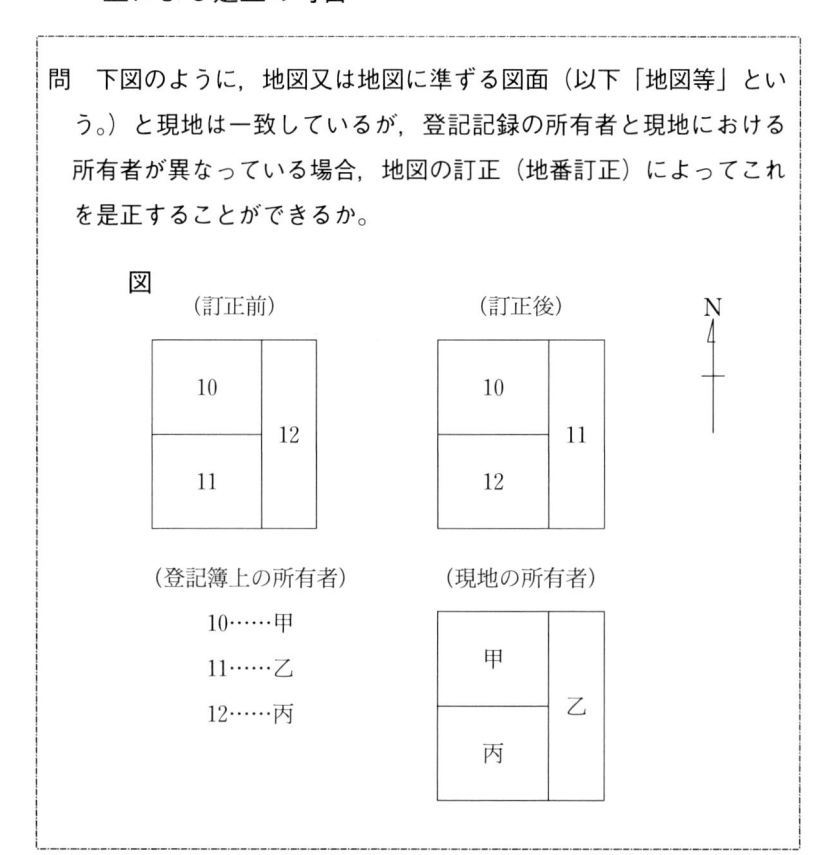

問　下図のように，地図又は地図に準ずる図面（以下「地図等」という。）と現地は一致しているが，登記記録の所有者と現地における所有者が異なっている場合，地図の訂正（地番訂正）によってこれを是正することができるか。

図

(訂正前)

```
┌─────┬───┐
│ 10  │   │
├─────┤12 │
│ 11  │   │
└─────┴───┘
```

(訂正後)

```
┌─────┬───┐
│ 10  │   │
├─────┤11 │
│ 12  │   │
└─────┴───┘
```

N

(登記簿上の所有者)
10……甲
11……乙
12……丙

(現地の所有者)

```
┌─────┬───┐
│ 甲  │   │
├─────┤乙 │
│ 丙  │   │
└─────┴───┘
```

【答】　地図等の地番の記載が誤ったものであればこれを是正することができるが，目的物を誤って登記した場合，あるいは交換により所有権移転の登記をしている場合には，地図等の訂正による是正はできない。

【解説】

1　地図等と現地の土地は一致しているにもかかわらず，登記記録の権利部に記録された所有権の登記名義人とその土地に対応する現地の所有者が異なる場合がある。この原因としては，①地図等を作成した当

第二節　土地の表示に関する登記手続

　時あるいはその後の分・合筆の登記の際に地番の記載を誤った場合，②目的物件を誤って（乙，丙が各々の土地を誤認）登記した場合，③乙と丙が交換等によって土地の所有権を移転したが未だその登記を経由していない場合などの例が考えられる。

　地番については，地図等に記録することによって地番が決定されるのではないから誤りもあり得る。①の場合は，その誤りが分・合筆の登記の際に登記所に提出した地積測量図等の資料によって是正することができる場合はともかく，一般的には，その地域の付番方法，地番の配列の仕方，分・合筆の登記の経緯等で正誤を判定することになる。また，再製した地図等であれば，その原図が訂正の資料となることはいうまでもない。

2　しかし，単に現地の占有関係が異なることのみをもって安易に地図等に誤りがあると決め付けることは危険である。

　1の②の場合は，宅地造成後の分譲地にみられる事例で，実際は乙は12番の土地について，丙は11番の土地について売買契約をしたにもかかわらず，登記の際に地番を誤って，乙が11番の土地を，また丙が12番の土地をそれぞれ売買により所有権を取得したとして，その登記をしたものである。しかし，乙及び丙ともに，現地において土地を占有し利用していたとしても，この所有権移転の登記は実体に合わない無効なものであるから，この移転登記は抹消すべきものであって，地図等の訂正によって現況の占有状態と合致させることは許されないものである。

　また1の③の場合においても，乙が11番の土地を，また丙が12番の土地をいったんそれぞれ取得し，その登記をした後に，乙及び丙が交換により，乙が12番の土地を取得し，丙が11番の土地を取得した場合には，その旨の正規の所有権移転登記の手続を行うことになる。このことから，ただ単に，地図等の地番を振り替えることによって登記記録と所有の事実状態を合致させることは，当然のことながら許さ

第7　地図等の訂正

れるものではない。したがって，乙及び丙は各々の土地について所有権移転の登記を申請しなければならないことになる。

第二節　土地の表示に関する登記手続

169　隣接地を取り込んで再分筆した場合の是正方法

問　下図の5番2の土地は登記記録に記録されているが，地図又は地図に準ずる図面（以下「地図等」という。）には表示されていないため，5番の土地の所有者はその土地の位置を確認しないまま5番3の土地の分筆登記を申請し，下図（訂正前）のように地図等に記録された。この場合，5番2の土地を地図等に表示するために，地図等の訂正によって是正（訂正後）することができるか。

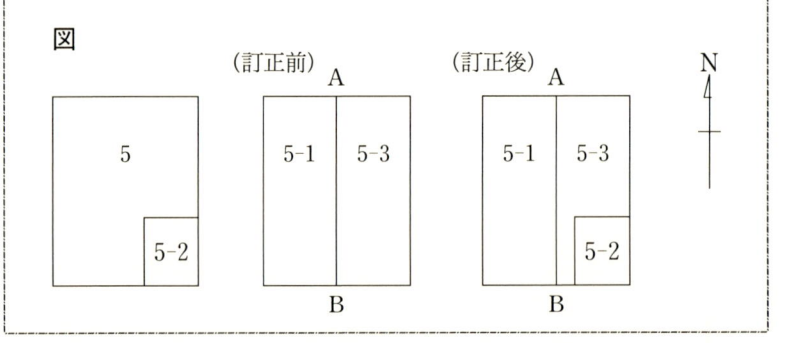

図

（訂正前）　　　（訂正後）

【答】　5番3の土地の地積更正の登記と，5番2及び5番3の各土地について地図等の訂正を同時並行的に処理することができるものと考える。

【解説】

1　設問は，5番2の土地を含む5番の土地を実測し，5番2を取り込んで，分筆する土地5番3と残地を5番1として地積測量図を作成して分筆の登記がなされたが，分筆地内に既に登記された5番2の土地が存在していたところから，これを地図等の訂正によって是正することができるかという問題である。

　分筆の登記は，1筆の土地の一部分について1個性を付与する登記官の形成的な処分である。当然のことながら，その前提として，1筆の土地の範囲が正確に把握されていること（分筆の対象とされる土地

の区画が隣接地を包含していたり，1筆の土地の一部であってはならない。），及び分筆される土地が1筆の範囲内に存在していることが必要とされる。

2　ところで，分筆登記の対象である土地（分筆元地）の範囲外の土地（隣接の土地）を取り込んで，当該取込み部分のみを分筆地とする分筆の登記がされた場合にあっては，登記官の分筆処分は，内容の実現不能な行政行為であり，本来的に無効なものであるから，「分筆地不存在」を登記原因として，分筆によって新しく設けられた登記用紙については，土地の表示登記を職権で抹消し，従前から存する登記用紙については職権で当該分筆の登記による記載を抹消した上，地積の表示を回復する取扱いがされている（昭和53・3・14民三第1480号民事局第三課長依命回答）。

3　設問の分筆の登記は，既に登記されている5番2の土地の全部を取り込んだものであって，新たに創設された5番3の登記が無効であるとすると，当該分筆の登記を錯誤（分筆地不存在とはいい難い。）によっていったん抹消し，5番2の土地を地図等の訂正によって地図等に表示した後に，改めて分筆元地を測量した上で5番1と5番4の土地に分筆の登記を申請することになる。しかし，設問の分筆の登記は，分筆登記の対象となる土地として5番と隣接の5番2を含む範囲を実測し，図上のAとBを直線で結んだ位置をもって分筆したもので，分筆した土地（5番3）の一部に5番2の土地を取り込んでいるのであって，取り込み部分のみを分筆地とした前記先例の内容とは異なるものである。

　設問の分筆の登記については，新たな筆界線（A～B）の創設によって，図上の5番の土地が5番1及び5番3の土地に分筆されたもので，分筆の登記そのものは有効であって，分筆した5番3の土地の範囲及び地積の表示が誤っていると考えることができる。

4　以上のように，本件分筆の登記は有効なものと解すると，5番3の

土地と5番2の土地を地図等の訂正によって是正するとともに，5番3の土地の地積更正の登記をすることができるものと考える。

なお，設問の地積測量図が，旧準則第123条ただし書により作成された，5番1の土地の地積が差引計算によって求積されたものであるときは，5番1の土地の登記記録の表題部の地積と現地の実測面積が相違していることになるので，この土地についても地積更正の登記を並行的にすることになろう。

170 分筆する部分を誤って登記した場合の地図等の訂正による是正の可否

問　5番の土地の所有者は，その土地の一部を売却するために5番1と5番2に分筆する分筆の登記を申請し，A図のようにその登記が処理された。その後，5番2の土地の分筆線に誤りがあることが判明したが，これを地図又は地図に準ずる図面（以下「地図等」という。）の訂正によってB図のように是正することができるか。

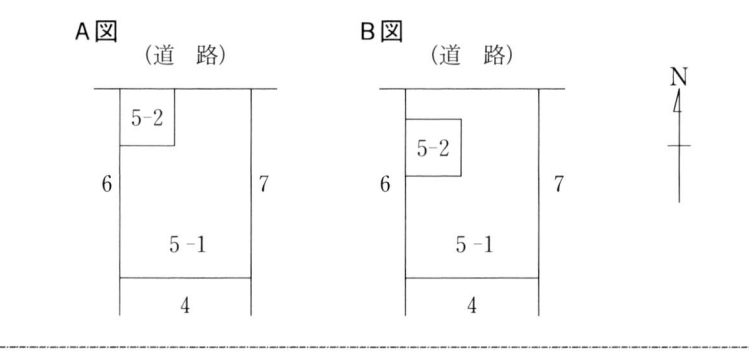

A図
（道路）
5-2
6　　　7
5-1
4

B図
（道路）
5-2
6　　　7
5-1
4

N

【答】　申請どおりになされた分筆の登記によって新たに創設された土地の位置を，他の位置に移動させる地図等の訂正は認められない。

【解説】

1　設問の事例は，5番の土地の所有者がその土地をB図のように分筆して，分筆した5番2の土地を売却する予定であったところ，現地での認識を誤って測量し，この測量に基づいて登記手続を行った結果，A図のような地積測量図が作成され，この分筆登記等が完了した。このため，本来売却することを予定していた土地と地図等の土地の位置に不一致が生ずることとなったものであると思われる。

設問は，分筆によって新たに設けられた5番2の土地の登記記録の表題部の記録を見るだけでは，地番，地積ともにA図あるいはB図のいずれの土地にも対応できるものであるとして，これを実体に合致さ

第二節　土地の表示に関する登記手続

せるために，分筆した5番2の土地の地図等の位置をB図のように訂正して分筆の誤りを是正することができるかというものである。

2　しかし，本件分筆の登記は，A図のように現地を測量し，それに基づいて地積測量図を作成した上でこれを提供して分筆の登記を申請し，登記官はこれによってA図のとおり5番2の筆界線を創設したものである。このことから，本件分筆による5番2の登記に対応する土地は，仮に所有者の真意が「B図のとおり分筆する」ものであったとしても，分筆された土地はA図に対応したものである。

したがって，登記官の分筆登記の処理については，地図等を訂正すべき誤りはないと解されるので，分筆された5番2の土地がB図の土地に対応するものであるとする地図等の訂正は認められない（昭和43・6・8民事甲第1653号民事局長回答）。

このことから，当初，所有者が売却の予定地と意図していた土地がB図の5番2であるならば，誤って分筆した5番2を分筆錯誤によってこれを抹消する（分筆登記後に第三者の登記のない場合）か（昭和38・12・28民事甲第3374号民事局長通達），あるいは5番1に合筆する（分筆登記後に何らの登記が経由されていず，合筆登記の制限に抵触しない場合）ことによって元の状態に戻した上で，改めてB図のように再分筆の登記の申請手続をしなければならない。

3　また，登記官の分筆登記の処分に誤りがあった場合，例えば所有者がB図の5番2の土地を正しく測量し，これに基づいた地積測量図を作成した上で，この地積測量図を提供して分筆の登記を申請したにもかかわらず，登記官が登記所に備え付けられた地図等に分筆線を記録する段階で，A図のように誤った処理をした場合には，当該地積測量図に基づき地図等の訂正の手続を行うことは認められる。

4　なお，通常はあり得ないと思われるが，所有者がB図の5番2の土地を正しく測量したが，地積測量図を作成する際にA図のように誤って図面が作成された場合における分筆登記の是正については，地積測

量図の作成に誤りがあったことが明らかであれば，所有者等からの地積測量図の訂正の申出を認め，この申出に基づいて地図等を訂正することができるものと考える。しかし，この地積測量図を訂正する申出の是否を判断するに当たっては，実地調査により筆界標や当該土地の利用状況を確認することはもとより，測量の成果（手簿や当時の状況写真など）等により，真に作図の誤りであることが明らかに認められるかといったことをも勘案して，慎重に判断することが肝要である。

171 分筆未了のうちに第二の分筆登記がされ，公図に分筆線が記入された場合の地図等の訂正

問 下図の現況図の斜線（▨）部分は道路の拡幅のために買収されたが，分筆及び買収の登記が未了であった。その後，1番の土地は1番1と1番2に分筆され，図1のように地図又は地図に準ずる図面（以下「地図等」という。）に分筆線が記入されたが，図2のように地図等の訂正をすることができるか。

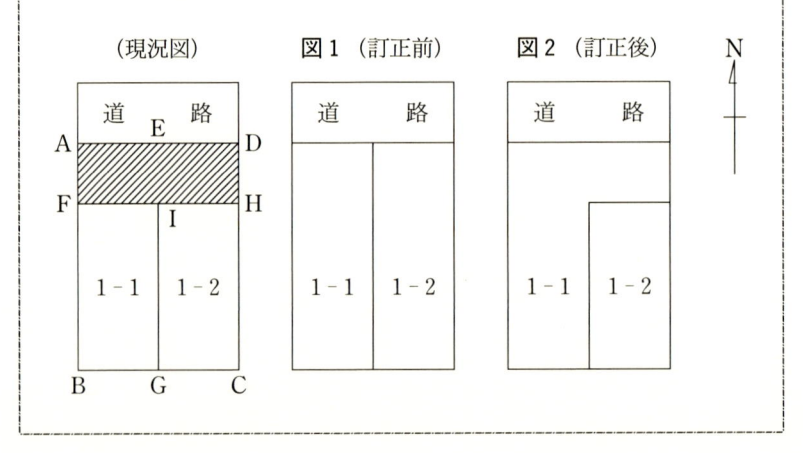

(現況図)　　図1（訂正前）　　図2（訂正後）

【答】 設問の分筆登記の申請が，現地における（現況図の）1番2の土地を分筆するものとしてなされたものであるときは，図2のように地図等の訂正をすることができると考える。

【解説】

1　設問の事例は，1番の土地（現況図のA・B・C・D・Aの各点を順次直線で結んだ範囲）のうち，斜線部分（A・F・H・D・Aの各点を順次直線で結んだ範囲）が道路拡幅のため買収されたにもかかわらず，この部分について分筆の登記手続が未了の状態で，当該土地の所有者が，1番の土地から1番2の土地を分筆するに当たって，拡幅された道路部分を除いた範囲を1番の土地の筆界であると誤認して，

1番2の土地を分筆する分筆登記の申請をなし，登記官において図1のように地図等の修正がなされたものと思われる。
2 　以上の事実関係を踏まえて検討すると，この分筆登記の申請が，1番2の土地について，現地において現況図の1番2の部分を測量した上，地積測量図を作成し，求積をなしたものであるときは，当該分筆登記によって1番の土地は，図2のように2筆に分筆されたものとみるのが妥当であると考えられる。
3 　設問の事案が以上のようなものであるときは，地積測量図の残地（1番1の土地の部分）の記録誤りとみることができるので，地積測量図及び地図等の訂正申出をすることによって，これを是正することができるものと考えられる（注）。なお，その場合に提供される地積測量図には，1番1及び1番2について地積及び求積方法を記録しなければならない。その結果，登記記録の表題部に記録されている地積に錯誤がある場合，地図等の訂正の申出は地積更正の登記の申請と併せてしなければならない（規則16条2項）。

（注）　昭和51年度法務局・地方法務局登記課長会同協議の問題，民事月報32巻2号56頁

172 隣接地所有者間に境界争いがある場合の地図等の訂正の可否

問　下図のように地図又は地図に準ずる図面（以下「地図等」という。）の訂正をしたいが，2番と3番の土地については両所有者間で筆界に争いがあって，この部分の筆界が明らかにできない場合には，2番と3番は筆界未定としたまま地図等の訂正をすることができるか。

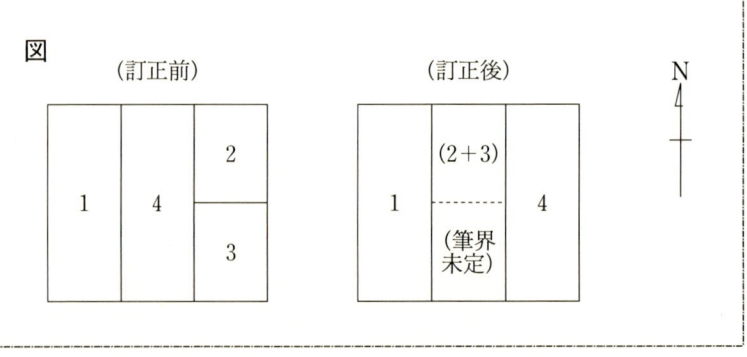

図　（訂正前）　　（訂正後）　　N

（訂正前）
| 1 | 4 | 2 |
| | | 3 |

（訂正後）
| 1 | (2＋3) | 4 |
| | (筆界未定) | |

【答】　便宜，設問の地図等の訂正は認めて差し支えないものと考える。

【解説】

1　設問の事例は，2番及び3番の土地と4番の土地の位置が相違しているのでこれを是正しようとしたところ，2番及び3番の土地が1番と4番の間に位置することについては，これを証する資料もあり隣接地の所有者の証言も得ることができたが，2番と3番の土地の所有者間で筆界について争いがあって，その筆界について明らかにすることができない。そこで2番と3番の土地を筆界未定としたまま地図等の訂正ができるかというものである。

このような地図等の訂正は，比較的精度の低い地図に準ずる図面（旧土地台帳附属地図）に多く見られる事例である。

2　本来，地図等の訂正は，地図等に誤りがある場合にこれを是正し，

登記された土地について現地における所在や区画を地図等に図示することによって，これを明確にしようとするものであるから，既に筆界が地図等に表示されている土地について，あえてその筆界が不明となるような地図等の訂正は，原則として是認し難いものといわなければならない。

　一方，数筆の土地について，地図等に誤った表示がされていることが明らかな場合は，すべての土地について，そのまま放置しておくよりも，一部の筆界に争いのある土地は筆界未定地として留保した上で，筆界の確定ができた土地とともに地図等に表示することが望ましいとも考えられる。

3　このことから，この事例については，地図等の2番と3番の土地の筆界は不明のままこれを筆界未定の一つの区画として留保し，4番の土地の区画とともにその位置の訂正をすれば，2番と3番の土地の筆界は地図等では判然としないものの，その各土地の位置が一体として是正されることになり，かつ，4番の土地についても是正されることになる。

　仮に，地図等を現状のまま放置しておくと，2番，3番及び4番の3筆の土地が地図等に誤って表示された状態で公示されることになる。以上のことを総合的に勘案すると，便宜，設問の地図等の訂正は認めて差し支えないものと考える。

　ちなみに，国土調査法による地籍調査において，調査図素図となる登記所地図の筆界が図示されている土地であっても，現地調査の結果，筆界の確認ができない土地については，「筆界未定」として処理することとされている（地籍調査作業規程準則30条3項）。

　なお，設問の地図等の訂正により，地図等を修正するときは，訂正後の2番，3番の土地について筆界未定である旨を記録するとともに，2番，3番の訂正前の地図等の筆界に相当部分を点線をもって表示しておく取扱いが望ましい。

443

第二節　土地の表示に関する登記手続

173　公図に他の字の表示として道路が重複して記録されている場合の訂正方法

問　下図のように，地番区域を異にするイ字，ロ字部の地図に準ずる図面（旧土地台帳附属地図。以下「公図」という。）において，隣接する双方に重複して道路の表示（いわゆる赤線）があり，当該部分の行政区域が明確（全部イ字）である場合には，どのように公図を訂正すればよいか。

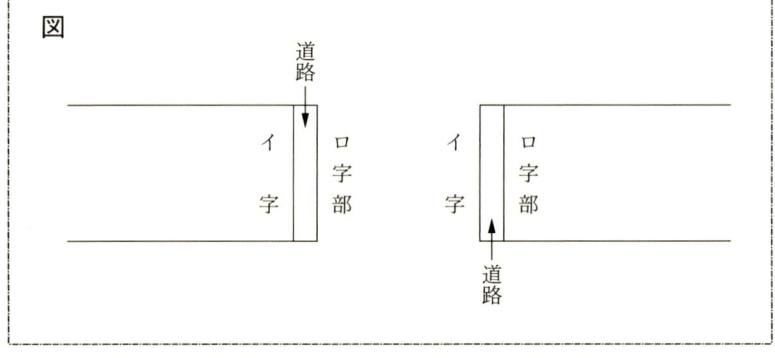

図

```
        道
        路
        ↓
┌────┬──┬────┐    ┌────┬────┐
│    │  │    │    │    │    │
│イ  │ロ│ロ  │    │イ  │ロ  │
│字  │字│字  │    │字  │字  │
│    │部│部  │    │    │部  │
│    │  │    │    │    │↑   │
└────┴──┴────┘    └────┴道──┘
                              路
```

【答】　公図のロ字部の道路部分を削除するか，他の字である旨の表示として一点鎖線を記録する方法によって処理するのが相当と考える。

【解説】

1　登記所に備え付けられている公図は，字限図又は字図ともいわれ，明治6年7月28日の「地租改正条例」（太政官布告第272号）に基づいて実施された地租改正事業において作成された地図（野取絵図，改租図，談合図ともいわれている。）である。そして，この地図は明治20年6月20日「地図更正ノ件」（大蔵大臣内訓）に基づく地押調査事業によって更正（地押調査図，更正図，分間図ともいわれている。）された。その後，明治22年3月22日「土地台帳規則」（勅令第39号）の制定に伴い，土地台帳の附属地図として備え付けられたもので，字の区域，町村の区域を単位として作成されていた（注）。

2 その後この地図は，土地の状況を明確に把握し，地租の課税標準の均衡，適正を図るために設けられた旧土地台帳の附属地図として税務署に備え付けられることとなった。

　しかし，この公図は，現在の測量方法あるいは測量技術からすれば，その精度は見取図的なものが多く，作成方法も必ずしも統一されていなかったことから，隣地との関係においても，おおよその位置，形状を相似形で示したものにすぎないものもあり，いわゆる「縄延び」の存在等が認められる土地も少なくない。

3 また，公図には設問のように，隣接の字との接続を明らかにするために，他の字に属する道路や水路をロ字部のように表示しているものもある。そして，この場合の多くは，他の字に属することを示すため，一般的には黒の一点鎖線で表示しているものが多い。しかし設問の場合には，黒の実線で双方に重複して表示されていることから，一見して道路部分がいずれの字に属するのか不明瞭となっている。

　したがって設問については，道路部分のすべてがイ字に属するものであることから，ロ字部に表示されている道路について，登記官の職権により削除するのが相当であると考える（公図は字単位で作成されるものであり，他の字の土地が表示されることは公図作成の原則になじまない。）。

　なお，隣接の字との接続関係を表示することが望ましい場合には，一点鎖線によって他の字に属する土地である旨を明らかにしておくことでも差し支えないものと考える。

(注)　明治20年6月20日「地図更正ノ件」の別冊準則として「町村地図調製式及更正手続」（大蔵省内訓第3890号）が定められ，この第2項において，「地図ハ村図字図ノ二種ヲ製スルモノトス村図ニハ(イ)号雛形ノ如ク毎事ノ地形ヲ画キ字図ニハ(ロ)号雛形ノ如ク毎事ノ地形ヲ画クモノトス」と定められていた。

174 公図にメガネ印でなく単に○や□の印で記録されている場合の訂正方法

問　地図に準ずる図面（旧土地台帳附属地図。以下「公図」という。）において，下図のように隣接する２筆の土地がメガネ印でなく○印，□印などで表示されている場合は，これを無番地の国有地とみるのか。あるいは３番の土地とみて，地図の訂正により是正することができるか。

図

3番　○	○
1番	2番

【答】　各種の資料を調査することにより判断することになるが，○印の土地が隣接する３番の土地の一部であり，筆界線が誤って表示されているものであることが確認できれば，地図の訂正により是正することができる。しかし，空白地である場合もあり，その帰属については慎重な判断を要する。

【解説】

1　登記所に備え付けられている地図に準ずる図面（公図）は，作成された年代や地域によってその精度に格差があるばかりでなく，様式や記載された記号等も必ずしも統一されておらず，様々な図面が存在している。したがって，現地調査を行う場合には，あらかじめ公図等を調査することになるが，それには，この公図の特徴を十分に把握しておくことが必要であり，調査を円滑に進めるために欠かせない作業である。

2　そこで，設問の場合には，公図に隣接する２筆の土地の一方には３番と記載しているほかに○印又は□印の表示があり，他の一方の土地には地番の表示がなく単に○印又は□印のみの表示がされている場

合，この○印又は□印は何を意味しているのかというものである。そこで，このように表示された原因についてまず考えられることは，いわゆるメガネ印の記入漏れがある。例えば，1筆の土地が道路，畦畔又は水路等を挟んで存在する場合に，別の地番を付さずに，つまり，一体の土地であることを示すために，土地に関する作図上の慣行として○⌒○印（メガネ印）などで両地を結ぶことがある（1巻問79＝200頁参照）。

　また，3番の土地と，この土地に隣接する4番の土地が過去に合筆され，その際に筆界線の消除に代えメガネ印を表示したが，この記載を誤ったものとも考えられる。

　さらに，過去に合筆した経緯のない場合には，空白地（登記されている土地が現地に存在するが，その地番が登記所に備え付けられている公図に記載されていない土地）である場合もある。

3　設問の場合には，このような記載がされた原因について調査することとなるが，その方法としては，まず，登記所に保管されている各種の地図（閉鎖されたものを含む。），現在の登記記録の表題部あるいは閉鎖登記簿の記載事項，旧土地台帳の登録事項，あるいは各種申請書又は申告書等について調査することになる。

　その結果，3番の土地に隣接する○印のみ記載された土地が3番の土地の一部であることが確認できれば，地図の訂正の方法によりこの筆界線を消除することになる。

4　また，○印の記載されている土地が他の土地の飛地であったり，山林地域と耕作地域が隣接する地域界にあっては（地図作成当時の地域界であって，現況が地域界というものではない。），山林あるいは耕作地の飛地として他の地域に存在する場合があるので，登記記録の表題部に記録されている土地の面積と公図上の面積を比較（隣接地等も比較して参考にする。）検討し，当該土地が他に存在しないか否か等を調査しなければならない。

第二節　土地の表示に関する登記手続

　なお，当該土地が国有地か否かについて調査することは当然のことであり，この所属について国有財産を所管する官公署に照会する必要がある。

175 公有地を保存登記した後に個人に売却されたが公図に記載されていない場合の処理

> 問　昭和30年6月8日に旧土地台帳に登録され，昭和30年6月17日に農林省名義に保存登記された山林50000平方メートルの土地が，昭和32年8月30日に個人に売り渡され，その登記がされているにもかかわらず，地図に準ずる図面（旧土地台帳附属地図。以下「公図」という。）に記載されていない場合は，どのような処理をすればよいのか。

【答】　現在の所有者が，登記官に対して地図の訂正の申出をすることによって，公図に当該土地の地形と地番を記録することになる。

【解説】

1　地図に準ずる図面（公図）は，明治の中期に国民から地租を徴収するために整備された旧土地台帳の附属地図として，課税の対象となる民有地を中心に作成されたものであり，国有地（特に山林，原野）については，地租の対象外であったため，その必要性がなく，公図が作成されていない地域が少なくない。また，公図が作成された地域に存在する国有地については，官有地として地租徴収の対象外であることから，公図には地形が表示されているものの，この土地は無番地として地番が記載されていないものもある。したがって，これらの土地については，当然に旧土地台帳にも登載されていなかった。

2　設問の山林は，以上のような国有地であったために，明治中期に公図が作成されなかったか，あるいは，公図には地形が表示されているが，国有地であったため地番が表示されなかった土地のいずれかであると推測することができる。

　そして，その後この山林を昭和30年に農林省が保存登記をするために旧土地台帳に登録（「登録地成」という。）し，新たに地番が付さ

第二節　土地の表示に関する登記手続

れたが，この際，公図にもその形状を記載し地番を付すべきであったが，何らかの理由によりこれらが表示されなかったものと思われる。

3　そこで，この土地を改めて公図に表示するには，土地の所有権の登記名義人等から地図の訂正の申出を行うことになる。地図の訂正の手続については，地図若しくは地図に準ずる図面に誤りがあるときは，当該土地の表題部所有者若しくは所有権の登記名義人又はこれらの相続人その他の一般承継人（以下「土地の所有等」という。）は，その訂正の申出をすることができるとされている（規則16条1項）。したがって，公図に地形は表示されているが地番の記載のない場合も，同様な申出をすることになる。

　本来，地図の訂正は登記官の職権により行うものであるが，登記官が地図の記載及び現地の状況を常に把握していることは非常に困難なことであり，土地の所有者等の申出があって初めて地図の記載の誤りを知ることが多い。このため一般的には，土地の所有者等の申出に基づき，登記官が職権で訂正することになる。

　なお，公図に地形を記載する地図の訂正の申出には，対象の土地が公図のどの位置に存在するのかを明らかにするため，地図訂正の申出情報と併せて土地所在図及び地積測量図を提供することになる（規則16条5項2号）。このほかに，農林省が昭和30年に旧土地台帳に登録した当時の，当該土地の位置を証明する資料，隣接地所有者の証明書（同意書，承諾書，筆界確認書又は立会証明書等）を併せて提供するのが相当である（規則16条5項1号）。

176 地図等のない地域に地図訂正の方法で地図等を備え付けることの可否

問　地図又は地図に準ずる図面（以下「地図等」という。）の備付けのない地域について，地図等の訂正の方法によって地図等を備え付けることができるか。

【答】　地図等の備付けのない地域については，地図等の訂正に準じた方法により，当該土地の表題部所有者等から地図等の備付けの申出があり，この提供された地図が所定の精度を有するものであれば，登記官は職権により地図等として備え付けることができるものと考える。

【解説】

1　法第14条第1項は，「登記所には，地図及び建物所在図を備え付けるものとする。」と規定し，同条第4項では，「第1項の規定にかかわらず，登記所には，同項の規定により地図が備え付けられるまでの間，これに代えて，地図に準ずる図面を備え付けることができる。」と規定している。しかし，この地図はもとより，地図に準ずる図面についても備付けのない地域が存在するようである。その原因としては，明治期に地租徴収の目的で全国的に旧土地台帳附属地図（以下「公図」という。）が作成されたが，その際に，現存する民有地を公図に記載するのを遺漏したものや，国有地の山林，原野等で課税の対象からはずされたため，その公図が作成されなかったこと等によるものと思われる。また，公図は作成されたものの，その後，災害などの何らかの事情によって公図が現地と一致しないこととなり，この公図が閉鎖された地域もある。

2　このような地図等の備付けのない地域についての土地の表示に関する登記の手続については，昭和41年2月1日全国土地家屋調査士会連合会会長回答（全調連総第60号）において，次のように示されて

第二節　土地の表示に関する登記手続

いる。すなわち,「地図の備え付けのない地域について初めて土地の地積の更正,分筆又は合筆の登記を申請する場合には,申請書に地積更正,分筆又は合筆後の土地の方位,形状,隣接地の地番を記載した土地の所在図並びに隣接地所有者の同意書等を添付させるものとする。」としている。この趣旨は,これらの登記の申請人に,その地域全体の地図の提出を求めるのは余りにも負担が大きいため,便宜的な取扱いとして,比較的容易に作成することのできる土地所在図の提出を求め,位置関係を特定することにより二重登記等を防止することとしたものと解される。そして,この土地所在図が増加した段階で一定の地域ごとに整理し,将来的には,これに地図の役割を持たせるという構想によるものと思われる。

3　不動産登記制度の下において地図等は,登記記録の記録と相まって,権利の客体である各筆の土地の位置及び区画を明確にするものとして位置付けられ,表示に関する登記の適正,迅速な処理においてはもとより,不動産取引の安全を確保する上においても必要不可欠なものである。したがって,地図等の備付けのない地域については登記所の努力により速やかに備え付けなければならないが,諸般の事情によりこれは極めて困難なことである。そこで,これらの地域については,各土地の所有者が協力して一定の地域の地図を作成し,登記官に対しこれを地図等として備え付けるよう申出書が提出されれば,登記官はこの申出書の内容を審査し,提出された地図について現地において調査し,これが所定の精度を有していて正確なものと確認できれば,職権をもって地図等として備え付けることは可能である。

4　この申出の方法は地図等の訂正の申出と同様であるが,当該地域の土地の所有者全員が申出人となり,申出情報と併せて規則の別記第1号の様式等により作成した地積測量図,隣接地所有者の承諾書（印鑑証明書を添付）等を提供することになる（昭和52・12・7民三第5936号民事局第三課長回答）。

第7　地図等の訂正

　なお，登記官は，地図等の備付けのない地域がある場合には，市町村役場その他の関係官庁等において保管している地図の有無を調査し，これが存在する場合は，その地図の精度等を現地において調査するとともに登記記録との整合性を調査し，少なくとも地図に準ずる図面として利用し得る程度の地図であれば，これを登記所の地図等として積極的に備え付けていく必要があるものと考える。

第二節　土地の表示に関する登記手続

177　同一所有者の地目の異なる複数の土地の筆界が地図と異なる場合の是正方法

> 問　同一所有者に属する４筆の隣接している土地の地図が現況と異なり，かつ，登記記録の表題部の地目もそれぞれ宅地，雑種地，原野及び山林となっているが，現況は宅地及び雑種地である場合には，便宜，４筆の土地をいったん宅地か雑種地の同一地目に変更した上で合筆し，登記記録の表題部の地目に合致するように４筆の土地に分筆し，地目変更した他の土地について現況の地目に変更する登記を申請し，是正することができるか。

【答】　設問の場合には，意見のような登記の申請はできないものと考える。

【解説】
1　登記所に備え付けられている地図は，土地の表題登記等において作成され，その後，分筆又は合筆の登記等によって地図の修正が行われる。そして，これらの作成及び修正作業が正確に行われ，現地の筆界が明確であれば，土地の所在，位置及び形状等の表示は地図に正しく表示されていることになる。しかし，何らかの原因によって現地の土地の形状等と地図の表示が異なることがある。このように，現地と地図の記載が相違する場合において，地図の表示が誤っているときは，地図としての機能を十分に果たすことができず，境界紛争の原因にもなるので，地図を訂正することになる（規則16条１項）。

2　ところで，数筆の土地のそれぞれの筆界が明らかでなく，従前の地目界も確認できない場合において，登記所の備付けの地図によって現地の筆界を復元できない場合には，当該土地を測量することもできない。そこで，この場合の是正の方法としては，通常，同一人の所有する数筆の土地の筆界が明らかでなく，かつ，それらの土地の地目が同

一の場合であれば，この数筆の土地について合筆の登記をして1筆の土地とした上で，必要があれば改めて分筆の登記をすることになる。しかし，設問は，4筆の土地の登記記録の表題部の地目がそれぞれ異なり，現況の地目も宅地と雑種地となっている場合には，合筆の登記をすることはできないので，便宜的な取扱いとして，4筆の土地の地目をいったん同一地目に変更（現況とは異なる）した上で，合筆の登記をし，引き続いて分筆，地目変更等の登記により登記記録の表題部及び地図の表示を修正し現況に合致させることが認められないかというものである。

3　不動産の表示に関する登記は，権利の客体である不動産の現況を正確に登記記録の表題部に記録し，これを公示することにより，当該不動産についての取引が安全かつ円滑に行われることを目的としている。このため，土地の地目が変更されたときは速やかにこれらの状況を登記記録に反映させるため，不動産の所有者又は所有権の登記名義人に対し，その事実の発生した日から1月以内に登記の申請をするよう義務付けている（法37条1項）。このように，不動産の表示に関する登記は事実の登記であるから，便宜的とはいえ，設問のような事実に基づかない地目の変更の登記はすることができないものと解される。

4　土地の地目は，原則として，1筆ごとに定めることになるが，数筆の土地が一団として同一の用途に利用されているときは，当該一団の土地全体をみて，一つの地目とすることはあり得ると考える。例えば，設問の事案において，4筆となっている一団の土地の一部に店舗等の建物があり，他の部分が青空駐車場となっている場合には，全体の地目を宅地とすることはあり得るので，設問の事案についても，以上の観点から是正方法を考えることも必要であると思われる。

第二節　土地の表示に関する登記手続

178　地籍調査完了地域の地図に図示された国有海浜地の海岸線が移動した場合の地図訂正

> 問　地籍調査の完了した地域の地図（地籍図）に図示された国有海浜地の海と陸地の境が自然現象により移動した場合，海浜地の管理者から地図の訂正の申し出をすることができるか。

【答】　設問の地図の訂正の申出については，消極に解するのが相当と考える。

【解説】

1　不動産に関する登記は，私人間の権利関係を公示することを目的とするものであるから，登記の対象となる土地は，私権の対象となるものでなければならない。公有水面埋立法第1条によれば，公有水面とは，河，海，湖，沼その他の公共の用に供する水流又は水面であって，国の所有に属するものとされている。したがって，海面下の土地は，国の公法上の支配権に服するものであるから，原則として私人の所有権の目的とはならないと解されている。しかし，表面が水に覆われている土地，例えば池やため池のように，私権の客体となり得る土地であれば，当然に登記の対象となり得る（注）。

2　陸地と海面下の土地の境界について登記の実務においては，潮の干満の差のある水面にあっては，春分・秋分における満潮位を標準として定めるとしている（昭和31・11・10民事甲第2612号民事局長事務代理回答）。したがって，春分・秋分の満潮時において海面下に没する土地については登記能力がない。このため，そのような土地が既に登記されていて，春分・秋分の満潮時においてその全部又は一部が海面下に没する場合には，その部分について私人の所有権が認められず，当該土地について滅失又は地積減少の登記をしなければならない（昭和33・4・11民三第203号民事局第三課長事務代理回答）。

456

3　ところで海浜地は，通常，里道，寄洲，用悪水路等と同様に公共用財産とされ（国有財産法3条2項），道路法，河川法等の法令の適用を受けない土地であることから，実務上，法定外公共用物とよばれていて，地図にはその形状が表示されていても，登記されることはほとんどない。設問は，地籍調査によって地図として備えられた地籍図に図示されている国有海浜の陸と海との境界が自然現象により移動した場合には，その海岸線の現況を確認した上で，当該地図について訂正を要するかというものである。

4　地籍調査は，土地における地籍の明確化を図る目的をもって，毎筆の土地について，その所有者，地番及び地目の調査並びに境界の測量及び地積に関する測定等の事項について行う調査であるので，その成果の一つである地籍図は，基本的には毎筆の土地について作成されるもので，設問の海浜地と海との境界については表示する必要のないものである。設問の事案は，海浜地と海との境界線が表示されているものであるが，地籍図は，毎筆の土地の所在等を明らかにするためのものであることを考えると，この表示は，いわば参考としてのものにすぎないといえる。したがって，この参考的な境界線について，地図訂正の対象とすることには消極に解するのが相当と考える。

(注)　枇杷田泰助・吉野衛「不動産表示登記入門　第4版」8頁　きんざい

四　その他

179　地図等を訂正する土地の隣地が区画整理の仮換地の場合に承諾を要する者

> 問　地図又は地図に準ずる図面（以下「地図等」という。）の訂正の申出をする土地に隣接する土地が、土地区画整理事業施行地域（換地処分未了の仮換地）である場合は、隣接地所有者としてだれの承諾書を提供すればよいか。

【答】　換地処分が未了であれば、従前地（底地）の所有者及び仮換地の指定を受けた者の承諾書を提供するのが相当であると考える。

【解説】

1　地図等の表示に誤りがあるときは、当該土地の表題部所有者若しくは所有権の登記名義人又はこれらの相続人その他の一般承継人は地図等の訂正の申出をすることができる（規則16条1項）。この場合において、土地の区画若しくは位置若しくは形状又は地番を訂正する地図等の訂正の申出情報には、地図等をどのように訂正するのかを明らかにした土地所在図、地積測量図のほか、土地の区画若しくは位置若しくは形状又は地番に誤りがあることを証する情報を併せて提供しなければならない（規則16条5項1号）とされている。具体的には、隣接地所有者の承諾書（立会証明書、筆界確認書、同意書等）がある。

　この承諾書の提供がない場合は登記官が現地調査を行い、隣接地所有者等に筆界についての意見を聴取することによって、地図等の訂正の受否を判断することになる。

2　地図等の訂正をする土地の隣接地が土地区画整理事業施行地域で、換地処分未了の仮換地である場合は、隣接地の利害関係人としてだれの承諾書を提供するのかが問題となる。

ところで，区画整理施行地域の土地の所有者は，仮換地指定の処分があると，従前地（いわゆる底地）と仮換地との双方について法律関係を有することになる。そして，仮換地の指定の効果として従前地については，所有権中の処分権を残すのみとなり，仮換地については所有権中の使用又は収益権を有することになる（土地区画整理法99条1項）。

3　このため，地図等の訂正において利害関係を有する者としては，仮換地を使用又は収益している者となり，この者の承諾書を提供することでよいものと解される。しかし，従前地の土地の所有者は，区画整理事業の仮換地指定の処分がされた後においても，登記記録においては土地の所有者であること，及び仮換地指定処分があるまでは当該土地を管理していた者であることから，明らかに利害関係を有する者であると解されるので，この者の承諾書をも提供するのが相当であると考える。

第二節　土地の表示に関する登記手続

180　筆界未定地の地図訂正の申出において提供する隣接地所有者の承諾書の範囲

問　地籍調査の筆界未定地について，所有者が筆界記入の地図訂正の申出をする場合，申出情報と併せて提供する隣接地所有者の承諾書は，下図（1）の場合はＡ・Ｂ，（2）の場合はＡ・Ｂ・Ｃ・Ｄの承諾書を提供しなければならないか。また，下図（1），（2）とも１番及び２番の土地の地積測量図を提供することになるのか。

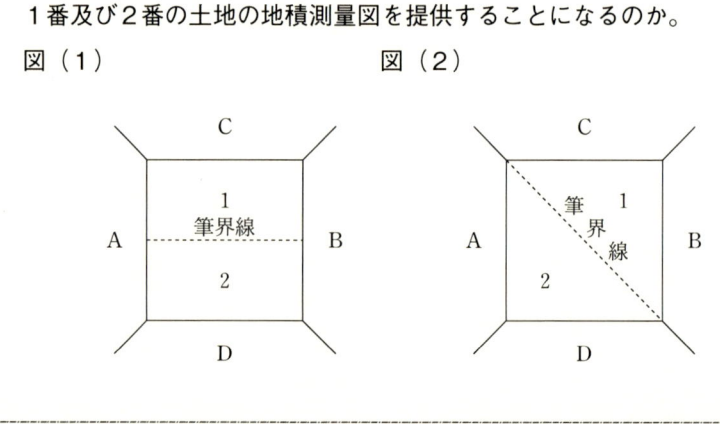

図（1）　　　　　　　　　　図（2）

【答】　１番と２番の土地の間の筆界を除く周囲の各土地との筆界に相違がない場合には，隣接地所有者であるＡ，Ｂ，Ｃ，Ｄの各土地の所有者の承諾書等の提供は省略して差し支えないものと考える。また，いずれの場合にも１番及び２番の土地の土地所在図又は地積測量図の提供を要する。

【解説】

1　国土調査法による地籍調査事業は，昭和26年に国土調査法が制定されて以来，今日まで着実に進められていて，その事業の成果に基づき地籍図等が作成され，この地籍図等は国土調査法第20条第１項の規定により登記所に送付されることになる。このようにして登記所に送付された地籍図は現在相当の数になるが，この地籍図は，同条第２

第7　地図等の訂正

項又は第3項の規定により登記が完了した後に，地図として備え付けることを不適当とする特別の事情のある場合を除き，法第14条第1項の地図として備え付けることとされている（規則10条5項）。そして，この地籍図は現地復元機能を備える地図として，重要な役割を果たしている。

2　ところで，地籍調査においては，一筆地調査の段階で各土地の筆界の確認を行うことになっているが，中には筆界に争いがあったりして，筆界の確認を行うことができない場合がある。この場合には，筆界が定まらないもの，つまり，「筆界未定地」として処理することとされている（地籍調査作業規程準則30条）。

　　また，地籍調査の成果が登記所に送付され，登記所においてこの成果に基づく所定の登記をする段階で，便宜「筆界未定地」として処理することもある。例えば，数筆の土地について合併があったものとしての成果に基づいて，登記する場合において，一部の土地の所有権に変動があるなど合筆登記の制限事項に該当するため，合筆の登記ができないときは，この成果を修正することなく，関係する土地を「筆界未定地」として処理することがある。

3　筆界未定地に対する地籍図の取扱いは，例えば，1番，2番の各土地の筆界が未定の場合には，当該土地の地籍図の適宜の箇所に（1＋2）のように表示する取扱いとされている（地籍図の様式を定める総理府令（昭和61・11・18総理府令第54号）別記第1部2一筆地調査事項の表示参照）。この場合，国土調査の成果に基づく登記等を行わないこととされている。しかし，地籍図に筆界未定と表示されている部分があっても，少なくとも筆界未定地とこれに隣接する土地との筆界は明らかにされていることから，この部分については地籍調査の成果の一部とみるべきであろう。

4　このように解すると，設問の図（1），図（2）において，地図に実線で表示されているA，B，C，Dの各土地と1番，2番の各土地

461

第二節　土地の表示に関する登記手続

に接する筆界については，地籍調査において所有者等によって筆界が確認されているものとみることができる。しかし，1番と2番の土地の筆界については，筆界未定地として取り扱われているものであるから，後日，当事者によって筆界が確認され，点線部分について筆界線を記入する地図訂正の申出をすることができる。この場合，現地における1番，2番の各土地とこれに隣接するA，B，C，Dの各土地との筆界が，地図上の表示と合致しているときは，特別事情が存しない限り，この申出情報には，A，B，C，Dの各土地の所有者の承諾書等の提供は省略して差し支えないものと考える。

　なお，地図訂正の申出情報は，併せて規則第16条第5項第2号の規定により土地所在図又は地積測量図を提供する必要がある。

181 公有水面埋立による表題登記の前提として隣接地について地図等の訂正をするときの公有水面側の利害関係人

問　下図のように，27番1及び27番2の土地の境界が地図に準ずる図面（旧土地台帳附属地図。以下「附属地図」という。）と現地で相違する場合において，27番1と27番2の地先について公有水面の埋立ての認可を得て土地の表題登記を申請するには，その前提として地図等（地図又は地図に準ずる図面をいう。）の訂正を要するが，この申出情報と併せて提供する隣接地所有者（公有水面側）の承諾書は県知事のものでよいか。

図

```
(旧土地台帳附属地図)              (現　地)
      道　路                       道　路
  ┌──┬──┐                 ┌──┬──┐
  │26-3│26-1│                 │26-3│26-1│
水 ├──┼──┤             水 ├──┼──┤
路 │27-2│27-1│             路 │27-2│27-1│
  └──┴──┘                 └──┼──┴┐
      海                          │公有水面埋立│
                                  └──────┘
                                      海
```

【答】　公有水面埋立の認可を受けた者は，その埋立地に隣接する27番1，27番2の土地について地図等の訂正の申出権限を有しない。しかし，同人の申出であっても，登記官の職権発動を促す申出として処理することは可能である。この場合には，地図等の訂正の申出情報と併せて埋立てを認可した都道府県知事の承諾書を提供するのが相当である。

【解説】

1　登記所に備え付けられている附属地図には，何らかの事情によって土地の位置，形状，地番等が現地と異なるものがあるが，これらの附属地図は，明治期に作成された改租図あるいは更正図に多い。そこ

463

第二節　土地の表示に関する登記手続

　　で，このような附属地図については，土地の表題部所有者若しくは所有権の登記名義人又はこれらの相続人その他の一般承継人の申出（規則16条1項）により訂正することができる。しかし，この附属地図の訂正の申出は，現地の土地の位置，形状，地番等が附属地図の表示と合致しない場合に，附属地図の記載を現地に合致するよう訂正するものであり，その原因が附属地図の記載の誤りに起因する場合に認められるものである。したがって，当事者の合意により境界を変更したり，土地の所有権を交換により相互に移転したことによる地番の変更等は認められない（昭和43・6・8民事甲第1653号民事局長回答）。

2　地図等の訂正の手続については，規則第16条に規定されていて，土地の区画若しくは位置あるいは形状等を訂正するときは，その申出情報と併せて土地所在図又は地積測量図を提供することとされている。また，先例（昭和52・12・7民三第5936号民事局第三課長回答）は，「公図（附属地図）に記載された土地の境界の表示に誤りがあるときは，それを証するに足りる資料を添付して申出することができるが，利害関係人の同意書は，公図（附属地図）の表示が誤りであることを確認するための最も信頼度の高い資料となり得る。」とし，隣接地所有者等の承諾書等の提供を要するとしている。

3　設問は，27番1と同番2の各土地の公有水面と接する筆界が，附属地図では同一線上にあるが，現地では，これと異っている事案である。この事案において，現地が正確であって，附属地図の表示が誤りであるときは，27番1及び同2の地先に公有水面埋立の認可を得た者は，表題登記の申請に先立って利害関係人として，誤って表示されている土地について，当該土地の附属地図の表示を現地に合致させるよう訂正の申出をすることはできないが，規則第16条第15項の規定による登記官の職権の発動を促す申出はすることができる。そして，この場合には，申出情報と併せて当該土地の隣接地所有者の承諾書等を提供することになる。

4 この場合，隣接地所有者として，公有水面側についてはだれの承諾書を提供するかが問題となる。すなわち，公有水面とは，河，海，湖，沼その他の公共の用に供する水流又は水面で国有とされているが（公有水面埋立法1条），公有水面を埋め立てる者は都道府県知事の免許を受け（同法22条），竣功認可を得て所有権を取得することとなる（同法24条）。

　したがって，設問の事案については，形式的には，対象となる土地の地図等の訂正における利害関係人は国ということになるが，既に実質的には公有水面を埋め立てた者の所有となっており，かつ同人から地図等の訂正の申出をするものであるから，埋立てを認可した都道府県知事の承諾書を提供するのが相当であると考える。なお，設問のような事案については，27番2の土地が事実上の埋立てにより広くなっていないかなどについて，慎重に調査する必要がある。

第二節　土地の表示に関する登記手続

182　官公署の地図等の訂正申出において提供する隣地所有者の承諾書に承諾者の資格を証する書面を提供することの要否

> 問　官公署が地図又は地図に準ずる図面（以下「地図等」という。）の訂正の申出をする場合においても，境界立会証明書等を提供することになるが，隣接地の立会人の資格を証する書面として，相続証明書，住所証明書，印鑑証明書等は提供を省略することができるか。

【答】　官公署が地図等の訂正の申出をするときでも，原則として，設問の相続証明書，住所証明書，印鑑証明書等を提供するのが相当であると考える。

【解説】

1　地図等の訂正の手続は，登記そのものではないから申請の形式を採らず，土地の表題部所有者若しくは所有権の登記名義人又はこれらの相続人その他の一般承継人からの申出の形式を採っている（規則16条1項）。そして，地図等に表示された土地の境界又は形状の訂正等についての訂正の申出情報には，それらについて誤りがあることを証する情報，土地所在図及び地積測量図を併せて提供することとされている（規則16条5項1号・2号）。具体的には，その事実を疎明するための資料として，利害関係人である隣接地所有者の境界確認書等（印鑑証明書添付）の提供を求め，地図等の訂正の申出の真正を担保させている。そして，この隣接地所有者の境界確認書は，当該地図等の表示に誤りがあり，これを正しい地図等に訂正することを確認するための信頼度の高い資料となるものとして位置付けられている（昭和52・12・7民三第5936号民事局第三課長回答）。

2　この場合，隣接地所有者の登記記録の権利部等に記録された所有権の登記名義人等の住所と，同人の印鑑証明書の住所が一致しない場合

には，住所を証する書面として住民票の写しあるいは戸籍の附票の写しの提供を求め，同一人であることを明らかにすることとしている。また，隣接地所有者が所有権の登記名義人の相続人である場合には，相続を証する書面の提供を求め，隣接地所有者を特定することとしている。

　官公署が公有地について，地図等の訂正の申出をする場合にも，原則として上記と同様な手続をするのが相当であると考える。けだし，この取扱いは，昭和52年の準則改正において，従来，登記官の実地調査の省略可能な事例として「官公署又はこれに準ずるものの嘱託による場合」を掲げていた（改正前の準則82条1号）のを，たとえ官公署等の嘱託等による場合であっても，必要に応じて実地調査をすることにより，表示に関する登記の正確性を確保するとの趣旨により削除された経緯からすると理解できると思われる。

第二節　土地の表示に関する登記手続

183　再製の際誤って作成した地図を職権で訂正する場合の所有者への通知の要否

> 問　地図に準ずる図面（旧土地台帳附属地図）の再製の際に誤って作成した地図について，登記官が原図に基づき職権で地図の訂正をしたときは，所有者にその趣旨を通知しなければならないか。

【答】　和紙による旧土地台帳附属地図を再製した地図に準ずる図面を職権により訂正する場合は，原図のとおりに復元するものであるから，所有者等に対する訂正した旨の通知は，要しないものと考える。

【解説】
1　旧土地台帳附属地図（公図）は，地租徴収の目的により調整された旧土地台帳の附属地図として，明治中期に和紙により作成されたものであるが，長期の使用により著しく損傷が進行していた。そこで，昭和40年前後から，この原図の保護を目的として順次ポリエステル・フィルムにより再製する作業が進められ，現在，各登記所において閲覧に供されている地図に準ずる図面の大部分はこの地図である。

　和紙による図面を再製する場合には，この新旧の地図について繰り返し照合し，移記の誤りのないよう十分に注意をして取り扱うこととされている（昭和47・8・30民三第768号民事局第三課長依命通知）。しかし中には，地番や筆界線の移記を誤ったもの，原図の損傷が著しく地番の判読ができないため空白となっているもの，あるいは分筆，合筆等を繰り返して行われた土地について筆界線が記入されていないもの，赤線（里道），青線（水路）の着色が誤っているもの等がみうけられる。

2　再製後の地図に準ずる図面については，何人においても手数料を納付してこれらの全部又は一部の写しの交付又は閲覧の請求をすることができるとされている（法120条1項，2項）。このため，これらの地図

に準ずる図面の閲覧者等から，再製地図の移記等の誤りを指摘され，又は，当該土地の表題部所有者若しくは所有権の登記名義人又はこれらの相続人その他の一般承継人から地図の訂正の申出がされることがある（規則16条1項）。このように登記官が，地図訂正の申出情報を受理し，再製地図と原図とを照合し，再製地図に誤りが認められる場合には，再製地図の誤りを訂正することになる（規則16条12項）。

　なお，登記官が申出に基づくことなく職権で再製地図を訂正した場合は，再製する際に誤ったものを，登記官が原図に基づいて訂正し復元するものであるから，所有者等に対する訂正した旨の通知は，要しないものと考える。

付　録

○関係主要先例

○公差早見表

1 登記簿上の地目が農地である土地について農地以外の地目への地目の変更の登記申請があった場合の取扱いについて

(昭和56年8月28日民三第5402号民事局長通達)

　最近一部の地域において，農地について，農地法上必要な許可を得ないで造成工事等を行つた上，標記の登記申請をする事例が多く生じているが，中には，その処理をめぐり，地目の変更及びその日付に関する登記官の認定が厳正を欠いているとの批判や，登記官が農地法の潜脱に加担したものであるかのような誤解を招くに至つた事例もみられる。

　このような事態にかんがみ，今後標記の登記申請があつた場合には，特に左記の点に留意の上，農地行政の運営との調和に配意しつつ，地目の変更及びその日付の認定を厳正に行うことにより，いやしくも右のような批判や誤解を招くことがないように処理するよう貴管下登記官に周知方取り計らわれたい。

　なお，標記の登記申請に当たり，申請人，申請代理人等が登記官に対し，不当な圧力をかけてその申請の早期受理を強く迫る場合も見られるので，このような場合には，その対応について臨機に適切な措置を講ずるよう配意されたい。

　おつて，左記の一の1から3までについては，農林水産省と協議済みであり，この点に関して同省構造改善局長から各都道府県知事あてに別紙のとおり通達されたので，念のため申し添える。

記

一　標記の登記申請に係る事件の処理は，次の手続に従つて行うものとする。

　　1　登記官は，申請書に次の各号に掲げる書面のいずれかが添付されている場合を除き，関係農業委員会に対し，標記の登記申請に係る土地（以下「対象土地」という。）についての農地法第4条若しくは第5条の許可（同法第4条又

付　録

　　　は第5条の届出を含む。）又は同法第73条の許可（転用を目的とする権利の設定又は移転に係るものに限る。）（以下「転用許可」という。）の有無，対象土地の現況その他の農地の転用に関する事実について照会するものとする。
　　　(1)　農地に該当しない旨の都道府県知事又は農業委員会の証明書
　　　(2)　転用許可があつたことを証する書面
　　2　登記官は，1の照会をしたときは，農業委員会の回答（農業委員会事務局長の報告を含む。以下同じ。）を受けるまでの間，標記の登記申請に係る事件の処理を留保するものとする。ただし，1の照会後2週間を経過したときは，この限りでない。
　　3　対象土地について農地法第83条の2の規定により対象土地を農地の状態に回復させるべき旨の命令（以下「原状回復命令」という。）が発せられる見込みである旨の農業委員会の回答があつた場合には，農業委員会又は同会事務局長から原状回復命令が発せられた旨又は原状回復命令が発せられる見込みがなくなつた旨の通知がされるまでの間，標記の登記申請に係る事件の処理を更に留保するものとする。ただし，農業委員会の右回答後2週間を経過したときは，この限りでない。
　　4　対象土地の現況が農地である旨の農業委員会の回答があつた場合において，対象土地の地目の認定に疑義を生じたときは，登記官は，法務局又は地方法務局の長に内議するものとする。
　二　登記官が対象土地について地目の変更の認定をするときは，次の基準によるものとする。
　　1　対象土地を宅地に造成するための工事が既に完了している場合であつても，対象土地が現に建物の敷地（その維持若しくは効用を果たすために必要な土地を含む。）に供されているとき，又は近い将来それに供されることが確実に

見込まれるときでなければ，宅地への地目の変更があつたものとは認定しない。
2　対象土地が埋立て，盛土，削土等により現状のままでは耕作の目的に供するのに適しない状況になつている場合であつても，対象土地が現に特定の利用目的に供されているとき，又は近い将来特定の利用目的に供されることが確実に見込まれるときでなければ，雑種地への地目の変更があつたものとは認定しない。ただし，対象土地を将来再び耕作の目的に供することがほとんど不可能であると認められるときは，この限りでない。
3　対象土地の形質が変更され，その現状が農地以外の状態にあると認められる場合であつても，原状回復命令が発せられているときは，いまだ地目の変更があつたものとは認定しない。
三　申請人，申請代理人等の供述以外に確実な資料がないのに，地目の変更の日付を安易に申請どおりに認定する取扱いはしないものとする。

別　紙

五六構改Ｂ第 1345 号
昭和 56 年 8 月 28 日
農林水産省構造改善局長

知事　殿

登記簿上の地目が農地である土地の農地以外への地目変更登記に係る登記官からの照会の取扱いについて

　不動産登記法による地目認定と農地法の統制規定との相互の運用の円滑化を図るための調整措置については，これまで「登記官吏が地目を認定する場合における農地法との関連について」（昭和 38 年 7 月 8 日付け三八農地第 2708 号（農），農林省農地局長通達）及び「登記官が地目を認定する場合における農地法との関連について」（昭和 49 年 2 月 9 日付け四九構改Ｂ第 250 号，農林省構造改善局長通達）により運用してきたところ

付　録

　であるが，最近一部の地域において，農地につき農地法の許可なく転用し，登記簿上の地目を農地以外の地目に変更登記した上譲渡する等の事態が生じている。
　このような事態は，優良農用地を確保し，良好な農業環境を保持することを目的とする転用規制等農地法の励行確保を期する上で看過することができないものであり，その未然防止を図るためには，基本的には農地担当部局等において，不断に農地事情の迅速適確なは握に努めるとともに，適切な是正措置を適時に講じていく必要があることは当然である。しかし，違法な転用行為の防止や適時の是正措置の実施等転用規制の厳正な執行に万全を期するためには，併せて不動産登記制度と農地制度との相互の運用の整合性を可能な限り確保していくことが肝要であり，このため，法務省民事局長と登記簿上の地目が農地である土地の農地以外への地目変更の登記申請があつた場合の取扱いについて協議を行つてきたところである。
　その結果，登記簿上の地目が農地である土地の農地以外への地目変更登記の取扱いに関し，登記官は，地目変更登記申請に農地法の転用許可証等又は都道府県知事若しくは農業委員会の農地に該当しない旨の証明書が添付されていないものについては，必ず農業委員会に農地法の転用許可等の有無，現況が農地であるか否か等について照会するとともに，農業委員会の回答をまつて登記事案の処理が行われることとなつた。また，違法転用に係る事案で，都道府県知事が農地の状態に回復すべき旨の命令（以下「原状回復命令」という。）を発する見込みであるものについては，登記官は，原状回復命令が発せられるまで登記事案の処理を更に留保し，原状回復命令が発せられたときは登記申請を却下することとされ，別添のとおり法務省民事局長より通達されたところである。
　ついては，登記官からの照会に係る事務の処理についてその取扱いを下記のとおり定めたので，これが処理に当たつては迅速に対処し，登記官に対する回答期限の厳守については特に配

慮し，遺憾なきを期するとともに，登記官からの照会により違法転用の事実又はその可能性が明らかになつた事案については，適時適切に違法行為の防止又は是正のための措置が講じられるよう措置されたい。

　なお，「登記官吏が地目を認定する場合における農地法との関連について」（昭和38年7月8日付け三八農地第2708号（農），農林省農地局長通達）及び「登記官が地目を認定する場合における農地法との関連について」（昭和49年2月9日付け四九構改B第250号，農林省構造改善局長通達）は，廃止する。

　おつて，貴管下農業委員会に対しては，貴職からこの旨通達されたい。

記

一　農業委員会の処理
　(1)　農業委員会は，登記官から標記照会を受けたときは，照会に係る土地について農地法第4条，第5条又は第73条の許可（届出を含み，第73条にあつては転用を目的とする場合に限る。以下「転用許可」という。）を受けているか否かを確認し，更に転用許可を受けていない事案については転用許可を要しないものであるか否かを確認するとともに，原則として農業委員3人以上と農業委員会事務局職員により遅滞なく現地調査を行い，現況が農地であるか否かを確認するものとする。この場合において，転用許可を要しない事案には，転用許可の適用が除外されているもののほか，災害によつて農地以外の土地に転換しているもの等が含まれるので，留意するものとする。
　(2)　農業委員会は，(1)の調査の結果，転用許可を要する事案で，かつ，転用許可を受けないで農地転用行為が行われているものがあつた場合には，直ちに当該事案について都道府県農地担当部局に報告し，原状回復命令を発する予定があるか否かについて適宜の方法により同部局に確認するも

付　録

のとする。
(3)　農業委員会は，登記官が標記照会をした日から2週間以内に，別紙様式第1号により登記官に回答するものとする。
(4)　農業委員会は，(3)により近く原状回復命令が発せられる見込みである旨の回答をした事案について次の事項を確認したときは，速やかに別紙様式第2号又は第3号により登記官に通知するものとする。この場合においては，当該通知は(3)の回答の日から2週間以内に行うものとする。
　　ア　都道府県知事が原状回復命令を発したとき
　　イ　原状回復命令を発する見込みがなくなつたとき
(5)　農業委員会の総会又は農地部会の開催の都合等により農業委員会が(2)の報告，(3)の回答又は(4)の通知を適時に行うことができないときは，農業委員会事務局長が(2)の報告若しくは(4)の通知をし，又は(3)の回答に代わる調査結果の報告をするものとする。
(6)　農業委員会は，(3)又は(4)による回答又は通知の期限が差し迫つている事案については，適宜の方法によりあらかじめ登記官と連絡調整し，事案の適確な処理が図られるよう努めるものとする。
二　都道府県農地担当部局の処理
(1)　都道府県農地担当部局は，一の(2)により農業委員会から報告を受けたときは，遅滞なく現地調査を行い，原状回復命令を発する予定があるか否かについて，適宜の方法により農業委員会に通知するものとする。
(2)　都道府県農地担当部局は，農業委員会が一の(3)又は(4)による登記官への回答又は通知をそれぞれ所定の期限内に行い得るよう，事務処理の迅速化に努めるものとする。
(3)　都道府県農地担当部局は，農業委員会の回答に係る農地の地目の認定に疑義が生じた場合において，法務局又は地方法務局から協議を受けたときは，農業委員会から当該協

議に係る地目の認定の経緯，認定の理由等を聴取するとともに，現地調査をした上，法務局又は地方法務局と協議し，その結果を農業委員会に通知するものとする。

三　そ　の　他

(1)　農業委員会及び都道府県農地担当部局は，一の(3)又は(4)の回答又は通知がそれぞれ所定の期限内に行われない場合には登記官は照会に係る事案の登記申請を処理することとなることに留意し，照会に係る事務の迅速かつ適正な処理に努めるものとする。

　なお，農業委員会又は都道府県農地担当部局は，農地を違法転用し，あるいは違法転用に係る農地の登記簿上の地目を農地以外の地目に変更している事案については，既に第三者に譲渡されているものを含め，その実態に即し，その所有者又は行為者等に対し，土盛その他の転用行為の中止，原状回復等の勧告を行い，原状に回復されたときは登記簿上の地目の農地への変更登記申請等の指導を行うものとし，当該勧告及び指導に従わない者に対しては，農地法第83条の2の規定に基づく措置命令を発する等の措置を講じ，更に当該命令等に従わない者については行政代執行の検討及び捜査機関に対する農地法違反の告発を行うことを考慮する等により，農地法の厳正な励行確保を期するものとする。

(2)　農業委員会及び都道府県農地担当部局は，一の(2)並びに二の(1)及び(2)により事務の処理をすることが「農地等転用関係事務処理要領」（昭和46年4月26日付け四六農地B第500号，農林省農地局長通達）第三に定める事務処理手続と異なる場合には，事務処理の迅速化を図る観点からこの通達の定めるところにより処理することとし，原状回復命令を発するに際しての書面による農業委員会に対する意見の聴取を省略して差し支えない。　　　　（原文縦組）

付　録

様式第1号

地目変更登記に係る照会に対する回答書（又は調査結果）

昭和　　年　　月　　日

○○○○登記官　殿

○○○農業委員会会長
○○○農業委員会事務局長

昭和　年　月　日付第　号をもって（当農業委員会に）照会のあった件につき、下記のとおり回答（調査結果を報告）します。

記

1	現地調査年月日	昭和　年　月　日						
2	土地の表示と現況地目	所在	地番	登記簿地目	面積 m²	転用目的	土地所有者の氏名・住所	現況地目
							氏名	
							住所	
							許可を受けた者の氏名・住所	
3	転用許可等の有無とその内容	有	許可年月日	許可条項				
			年　月	農地法 条				
		無	該当に○	許可を得ることが必要であるが許可を得ていない				
				許可を得る必要がない案件である				
4	原状回復命令からの指示事項	該当に○	原状回復命令を行わない					
			近く原状回復命令を行う					
5	その他参考事項	都市計画法関係	線引都市計画	市街化区域	用途地域	用途地域外	農振法関係	農振地域内 農用地区域内
				市街化調整区域				農振地域内 農用地区域外
			未線引都市計画					農振地域外
		その他						

記載注意

(1) 2の「現況」欄は「農地」又は「非農地」と記入し、「農地」と記入されたものは4の欄の記入は行わない。

(2) 3の「許可等」とは許可及び届出の受理であり、「許可等を受けた者の氏名・住所」欄の記入は、権利の設定、移転に係る許可等の案件については権利の取得者とする。

(3) 4の「原状回復命令」は、対象土地を農地の状態に回復すべきことを命ずるものをいう。また、4の欄は、許可条件違反により非農地化されている場合にも記入する。

(4) 5の欄は、該当箇所に○印を付す。「その他」欄には、条件違反転用の内容その他参考となる事項を記載する。

480

様式第 2 号

原状回復命令措置の通知書

昭和　年　月　日

○○○登記官　殿

○○○農業委員会会長（○○○農業委員会事務局長）

貴職からの昭和　年　月　日付け照会に対する，昭和　年　月　日付け回答（農業委員会事務局長が調査結果を提出／調査結果を提出）した下記土地については，別添「処分又は命令書」写しのとおり，原状回復命令が発せられたので通知します。

記

土地の表示　　○○○○○

(注)

(1) 別添「処分又は命令書」写しには，「農地等転用関係事務処理要領」（昭和46年4月26日付け46農地B第500号農林省農地局長通達）の第3の2の(4)の規定により送付された書面（様式第13号）の写しを添付するものとする。

(2) 通達の記の1の(3)の回答を同(5)により農業委員会事務局長が行つたものについて，農業委員会会長がこの通知を行う場合には「回答」に代えて「農業委員会事務局長が調査結果を提出」と，農業委員会事務局長がこの通知を行う場合には「回答」に代えて「調査結果を提出」と記載する。

付　録

様式第3号

　　　　　　農地への原状回復命令を行わないこととされた
　　　　　　事案についての通知書
　　　　　　　　　　　　　　　　　　　昭和　　年　　月　　日
　○○○登記官　殿
　　　　　○○○農業委員会会長（○○○農業委員会事務局長）
　貴職から昭和　　年　　月　　日付け照会があり，昭和　　年
　月　　日付け回答（農業委員会事務局長が調査結果を提出／調査結果を提出）した下記
土地については，　　　　　　　のため原状回復命令を行わないこと
とされたので通知します。
　　　　　　　　　　　　　記
　　土地の表示　　○○○○○

（注）
　(1)　「農業委員会事務局長が調査結果を提出」又は「調査結果を提出」と記載する場合とは，様式第2号の（注）の(2)のとおりである。
　(2)　空欄には，原状回復命令を行わないこととされた理由を記載することとするが，その例としては，①違法転用者の弁明内容を容認した。②勧告指導段階で原状回復が行われた。等が考えられる。

2 登記簿上の地目が農地である土地について農地以外の地目への地目の変更の登記申請があった場合の取扱いについて

(昭和56年8月28日民三第5403号民事局第三課長依命通知)

標記については，本日付け法務省民三第5,402号をもつて民事局長から通達（以下「通達」という。）されたところですが，この運用に当たつては，左記の点に留意するよう貴管下登記官に周知方しかるべく取り計らわれたく通知します。

記

一　通達が発せられた背景

　登記簿上の地目が農地である土地について農地以外の地目への地目の変更の登記がされると，農地法上必要な転用許可がない場合であつても，その登記前と比べて数倍ないし十数倍の価格でこれを売却することができるという実態があること等から，最近一部の地域において，農地について，転用許可を得ないで簡易な造成工事を施すなどした上で，農地以外の地目への地目の変更の登記を申請する事例が多くなつている。

　また，都市計画法上，市街化調整区域においては，原則として都道府県知事の許可を受けなければ建築物の新築等をしてはならないこととされている（同法第43条第1項）が，市街化調整区域に関する都市計画の決定又は変更（いわゆる線引き）の際既に宅地であつた土地（いわゆる既存宅地）については，その旨の都道府県知事の確認を受ければ建築物の新築等が許されることとなつている（同項第6号ロ）ところ，いわゆる既存宅地である旨の確認に当たつては，地目の変更の登記の原因日付の記載がその有力な資料として用いられているという実情にあるため，市街化調整区域内の土地（農地に限らない。）について，地目の変更の日付がいわゆる線引きの日より前の日（通常十数年前の日）であると主張して宅地への地目の変更の登記を申請する事例も少なくない。

付　録

　　標記の登記申請に係る事件の処理に当たつては，地目の変更又はその日付の認定を厳正に行うべきことはいうまでもないが，同時にできるかぎり農地行政や都市計画行政の運営との調和にも配意することが望ましいと考えられるところから，今般農林水産省とも協議の上，標記の取扱いについて通達が発せられることとなつたものである。
二　登記申請処理上の留意点
1　標記の登記申請があつたときは，登記官は，原則として関係農業委員会に対し農地の転用に関する事実の有無について照会すべきこととされた（通達一の1）が，この照会は，農業委員会又は都道府県知事においてこれを端緒として農地の違反転用の防止又は是正の措置を講ずることができるようにするとともに，登記官において農業委員会から地目の変更の有無の認定に必要な資料を得るために行うものである。
2　通達一の1による照会は，別紙様式又はこれに準ずる様式によつてするものとする。
3　登記官から照会を受けた農業委員会は，照会を受けた日から2週間以内に登記官に回答をするものとされているが，農業委員会の総会又は農地部会がおおむね月1回程度しか開催されないため，所定の期間内に回答をすることができないこととなるときは，登記官に対して農業委員会事務局長から調査結果の報告がされるので，この報告があつたときは，農業委員会の回答があつた場合と同様に取り扱うものとする。
4　農業委員会に照会をしたときは，原則としてその回答があるまで事件の処理を留保すべきであるが，照会後2週間以内に農業委員会の回答がないときは，登記官は，実地調査を実施した上，対象土地の現在の客観的状況に応じて，申請を受理し，又は却下して差し支えない（通達一の2）。
5　原状回復命令が発せられる見込みである旨の農業委員会の回答があつたときは，原則として農業委員会又は同会事務局長から原状回復命令が現実に発せられた旨又は発せられる見

込みがなくなつた旨の通知があるまで事件の処理を更に留保すべきであるが，原状回復命令が発せられる見込みである旨の農業委員会の回答後2週間以内に原状回復命令が発せられたかどうかについての通知がないときは，登記官は，実地調査を実施した上，対象土地の現在の客観的状況に応じて，申請を受理し，又は却下して差し支えない（通達一の3）。

6　対象土地が農地である旨の農業委員会の回答があつた場合において，対象土地の地目の認定に疑義を生じたときは，登記官は法務局又は地方法務局の長に内議するものとされた（通達一の4）が，これは，農地行政の運営との調和を図りつつ，管内の登記行政の統一的運営を確保するためにするものである。

7　対象土地を宅地に造成するための工事が既に完了している場合であつても，対象土地が現に建物の敷地若しくはその維持・効用を果たすために必要な土地（以下「建物の敷地等」という。）に供されているとき，又は近い将来建物の敷地等に供されることが確実に見込まれるときでなければ，宅地への地目の変更があつたものと認定すべきではない（通達二の1）が，対象土地を宅地に造成するための工事が完了している場合において，次の各号のいずれかに該当するときは，対象土地が近い将来建物の敷地等に供されることが確実に見込まれるものと認定して差し支えない。

(1)　建物の基礎工事が完了しているとき。

(2)　対象土地を建物の敷地等とする建物の建築について建築基準法第6条第1項の規定による確認がされているとき。

(3)　対象土地を建物の敷地等とするための開発行為に関する都市計画法第29条の規定による都道府県知事の許可がされているとき。

(4)　対象土地を建物の敷地等とする建物の建築について都市計画法第43条第1項の規定による都道府県知事の許可がされているとき。

付　録

8　対象土地が形質の変更により原状のままでは耕作の目的に供するのに適しない状況になつており，かつ，対象土地が不動産登記事務取扱手続準則第117条イからネまでのいずれの土地にも該当しないと認められる場合であつても，対象土地が現に特定の利用目的に供されているとき，又は近い将来特定の利用目的に供されることが確実に見込まれるときでなければ，原則として雑種地への地目の変更があつたものと認定すべきでない（通達二の2本文）が，対象土地が現に特定の利用目的に供されておらず，また，その将来の利用目的を確実に認定することもできないときであつても，諸般の事情から対象土地が将来再び耕作の目的に供することがほとんど不可能であると認められるときは，雑種地への地目の変更があつたものと認定して差し支えない（通達二の2ただし書）。

9　対象土地の形質が変更され，その現状が農地以外の状態にあると認められる場合であつても，原状回復命令が発せられているときは，いまだ地目の変更があつたものとは認定しないものとされた（通達二の3）が，これは，原状回復命令が発せられている以上，その命令を受けた者は自ら対象土地を農地の状態に回復する義務があり（農地法第93条第3号参照），また，その命令を発した行政庁が行政代執行により対象土地を農地の状態に回復させることもできる（行政代執行法参照）ことにかんがみ，対象土地の現在の客観的状況がそのまま将来にわたつて固定的安定的に継続するとはいい難いので，対象土地の地目の変更があつたものとは認定すべきでないからである。

通達二の3はこのような趣旨であるから，原状回復命令が発せられている場合であつても，原状回復がされないまま長期間が経過し，その命令を受けた者がこれに従う見込みがなく，また，行政庁が行政代執行をする見込みもないと認められるときは，登記官は，実地調査を実施した上，その当時における対象土地の客観的状況に応じ，地目を認定して差し支

えない。

10　地目の変更の日付は，確実な資料に基づいて認定するものとし，安易に申請どおりに認定すべきでない（通達三）が，確実な認定資料が得られないときは，「年月日不詳」，「昭和何年月日不詳」等として差し支えない。なお，登記簿上の地目が農地以外の土地についてする地目の変更の日付の認定も，これと同様に処理するものとする。　　　　　　（原文縦組）

（様式）

```
                                    日記　第　　　　号
                                    昭和　　年　　月　　日

    市町村農業委員会　御中
                                法務局　　　支　局
                                　　　　　　出張所
                         登記官

        農地の転用事実に関する照会書

  申請人の住所・氏名
  不動産の表示及び地目変更登記申請事項
```

所在	地番	地目	地積	変更後の地目	地目変更の日付

上記土地に関して，地目の認定のため必要があるので，下記事項について回答願います。

記

1　土地の現況が農地であるか否か。
2　転用許可がされているときは，許可年月日，許可条項，転用目的，許可申請者の住所・氏名。
3　転用許可がされていないときは，その旨。
4　3の場合において，転用許可を得ないで土地の現況を非農地に変更しているときは，原状回復命令が発せられる見込みの有無。
5　建物の建築の制限等の規制がされている区域内の土地であるか否か，その他参考事項。

付　録

3　不動産登記法等の一部改正に伴う登記事務の取扱いについて（抄）

（平成5年7月30日民三第5320号民事局長通達）

　不動産登記法の一部を改正する法律（平成5年法律第22号），登記手数料令の一部を改正する政令（平成5年政令第226号）及び不動産登記法施行細則の一部を改正する省令（平成5年法務省令第32号）が本年10月1日から施行され，これに伴い不動産登記事務取扱手続準則を改正し（平成5年7月30日付け民三第5319号本職通達），同日から実施することとしたところ，これに伴う不動産登記事務の取扱いについては，下記の点に留意するよう，貴管下登記官に周知方取り計らい願います。

　なお，本通達中，「改正法」とあるのは不動産登記法の一部を改正する法律（平成5年法律第22号）を，「法」とあるのは改正法による改正後の不動産登記法を，「改正省令」とあるのは不動産登記法施行細則の一部を改正する省令（平成5年法務省令第32号）を，「細則」とあるのは改正省令による改正後の不動産登記法施行細則を，「準則」とあるのは改正後の不動産登記事務取扱手続準則をいう。

記

第一　地図に準ずる図面の閲覧制度の新設

一　改正法施行時における地図に準ずる図面の備付け

　(1)　地図に準ずる図面として備え付ける図面

　　次に掲げる図面その他の図面で地図保存簿に記載されて登記所に保管されているもののうち，地図として備え付けられていないものは，後記(2)に該当するものを除き，平成5年10月1日付けをもって，法第24条ノ3第1項に規定する地図に準ずる図面として備え付けるものとする（準則第29条第1項参照）。

　　ア　旧土地台帳法施行細則第2条の地図

イ　国土調査法第20条第1項の規定により送付された地籍図並びに土地改良登記令第6条第2項第2号，土地区画整理登記令第6条第2項第2号，新住宅市街地開発法による不動産登記に関する政令第8条第2項及び首都圏の近郊整備地帯及び都市開発区域の整備に関する法律による不動産登記に関する政令第8条第2項の土地の所在図その他これらに準ずる図面（準則第28条参照。以下「地籍図等」という。）
(2)　地図に準ずる図面として備え付けない図面
　(1)の図面であっても，次に掲げるものは，地図に準ずる図面としての要件を欠き，又は地図に準ずる図面として備え付けることを適当としない特別の事情があるものとして扱う。
　　ア　現地の占有状況等と図面上の表示とが大幅にかい離している地域（いわゆる地図混乱地域）の図面であることが明らかであるため，現に便宜的閲覧にも供していないもの，又は現に便宜的閲覧に供しているが，地図混乱地域に関するものであることを図面に表示しているもの
　　イ　破損若しくは汚損が著しく，又は破損若しくは滅失のおそれがある等の理由で，現に便宜的閲覧にも供していないもの
　　ウ　その他閲覧に供することが相当でない事由が存するため，現に便宜的閲覧にも供していないもの
(3)　地図に準ずる図面の備付手続
　　ア　地図保存簿等への記載
　　　　地図に準ずる図面としての備付けに当たっては，図面に番号を付し，地図保存簿に当該番号等所要の事項を記載することを要するが（二(1)ア参照），改正法の施行に当たって，既に図面に番号が付され，地図保存簿に当該番号等所要の事項が記載されている場合には，特段の措置をとることを要しない。
　　イ　地図に準ずる図面の備付けの報告

付　録

　　　　　　　地図に準ずる図面の備付けに当たっては，準則附録第15号様式による報告書により報告することを要するが（二(1)イ参照），当面は，登記所ごとにその総枚数のみを報告することをもって足りるものとする。
　　　　　　　なお，報告を受けた監督法務局又は地方法務局の長は，これを本職あて報告するものとする。
　二　改正法施行後における地図に準ずる図面の備付け
　　(1)　地図に準ずる図面の備付け等
　　　ア　地図保存簿等への記載
　　　　　登記所に送付されたが，地図として備え付けないこととされた地籍図等（準則第28条第1項ただし書，第2項参照）で，地図に準ずる図面として備え付けるものには，番号を付し，地図保存簿の番号欄に当該番号を，備考欄に地図に準ずる図面である旨を記載する等所要の事項を記載するものとする。
　　　イ　地図に準ずる図面の備付けの報告
　　　　　地図に準ずる図面の備付けに当たっては，準則附録第15号様式による報告書により報告するものとする。
　　(2)　地図に準ずる図面の取扱い
　　　　地図に準ずる図面についての管轄転属に伴う移送，事変を避けるため登記所外へ持出した場合の報告，滅失した場合の申報及び具申，滅失するおそれがある場合の申報及び具申，閲覧の請求手続，手数料の納付方法，閲覧申請書の受付並びに閲覧の方法は，地図についての取扱いと同様である（法第24条ノ3第4項，第10条，細則第37条ノ2）。
　　　　なお，地図に準ずる図面を再製する場合には，法第24条の規定による手続をとることを要する（昭和44年4月1日付け民事甲第481号法務大臣訓令及び同日付け民事甲第483号本職依命通達）。この場合には，再製後の図面の中央下部欄外に「法務大臣の命により再製　年月日」と記

載し，従前の図面の余白に「法務大臣の命により再製閉鎖年月日」と記載し，登記官が押印した上，地図保存簿への記載をする等所要の手続をとるものとする。

三　非備付図面の取扱い

(1)　一(2)の図面及び登記所に送付されたが地図又は地図に準ずる図面のいずれとしても備え付けられなかった地籍図等については，番号を付すとともに当該図面の余白に非備付図面である旨の記載をし，地図保存簿の番号欄に当該番号を，備考欄に非備付図面である旨を記載するものとする。ただし，番号の付与及び地図保存簿への番号の記載に関しては，改正法の施行に当たって，既に図面に番号が付され，地図保存簿に当該番号が記載されている場合には，特段の措置をとることを要しない。

(2)　(1)の図面を保管するに当たっての報告については，一(3)イに準じて取り扱うものとする。

(3)　(1)の図面の閲覧については，従来の便宜的に閲覧に供していない図面についての扱いと同様とする。

　　　（第二ないし第七省略）

第八　地積測量図における境界標等の記載

　地積測量図には，土地の筆界に境界標がない場合には，適宜の筆界点と近傍の恒久的地物との距離，角度等の位置関係を記載することを要することとされたが（細則第42条ノ4第2項），改正省令施行前に申請された登記の申請書に添付すべき地積測量図については，従来の取扱いと同様である。

　　　（第九　省略）

　　　　　　　　　　　　　　　　　　　　　　（原文縦組）

付　録

公　差　早　見　表

筆界点間距離の公差早見表〔表１〕……………………… 494 頁
地積測定の公差早見表〔表２〕…………………………… 498 頁

1　本表は，不動産登記規則第10条第４項に掲げる一筆地測量及び地積測定における誤差の限度の早見表である。
2　本表中，「数値」は「計算距離」，「分数」は「縮尺」のことである。
3　表１は，国土調査法施行令別表第五に掲げる「筆界点間の図上距離又は計算距離と直接測定による距離との差異の公差」を，点間距離１ｍから，2,000ｍまでのものについて求めたものである。ただし，公差の計算は，小数点以下（mm未満）を切り捨てた。
4　表１中，甲１の縮尺１/250については図解作業の級をＡ級，その他については図解作業の級をＡ級以外の級とした。
5　表２は，国土調査法施行令別表第五に掲げる「地積測定の公差」を，地積１㎡から5,000㎡までは精度区分の全部，5,020㎡から30,000㎡までは精度区分乙１，乙２，乙３について求めたものである。ただし，公差の計算は，小数点以下第３位を切り捨てた。
6　次頁に「使用上の注意」を掲記した。

表1（494頁）の使用上の注意

(1) 表1は，同表左端に表示した点間距離についての公差を示したものであるので，本表に掲げられていない点間距離の公差は，正確には，計算によって求める必要があるが，当該距離の直近の下位の点間距離に該当する公差による限り，当該距離の許容誤差の限度を超えることはないといえる。

(2) 表1の使用例

① 精度区分甲2，縮尺1/250，直接測定距離52.50 mの場合

甲2，1/250，50 mの該当欄の数字が18 cmであるので，図上距離が52.50 m±18 cmの範囲内であれば，許容誤差の限度内にあるといえる。

② 精度区分乙1，縮尺1/500，直接測定距離53.00 mの場合

乙1，1/500，50 mの該当欄の数字が56 cmであるので，図上距離が53.00 m±56 cmの範囲内であれば，許容誤差の限度内にあるといえる。

③ 筆界点間の計算距離の公差を求める場合

精度区分甲1，直接測定距離56.00 mであるときは，甲1，数値，55 mの該当欄の数字が42 mmであるので，計算距離が56.00 m±42 mmの範囲内であれば，許容誤差の限度内にあるといえる。

表2（498頁）の使用上の注意

(1) 表2は，同表左端に表示した地積についての公差を示したものであるので，本表に掲げられていない地積の公差は，正確には，計算によって求める必要があるが，当該地積の直近の下位の地積に該当する公差による限り，当該地積の許容誤差の限度を超えることはないといえる。

(2) 表2の使用例

① 準則第70条の場合

精度区分が甲2，申請書に記載された地積が601.50 ㎡，実地調査の結果による地積が599.40 ㎡であるときは，それらの地積の差（2.10 ㎡）が，表2中，甲2・600 ㎡の該当欄の公差2.43 ㎡の範囲内にあるので，申請書に記載された地積は許容誤差の限度内にあるといえる。

② 準則第72条第1項の場合

精度区分が乙1，分筆前の地積が2,210 ㎡，分筆後の地積が2,220 ㎡であるときは，それらの地積の差（10 ㎡）が，表2中，乙1・2,200 ㎡の該当欄の公差17.53 ㎡の範囲内にあるので，分筆後の地積は許容誤差の限度内にあるといえる。

付　録

表1－①

(1 m～125 m)

精度区分 点間距離(m)	甲 1 数値 mm	甲 1 1/250 mm	甲 2 数値 cm	甲 2 1/250 cm	甲 3 数値 cm	甲 3 1/250 cm	甲 3 1/500 cm	乙 1 1/250 cm	乙 1 1/500 cm	乙 1 1/1000 cm	乙 2 1/500 cm	乙 2 1/1000 cm	乙 3 1/500 cm	乙 3 1/1000 cm
1	23	73	5	12	10	17	25	24	32	47	47	62	79	94
2	24	74	5	12	10	18	25	26	33	48	49	64	84	99
3	25	75	5	13	11	18	26	27	34	49	52	67	89	104
4	26	76	6	13	12	19	27	28	36	51	54	69	93	108
5	26	76	6	13	12	19	27	29	36	51	55	70	96	111
6	27	77	6	13	12	20	27	30	37	52	57	72	99	114
7	27	77	6	14	13	20	28	31	38	53	58	73	102	117
8	28	78	6	14	13	21	28	31	39	54	59	74	104	119
9	29	79	7	14	14	21	29	32	40	55	61	76	107	122
10	29	79	7	14	14	21	29	33	40	55	62	77	109	124
11	29	79	7	14	14	22	29	33	41	56	63	78	111	126
12	30	80	7	14	14	22	29	34	41	56	64	79	113	128
13	30	80	7	15	15	22	30	34	42	57	65	80	115	130
14	31	81	7	15	15	22	30	35	42	57	66	81	117	132
15	31	81	7	15	15	23	30	35	43	58	67	82	119	134
16	32	82	8	15	16	23	31	36	44	59	68	83	121	136
17	32	82	8	15	16	23	31	36	44	59	68	83	122	137
18	32	82	8	15	16	23	31	37	44	59	69	84	124	139
19	33	83	8	15	16	24	31	37	45	60	70	85	126	141
20	33	83	8	15	16	24	31	38	45	60	71	86	127	142
22	34	84	8	16	17	24	32	39	46	61	72	87	130	145
24	34	84	8	16	17	25	32	40	47	62	74	89	133	148
26	35	85	9	16	18	25	33	40	48	63	75	90	136	151
28	35	85	9	16	18	26	33	41	49	64	77	92	139	154
30	36	86	9	16	18	26	33	42	49	64	78	93	141	156
32	36	86	9	17	19	26	34	43	50	65	79	94	144	159
34	37	87	9	17	19	27	34	43	51	66	80	95	146	161
36	38	88	10	17	20	27	35	44	52	67	82	97	149	164
38	38	88	10	17	20	27	35	45	52	67	83	98	151	166
40	38	88	10	17	20	28	35	45	53	68	84	99	153	168
42	39	89	10	17	20	28	35	46	53	68	85	100	155	170
44	39	89	10	18	21	28	36	47	54	69	86	101	157	172
46	40	90	10	18	21	29	36	47	55	70	87	102	159	174
48	40	90	10	18	21	29	36	48	55	70	88	103	161	176
50	41	91	11	18	22	29	37	48	56	71	89	104	163	178
55	42	92	11	18	22	30	37	50	57	72	91	106	168	183
60	43	93	11	19	23	30	38	51	58	73	94	109	173	188
65	44	94	12	19	24	31	39	52	60	75	96	111	177	192
70	45	95	12	19	24	32	39	53	61	76	98	113	182	197
75	45	95	12	20	25	32	40	55	62	77	100	115	186	201
80	46	96	12	20	25	33	40	56	63	78	102	117	190	205
85	47	97	13	20	26	33	41	57	64	79	104	119	194	209
90	48	98	13	20	26	34	41	58	65	80	106	121	197	212
95	49	99	13	21	27	34	42	59	66	81	108	123	201	216
100	50	100	14	21	28	35	43	60	68	83	110	125	205	220
105	50	100	14	21	28	35	43	61	68	83	111	126	208	223
110	51	101	14	21	28	36	43	62	69	84	113	128	211	226
115	52	102	14	22	29	36	44	63	70	85	115	130	215	230
120	52	102	14	22	29	37	44	64	71	86	116	131	218	233
125	53	103	15	22	30	37	45	65	72	87	118	133	221	236

表1-② (130m～700m)

精度区分 点間距離(m)	甲1 数値 mm	甲1 1/250 mm	甲2 数値 cm	甲2 1/250 cm	甲3 数値 cm	甲3 1/250 cm	甲3 1/500 cm	乙1 1/250 cm	乙1 1/500 cm	乙1 1/1000 cm	乙2 1/500 cm	乙2 1/1000 cm	乙3 1/500 cm	乙3 1/1000 cm
130	54	104	15	22	30	38	45	66	73	88	119	134	224	239
135	54	104	15	23	31	38	46	66	74	89	121	136	227	242
140	55	105	15	23	31	39	46	67	75	90	122	137	230	245
145	56	106	16	23	32	39	47	68	76	91	124	139	233	248
150	56	106	16	23	32	39	47	69	76	91	125	140	236	251
155	57	107	16	23	32	40	47	70	77	92	127	142	239	254
160	57	107	16	24	33	40	48	71	78	93	128	143	242	257
165	58	108	16	24	33	41	48	71	79	94	129	144	244	259
170	59	109	17	24	34	41	49	72	80	95	131	146	247	262
175	59	109	17	24	34	41	49	73	80	95	132	147	250	265
180	60	110	17	24	34	42	49	74	81	96	133	148	252	267
185	60	110	17	25	35	42	50	74	82	97	135	150	255	270
190	61	111	17	25	35	43	50	75	83	98	136	151	257	272
195	61	111	17	25	35	43	50	76	83	98	137	152	260	275
200	62	112	18	25	36	43	51	77	84	99	138	153	262	277
210	63	113	18	25	36	44	51	78	85	100	141	156	267	282
220	64	114	18	26	37	45	52	79	87	102	143	158	272	287
230	65	115	19	26	38	45	53	81	88	103	146	161	277	292
240	66	116	19	26	38	46	53	82	89	104	148	163	281	296
250	67	117	19	27	39	47	54	83	91	106	150	165	286	301
260	68	118	20	27	40	47	55	84	92	107	152	167	290	305
270	69	119	20	27	40	48	55	86	93	108	155	170	295	310
280	70	120	20	28	41	48	56	87	94	109	157	172	299	314
290	71	121	21	28	42	49	57	88	96	111	159	174	303	318
300	71	121	21	28	42	50	57	89	97	112	161	176	307	322
310	72	122	21	29	43	50	58	90	98	113	163	178	311	326
320	73	123	21	29	43	51	58	92	99	114	165	180	315	330
330	74	124	22	29	44	51	59	93	100	115	167	182	319	334
340	75	125	22	29	44	52	59	94	101	116	169	184	323	338
350	76	126	22	30	45	52	60	95	102	117	170	185	326	341
360	76	126	22	30	45	53	60	96	103	118	172	187	330	345
370	77	127	23	30	46	53	61	97	104	119	174	189	334	349
380	78	128	23	30	46	54	61	98	105	120	176	191	337	352
390	79	129	23	31	47	54	62	99	106	121	178	193	341	356
400	80	130	24	31	48	55	63	100	108	123	180	195	345	360
420	81	131	24	31	48	56	63	102	109	124	183	198	351	366
440	82	132	24	32	49	57	64	104	111	126	186	201	358	373
460	84	134	25	32	50	58	65	106	113	128	190	205	365	380
480	85	135	25	33	51	59	66	108	115	130	193	208	371	386
500	87	137	26	33	52	60	67	109	117	132	196	211	378	393
520	88	138	26	34	53	61	68	111	119	134	199	214	384	399
540	89	139	27	34	54	61	69	113	120	135	202	217	390	405
560	90	140	27	35	55	62	70	115	122	137	205	220	396	411
580	92	142	28	35	56	63	71	116	124	139	208	223	402	417
600	93	143	28	35	56	64	71	118	125	140	211	226	407	422
620	94	144	28	36	57	65	72	120	127	142	214	229	413	428
640	95	145	29	36	58	66	73	121	129	144	217	232	419	434
660	97	147	29	37	59	66	74	123	130	145	219	234	424	439
680	98	148	30	37	60	67	75	124	132	147	222	237	430	445
700	99	149	30	37	60	68	75	126	133	148	225	240	435	450

付　　録

表 1 － ③　　　　　　　　　　　　　　　　　　　　　　　(720 m〜1700 m)

精度区分 点間距離(m)	甲 1 数値 mm	甲 1 1/250 mm	甲 2 数値 cm	甲 2 1/250 cm	甲 3 数値 cm	甲 3 1/250 cm	甲 3 1/500 cm	乙 1 1/250 cm	乙 1 1/500 cm	乙 1 1/1000 cm	乙 2 1/500 cm	乙 2 1/1000 cm	乙 3 1/500 cm	乙 3 1/1000 cm
720	100	150	30	38	61	69	76	127	135	150	227	242	440	455
740	101	151	31	38	62	69	77	129	136	151	230	245	445	460
760	102	152	31	39	63	70	78	130	138	153	232	247	450	465
780	103	153	31	39	63	71	78	132	139	154	235	250	455	470
800	104	154	32	39	64	72	79	133	141	156	237	252	460	475
820	105	155	32	40	65	72	80	135	142	157	240	255	465	480
840	106	156	32	40	65	73	80	136	143	158	242	257	470	485
860	107	157	33	40	66	74	81	137	145	160	245	260	475	490
880	108	158	33	41	67	74	82	139	146	161	247	262	480	495
900	110	160	34	41	68	75	83	140	148	163	250	265	485	500
920	110	160	34	41	68	76	83	141	149	164	252	267	489	504
940	111	161	34	42	69	76	84	143	150	165	254	269	494	509
960	112	162	34	42	69	77	84	144	151	166	256	271	498	513
980	113	163	35	42	70	78	85	145	153	168	259	274	503	518
1000	114	164	35	43	71	78	86	146	154	169	261	276	507	522
1020	115	165	35	43	71	79	86	148	155	170	263	278	512	527
1040	116	166	36	43	72	79	87	149	156	171	265	280	516	531
1060	117	167	36	44	73	80	88	150	158	173	267	282	520	535
1080	118	168	36	44	73	81	88	151	159	174	270	285	525	540
1100	119	169	37	44	74	81	89	153	160	175	272	287	529	544
1120	120	170	37	44	74	82	89	154	161	176	274	289	533	548
1140	121	171	37	45	75	83	90	155	163	178	276	291	537	552
1160	122	172	38	45	76	83	91	156	164	179	278	293	541	556
1180	123	173	38	45	76	84	91	157	165	180	280	295	545	560
1200	123	173	38	46	77	84	92	159	166	181	282	297	549	564
1220	124	174	38	46	77	85	92	160	167	182	284	299	553	568
1240	125	175	39	46	78	85	93	161	168	183	286	301	557	572
1260	126	176	39	46	78	86	93	162	169	184	288	303	561	576
1280	127	177	39	47	79	87	94	163	171	186	290	305	565	580
1300	128	178	40	47	80	87	95	164	172	187	292	307	569	584
1320	128	178	40	47	80	88	95	165	173	188	294	309	573	588
1340	129	179	40	48	81	88	96	166	174	189	296	311	577	592
1360	130	180	40	48	81	89	96	168	175	190	298	313	581	596
1380	131	181	41	48	82	89	97	169	176	191	300	315	585	600
1400	132	182	41	48	82	90	97	170	177	192	301	316	588	603
1420	133	183	41	49	83	90	98	171	178	193	303	318	592	607
1440	133	183	41	49	83	91	98	172	179	194	305	320	596	611
1460	134	184	42	49	84	91	99	173	180	195	307	322	599	614
1480	135	185	42	49	84	92	99	174	181	196	309	324	603	618
1500	136	186	42	50	85	92	100	175	182	197	311	326	607	622
1520	136	186	42	50	85	93	100	176	183	198	312	327	610	625
1540	137	187	43	50	86	93	101	177	184	199	314	329	614	629
1560	138	188	43	50	86	94	101	178	185	200	316	331	617	632
1580	139	189	43	51	87	94	102	179	186	201	318	333	621	636
1600	140	190	44	51	88	95	103	180	188	203	320	335	625	640
1620	140	190	44	51	88	95	103	181	188	203	321	336	628	643
1640	141	191	44	51	88	96	103	182	189	204	323	338	631	646
1660	142	192	44	52	89	96	104	183	190	205	325	340	635	650
1680	142	192	44	52	89	97	104	184	191	206	326	341	638	653
1700	143	193	45	52	90	97	105	185	192	207	328	343	642	657

表1－④ (1720 m～2000 m)

精度区分 点間距離(m)	甲1 数値 mm	甲1 1/250 mm	甲2 数値 cm	甲2 1/250 cm	甲3 数値 cm	甲3 1/250 cm	甲3 1/500 cm	乙1 1/250 cm	乙1 1/500 cm	乙1 1/1000 cm	乙2 1/500 cm	乙2 1/1000 cm	乙3 1/500 cm	乙3 1/1000 cm
1720	144	194	45	52	90	98	105	186	193	208	330	345	645	660
1740	145	195	45	53	91	98	106	187	194	209	331	346	648	663
1760	145	195	45	53	91	99	106	188	195	210	333	348	652	667
1780	146	196	46	53	92	99	107	189	196	211	335	350	655	670
1800	147	197	46	53	92	100	107	190	197	212	336	351	658	673
1820	147	197	46	54	93	100	108	191	198	213	338	353	662	677
1840	148	198	46	54	93	101	108	192	199	214	340	355	665	680
1860	149	199	47	54	94	101	109	193	200	215	341	356	668	683
1880	150	200	47	54	94	102	109	193	201	216	343	358	672	687
1900	150	200	47	55	95	102	110	194	202	217	345	360	675	690
1920	151	201	47	55	95	103	110	195	203	218	346	361	678	693
1940	152	202	48	55	96	103	111	196	204	219	348	363	681	696
1960	152	202	48	55	96	104	111	197	205	220	349	364	684	699
1980	153	203	48	55	96	104	111	198	205	220	351	366	687	702
2000	154	204	48	56	97	104	112	199	206	221	353	368	691	706

(参考)

　昭和52年9月3日民三第4473号民事局長通達による準則改正前に登記所に提出された地積の測量図については，筆界点間距離の精度の定めがなかったことから，当該地積の測量図の許容誤差について，現行精度のどれを適用するのかという疑問がある。これについての見解はいくつかあるが，実務上，次の取扱いが相当であると考える。

　当該地積の測量図に辺長の記載のあるものについては，その図面が作製された当時の地目が宅地及びこれに準ずる地目であるときは甲2まで，田畑及びこれに準ずる地目であるときは乙1まで，山林，原野及びこれに準ずる地目であるときは乙3までの各数値を基準とし，辺長の記載のないものについては，縮尺区分に応じたものを適用する。

付　録

表2 －①　　　　　　　　　　　　　　　　　　　　　　　　　　　　　　（1 m²～50 m²）

精度区分 地積(m²)	甲 1 m²	甲 2 m²	甲 3 m²	乙 1 m²	乙 2 m²	乙 3 m²
1	0.02	0.06	0.12	0.14	0.32	0.64
2	0.04	0.08	0.17	0.20	0.47	0.94
3	0.05	0.10	0.21	0.26	0.59	1.18
4	0.05	0.12	0.25	0.31	0.69	1.39
5	0.06	0.14	0.29	0.35	0.79	1.58
6	0.07	0.16	0.32	0.39	0.88	1.76
7	0.07	0.17	0.35	0.43	0.96	1.92
8	0.08	0.18	0.37	0.47	1.04	2.08
9	0.09	0.20	0.40	0.50	1.11	2.22
10	0.09	0.21	0.42	0.54	1.18	2.36
11	0.10	0.22	0.45	0.57	1.25	2.50
12	0.10	0.23	0.47	0.60	1.31	2.63
13	0.11	0.24	0.49	0.63	1.38	2.76
14	0.11	0.25	0.51	0.66	1.44	2.88
15	0.11	0.26	0.53	0.69	1.50	3.00
16	0.12	0.28	0.56	0.72	1.56	3.12
17	0.12	0.28	0.57	0.74	1.61	3.23
18	0.13	0.29	0.59	0.77	1.67	3.34
19	0.13	0.30	0.61	0.79	1.72	3.45
20	0.14	0.31	0.63	0.82	1.78	3.56
21	0.14	0.32	0.65	0.85	1.83	3.66
22	0.14	0.33	0.67	0.87	1.88	3.76
23	0.15	0.34	0.68	0.89	1.93	3.86
24	0.15	0.35	0.70	0.92	1.98	3.96
25	0.15	0.36	0.72	0.94	2.03	4.06
26	0.16	0.37	0.74	0.97	2.08	4.16
27	0.16	0.37	0.75	0.99	2.12	4.25
28	0.16	0.38	0.77	1.01	2.17	4.34
29	0.17	0.39	0.78	1.03	2.22	4.44
30	0.17	0.40	0.80	1.06	2.26	4.53
31	0.17	0.40	0.81	1.08	2.31	4.62
32	0.18	0.41	0.83	1.10	2.35	4.71
33	0.18	0.42	0.84	1.12	2.39	4.79
34	0.18	0.43	0.86	1.14	2.44	4.88
35	0.19	0.43	0.87	1.16	2.48	4.97
36	0.19	0.44	0.89	1.18	2.52	5.05
37	0.19	0.45	0.90	1.20	2.57	5.14
38	0.20	0.46	0.92	1.22	2.61	5.22
39	0.20	0.46	0.93	1.24	2.65	5.30
40	0.20	0.47	0.95	1.26	2.69	5.38
41	0.20	0.48	0.96	1.28	2.73	5.46
42	0.21	0.48	0.97	1.30	2.77	5.55
43	0.21	0.49	0.99	1.32	2.81	5.62
44	0.21	0.50	1.00	1.34	2.85	5.70
45	0.21	0.50	1.01	1.36	2.89	5.78
46	0.22	0.51	1.03	1.38	2.93	5.86
47	0.22	0.52	1.04	1.40	2.97	5.94
48	0.22	0.52	1.05	1.42	3.00	6.01
49	0.23	0.53	1.07	1.44	3.04	6.09
50	0.23	0.54	1.08	1.45	3.08	6.16

表2-②

(52 ㎡〜150 ㎡)

精度区分 地積(㎡)	甲 1 ㎡	甲 2 ㎡	甲 3 ㎡	乙 1 ㎡	乙 2 ㎡	乙 3 ㎡
52	0.23	0.55	1.10	1.49	3.15	6.31
54	0.24	0.56	1.13	1.53	3.23	6.46
56	0.24	0.57	1.15	1.56	3.30	6.60
58	0.25	0.59	1.18	1.60	3.37	6.75
60	0.25	0.60	1.20	1.63	3.44	6.89
62	0.26	0.61	1.22	1.67	3.51	7.03
64	0.26	0.62	1.25	1.70	3.58	7.16
66	0.27	0.63	1.27	1.73	3.65	7.30
68	0.27	0.64	1.29	1.77	3.71	7.43
70	0.28	0.66	1.32	1.80	3.78	7.57
72	0.28	0.67	1.34	1.83	3.85	7.70
74	0.29	0.68	1.36	1.86	3.91	7.83
76	0.29	0.69	1.38	1.90	3.98	7.96
78	0.29	0.70	1.40	1.93	4.04	8.09
80	0.30	0.71	1.42	1.96	4.10	8.21
82	0.30	0.72	1.45	1.99	4.17	8.34
84	0.31	0.73	1.47	2.02	4.23	8.46
86	0.31	0.74	1.49	2.05	4.29	8.59
88	0.32	0.75	1.51	2.08	4.35	8.71
90	0.32	0.76	1.53	2.11	4.41	8.83
92	0.32	0.77	1.55	2.14	4.47	8.95
94	0.33	0.78	1.57	2.17	4.53	9.07
96	0.33	0.79	1.59	2.20	4.59	9.19
98	0.34	0.80	1.61	2.23	4.65	9.31
100	0.34	0.81	1.63	2.26	4.71	9.42
102	0.34	0.82	1.65	2.29	4.77	9.54
104	0.35	0.83	1.67	2.32	4.82	9.65
106	0.35	0.84	1.69	2.35	4.88	9.77
108	0.36	0.85	1.70	2.37	4.94	9.88
110	0.36	0.86	1.72	2.40	4.99	9.99
112	0.36	0.87	1.74	2.43	5.05	10.11
114	0.37	0.88	1.76	2.46	5.11	10.22
116	0.37	0.89	1.78	2.49	5.16	10.33
118	0.37	0.90	1.80	2.51	5.22	10.44
120	0.38	0.91	1.82	2.54	5.27	10.55
122	0.38	0.91	1.83	2.57	5.33	10.66
124	0.38	0.92	1.85	2.59	5.38	10.77
126	0.39	0.93	1.87	2.62	5.43	10.87
128	0.39	0.94	1.89	2.65	5.49	10.98
130	0.40	0.95	1.91	2.68	5.54	11.09
132	0.40	0.96	1.92	2.70	5.59	11.19
134	0.40	0.97	1.94	2.73	5.65	11.30
136	0.41	0.98	1.96	2.75	5.70	11.40
138	0.41	0.98	1.97	2.78	5.75	11.51
140	0.41	0.99	1.99	2.81	5.80	11.61
142	0.42	1.00	2.01	2.83	5.85	11.71
144	0.42	1.01	2.03	2.86	5.90	11.81
146	0.42	1.02	2.04	2.88	5.96	11.92
148	0.43	1.03	2.06	2.91	6.01	12.02
150	0.43	1.04	2.08	2.93	6.06	12.12

付　　録

表2 −③ (152 m²〜325 m²)

精度区分 地積(m²)	甲 1 m²	甲 2 m²	甲 3 m²	乙 1 m²	乙 2 m²	乙 3 m²
152	0.43	1.04	2.09	2.96	6.11	12.22
154	0.44	1.05	2.11	2.98	6.16	12.32
156	0.44	1.06	2.13	3.01	6.21	12.42
158	0.44	1.07	2.14	3.03	6.26	12.52
160	0.45	1.08	2.16	3.06	6.31	12.62
162	0.45	1.09	2.18	3.08	6.36	12.72
164	0.45	1.09	2.19	3.11	6.40	12.81
166	0.46	1.10	2.21	3.13	6.45	12.91
168	0.46	1.11	2.22	3.16	6.50	13.01
170	0.46	1.12	2.24	3.18	6.55	13.11
172	0.47	1.13	2.26	3.21	6.60	13.20
174	0.47	1.13	2.27	3.23	6.65	13.30
176	0.47	1.14	2.29	3.25	6.69	13.39
178	0.47	1.15	2.30	3.28	6.74	13.49
180	0.48	1.16	2.32	3.30	6.79	13.58
182	0.48	1.17	2.34	3.33	6.84	13.68
184	0.48	1.17	2.35	3.35	6.88	13.77
186	0.49	1.18	2.37	3.37	6.93	13.87
188	0.49	1.19	2.38	3.40	6.98	13.96
190	0.49	1.20	2.40	3.42	7.02	14.05
192	0.50	1.20	2.41	3.44	7.07	14.14
194	0.50	1.21	2.43	3.47	7.12	14.24
196	0.50	1.22	2.44	3.49	7.16	14.33
198	0.51	1.23	2.46	3.51	7.21	14.42
200	0.51	1.23	2.47	3.54	7.25	14.51
205	0.52	1.25	2.51	3.59	7.37	14.74
210	0.52	1.27	2.55	3.65	7.48	14.96
215	0.53	1.29	2.58	3.71	7.59	15.19
220	0.54	1.31	2.62	3.76	7.70	15.41
225	0.54	1.33	2.66	3.82	7.81	15.63
230	0.55	1.34	2.69	3.87	7.92	15.85
235	0.56	1.36	2.73	3.93	8.03	16.06
240	0.57	1.38	2.76	3.98	8.14	16.28
245	0.57	1.40	2.80	4.04	8.24	16.49
250	0.58	1.41	2.83	4.09	8.35	16.70
255	0.59	1.43	2.87	4.14	8.45	16.91
260	0.59	1.45	2.90	4.20	8.56	17.12
265	0.60	1.47	2.94	4.25	8.66	17.33
270	0.61	1.48	2.97	4.30	8.77	17.54
275	0.61	1.50	3.00	4.35	8.87	17.74
280	0.62	1.52	3.04	4.41	8.97	17.94
285	0.63	1.53	3.07	4.46	9.07	18.15
290	0.63	1.55	3.10	4.51	9.17	18.35
295	0.64	1.57	3.14	4.56	9.27	18.55
300	0.64	1.58	3.17	4.61	9.37	18.75
305	0.65	1.60	3.20	4.66	9.47	18.94
310	0.66	1.61	3.23	4.71	9.57	19.14
315	0.66	1.63	3.27	4.76	9.67	19.34
320	0.67	1.65	3.30	4.81	9.76	19.53
325	0.68	1.66	3.33	4.86	9.86	19.73

表2-④ (330㎡～650㎡)

地積(㎡) \ 精度区分	甲 1 ㎡	甲 2 ㎡	甲 3 ㎡	乙 1 ㎡	乙 2 ㎡	乙 3 ㎡
330	0.68	1.68	3.36	4.91	9.96	19.92
335	0.69	1.69	3.39	4.96	10.05	20.11
340	0.69	1.71	3.42	5.01	10.15	20.30
345	0.70	1.72	3.45	5.05	10.24	20.49
350	0.71	1.74	3.48	5.10	10.34	20.68
355	0.71	1.75	3.51	5.15	10.43	20.87
360	0.72	1.77	3.55	5.20	10.52	21.05
365	0.72	1.79	3.58	5.25	10.62	21.24
370	0.73	1.80	3.61	5.29	10.71	21.42
375	0.73	1.82	3.64	5.34	10.80	21.61
380	0.74	1.83	3.67	5.39	10.89	21.79
385	0.75	1.85	3.70	5.43	10.98	21.97
390	0.75	1.86	3.73	5.48	11.08	22.16
395	0.76	1.87	3.75	5.53	11.17	22.34
400	0.76	1.89	3.78	5.57	11.26	22.52
405	0.77	1.90	3.81	5.62	11.35	22.70
410	0.77	1.92	3.84	5.66	11.44	22.88
415	0.78	1.93	3.87	5.71	11.52	23.05
420	0.79	1.95	3.90	5.76	11.61	23.23
425	0.79	1.96	3.93	5.80	11.70	23.41
430	0.80	1.98	3.96	5.85	11.79	23.58
435	0.80	1.99	3.99	5.89	11.88	23.76
440	0.81	2.00	4.01	5.94	11.96	23.93
445	0.81	2.02	4.04	5.98	12.05	24.11
450	0.82	2.03	4.07	6.02	12.14	24.28
455	0.82	2.05	4.10	6.07	12.22	24.45
460	0.83	2.06	4.13	6.11	12.31	24.62
465	0.83	2.07	4.15	6.16	12.40	24.80
470	0.84	2.09	4.18	6.20	12.48	24.97
475	0.85	2.10	4.21	6.24	12.57	25.14
480	0.85	2.12	4.24	6.29	12.65	25.31
485	0.86	2.13	4.26	6.33	12.74	25.48
490	0.86	2.14	4.29	6.37	12.82	25.64
495	0.87	2.16	4.32	6.42	12.90	25.81
500	0.87	2.17	4.35	6.46	12.99	25.98
510	0.88	2.20	4.40	6.55	13.15	26.31
520	0.89	2.22	4.45	6.63	13.32	26.64
530	0.90	2.25	4.51	6.72	13.48	26.97
540	0.91	2.28	4.56	6.80	13.65	27.30
550	0.92	2.30	4.61	6.88	13.81	27.62
560	0.93	2.33	4.66	6.97	13.97	27.94
570	0.94	2.36	4.72	7.05	14.13	28.26
580	0.95	2.38	4.77	7.13	14.29	28.58
590	0.96	2.41	4.82	7.21	14.45	28.90
600	0.97	2.43	4.87	7.29	14.60	29.21
610	0.98	2.46	4.92	7.37	14.76	29.53
620	0.99	2.48	4.97	7.45	14.92	29.84
630	1.00	2.51	5.02	7.53	15.07	30.15
640	1.01	2.53	5.07	7.61	15.23	30.46
650	1.02	2.56	5.12	7.69	15.38	30.76

付　録

表2 −⑤　　(660 ㎡〜1300 ㎡)

精度区分 地積(㎡)	甲 1 ㎡	甲 2 ㎡	甲 3 ㎡	乙 1 ㎡	乙 2 ㎡	乙 3 ㎡
660	1.03	2.58	5.17	7.77	15.53	31.07
670	1.04	2.61	5.22	7.85	15.68	31.37
680	1.05	2.63	5.27	7.93	15.84	31.68
690	1.06	2.65	5.31	8.01	15.99	31.98
700	1.06	2.68	5.36	8.08	16.14	32.28
710	1.07	2.70	5.41	8.16	16.28	32.57
720	1.08	2.73	5.46	8.24	16.43	32.87
730	1.09	2.75	5.51	8.31	16.58	33.17
740	1.10	2.77	5.55	8.39	16.73	33.46
750	1.11	2.80	5.60	8.47	16.87	33.75
760	1.12	2.82	5.65	8.54	17.02	34.04
770	1.13	2.84	5.69	8.62	17.16	34.33
780	1.14	2.87	5.74	8.69	17.31	34.62
790	1.14	2.89	5.79	8.77	17.45	34.91
800	1.15	2.91	5.83	8.84	17.60	35.20
810	1.16	2.94	5.88	8.91	17.74	35.48
820	1.17	2.96	5.92	8.99	17.88	35.77
830	1.18	2.98	5.97	9.06	18.02	36.05
840	1.19	3.00	6.01	9.13	18.16	36.33
850	1.20	3.03	6.06	9.21	18.30	36.61
860	1.20	3.05	6.10	9.28	18.44	36.89
870	1.21	3.07	6.15	9.35	18.58	37.17
880	1.22	3.09	6.19	9.42	18.72	37.45
890	1.23	3.12	6.24	9.50	18.86	37.72
900	1.24	3.14	6.28	9.57	19.00	38.00
910	1.25	3.16	6.33	9.64	19.13	38.27
920	1.25	3.18	6.37	9.71	19.27	38.55
930	1.26	3.20	6.41	9.78	19.41	38.82
940	1.27	3.23	6.46	9.85	19.54	39.09
950	1.28	3.25	6.50	9.92	19.68	39.36
960	1.29	3.27	6.54	9.99	19.81	39.63
970	1.30	3.29	6.59	10.06	19.95	39.90
980	1.30	3.31	6.63	10.13	20.08	40.17
990	1.31	3.33	6.67	10.20	20.22	40.44
1000	1.32	3.35	6.71	10.27	20.35	40.70
1020	1.33	3.40	6.80	10.41	20.61	41.23
1040	1.35	3.44	6.88	10.55	20.88	41.76
1060	1.37	3.48	6.97	10.68	21.14	42.28
1080	1.38	3.52	7.05	10.82	21.40	42.80
1100	1.40	3.56	7.13	10.95	21.66	43.32
1120	1.41	3.60	7.21	11.09	21.91	43.83
1140	1.43	3.65	7.30	11.22	22.17	44.34
1160	1.44	3.69	7.38	11.35	22.42	44.85
1180	1.46	3.73	7.46	11.48	22.68	45.36
1200	1.47	3.77	7.54	11.61	22.93	45.86
1220	1.49	3.81	7.62	11.74	23.18	46.36
1240	1.50	3.85	7.70	11.87	23.43	46.86
1260	1.52	3.88	7.77	12.00	23.67	47.35
1280	1.53	3.92	7.85	12.13	23.92	47.84
1300	1.55	3.96	7.93	12.26	24.16	48.33

表2-⑥ (1320 m²〜2300 m²)

精度区分 地積(m²)	甲 1 m²	甲 2 m²	甲 3 m²	乙 1 m²	乙 2 m²	乙 3 m²
1320	1.56	4.00	8.01	12.39	24.41	48.82
1340	1.57	4.04	8.09	12.51	24.65	49.30
1360	1.59	4.08	8.16	12.64	24.89	49.79
1380	1.60	4.12	8.24	12.77	25.13	50.27
1400	1.62	4.15	8.31	12.89	25.37	50.75
1420	1.63	4.19	8.39	13.02	25.61	51.22
1440	1.64	4.23	8.46	13.14	25.85	51.70
1460	1.66	4.27	8.54	13.26	26.08	52.17
1480	1.67	4.30	8.61	13.39	26.32	52.64
1500	1.69	4.34	8.69	13.51	26.55	53.10
1520	1.70	4.38	8.76	13.63	26.78	53.57
1540	1.71	4.42	8.84	13.75	27.01	54.03
1560	1.73	4.45	8.91	13.87	27.24	54.49
1580	1.74	4.49	8.98	13.99	27.47	54.95
1600	1.75	4.52	9.05	14.11	27.70	55.41
1620	1.77	4.56	9.13	14.23	27.93	55.87
1640	1.78	4.60	9.20	14.35	28.16	56.32
1660	1.79	4.63	9.27	14.47	28.39	56.78
1680	1.81	4.67	9.34	14.59	28.61	57.23
1700	1.82	4.70	9.41	14.71	28.84	57.68
1720	1.83	4.74	9.48	14.83	29.06	58.12
1740	1.85	4.77	9.55	14.94	29.28	58.57
1760	1.86	4.81	9.62	15.06	29.50	59.01
1780	1.87	4.84	9.69	15.18	29.73	59.46
1800	1.88	4.88	9.76	15.29	29.95	59.90
1820	1.90	4.91	9.83	15.41	30.17	60.34
1840	1.91	4.95	9.90	15.52	30.38	60.77
1860	1.92	4.98	9.97	15.64	30.60	61.21
1880	1.94	5.02	10.04	15.75	30.82	61.65
1900	1.95	5.05	10.11	15.87	31.04	62.08
1920	1.96	5.09	10.18	15.98	31.25	62.51
1940	1.97	5.12	10.25	16.09	31.47	62.94
1960	1.99	5.15	10.31	16.21	31.68	63.37
1980	2.00	5.19	10.38	16.32	31.90	63.80
2000	2.01	5.22	10.45	16.43	32.11	64.23
2020	2.02	5.26	10.52	16.54	32.32	64.65
2040	2.03	5.29	10.58	16.65	32.53	65.07
2060	2.05	5.32	10.65	16.76	32.75	65.50
2080	2.06	5.36	10.72	16.88	32.96	65.92
2100	2.07	5.39	10.78	16.99	33.17	66.34
2120	2.08	5.42	10.85	17.10	33.38	66.76
2140	2.10	5.45	10.91	17.21	33.58	67.17
2160	2.11	5.49	10.98	17.32	33.79	67.59
2180	2.12	5.52	11.04	17.43	34.00	68.01
2200	2.13	5.55	11.11	17.53	34.21	68.42
2220	2.14	5.59	11.18	17.64	34.41	68.83
2240	2.16	5.62	11.24	17.75	34.62	69.24
2260	2.17	5.65	11.30	17.86	34.82	69.65
2280	2.18	5.68	11.37	17.97	35.03	70.06
2300	2.19	5.71	11.43	18.08	35.23	70.47

付　　録

表2－⑦　　　　　　　　　　　　　　　　　　　　　　　　　　　　（2320 ㎡～3300 ㎡）

精度区分 地積(㎡)	甲 1 ㎡	甲 2 ㎡	甲 3 ㎡	乙 1 ㎡	乙 2 ㎡	乙 3 ㎡
2320	2.20	5.75	11.50	18.18	35.44	70.88
2340	2.21	5.78	11.56	18.29	35.64	71.28
2360	2.23	5.81	11.62	18.40	35.84	71.69
2380	2.24	5.84	11.69	18.50	36.04	72.09
2400	2.25	5.87	11.75	18.61	36.24	72.49
2420	2.26	5.91	11.82	18.72	36.45	72.90
2440	2.27	5.94	11.88	18.82	36.65	73.30
2460	2.28	5.97	11.94	18.93	36.85	73.70
2480	2.29	6.00	12.00	19.03	37.04	74.09
2500	2.31	6.03	12.07	19.14	37.24	74.49
2520	2.32	6.06	12.13	19.24	37.44	74.89
2540	2.33	6.09	12.19	19.35	37.64	75.28
2560	2.34	6.12	12.25	19.45	37.84	75.68
2580	2.35	6.15	12.31	19.55	38.03	76.07
2600	2.36	6.19	12.38	19.66	38.23	76.47
2620	2.37	6.22	12.44	19.76	38.43	76.86
2640	2.38	6.25	12.50	19.87	38.62	77.25
2660	2.40	6.28	12.56	19.97	38.82	77.64
2680	2.41	6.31	12.62	20.07	39.01	78.03
2700	2.42	6.34	12.68	20.17	39.20	78.41
2720	2.43	6.37	12.74	20.28	39.40	78.80
2740	2.44	6.40	12.80	20.38	39.59	79.19
2760	2.45	6.43	12.86	20.48	39.78	79.57
2780	2.46	6.46	12.92	20.58	39.98	79.96
2800	2.47	6.49	12.98	20.68	40.17	80.34
2820	2.48	6.52	13.04	20.78	40.36	80.72
2840	2.49	6.55	13.10	20.89	40.55	81.11
2860	2.51	6.58	13.16	20.99	40.74	81.49
2880	2.52	6.61	13.22	21.09	40.93	81.87
2900	2.53	6.64	13.28	21.19	41.12	82.25
2920	2.54	6.67	13.34	21.29	41.31	82.63
2940	2.55	6.70	13.40	21.39	41.50	83.00
2960	2.56	6.73	13.46	21.49	41.69	83.38
2980	2.57	6.76	13.52	21.59	41.88	83.76
3000	2.58	6.79	13.58	21.69	42.06	84.13
3020	2.59	6.82	13.64	21.79	42.25	84.51
3040	2.60	6.85	13.70	21.88	42.44	84.88
3060	2.61	6.88	13.76	21.98	42.62	85.25
3080	2.62	6.90	13.81	22.08	42.81	85.63
3100	2.63	6.93	13.87	22.18	43.00	86.00
3120	2.64	6.96	13.93	22.28	43.18	86.37
3140	2.65	6.99	13.99	22.38	43.37	86.74
3160	2.66	7.02	14.05	22.48	43.55	87.11
3180	2.68	7.05	14.10	22.57	43.74	87.48
3200	2.69	7.08	14.16	22.67	43.92	87.84
3220	2.70	7.11	14.22	22.77	44.10	88.21
3240	2.71	7.14	14.28	22.86	44.29	88.58
3260	2.72	7.16	14.33	22.96	44.47	88.94
3280	2.73	7.19	14.39	23.06	44.65	89.31
3300	2.74	7.22	14.45	23.16	44.83	89.67

表 2 － ⑧

(3320 ㎡～4300 ㎡)

精度区分 地積(㎡)	甲 1 ㎡	甲 2 ㎡	甲 3 ㎡	乙 1 ㎡	乙 2 ㎡	乙 3 ㎡
3320	2.75	7.25	14.50	23.25	45.02	90.04
3340	2.76	7.28	14.56	23.35	45.20	90.40
3360	2.77	7.31	14.62	23.44	45.38	90.76
3380	2.78	7.33	14.67	23.54	45.56	91.12
3400	2.79	7.36	14.73	23.64	45.74	91.49
3420	2.80	7.39	14.79	23.73	45.92	91.85
3440	2.81	7.42	14.84	23.83	46.10	92.21
3460	2.82	7.45	14.90	23.92	46.28	92.56
3480	2.83	7.48	14.96	24.02	46.46	92.92
3500	2.84	7.50	15.01	24.11	46.64	93.28
3520	2.85	7.53	15.07	24.21	46.82	93.64
3540	2.86	7.56	15.12	24.30	47.00	94.00
3560	2.87	7.59	15.18	24.40	47.17	94.35
3580	2.88	7.61	15.23	24.49	47.35	94.71
3600	2.89	7.64	15.29	24.59	47.53	95.06
3620	2.90	7.67	15.35	24.68	47.71	95.42
3640	2.91	7.70	15.40	24.77	47.88	95.77
3660	2.92	7.73	15.46	24.87	48.06	96.12
3680	2.93	7.75	15.51	24.96	48.23	96.47
3700	2.94	7.78	15.57	25.05	48.41	96.83
3720	2.95	7.81	15.62	25.15	48.59	97.18
3740	2.96	7.84	15.68	25.24	48.76	97.53
3760	2.97	7.86	15.73	25.33	48.94	97.88
3780	2.98	7.89	15.78	25.43	49.11	98.23
3800	2.99	7.92	15.84	25.52	49.29	98.58
3820	3.00	7.94	15.89	25.61	49.46	98.92
3840	3.01	7.97	15.95	25.70	49.63	99.27
3860	3.02	8.00	16.00	25.80	49.81	99.62
3880	3.03	8.03	16.06	25.89	49.98	99.97
3900	3.04	8.05	16.11	25.98	50.15	100.31
3920	3.05	8.08	16.16	26.07	50.33	100.66
3940	3.06	8.11	16.22	26.16	50.50	101.00
3960	3.07	8.13	16.27	26.26	50.67	101.35
3980	3.08	8.16	16.33	26.35	50.84	101.69
4000	3.09	8.19	16.38	26.44	51.01	102.03
4020	3.09	8.21	16.43	26.53	51.19	102.38
4040	3.10	8.24	16.49	26.62	51.36	102.72
4060	3.11	8.27	16.54	26.71	51.53	103.06
4080	3.12	8.29	16.59	26.80	51.70	103.40
4100	3.13	8.32	16.65	26.89	51.87	103.74
4120	3.14	8.35	16.70	26.98	52.04	104.08
4140	3.15	8.37	16.75	27.07	52.21	104.42
4160	3.16	8.40	16.80	27.16	52.38	104.76
4180	3.17	8.43	16.86	27.25	52.55	105.10
4200	3.18	8.45	16.91	27.34	52.72	105.44
4220	3.19	8.48	16.96	27.43	52.89	105.78
4240	3.20	8.51	17.02	27.52	53.05	106.11
4260	3.21	8.53	17.07	27.61	53.22	106.45
4280	3.22	8.56	17.12	27.70	53.39	106.79
4300	3.23	8.58	17.17	27.79	53.56	107.12

付　録

表2-⑨　　　　　　　　　　　　　　　　　　　　　　　　(4320 ㎡〜5000 ㎡)

精度区分 地積(㎡)	甲 1 ㎡	甲 2 ㎡	甲 3 ㎡	乙 1 ㎡	乙 2 ㎡	乙 3 ㎡
4320	3.24	8.61	17.22	27.88	53.73	107.46
4340	3.25	8.64	17.28	27.97	53.89	107.79
4360	3.26	8.66	17.33	28.06	54.06	108.13
4380	3.26	8.69	17.38	28.15	54.23	108.46
4400	3.27	8.71	17.43	28.24	54.40	108.80
4420	3.28	8.74	17.48	28.33	54.56	109.13
4440	3.29	8.77	17.54	28.42	54.73	109.46
4460	3.30	8.79	17.59	28.50	54.89	109.79
4480	3.31	8.82	17.64	28.59	55.06	110.12
4500	3.32	8.84	17.69	28.68	55.23	110.46
4520	3.33	8.87	17.74	28.77	55.39	110.79
4540	3.34	8.89	17.79	28.86	55.56	111.12
4560	3.35	8.92	17.85	28.94	55.72	111.45
4580	3.36	8.95	17.90	29.03	55.89	111.78
4600	3.37	8.97	17.95	29.12	56.05	112.10
4620	3.38	9.00	18.00	29.21	56.21	112.43
4640	3.38	9.02	18.05	29.29	56.38	112.76
4660	3.39	9.05	18.10	29.38	56.54	113.09
4680	3.40	9.07	18.15	29.47	56.71	113.42
4700	3.41	9.10	18.20	29.56	56.87	113.74
4720	3.42	9.12	18.25	29.64	57.03	114.07
4740	3.43	9.15	18.30	29.73	57.20	114.40
4760	3.44	9.18	18.36	29.82	57.36	114.72
4780	3.45	9.20	18.41	29.90	57.52	115.05
4800	3.46	9.23	18.46	29.99	57.68	115.37
4820	3.47	9.25	18.51	30.08	57.84	115.69
4840	3.48	9.28	18.56	30.16	58.01	116.02
4860	3.48	9.30	18.61	30.25	58.17	116.34
4880	3.49	9.33	18.66	30.34	58.33	116.67
4900	3.50	9.35	18.71	30.42	58.49	116.99
4920	3.51	9.38	18.76	30.51	58.65	117.31
4940	3.52	9.40	18.81	30.59	58.81	117.63
4960	3.53	9.43	18.86	30.68	58.97	117.95
4980	3.54	9.45	18.91	30.76	59.13	118.27
5000	3.55	9.48	18.96	30.85	59.29	118.59

表2 − ⑩

(5020 ㎡〜7000 ㎡)

精度区分 地積 (㎡)	乙 1 ㎡	乙 2 ㎡	乙 3 ㎡	精度区分 地積 (㎡)	乙 1 ㎡	乙 2 ㎡	乙 3 ㎡
5020	30.94	59.46	118.92	6020	35.09	67.23	134.47
5040	31.02	59.61	119.23	6040	35.17	67.38	134.77
5060	31.11	59.77	119.55	6060	35.25	67.54	135.08
5080	31.19	59.93	119.87	6080	35.33	67.69	135.38
5100	31.28	60.09	120.19	6100	35.41	67.84	135.68
5120	31.36	60.25	120.51	6120	35.50	67.99	135.98
5140	31.45	60.41	120.83	6140	35.58	68.14	136.28
5160	31.53	60.57	121.15	6160	35.66	68.29	136.58
5180	31.62	60.73	121.46	6180	35.74	68.44	136.88
5200	31.70	60.89	121.78	6200	35.82	68.59	137.18
5220	31.78	61.05	122.10	6220	35.90	68.74	137.48
5240	31.87	61.20	122.41	6240	35.98	68.89	137.78
5260	31.95	61.36	122.73	6260	36.06	69.04	138.08
5280	32.04	61.52	123.04	6280	36.14	69.19	138.38
5300	32.12	61.68	123.36	6300	36.22	69.34	138.68
5320	32.21	61.83	123.67	6320	36.30	69.49	138.98
5340	32.29	61.99	123.99	6340	36.38	69.64	139.28
5360	32.37	62.15	124.30	6360	36.46	69.79	139.58
5380	32.46	62.30	124.61	6380	36.54	69.93	139.87
5400	32.54	62.46	124.93	6400	36.62	70.08	140.17
5420	32.62	62.62	125.24	6420	36.70	70.23	140.47
5440	32.71	62.77	125.55	6440	36.78	70.38	140.76
5460	32.79	62.93	125.87	6460	36.86	70.53	141.06
5480	32.87	63.09	126.18	6480	36.93	70.68	141.36
5500	32.96	63.24	126.49	6500	37.01	70.82	141.65
5520	33.04	63.40	126.80	6520	37.09	70.97	141.95
5540	33.12	63.55	127.11	6540	37.17	71.12	142.25
5560	33.21	63.71	127.42	6560	37.25	71.27	142.54
5580	33.29	63.86	127.73	6580	37.33	71.42	142.84
5600	33.37	64.02	128.04	6600	37.41	71.56	143.13
5620	33.46	64.17	128.35	6620	37.49	71.71	143.42
5640	33.54	64.33	128.66	6640	37.57	71.86	143.72
5660	33.62	64.48	128.97	6660	37.65	72.00	144.01
5680	33.70	64.64	129.28	6680	37.72	72.15	144.31
5700	33.78	64.79	129.58	6700	37.80	72.30	144.60
5720	33.87	64.94	129.89	6720	37.88	72.44	144.89
5740	33.95	65.10	130.20	6740	37.96	72.59	145.19
5760	34.03	65.25	130.51	6760	38.04	72.74	145.48
5780	34.11	65.40	130.81	6780	38.12	72.88	145.77
5800	34.20	65.56	131.12	6800	38.19	73.03	146.06
5820	34.28	65.71	131.43	6820	38.27	73.17	146.35
5840	34.36	65.86	131.73	6840	38.35	73.32	146.65
5860	34.44	66.02	132.04	6860	38.43	73.47	146.94
5880	34.52	66.17	132.34	6880	38.51	73.61	147.23
5900	34.60	66.32	132.65	6900	38.58	73.76	147.52
5920	34.69	66.47	132.95	6920	38.66	73.90	147.81
5940	34.77	66.63	133.26	6940	38.74	74.05	148.10
5960	34.85	66.78	133.56	6960	38.82	74.19	148.39
5980	34.93	66.93	133.86	6980	38.90	74.34	148.68
6000	35.01	67.08	134.17	7000	38.97	74.48	148.97

付　　録

表2 −⑪　　　　　　　　　　　　　　　　　　　　　　(7020 ㎡〜9000 ㎡)

精度区分 地積(㎡)	乙 1 ㎡	乙 2 ㎡	乙 3 ㎡	精度区分 地積(㎡)	乙 1 ㎡	乙 2 ㎡	乙 3 ㎡
7020	39.05	74.63	149.26	8020	42.85	81.71	163.42
7040	39.13	74.77	149.55	8040	42.92	81.85	163.70
7060	39.21	74.91	149.83	8060	43.00	81.98	163.97
7080	39.28	75.06	150.12	8080	43.07	82.12	164.25
7100	39.36	75.20	150.41	8100	43.15	82.26	164.53
7120	39.44	75.35	150.70	8120	43.22	82.40	164.81
7140	39.51	75.49	150.99	8140	43.30	82.54	165.08
7160	39.59	75.63	151.27	8160	43.37	82.68	165.36
7180	39.67	75.78	151.56	8180	43.44	82.82	165.64
7200	39.75	75.92	151.85	8200	43.52	82.95	165.91
7220	39.82	76.07	152.14	8220	43.59	83.09	166.19
7240	39.90	76.21	152.42	8240	43.67	83.23	166.46
7260	39.98	76.35	152.71	8260	43.74	83.37	166.74
7280	40.05	76.49	152.99	8280	43.81	83.50	167.01
7300	40.13	76.64	153.28	8300	43.89	83.64	167.29
7320	40.21	76.78	153.57	8320	43.96	83.78	167.56
7340	40.28	76.92	153.85	8340	44.04	83.92	167.84
7360	40.36	77.07	154.14	8360	44.11	84.05	168.11
7380	40.44	77.21	154.42	8380	44.18	84.19	168.39
7400	40.51	77.35	154.71	8400	44.26	84.33	168.66
7420	40.59	77.49	154.99	8420	44.33	84.46	168.93
7440	40.66	77.63	155.27	8440	44.40	84.60	169.21
7460	40.74	77.78	155.56	8460	44.48	84.74	169.48
7480	40.82	77.92	155.84	8480	44.55	84.87	169.75
7500	40.89	78.06	156.13	8500	44.62	85.01	170.03
7520	40.97	78.20	156.41	8520	44.70	85.15	170.30
7540	41.04	78.34	156.69	8540	44.77	85.28	170.57
7560	41.12	78.49	156.98	8560	44.84	85.42	170.85
7580	41.20	78.63	157.26	8580	44.92	85.56	171.12
7600	41.27	78.77	157.54	8600	44.99	85.69	171.39
7620	41.35	78.91	157.82	8620	45.06	85.83	171.66
7640	41.42	79.05	158.10	8640	45.14	85.96	171.93
7660	41.50	79.19	158.39	8660	45.21	86.10	172.20
7680	41.57	79.33	158.67	8680	45.28	86.24	172.48
7700	41.65	79.47	158.95	8700	45.36	86.37	172.75
7720	41.73	79.61	159.23	8720	45.43	86.51	173.02
7740	41.80	79.75	159.51	8740	45.50	86.64	173.29
7760	41.88	79.89	159.79	8760	45.57	86.78	173.56
7780	41.95	80.03	160.07	8780	45.65	86.91	173.83
7800	42.03	80.17	160.35	8800	45.72	87.05	174.10
7820	42.10	80.31	160.63	8820	45.79	87.18	174.37
7840	42.18	80.45	160.91	8840	45.86	87.32	174.64
7860	42.25	80.59	161.19	8860	45.94	87.45	174.91
7880	42.33	80.73	161.47	8880	46.01	87.59	175.18
7900	42.40	80.87	161.75	8900	46.08	87.72	175.45
7920	42.48	81.01	162.03	8920	46.15	87.86	175.72
7940	42.55	81.15	162.31	8940	46.23	87.99	175.99
7960	42.63	81.29	162.59	8960	46.30	88.13	176.26
7980	42.70	81.43	162.86	8980	46.37	88.26	176.52
8000	42.78	81.57	163.14	9000	46.44	88.39	176.79

公差早見表

表2−⑫　　　　　　　　　　　　　　　　　　　　　　　　　　　　(9020 m²〜11000 m²)

精度区分 地積(m²)	乙 1 m²	乙 2 m²	乙 3 m²	精度区分 地積(m²)	乙 1 m²	乙 2 m²	乙 3 m²
9020	46.51	88.53	177.06	10020	50.06	95.12	190.25
9040	46.59	88.66	177.33	10040	50.13	95.25	190.51
9060	46.66	88.80	177.60	10060	50.20	95.38	190.77
9080	46.73	88.93	177.86	10080	50.27	95.51	191.03
9100	46.80	89.06	178.13	10100	50.34	95.64	191.29
9120	46.87	89.20	178.40	10120	50.41	95.77	191.55
9140	46.95	89.33	178.67	10140	50.48	95.90	191.81
9160	47.02	89.46	178.93	10160	50.55	96.03	192.07
9180	47.09	89.60	179.20	10180	50.62	96.16	192.33
9200	47.16	89.73	179.47	10200	50.69	96.29	192.59
9220	47.23	89.86	179.73	10220	50.76	96.42	192.85
9240	47.31	90.00	180.00	10240	50.83	96.55	193.10
9260	47.38	90.13	180.27	10260	50.90	96.68	193.36
9280	47.45	90.26	180.53	10280	50.97	96.81	193.62
9300	47.52	90.40	180.80	10300	51.04	96.94	193.88
9320	47.59	90.53	181.06	10320	51.11	97.07	194.14
9340	47.66	90.66	181.33	10340	51.18	97.19	194.39
9360	47.73	90.79	181.59	10360	51.25	97.32	194.65
9380	47.81	90.93	181.86	10380	51.32	97.45	194.91
9400	47.88	91.06	182.12	10400	51.39	97.58	195.16
9420	47.95	91.19	182.39	10420	51.46	97.71	195.42
9440	48.02	91.32	182.65	10440	51.53	97.84	195.68
9460	48.09	91.46	182.92	10460	51.59	97.96	195.93
9480	48.16	91.59	183.18	10480	51.66	98.09	196.19
9500	48.23	91.72	183.45	10500	51.73	98.22	196.45
9520	48.30	91.85	183.71	10520	51.80	98.35	196.70
9540	48.37	91.98	183.97	10540	51.87	98.48	196.96
9560	48.45	92.12	184.24	10560	51.94	98.61	197.22
9580	48.52	92.25	184.50	10580	52.01	98.73	197.47
9600	48.59	92.38	184.76	10600	52.08	98.86	197.73
9620	48.66	92.51	185.03	10620	52.15	98.99	197.98
9640	48.73	92.64	185.29	10640	52.22	99.12	198.24
9660	48.80	92.77	185.55	10660	52.28	99.24	198.49
9680	48.87	92.90	185.81	10680	52.35	99.37	198.75
9700	48.94	93.04	186.08	10700	52.42	99.50	199.00
9720	49.01	93.17	186.34	10720	52.49	99.63	199.26
9740	49.08	93.30	186.60	10740	52.56	99.75	199.51
9760	49.15	93.43	186.86	10760	52.63	99.88	199.77
9780	49.22	93.56	187.13	10780	52.70	100.01	200.02
9800	49.29	93.69	187.39	10800	52.76	100.14	200.28
9820	49.36	93.82	187.65	10820	52.83	100.26	200.53
9840	49.43	93.95	187.91	10840	52.90	100.39	200.78
9860	49.50	94.08	188.17	10860	52.97	100.52	201.04
9880	49.57	94.21	188.43	10880	53.04	100.64	201.29
9900	49.64	94.34	188.69	10900	53.11	100.77	201.54
9920	49.71	94.47	188.95	10920	53.17	100.90	201.80
9940	49.78	94.60	189.21	10940	53.24	101.02	202.05
9960	49.85	94.73	189.47	10960	53.31	101.15	202.30
9980	49.92	94.86	189.73	10980	53.38	101.28	202.56
10000	50.00	95.00	190.00	11000	53.45	101.40	202.81

付　　録

表2 −⑬　　　　　　　　　　　　　　　　　　　　　　　　　　　（11020 ㎡〜13000 ㎡）

精度区分 地積(㎡)	乙 1 ㎡	乙 2 ㎡	乙 3 ㎡	精度区分 地積(㎡)	乙 1 ㎡	乙 2 ㎡	乙 3 ㎡
11020	53.52	101.53	203.06	12020	56.88	107.76	215.53
11040	53.58	101.65	203.31	12040	56.94	107.88	215.77
11060	53.65	101.78	203.57	12060	57.01	108.01	216.02
11080	53.72	101.91	203.82	12080	57.08	108.13	216.27
11100	53.79	102.03	204.07	12100	57.14	108.25	216.51
11120	53.86	102.16	204.32	12120	57.21	108.38	216.76
11140	53.92	102.29	204.58	12140	57.28	108.50	217.00
11160	53.99	102.41	204.83	12160	57.34	108.62	217.25
11180	54.06	102.54	205.08	12180	57.41	108.74	217.49
11200	54.13	102.66	205.33	12200	57.47	108.87	217.74
11220	54.19	102.79	205.58	12220	57.54	108.99	217.98
11240	54.26	102.91	205.83	12240	57.61	109.11	218.23
11260	54.33	103.04	206.08	12260	57.67	109.23	218.47
11280	54.40	103.16	206.33	12280	57.74	109.36	218.72
11300	54.46	103.29	206.59	12300	57.80	109.48	218.96
11320	54.53	103.42	206.84	12320	57.87	109.60	219.21
11340	54.60	103.54	207.09	12340	57.94	109.72	219.45
11360	54.67	103.67	207.34	12360	58.00	109.85	219.70
11380	54.74	103.79	207.59	12380	58.07	109.97	219.94
11400	54.80	103.92	207.84	12400	58.13	110.09	220.18
11420	54.87	104.04	208.09	12420	58.20	110.21	220.43
11440	54.94	104.17	208.34	12440	58.27	110.33	220.67
11460	55.00	104.29	208.59	12460	58.33	110.45	220.91
11480	55.07	104.42	208.84	12480	58.40	110.58	221.16
11500	55.14	104.54	209.09	12500	58.46	110.70	221.40
11520	55.21	104.67	209.34	12520	58.53	110.82	221.64
11540	55.27	104.79	209.58	12540	58.59	110.94	221.89
11560	55.34	104.91	209.83	12560	58.66	111.06	222.13
11580	55.41	105.04	210.08	12580	58.72	111.18	222.37
11600	55.48	105.16	210.33	12600	58.79	111.31	222.62
11620	55.54	105.29	210.58	12620	58.86	111.43	222.86
11640	55.61	105.41	210.83	12640	58.92	111.55	223.10
11660	55.68	105.54	211.08	12660	58.99	111.67	223.34
11680	55.74	105.66	211.33	12680	59.05	111.79	223.59
11700	55.81	105.78	211.57	12700	59.12	111.91	223.83
11720	55.88	105.91	211.82	12720	59.18	112.03	224.07
11740	55.94	106.03	212.07	12740	59.25	112.15	224.31
11760	56.01	106.16	212.32	12760	59.31	112.28	224.56
11780	56.08	106.28	212.57	12780	59.38	112.40	224.80
11800	56.14	106.40	212.81	12800	59.44	112.52	225.04
11820	56.21	106.53	213.06	12820	59.51	112.64	225.28
11840	56.28	106.65	213.31	12840	59.57	112.76	225.52
11860	56.34	106.77	213.55	12860	59.64	112.88	225.76
11880	56.41	106.90	213.80	12880	59.71	113.00	226.00
11900	56.48	107.02	214.05	12900	59.77	113.12	226.25
11920	56.54	107.15	214.30	12920	59.84	113.24	226.49
11940	56.61	107.27	214.54	12940	59.90	113.36	226.73
11960	56.68	107.39	214.79	12960	59.97	113.48	226.97
11980	56.74	107.52	215.04	12980	60.03	113.60	227.21
12000	56.81	107.64	215.28	13000	60.10	113.72	227.45

表 2 − ⑭

(13020 ㎡～15000 ㎡)

精度区分 地積(㎡)	乙 1 ㎡	乙 2 ㎡	乙 3 ㎡	精度区分 地積(㎡)	乙 1 ㎡	乙 2 ㎡	乙 3 ㎡
13020	60.16	113.84	227.69	14020	63.37	119.79	239.58
13040	60.23	113.96	227.93	14040	63.44	119.90	239.81
13060	60.29	114.08	228.17	14060	63.50	120.02	240.05
13080	60.36	114.20	228.41	14080	63.56	120.14	240.28
13100	60.42	114.32	228.65	14100	63.63	120.26	240.52
13120	60.48	114.44	228.89	14120	63.69	120.37	240.75
13140	60.55	114.56	229.13	14140	63.75	120.49	240.99
13160	60.61	114.68	229.37	14160	63.82	120.61	241.22
13180	60.68	114.80	229.61	14180	63.88	120.73	241.46
13200	60.74	114.92	229.85	14200	63.94	120.84	241.69
13220	60.81	115.04	230.09	14220	64.01	120.96	241.93
13240	60.87	115.16	230.33	14240	64.07	121.08	242.16
13260	60.94	115.28	230.57	14260	64.13	121.19	242.39
13280	61.00	115.40	230.81	14280	64.20	121.31	242.63
13300	61.07	115.52	231.04	14300	64.26	121.43	242.86
13320	61.13	115.64	231.28	14320	64.32	121.55	243.10
13340	61.20	115.76	231.52	14340	64.39	121.66	243.33
13360	61.26	115.88	231.76	14360	64.45	121.78	243.56
13380	61.32	116.00	232.00	14380	64.51	121.90	243.80
13400	61.39	116.12	232.24	14400	64.58	122.01	244.03
13420	61.45	116.24	232.48	14420	64.64	122.13	244.26
13440	61.52	116.35	232.71	14440	64.70	122.25	244.50
13460	61.58	116.47	232.95	14460	64.77	122.36	244.73
13480	61.65	116.59	233.19	14480	64.83	122.48	244.96
13500	61.71	116.71	233.43	14500	64.89	122.60	245.20
13520	61.78	116.83	233.67	14520	64.95	122.71	245.43
13540	61.84	116.95	233.90	14540	65.02	122.83	245.66
13560	61.90	117.07	234.14	14560	65.08	122.94	245.89
13580	61.97	117.19	234.38	14580	65.14	123.06	246.13
13600	62.03	117.31	234.62	14600	65.21	123.18	246.36
13620	62.10	117.42	234.85	14620	65.27	123.29	246.59
13640	62.16	117.54	235.09	14640	65.33	123.41	246.82
13660	62.22	117.66	235.33	14660	65.39	123.53	247.06
13680	62.29	117.78	235.57	14680	65.46	123.64	247.29
13700	62.35	117.90	235.80	14700	65.52	123.76	247.52
13720	62.42	118.02	236.04	14720	65.58	123.87	247.75
13740	62.48	118.14	236.28	14740	65.65	123.99	247.98
13760	62.54	118.25	236.51	14760	65.71	124.11	248.22
13780	62.61	118.37	236.75	14780	65.77	124.22	248.45
13800	62.67	118.49	236.98	14800	65.83	124.34	248.68
13820	62.74	118.61	237.22	14820	65.90	124.45	248.91
13840	62.80	118.73	237.46	14840	65.96	124.57	249.14
13860	62.86	118.84	237.69	14860	66.02	124.68	249.37
13880	62.93	118.96	237.93	14880	66.08	124.80	249.60
13900	62.99	119.08	238.17	14900	66.15	124.91	249.83
13920	63.05	119.20	238.40	14920	66.21	125.03	250.07
13940	63.12	119.32	238.64	14940	66.27	125.15	250.30
13960	63.18	119.43	238.87	14960	66.33	125.26	250.53
13980	63.25	119.55	239.11	14980	66.40	125.38	250.76
14000	63.31	119.67	239.34	15000	66.46	125.49	250.99

付　録

表2 − ⑮　　　　　　　　　　　　　　　　　　　　　　　(15020 ㎡〜17000 ㎡)

精度区分 地積(㎡)	乙 1 ㎡	乙 2 ㎡	乙 3 ㎡	精度区分 地積(㎡)	乙 1 ㎡	乙 2 ㎡	乙 3 ㎡
15020	66.52	125.61	251.22	16020	69.61	131.31	262.63
15040	66.58	125.72	251.45	16040	69.67	131.43	262.86
15060	66.65	125.84	251.68	16060	69.73	131.54	263.09
15080	66.71	125.95	251.91	16080	69.79	131.65	263.31
15100	66.77	126.07	252.14	16100	69.86	131.77	263.54
15120	66.83	126.18	252.37	16120	69.92	131.88	263.76
15140	66.89	126.30	252.60	16140	69.98	131.99	263.99
15160	66.96	126.41	252.83	16160	70.04	132.11	264.22
15180	67.02	126.53	253.06	16180	70.10	132.22	264.44
15200	67.08	126.64	253.29	16200	70.16	132.33	264.67
15220	67.14	126.76	253.52	16220	70.22	132.44	264.89
15240	67.21	126.87	253.75	16240	70.28	132.56	265.12
15260	67.27	126.99	253.98	16260	70.34	132.67	265.34
15280	67.33	127.10	254.21	16280	70.40	132.78	265.57
15300	67.39	127.22	254.44	16300	70.47	132.89	265.79
15320	67.45	127.33	254.67	16320	70.53	133.01	266.02
15340	67.52	127.45	254.90	16340	70.59	133.12	266.24
15360	67.58	127.56	255.12	16360	70.65	133.23	266.47
15380	67.64	127.67	255.35	16380	70.71	133.34	266.69
15400	67.70	127.79	255.58	16400	70.77	133.46	266.92
15420	67.76	127.90	255.81	16420	70.83	133.57	267.14
15440	67.83	128.02	256.04	16440	70.89	133.68	267.37
15460	67.89	128.13	256.27	16460	70.95	133.79	267.59
15480	67.95	128.25	256.50	16480	71.01	133.90	267.81
15500	68.01	128.36	256.73	16500	71.07	134.02	268.04
15520	68.07	128.47	256.95	16520	71.13	134.13	268.26
15540	68.13	128.59	257.18	16540	71.20	134.24	268.49
15560	68.20	128.70	257.41	16560	71.26	134.35	268.71
15580	68.26	128.82	257.64	16580	71.32	134.46	268.93
15600	68.32	128.93	257.87	16600	71.38	134.58	269.16
15620	68.38	129.04	258.09	16620	71.44	134.69	269.38
15640	68.44	129.16	258.32	16640	71.50	134.80	269.61
15660	68.50	129.27	258.55	16660	71.56	134.91	269.83
15680	68.57	129.39	258.78	16680	71.62	135.02	270.05
15700	68.63	129.50	259.00	16700	71.68	135.14	270.28
15720	68.69	129.61	259.23	16720	71.74	135.25	270.50
15740	68.75	129.73	259.46	16740	71.80	135.36	270.72
15760	68.81	129.84	259.69	16760	71.86	135.47	270.95
15780	68.87	129.95	259.91	16780	71.92	135.58	271.17
15800	68.94	130.07	260.14	16800	71.98	135.69	271.39
15820	69.00	130.18	260.37	16820	72.04	135.81	271.62
15840	69.06	130.30	260.60	16840	72.10	135.92	271.84
15860	69.12	130.41	260.82	16860	72.16	136.03	272.06
15880	69.18	130.52	261.05	16880	72.22	136.14	272.28
15900	69.24	130.64	261.28	16900	72.28	136.25	272.51
15920	69.30	130.75	261.50	16920	72.34	136.36	272.73
15940	69.37	130.86	261.73	16940	72.40	136.47	272.95
15960	69.43	130.98	261.96	16960	72.46	136.58	273.17
15980	69.49	131.09	262.18	16980	72.53	136.70	273.40
16000	69.55	131.20	262.41	17000	72.59	136.81	273.62

表 2 - ⑯ (17020 ㎡～19000 ㎡)

精度区分 地積(㎡)	乙 1 ㎡	乙 2 ㎡	乙 3 ㎡	精度区分 地積(㎡)	乙 1 ㎡	乙 2 ㎡	乙 3 ㎡
17020	72.65	136.92	273.84	18020	75.63	142.43	284.86
17040	72.71	137.03	274.06	18040	75.69	142.54	285.08
17060	72.77	137.14	274.29	18060	75.75	142.64	285.29
17080	72.83	137.25	274.51	18080	75.81	142.75	285.51
17100	72.89	137.36	274.73	18100	75.87	142.86	285.73
17120	72.95	137.47	274.95	18120	75.93	142.97	285.95
17140	73.01	137.58	275.17	18140	75.99	143.08	286.17
17160	73.07	137.69	275.39	18160	76.05	143.19	286.39
17180	73.13	137.81	275.62	18180	76.10	143.30	286.60
17200	73.19	137.92	275.84	18200	76.16	143.41	286.82
17220	73.25	138.03	276.06	18220	76.22	143.52	287.04
17240	73.31	138.14	276.28	18240	76.28	143.63	287.26
17260	73.37	138.25	276.50	18260	76.34	143.73	287.47
17280	73.43	138.36	276.72	18280	76.40	143.84	287.69
17300	73.49	138.47	276.94	18300	76.46	143.95	287.91
17320	73.55	138.58	277.17	18320	76.52	144.06	288.13
17340	73.61	138.69	277.39	18340	76.58	144.17	288.34
17360	73.67	138.80	277.61	18360	76.64	144.28	288.56
17380	73.73	138.91	277.83	18380	76.69	144.39	288.78
17400	73.79	139.02	278.05	18400	76.75	144.50	289.00
17420	73.85	139.13	278.27	18420	76.81	144.60	289.21
17440	73.91	139.24	278.49	18440	76.87	144.71	289.43
17460	73.97	139.35	278.71	18460	76.93	144.82	289.65
17480	74.02	139.46	278.93	18480	76.99	144.93	289.86
17500	74.08	139.57	279.15	18500	77.05	145.04	290.08
17520	74.14	139.68	279.37	18520	77.11	145.15	290.30
17540	74.20	139.79	279.59	18540	77.17	145.25	290.51
17560	74.26	139.90	279.81	18560	77.22	145.36	290.73
17580	74.32	140.01	280.03	18580	77.28	145.47	290.95
17600	74.38	140.12	280.25	18600	77.34	145.58	291.16
17620	74.44	140.23	280.47	18620	77.40	145.69	291.38
17640	74.50	140.34	280.69	18640	77.46	145.80	291.60
17660	74.56	140.45	280.91	18660	77.52	145.90	291.81
17680	74.62	140.56	281.13	18680	77.58	146.01	292.03
17700	74.68	140.67	281.35	18700	77.63	146.12	292.25
17720	74.74	140.78	281.57	18720	77.69	146.23	292.46
17740	74.80	140.89	281.79	18740	77.75	146.34	292.68
17760	74.86	141.00	282.01	18760	77.81	146.44	292.89
17780	74.92	141.11	282.23	18780	77.87	146.55	293.11
17800	74.98	141.22	282.45	18800	77.93	146.66	293.33
17820	75.04	141.33	282.67	18820	77.99	146.77	293.54
17840	75.10	141.44	282.89	18840	78.04	146.88	293.76
17860	75.16	141.55	283.11	18860	78.10	146.98	293.97
17880	75.22	141.66	283.33	18880	78.16	147.09	294.19
17900	75.28	141.77	283.54	18900	78.22	147.20	294.40
17920	75.33	141.88	283.76	18920	78.28	147.31	294.62
17940	75.39	141.99	283.98	18940	78.34	147.41	294.83
17960	75.45	142.10	284.20	18960	78.40	147.52	295.05
17980	75.51	142.21	284.42	18980	78.45	147.63	295.27
18000	75.57	142.32	284.64	19000	78.51	147.74	295.48

付　　録

表2 −⑰　　　　　　　　　　　　　　　　　　　　　　　　　　　　　　　(19020 m²〜21000 m²)

精度区分 地積(m²)	乙 1 m²	乙 2 m²	乙 3 m²	精度区分 地積(m²)	乙 1 m²	乙 2 m²	乙 3 m²
19020	78.57	147.85	295.70	20020	81.47	153.18	306.37
19040	78.63	147.95	295.91	20040	81.52	153.29	306.58
19060	78.69	148.06	296.13	20060	81.58	153.39	306.79
19080	78.75	148.17	296.34	20080	81.64	153.50	307.00
19100	78.80	148.28	296.56	20100	81.70	153.61	307.22
19120	78.86	148.38	296.77	20120	81.75	153.71	307.43
19140	78.92	148.49	296.98	20140	81.81	153.82	307.64
19160	78.98	148.60	297.20	20160	81.87	153.92	307.85
19180	79.04	148.70	297.41	20180	81.93	154.03	308.06
19200	79.09	148.81	297.63	20200	81.98	154.13	308.27
19220	79.15	148.92	297.84	20220	82.04	154.24	308.48
19240	79.21	149.03	298.06	20240	82.10	154.35	308.70
19260	79.27	149.13	298.27	20260	82.16	154.45	308.91
19280	79.33	149.24	298.49	20280	82.21	154.56	309.12
19300	79.39	149.35	298.70	20300	82.27	154.66	309.33
19320	79.44	149.45	298.91	20320	82.33	154.77	309.54
19340	79.50	149.56	299.13	20340	82.38	154.87	309.75
19360	79.56	149.67	299.34	20360	82.44	154.98	309.96
19380	79.62	149.78	299.56	20380	82.50	155.08	310.17
19400	79.68	149.88	299.77	20400	82.56	155.19	310.38
19420	79.73	149.99	299.98	20420	82.61	155.29	310.59
19440	79.79	150.10	300.20	20440	82.67	155.40	310.80
19460	79.85	150.20	300.41	20460	82.73	155.51	311.02
19480	79.91	150.31	300.63	20480	82.78	155.61	311.23
19500	79.97	150.42	300.84	20500	82.84	155.72	311.44
19520	80.02	150.52	301.05	20520	82.90	155.82	311.65
19540	80.08	150.63	301.27	20540	82.96	155.93	311.86
19560	80.14	150.74	301.48	20560	83.01	156.03	312.07
19580	80.20	150.84	301.69	20580	83.07	156.14	312.28
19600	80.26	150.95	301.91	20600	83.13	156.24	312.49
19620	80.31	151.06	302.12	20620	83.18	156.35	312.70
19640	80.37	151.16	302.33	20640	83.24	156.45	312.91
19660	80.43	151.27	302.54	20660	83.30	156.56	313.12
19680	80.49	151.38	302.76	20680	83.36	156.66	313.33
19700	80.54	151.48	302.97	20700	83.41	156.77	313.54
19720	80.60	151.59	303.18	20720	83.47	156.87	313.75
19740	80.66	151.70	303.40	20740	83.53	156.98	313.96
19760	80.72	151.80	303.61	20760	83.58	157.08	314.17
19780	80.78	151.91	303.82	20780	83.64	157.19	314.38
19800	80.83	152.01	304.03	20800	83.70	157.29	314.59
19820	80.89	152.12	304.25	20820	83.75	157.40	314.80
19840	80.95	152.23	304.46	20840	83.81	157.50	315.00
19860	81.01	152.33	304.67	20860	83.87	157.60	315.21
19880	81.06	152.44	304.88	20880	83.92	157.71	315.42
19900	81.12	152.55	305.10	20900	83.98	157.81	315.63
19920	81.18	152.65	305.31	20920	84.04	157.92	315.84
19940	81.24	152.76	305.52	20940	84.10	158.02	316.05
19960	81.29	152.86	305.73	20960	84.15	158.13	316.26
19980	81.35	152.97	305.94	20980	84.21	158.23	316.47
20000	81.41	153.08	306.16	21000	84.27	158.34	316.68

表 2 − ⑱ (21020 ㎡〜23000 ㎡)

精度区分 地積(㎡)	乙 1 ㎡	乙 2 ㎡	乙 3 ㎡	精度区分 地積(㎡)	乙 1 ㎡	乙 2 ㎡	乙 3 ㎡
21020	84.32	158.44	316.89	22020	87.14	163.63	327.26
21040	84.38	158.55	317.10	22040	87.20	163.73	327.47
21060	84.44	158.65	317.30	22060	87.25	163.83	327.67
21080	84.49	158.75	317.51	22080	87.31	163.94	327.88
21100	84.55	158.86	317.72	22100	87.36	164.04	328.08
21120	84.61	158.96	317.93	22120	87.42	164.14	328.29
21140	84.66	159.07	318.14	22140	87.48	164.25	328.50
21160	84.72	159.17	318.35	22160	87.53	164.35	328.70
21180	84.78	159.28	318.56	22180	87.59	164.45	328.91
21200	84.83	159.38	318.76	22200	87.64	164.55	329.11
21220	84.89	159.48	318.97	22220	87.70	164.66	329.32
21240	84.95	159.59	319.18	22240	87.75	164.76	329.52
21260	85.00	159.69	319.39	22260	87.81	164.86	329.73
21280	85.06	159.80	319.60	22280	87.87	164.97	329.94
21300	85.11	159.90	319.81	22300	87.92	165.07	330.14
21320	85.17	160.00	320.01	22320	87.98	165.17	330.35
21340	85.23	160.11	320.22	22340	88.03	165.27	330.55
21360	85.28	160.21	320.43	22360	88.09	165.38	330.76
21380	85.34	160.32	320.64	22380	88.15	165.48	330.96
21400	85.40	160.42	320.85	22400	88.20	165.58	331.17
21420	85.45	160.52	321.05	22420	88.26	165.68	331.37
21440	85.51	160.63	321.26	22440	88.31	165.79	331.58
21460	85.57	160.73	321.47	22460	88.37	165.89	331.78
21480	85.62	160.84	321.68	22480	88.42	165.99	331.99
21500	85.68	160.94	321.88	22500	88.48	166.09	332.19
21520	85.74	161.04	322.09	22520	88.54	166.20	332.40
21540	85.79	161.15	322.30	22540	88.59	166.30	332.60
21560	85.85	161.25	322.51	22560	88.65	166.40	332.81
21580	85.90	161.35	322.71	22580	88.70	166.50	333.01
21600	85.96	161.46	322.92	22600	88.76	166.60	333.21
21620	86.02	161.56	323.13	22620	88.81	166.71	333.42
21640	86.07	161.67	323.34	22640	88.87	166.81	333.62
21660	86.13	161.77	323.54	22660	88.92	166.91	333.83
21680	86.19	161.87	323.75	22680	88.98	167.01	334.03
21700	86.24	161.98	323.96	22700	89.04	167.12	334.24
21720	86.30	162.08	324.16	22720	89.09	167.22	334.44
21740	86.35	162.18	324.37	22740	89.15	167.32	334.65
21760	86.41	162.29	324.58	22760	89.20	167.42	334.85
21780	86.47	162.39	324.78	22780	89.26	167.52	335.05
21800	86.52	162.49	324.99	22800	89.31	167.63	335.26
21820	86.58	162.60	325.20	22820	89.37	167.73	335.46
21840	86.64	162.70	325.40	22840	89.42	167.83	335.67
21860	86.69	162.80	325.61	22860	89.48	167.93	335.87
21880	86.75	162.91	325.82	22880	89.53	168.03	336.07
21900	86.80	163.01	326.02	22900	89.59	168.14	336.28
21920	86.86	163.11	326.23	22920	89.65	168.24	336.48
21940	86.92	163.22	326.44	22940	89.70	168.34	336.68
21960	86.97	163.32	326.64	22960	89.76	168.44	336.89
21980	87.03	163.42	326.85	22980	89.81	168.54	337.09
22000	87.08	163.52	327.05	23000	89.87	168.64	337.29

付　　録

表2 －⑲　　　　　　　　　　　　　　　　　　　　　　　　　　(23020 ㎡～25000 ㎡)

精度区分 地積(㎡)	乙　1 ㎡	乙　2 ㎡	乙　3 ㎡	精度区分 地積(㎡)	乙　1 ㎡	乙　2 ㎡	乙　3 ㎡
23020	89.92	168.75	337.50	24020	92.67	173.80	347.61
23040	89.98	168.85	337.70	24040	92.73	173.90	347.81
23060	90.03	168.95	337.91	24060	92.78	174.00	348.01
23080	90.09	169.05	338.11	24080	92.83	174.10	348.21
23100	90.14	169.15	338.31	24100	92.89	174.20	348.41
23120	90.20	169.26	338.52	24120	92.94	174.30	348.61
23140	90.25	169.36	338.72	24140	93.00	174.40	348.81
23160	90.31	169.46	338.92	24160	93.05	174.50	349.01
23180	90.36	169.56	339.12	24180	93.11	174.60	349.21
23200	90.42	169.66	339.33	24200	93.16	174.70	349.41
23220	90.47	169.76	339.53	24220	93.22	174.80	349.61
23240	90.53	169.86	339.73	24240	93.27	174.91	349.82
23260	90.58	169.97	339.94	24260	93.33	175.01	350.02
23280	90.64	170.07	340.14	24280	93.38	175.11	350.22
23300	90.70	170.17	340.34	24300	93.43	175.21	350.42
23320	90.75	170.27	340.54	24320	93.49	175.31	350.62
23340	90.81	170.37	340.75	24340	93.54	175.41	350.82
23360	90.86	170.47	340.95	24360	93.60	175.51	351.02
23380	90.92	170.57	341.15	24380	93.65	175.61	351.22
23400	90.97	170.67	341.35	24400	93.71	175.71	351.42
23420	91.03	170.78	341.56	24420	93.76	175.81	351.62
23440	91.08	170.88	341.76	24440	93.82	175.91	351.82
23460	91.14	170.98	341.96	24460	93.87	176.01	352.02
23480	91.19	171.08	342.16	24480	93.92	176.11	352.22
23500	91.25	171.18	342.37	24500	93.98	176.21	352.42
23520	91.30	171.28	342.57	24520	94.03	176.31	352.62
23540	91.36	171.38	342.77	24540	94.09	176.41	352.82
23560	91.41	171.48	342.97	24560	94.14	176.51	353.02
23580	91.47	171.58	343.17	24580	94.20	176.61	353.22
23600	91.52	171.69	343.38	24600	94.25	176.70	353.41
23620	91.58	171.79	343.58	24620	94.30	176.80	353.61
23640	91.63	171.89	343.78	24640	94.36	176.90	353.81
23660	91.68	171.99	343.98	24660	94.41	177.00	354.01
23680	91.74	172.09	344.18	24680	94.47	177.10	354.21
23700	91.79	172.19	344.39	24700	94.52	177.20	354.41
23720	91.85	172.29	344.59	24720	94.58	177.30	354.61
23740	91.90	172.39	344.79	24740	94.63	177.40	354.81
23760	91.96	172.49	344.99	24760	94.68	177.50	355.01
23780	92.01	172.59	345.19	24780	94.74	177.60	355.21
23800	92.07	172.69	345.39	24800	94.79	177.70	355.41
23820	92.12	172.80	345.60	24820	94.85	177.80	355.61
23840	92.18	172.90	345.80	24840	94.90	177.90	355.81
23860	92.23	173.00	346.00	24860	94.95	178.00	356.01
23880	92.29	173.10	346.20	24880	95.01	178.10	356.20
23900	92.34	173.20	346.40	24900	95.06	178.20	356.40
23920	92.40	173.30	346.60	24920	95.12	178.30	356.60
23940	92.45	173.40	346.80	24940	95.17	178.40	356.80
23960	92.51	173.50	347.00	24960	95.23	178.50	357.00
23980	92.56	173.60	347.21	24980	95.28	178.60	357.20
24000	92.62	173.70	347.41	25000	95.33	178.70	357.40

表 2 - ⑳

(25020 ㎡～27000 ㎡)

精度区分 地積(㎡)	乙 1 ㎡	乙 2 ㎡	乙 3 ㎡	精度区分 地積(㎡)	乙 1 ㎡	乙 2 ㎡	乙 3 ㎡
25020	95.39	178.80	357.60	26020	98.07	183.73	367.47
25040	95.44	178.89	357.79	26040	98.13	183.83	367.66
25060	95.50	178.99	357.99	26060	98.18	183.93	367.86
25080	95.55	179.09	358.19	26080	98.23	184.03	368.06
25100	95.60	179.19	358.39	26100	98.29	184.12	368.25
25120	95.66	179.29	358.59	26120	98.34	184.22	368.45
25140	95.71	179.39	358.79	26140	98.39	184.32	368.65
25160	95.77	179.49	358.98	26160	98.45	184.42	368.84
25180	95.82	179.59	359.18	26180	98.50	184.52	369.04
25200	95.87	179.69	359.38	26200	98.55	184.61	369.23
25220	95.93	179.79	359.58	26220	98.61	184.71	369.43
25240	95.98	179.89	359.78	26240	98.66	184.81	369.63
25260	96.03	179.99	359.98	26260	98.71	184.91	369.82
25280	96.09	180.08	360.17	26280	98.77	185.01	370.02
25300	96.14	180.18	360.37	26300	98.82	185.10	370.21
25320	96.20	180.28	360.57	26320	98.87	185.20	370.41
25340	96.25	180.38	360.77	26340	98.93	185.30	370.60
25360	96.30	180.48	360.96	26360	98.98	185.40	370.80
25380	96.36	180.58	361.16	26380	99.03	185.50	371.00
25400	96.41	180.68	361.36	26400	99.09	185.59	371.19
25420	96.47	180.78	361.56	26420	99.14	185.69	371.39
25440	96.52	180.88	361.76	26440	99.19	185.79	371.58
25460	96.57	180.97	361.95	26460	99.25	185.89	371.78
25480	96.63	181.07	362.15	26480	99.30	185.98	371.97
25500	96.68	181.17	362.35	26500	99.35	186.08	372.17
25520	96.73	181.27	362.55	26520	99.41	186.18	372.36
25540	96.79	181.37	362.74	26540	99.46	186.28	372.56
25560	96.84	181.47	362.94	26560	99.51	186.37	372.75
25580	96.90	181.57	363.14	26580	99.57	186.47	372.95
25600	96.95	181.67	363.34	26600	99.62	186.57	373.14
25620	97.00	181.76	363.53	26620	99.67	186.67	373.34
25640	97.06	181.86	363.73	26640	99.73	186.76	373.53
25660	97.11	181.96	363.93	26660	99.78	186.86	373.73
25680	97.16	182.06	364.12	26680	99.83	186.96	373.92
25700	97.22	182.16	364.32	26700	99.88	187.06	374.12
25720	97.27	182.26	364.52	26720	99.94	187.15	374.31
25740	97.32	182.35	364.71	26740	99.99	187.25	374.51
25760	97.38	182.45	364.91	26760	100.04	187.35	374.70
25780	97.43	182.55	365.11	26780	100.10	187.45	374.90
25800	97.49	182.65	365.31	26800	100.15	187.54	375.09
25820	97.54	182.75	365.50	26820	100.20	187.64	375.29
25840	97.59	182.85	365.70	26840	100.26	187.74	375.48
25860	97.65	182.95	365.90	26860	100.31	187.84	375.68
25880	97.70	183.04	366.09	26880	100.36	187.93	375.87
25900	97.75	183.14	366.29	26900	100.41	188.03	376.07
25920	97.81	183.24	366.49	26920	100.47	188.13	376.26
25940	97.86	183.34	366.68	26940	100.52	188.22	376.45
25960	97.91	183.44	366.88	26960	100.57	188.32	376.65
25980	97.97	183.54	367.08	26980	100.63	188.42	376.84
26000	98.02	183.63	367.27	27000	100.68	188.52	377.04

付　録

表2 −㉑　　　　　　　　　　　　　　　　　　　　　　　(27020 ㎡〜29000 ㎡)

精度区分 地積(㎡)	乙 1 ㎡	乙 2 ㎡	乙 3 ㎡	精度区分 地積(㎡)	乙 1 ㎡	乙 2 ㎡	乙 3 ㎡
27020	100.73	188.61	377.23	28020	103.36	193.44	386.89
27040	100.78	188.71	377.43	28040	103.42	193.54	387.08
27060	100.84	188.81	377.62	28060	103.47	193.64	387.28
27080	100.89	188.90	377.81	28080	103.52	193.73	387.47
27100	100.94	189.00	378.01	28100	103.57	193.83	387.66
27120	101.00	189.10	378.20	28120	103.62	193.92	387.85
27140	101.05	189.20	378.40	28140	103.68	194.02	388.04
27160	101.10	189.29	378.59	28160	103.73	194.12	388.24
27180	101.15	189.39	378.78	28180	103.78	194.21	388.43
27200	101.21	189.49	378.98	28200	103.83	194.31	388.62
27220	101.26	189.58	379.17	28220	103.89	194.40	388.81
27240	101.31	189.68	379.37	28240	103.94	194.50	389.00
27260	101.37	189.78	379.56	28260	103.99	194.59	389.19
27280	101.42	189.87	379.75	28280	104.04	194.69	389.39
27300	101.47	189.97	379.95	28300	104.09	194.79	389.58
27320	101.52	190.07	380.14	28320	104.15	194.88	389.77
27340	101.58	190.16	380.33	28340	104.20	194.98	389.96
27360	101.63	190.26	380.53	28360	104.25	195.07	390.15
27380	101.68	190.36	380.72	28380	104.30	195.17	390.34
27400	101.73	190.45	380.91	28400	104.36	195.27	390.54
27420	101.79	190.55	381.11	28420	104.41	195.36	390.73
27440	101.84	190.65	381.30	28440	104.46	195.46	390.92
27460	101.89	190.74	381.49	28460	104.51	195.55	391.11
27480	101.95	190.84	381.69	28480	104.56	195.65	391.30
27500	102.00	190.94	381.88	28500	104.62	195.74	391.49
27520	102.05	191.03	382.07	28520	104.67	195.84	391.68
27540	102.10	191.13	382.27	28540	104.72	195.93	391.87
27560	102.16	191.23	382.46	28560	104.77	196.03	392.07
27580	102.21	191.32	382.65	28580	104.82	196.13	392.26
27600	102.26	191.42	382.85	28600	104.88	196.22	392.45
27620	102.31	191.52	383.04	28620	104.93	196.32	392.64
27640	102.37	191.61	383.23	28640	104.98	196.41	392.83
27660	102.42	191.71	383.43	28660	105.03	196.51	393.02
27680	102.47	191.81	383.62	28680	105.08	196.60	393.21
27700	102.52	191.90	383.81	28700	105.14	196.70	393.40
27720	102.58	192.00	384.00	28720	105.19	196.79	393.59
27740	102.63	192.10	384.20	28740	105.24	196.89	393.78
27760	102.68	192.19	384.39	28760	105.29	196.98	393.97
27780	102.73	192.29	384.58	28780	105.34	197.08	394.17
27800	102.79	192.38	384.77	28800	105.40	197.18	394.36
27820	102.84	192.48	384.97	28820	105.45	197.27	394.55
27840	102.89	192.58	385.16	28840	105.50	197.37	394.74
27860	102.94	192.67	385.35	28860	105.55	197.46	394.93
27880	103.00	192.77	385.54	28880	105.60	197.56	395.12
27900	103.05	192.87	385.74	28900	105.66	197.65	395.31
27920	103.10	192.96	385.93	28920	105.71	197.75	395.50
27940	103.15	193.06	386.12	28940	105.76	197.84	395.69
27960	103.21	193.15	386.31	28960	105.81	197.94	395.88
27980	103.26	193.25	386.51	28980	105.86	198.03	396.07
28000	103.31	193.35	386.70	29000	105.92	198.13	396.26

表 2 － ㉒

(29020 ㎡～30000 ㎡)

精度区分 地積(㎡)	乙 1 ㎡	乙 2 ㎡	乙 3 ㎡	精度区分 地積(㎡)	乙 1 ㎡	乙 2 ㎡	乙 3 ㎡
29020	105.97	198.22	396.45	29520	107.26	200.60	401.20
29040	106.02	198.32	396.64	29540	107.31	200.69	401.38
29060	106.07	198.41	396.83	29560	107.36	200.78	401.57
29080	106.12	198.51	397.02	29580	107.42	200.88	401.76
29100	106.17	198.60	397.21	29600	107.47	200.97	401.95
29120	106.23	198.70	397.40	29620	107.52	201.07	402.14
29140	106.28	198.79	397.59	29640	107.57	201.16	402.33
29160	106.33	198.89	397.78	29660	107.62	201.26	402.52
29180	106.38	198.98	397.97	29680	107.67	201.35	402.71
29200	106.43	199.08	398.16	29700	107.72	201.45	402.90
29220	106.49	199.17	398.35	29720	107.78	201.54	403.09
29240	106.54	199.27	398.54	29740	107.83	201.64	403.28
29260	106.59	199.36	398.73	29760	107.88	201.73	403.46
29280	106.64	199.46	398.92	29780	107.93	201.82	403.65
29300	106.69	199.55	399.11	29800	107.98	201.92	403.84
29320	106.74	199.65	399.30	29820	108.03	202.01	404.03
29340	106.80	199.74	399.49	29840	108.08	202.11	404.22
29360	106.85	199.84	399.68	29860	108.14	202.20	404.41
29380	106.90	199.93	399.87	29880	108.19	202.30	404.60
29400	106.95	200.03	400.06	29900	108.24	202.39	404.79
29420	107.00	200.12	400.25	29920	108.29	202.48	404.97
29440	107.05	200.22	400.44	29940	108.34	202.58	405.16
29460	107.11	200.31	400.63	29960	108.39	202.67	405.35
29480	107.16	200.41	400.82	29980	108.44	202.77	405.54
29500	107.21	200.50	401.01	30000	108.50	202.86	405.73

表示に関する登記の実務〔第2巻〕 索引

【主要法令条文索引】

●不動産登記法

1条（目的）············ 92, 175, 241, 394
2条（定義）
　——5号 ···················· 181
3条（登記することができる権利等）······ 175
4条（権利の順位）
　——1項 ···················· 76
14条（地図等）
　——1項 ··· 59, 61, 107, 123, 126, 128, 339, 342, 345,
　　　　　348, 351, 354, 357, 358, 360, 366, 370,
　　　　　371, 373, 376, 382, 386, 388, 394, 397,
　　　　　400, 403, 406, 416, 451, 461
　——2項 ········· 340, 342, 348, 354, 358, 360
　——4項 ··· 107, 359, 360, 362, 363, 365, 370, 374,
　　　　　388, 394, 395, 397, 400, 418, 451
　——6項 ···················· 358
16条（当事者の申請又は嘱託による登記）
　························ 117
　——2項 ···················· 143
20条（登記の順序）············ 76, 172, 173
21条（登記識別情報の通知）·········· 29
23条（事前通知等）··············· 4
　——1項 ···················· 20, 25
　——4項 ······················ 25
25条（申請の却下）·············· 173
　——9号 ············ 126, 127, 140, 278
　——11号 ············ 129, 130, 132, 133
　——13号 ···················· 79, 86

　——各号 ···················· 122
26条（政令への委任）············· 110
27条（表示に関する登記の登記事項）······ 318
　——1号 ···················· 187
　——3号 ····················· 53
28条（職権による表示に関する登記）
　·················· 106, 114, 145, 173, 176, 317
29条（登記官による調査）····· 126, 127, 137, 140,
　　　　　　　　　　　　143, 145, 176
　——1項 ············ 130, 132, 230, 319
　——2項 ················ 130, 132, 230
30条（一般承継人による申請）········· 3, 99
31条（表題部所有者の氏名等の変更の登
　記又は更正の登記）················ 319
34条（土地の表示に関する登記の登記事
　項）············ 92, 185, 206, 318, 334
　——1項 ···················· 357, 394
　——1項1号 ·················· 78
　——1項3号 ··· 162, 184, 236, 241, 260, 287, 334,
　　　　　　　337
　——2項 ················ 211, 287, 312
35条（地番）················ 39, 78, 180
36条（土地の表題登記の申請）······ 318, 355
　——1項 ···················· 398
37条（地目又は地積の変更の登記の申請）
　············ 89, 92, 100, 141, 173, 175, 318, 319
　——1項 ······ 89, 179, 185, 187, 194, 232, 241, 268,
　　　　　　277, 291, 319, 322, 335, 455

主要法令条文索引

38条（土地の表題部の更正の登記の申請）
　………… 92, 110, 113, 137, 141, 322, 319, 392, 394, 395
39条（分筆又は合筆の登記）………… 141, 318
　——1項 ………… 3, 7, 54, 57, 80, 121, 291, 334, 398
　——2項 … 28, 78, 179, 185, 225, 282, 283, 334, 336
　——2項かっこ書 ……………………………… 78
　——3項 ………………………………… 57, 185
40条（分筆に伴う権利の消滅の登記）…… 292
41条（合筆の登記の制限）…… 24, 64, 66, 74, 81,
　　　　　　　　　　　　　　　83, 86
　——1号ないし6号 ………………………… 7, 54
　——2号 …………………………………… 13, 78
　——3号 ………………………………………… 8
　——6号 ……………………… 64, 68, 72, 73, 75
　——各号 ……………………………………… 18
42条（土地の滅失の登記の申請）…… 104, 318
43条（河川区域内の土地の登記）
　——1項 ……………………………………… 295
　——2項 ……………………………………… 295
　——5項 ………………………………… 104, 294
　——6項 …………………………………… 91, 293
44条（建物の表示に関する登記の登記事項）………………………………………… 318
51条（建物の表題部の変更の登記）… 318, 319
　——1項 ……………………………………… 241
53条（建物の表題部の更正の登記）……… 319
54条（建物の分割，区分又は合併の登記）
　……………………………………………… 318
57条（建物の滅失の登記の申請）………… 318
59条（権利に関する登記の登記事項）
　——4号 ……………………………………… 53
　——7号 …………………………… 56, 115, 168
67条（登記の更正）
　——2項 ……………………………………… 72
71条（職権による登記の抹消）… 79, 83, 86, 88
　——1項 ……………………………………… 81

74条（所有権の保存の登記）
　——1項 ……………………………………… 355
77条（所有権の登記の抹消）………… 25, 26
80条（地役権の登記の登記事項等）
　——1項2号 …………………………………… 32
96条（買戻しの特約の登記の登記事項）… 67
116条（官庁又は公署の嘱託による登記）
　——1項 ………………………………… 101, 115
120条（地図の写しの交付等）
　——1項 ………………………………… 365, 468
　——2項 ………………………………… 365, 468
121条（登記簿の附属書類の写しの交付等）
　——1項 ………………………………… 51, 125
　——2項 ………………………………… 51, 125
131条（筆界特定の申請）
　——1項 ……………………………………… 131
162条（検査の妨害等の罪）
　——1号 ……………………………………… 132
　——2号 ……………………………………… 132
164条（過料）……………… 106, 176, 194, 241
附則
　——6条3項 …………………………………… 29
　——7条 ……………………………………… 30

●不動産登記令
3条（申請情報）……………………………… 30
　——4号 …………………… 56, 101, 113, 144
　——9号 ………………………………… 30, 53
　——10号 ……………………………………… 4
4条（申請情報の作成及び提供）…… 12, 27, 181
　——本文 ……………………………………… 185
　——ただし書 ………………………………… 15
7条（添付情報）
　——1項2号 ……………………………… 125, 145
　——1項3号 …………… 56, 101, 113, 144, 168

主要法令条文索引

──1項4号 …………………… 3, 100
──1項5号ハ …………………… 277
8条（登記名義人が登記識別情報を提供
しなければならない登記等）
　　──1項 ……………………………… 24
　　──1項1号 …………………………… 4, 24
　　──1項5号 ……………………………… 26
　　──2項1号 …………………………… 4, 19, 24
16条（申請情報を記載した書面への記名
押印等）
　　──2項 ………………………………… 4, 19, 25
　　──3項 …………………………………… 4
19条（承諾を証する情報を記載した書面
への記名押印等）………………… 101
20条（登記すべきものでないとき）
　　──3号 ……………………………… 79, 86
　　──各号 ……………………………… 173
21条（写しの交付を請求することができ
る図面）…………………………… 125
別表
　　──四項添付情報欄イ ……… 355, 376, 386
　　──五項 ………………………………… 322
　　──五項添付情報欄 …………… 192, 277
　　──六項添付情報欄 …… 110, 118, 125, 141, 142, 145, 148
　　──八項添付情報欄イ … 60, 118, 121, 141, 151
　　──九項申請情報欄ロ ………………… 32
　　──九項添付情報欄 ……………… 32, 33, 59
　　──十一項 ……………………………… 91
　　──二十八項添付情報欄ホ …………… 355
　　──三十一項添付情報欄ロ ……… 355, 386
　　──六十四項申請情報欄 ……………… 67

●不動産登記規則
2条（登記の前後）
　　──1項 ………………………………… 76

3条（付記登記）
　　──9号 …………………………………… 67
4条（登記記録の編成）
　　──1項別表1 …………………………… 295
10条（地図）………………………… 354, 359, 373
　　──1項 ………………………………… 340
　　──2項 …………………………… 340, 387
　　──3項 ……………………… 344, 347, 349
　　──4項 …… 16, 96, 107, 108, 110, 111, 115, 119, 348, 350, 377, 395
　　──5項 …… 123, 339, 349, 351, 354, 355, 361, 362, 365, 405, 406, 417, 461
　　──6項 …… 339, 349, 361, 362, 365, 405, 406, 417
12条（地図等の閉鎖）
　　──1項 …………………………… 383, 405
13条（地図の記録事項）…… 341, 349, 354, 359
　　──1項 …………………………… 349, 395
　　──1項2号 …………………………… 355
　　──1項4号 …………………………… 347
　　──1項5号 …………………………… 377
　　──1項7号 …………………………… 347
　　──1項8号 …………………………… 416
　　──1項各号 …………………………… 350
15条（地図及び建物所在図の番号）……… 355
16条（地図等の訂正）… 380, 394, 395, 425, 464
　　──1項 …… 124, 348, 350, 389, 391, 392, 395, 398, 401, 403, 404, 406, 413, 450, 454, 458, 464, 466, 469
　　──2項 …………………… 124, 392, 395, 441
　　──3項から11項 ……………………… 393
　　──4項 ……………………………… 404
　　──5項 …………………………… 355, 407
　　──5項1号 … 399, 401, 404, 413, 450, 458, 466
　　──5項2号 … 398, 401, 404, 413, 450, 462, 466
　　──5項3号 …………………………… 404, 413
　　──12項 ………… 390, 392, 399, 403, 404, 469

523

主要法令条文索引

——13項2号 ……………… *389, 392, 393, 401*
——13項3号 …………………………… *396*
——13号4号 …………………………… *396*
——15項 ……………… *389, 401, 403, 404, 464*
18条（帳簿）
——3号 ………………………………… *356*
20条（土地図面つづり込み帳）……… *125*
——1項 ……………………………… *51, 356*
28条（保存期間）
——2号 ………………………………… *356*
——12号 …………………………… *125, 356*
35条（一の申請情報によって申請することができる場合）…………… *12, 28, 181*
——1号 …………………………… *15, 28, 185*
——6号 …………………………… *28, 182, 186*
——7号 ……………………………… *13, 28*
——各号 ………………………………… *15*
37条（添付情報の省略）
——1項 ………………………………… *118*
——2項 ………………………………… *118*
47条（申請書に記名押印を要しない場合）
——3号イ(5) …………………………… *25*
48条（申請書に印鑑証明書の添付を要しない場合）
——1項 ………………………………… *25*
——1項5号 ……………………………… *4*
58条（登記の順序）……………… *76, 172, 173*
67条（登記識別情報の提供の省略）
——3項 ………………………………… *107*
74条（土地所在図，地積測量図，建物図面及び各階平面図の作成方式）……… *356*
——1項 ………………………………… *356*
——3項 ………………………………… *356*
75条（土地所在図及び地積測量図の作成単位）
——1項 …………………………… *121, 376*

——2項 ………………………………… *151*
76条（土地所在図の内容）…………… *356*
——1項 ………………………………… *356*
——2項 ……………………… *356, 376, 387, 398*
——3項 ……………… *96, 107, 108, 356, 377, 398*
77条（地積測量図の内容）
——1項 …………………… *116, 118, 121, 126*
——1項7号かっこ書 ………………… *119*
——1項8号 …………………………… *151*
——2項 ………………………………… *126*
——4項 …… *16, 96, 107, 108, 110, 111, 115, 116, 119, 396*
78条（分筆の登記の場合の地積測量図）
………………………………… *119, 121, 151*
85条（土地所在図の管理及び閉鎖等）
——1項 ……………………………… *51, 125*
——2項 ………………………………… *51*
93条（実地調査）……………………… *132*
——ただし書 ………………………… *231*
98条（地番）…………………………… *39*
99条（地目）…… *162, 163, 164, 166, 175, 200, 206, 211, 228, 234, 236, 239, 250, 260, 267, 277, 284, 287, 294, 303, 306, 312, 321, 326, 328, 330, 337*
100条（地積）…… *111, 190, 193, 196, 220, 221*
101条（分筆の登記における表題部の記録方法）……………………………… *179*
——2項 ………………………………… *180*
102条（分筆の登記における権利部の記録方法）…………………………… *79, 179*
103条（地役権の登記がある土地の分筆の登記）
——2項 ………………………………… *43*
——2項ないし4項 …………………… *35*
104条（分筆に伴う権利の消滅の登記）
——1項ないし3項 …………………… *292*

105条（合筆の登記の制限の特例）…… *18, 24, 61, 62, 68, 74*
　──2号 …………………………… *64, 75*
106条（合筆の登記における表題部の記録方法）……………………………… *37*
　──2項 ………………………… *14, 407*
107条（合筆の登記における権利部の記録方法）……………………………… *37*
　──1項 ………………………………… *8*
　──1項1号 ………………………… *37*
　──2項 …………………… *33, 35, 43*
　──3項 ……………………………… *32*
　──4項 …………………………… *35, 43*
108条（分合筆の登記）……………… *15, 37*
　──1項 ………………………… *14, 37*
　──2項 ……………………………… *37*
111条（建物）……………………………… *209*
113条（建物の種類）……………………… *164*
132条（附属合併の登記における表題部の記録方法）……………………………… *38*
147条（順位番号等）
　──1項 ……………………………… *76*
174条（買戻しの特約の登記の抹消）…… *67*
附則
　──15条2項 ……………………… *29*
　──15条3項 ……………………… *29*
　──18条1項 ……………………… *69*
　──18条2項 ……………………… *70*

●不動産登記事務取扱手続準則

12条（地図の作成等）………………… *354*
　──1項 …………………………… *341*
　──2項 …………………………… *341*
13条（地図に準ずる図面の備付け）…… *362*
　──1項 ……………………… *365, 406*
　──2項 …………………………… *361*
14条（地図等の備付け等についての報告）……………………………………… *362*
16条（地図等の変更の方法等）………… *397*
　──1項1号 ……………………… *380*
　──1項2号 ……………………… *399*
　──1項3号 ………………… *376, 398*
　──1項4号 …… *360, 365, 374, 380, 398*
　──1項5号 …… *360, 365, 373, 374, 383, 398*
　──1項7号 ……………………… *399*
17条（帳簿の備付け及び保存期間）
　──1項3号 ……………………… *355*
25条（登記簿等を持ち出した場合）
　──1項 …………………………… *346*
55条（図面の整理）
　──1項 ……………………… *51, 125*
56条（表題部の変更の登記又は更正の登記に伴う図面の処理）……………… *51*
58条（土地所在図等の除却）…………… *51*
60条（実地調査）………………………… *132*
　──1項 …………………………… *230*
63条（申請の催告）……………………… *241*
67条（地番の定め方）……………………… *39*
　──1項6号 …………………… *39, 41*
　──1項7号 …………………… *39, 41*
　──4項 ……………………………… *41*
68条（地目）…… *160, 164, 175, 200, 203, 206, 211, 226, 228, 234, 239, 250, 260, 261, 267, 268, 277, 281, 284, 288, 303, 312, 321, 326, 328, 330, 337*
　──本文 …………………………… *289*
　──1号 ……………………… *301, 304*
　──1号ないし22号 …… *250, 261, 313, 337*
　──2号 …………… *301, 303, 304, 305*
　──3号 …… *188, 207, 209, 211, 215, 222, 234, 236, 270, 282, 335*
　──8号 …………………………… *307*

主要法令条文索引

　──9号 ……………………… 177, 303, 332
　──11号 …………………………………… 273
　──12号 …………………………………… 310
　──13号 ……………………………… 204, 313
　──16号 …………………………………… 288
　──20号 ……………… 160, 202, 258, 259, 308
　──21号 ……………… 207, 282, 298, 326
69条（地目の認定）…… 166, 175, 200, 211, 222,
　　　　　　　　　　　226, 228, 234, 236,
　　　　　　　　　　　260, 261, 277, 288, 321
　──3号 …………………………………… 209
　──5号 …………………………………… 166
　──6号 …………………………………… 237
　──7号 ……………………………… 166, 237
　──8号 ……………………………… 166, 237
　──9号 …………………………………… 166
　──10号 …………………………………… 209
　──11号 ………………………………… 237
　──12号 ……………………………… 167, 237
　──13号 ………………………………… 167
　──14号 ………………………………… 167
　──15号 ………………………………… 167
　──16号 ………………………………… 167
　──17号 ………………………………… 167
　──18号 ………………………………… 167
70条（地積）……………………………… 111, 119
72条（分筆の登記の申請）
　──1項 …… 16, 17, 60, 102, 111, 116, 117, 119
　──2項 …………………………………… 116
74条（分筆の登記の記録方法）……………… 318
　──1項 …………………………………… 180
75条（合筆の登記の記録方法）……………… 318
76条（分合筆の登記の記録方法）
　──1項 ……………………………………… 37
　──2項 ……………………………………… 37
80条（建物の種類の定め方）……………… 165

別記
　──11号様式 …………………… 341, 355

●旧不動産登記法
3条〔予告登記〕………………………… 69, 70
17条〔地図・建物所在図の備付け〕
　…… 342, 346, 358, 362, 363, 364, 365, 366, 369, 370
18条〔地図及び建物所在図の内容〕……… 358
　──1項 …………………………………… 345
21条〔謄本写本等の交付，閲覧等の請求〕
　──1項 …………………………………… 363
24条ノ2〔閉鎖登記簿〕………………………… 407
24条ノ3 ……………………………… 362, 365, 370
39条〔申請書の記載事項（四）──権利者
　数名の場合の持分の記載〕……………… 53
49条〔申請の却下〕
　──8号 …………………………………… 277
　──10号 ………………………………… 130
60条〔登記済みの手続〕
　──1項 ……………………………………… 19, 29
76条〔枚数過多による移記〕……………… 407
76条ノ2 ……………………………………… 407
81条ノ3〔土地の合併制限〕……………… 63, 75
　──第1項 ………………………… 61, 62, 69
　──第1項ただし書 ……………………… 63
81条ノ4
　──第1項 ………………………………… 31, 34
85条〔分合筆の登記手続〕
　──2項 …………………………………… 18
87条〔合筆の登記手続（二）──甲区・乙
　区〕
　──1項 ………………………………… 18, 31
149条〔登記の職権抹消手続（一）──通
　知・公告〕……………………………… 83
　──以下 ……………………………………… 88

526

●旧不動産登記法施行令
4条（地積）……………… 21, 22, 189
附則
　──3項 …………………… 21, 189

●旧不動産登記事務取扱手続準則
25条（地図の作製）……………… 346
　──1項 ……………………… 346
　──2項 ………………… 346, 347
　──3項 ……………………… 346
　──4項 …………… 96, 108, 346
26条（地図の作製）……………… 346
27条（地図の作製）……………… 346
29条（地図に準ずる図面）…… 362, 364
31条（地図等の閉鎖）
　──4項 ……………………… 364
50条（各種帳簿）
　──4項 ……………………… 364
97条（図面の作製）
　──3項 …………………… 96, 108
113条（地図等の変更又は訂正）……… 391
　──1項 …………………… 389, 401
　──2項 ……………………… 364
115条（地図等の変更又は訂正）
　──2項 ……………………… 364
116条（地番の定め方）
　──1項5号ただし書 …………… 39
　──1項6号 ………………………… 39
123条（分筆の登記申請）……………… 116
　──ただし書 ………………… 116, 436

【判例索引】

大審院判決明治 37 年 7 月 8 日・民録 10 輯
　1060 頁 ……………………………………… *89*

最高裁判所第二小法廷判決昭和 31 年 12 月
　28 日・民集 10 巻 12 号 1639 頁 ………… *93*
最高裁判所第一小法廷決昭和 37 年 9 月 13
　日・民集 16 巻 9 号 1918 頁 ……………… *264*
最高裁判所第二小法廷判決昭和 40 年 8 月 2
　日・民集 19 巻 6 号 1337 頁 ………… *304, 329*
最高裁判所第三小法廷判決昭和 42 年 12 月
　26 日・民集 21 巻 10 号 2627 頁 …… *93, 429*
最高裁判所第一小法廷判決昭和 43 年 2 月 22
　日・民集 22 巻 2 号 270 頁 ………… *153, 430*
最高裁判所第二小法廷判決昭和 50 年 3 月 17
　日・金融法務 751 号 44 頁 ……………… *256*
最高裁判所第二小法廷判決昭和 56 年 9 月 18
　日・判時 1018 号 79 頁 …………………… *329*

東京高等裁判所判決昭和 25 年 6 月 29 日・行
　裁集 1 巻 7 号 1041 頁 …………………… *333*
東京高等裁判所判決昭和 32 年 1 月 30 日・判
　タ 68 号 93 頁 …………………………… *371*
東京高等裁判所判決昭和 37 年 7 月 10 日・下
　民集 13 巻 7 号 1390 頁 ………………… *429*
大阪高等裁判所判決昭和 38 年 11 月 29 日・
　下民集 14 巻 11 号 2350 頁 ……………… *155*
東京高等裁判所判決昭和 57 年 1 月 27 日・判
　タ 467 号 109 頁 ………………………… *372*
名古屋高等裁判所判決昭和 57 年 7 月 13 日・
　行裁集 33 巻 7 号 1496 頁 ……………… *265*
東京高等裁判所判決昭和 59 年 8 月 8 日・訟
　務月報 31 巻 5 号 979 頁 ………………… *154*

東京高等裁判所判決昭和 62 年 8 月 31 日・判
　時 1251 号 103 頁 ………………………… *371*

福井地方裁判所判決昭和 23 年 8 月 31 日・行
　裁月報 5 号 24 頁 …………………… *303, 332*
東京地方裁判所判決昭和 28 年 6 月 11 日・行
　裁集 4 巻 6 号 1284 頁 …………………… *304*
津地方裁判所判決昭和 31 年 8 月 13 日・行裁
　例集 7 巻 8 号 1923 頁 …………………… *303*
高知地方裁判所判決昭和 51 年 12 月 6 日・訟
　務月報 22 巻 12 号 2763 頁 ……………… *154*
名古屋地方裁判所判決昭和 53 年 9 月 22 日・
　下民集 29 巻 9～12 合併号 276 頁
　……………………………………… *367, 371*
長崎地方裁判所判決昭和 54 年 10 月 26 日・
　行裁集 30 巻 10 号 1790 頁 ……………… *159*
福井地方裁判所判決昭和 56 年 4 月 24 日・訟
　務月報 27 巻 10 号 1807 頁 ……………… *160*
名古屋地方裁判所判決昭和 57 年 2 月 26 日・
　行裁集 33 巻 1—2 号 320 頁 …………… *264*
名古屋地方裁判所判決昭和 57 年 3 月 29 日・
　判時 1050 号 66 頁 ……………………… *265*
青森地方裁判所判決昭和 60 年 4 月 16 日・訟
　務月報 32 巻 1 号 23 頁 ………………… *371*
名古屋地方裁判所判決昭和 63 年 10 月 12
　日・判タ 684 号 199 頁 ……………… *163, 233*

【先例索引】

明治44年6月22日民事第414号司法省民事局長回答 …… 430
昭和20年5月21日民事特甲第100号民事局長回答 …… 182
昭和23年3月16日民事甲第458号民事局長回答 …… 71
昭和24年1月18日民事甲第51号民事局長回答 …… 72
昭和26年8月29日民事甲第1746号民事局長通達 …… 104
昭和26年12月26日民事甲第2420号民事局長回答 …… 167
昭和27年3月4日民事甲第228号民事局長通達 …… 167
昭和27年9月19日民事甲第308号民事局長回答 …… 57
昭和27年12月20日二七農地第5129号農林省次官通達 …… 250, 329
昭和29年6月30日民事甲第1321号民事局長通達 …… 146, 166, 285
昭和30年6月30日審計土第77号経済審議庁計画部長通達 …… 62
昭和30年12月16日民三第753号民事局第三課長回答 …… 423
昭和31年8月13日民事甲第1776号民事局長通達 …… 72
昭和31年11月10日民事甲第2612号民事局長事務代理回答 …… 91, 456
昭和32年8月2日経済企画庁総合開発局国土調査課長回答 …… 124
昭和33年4月11日民三第203号民事局第三課長事務代理回答 …… 90, 456
昭和34年1月31日経企土第8号経済企画庁総合開発局長通達 …… 105

昭和34年6月25日民事甲第1327号民事局長通達 …… 72
昭和35年3月31日民事甲第712号民事局長通達 …… 54, 68, 86
昭和35年5月4日民事甲第1048号民事局長通達 …… 63
昭和35年5月28日民三第351号民事局第三課長事務代理回答 …… 74
昭和35年7月4日民事甲第1594号民事局長通達 …… 66, 74
昭和35年7月5日民三第608号民事局第三課長事務代理依命通知 …… 55
昭和35年7月29日民事甲第1896号民事局長回答 …… 41
昭和35年8月31日登第219号東京法務局民事行政部長通達 …… 411
昭和35年10月27日民事甲第2666号民事局長回答 …… 69
昭和36年2月17日民三第173号民事局第三課長心得通知 …… 304, 307
昭和36年3月2日民事甲第534号民事局長通達 …… 364
昭和36年5月17日民事甲第1158号民事局長回答 …… 35
昭和36年6月6日民三第459号民事局第三課長電報回答 …… 89
昭和36年7月20日民事甲第1722号民事局長回答 …… 319
昭和36年7月21日民事甲第1750号民事局長回答 …… 41
昭和36年8月24日民事甲第1778号民事局通達 …… 233, 278
昭和36年11月9日民事甲第2801号民事局長回答 …… 90

529

先例索引

昭和37年3月12日民事甲第671号民事局長通達 ………………………… 120
昭和37年3月20日民事甲第369号民事局長通達 ………………………… 405
昭和37年3月20日民三第147号民事局第三課長依命通知 ……………… 405
昭和37年3月29日民三第125号民事局第三課長回答 …………………… 346
昭和37年5月12日民事甲第1346号民事局長回答 ……………………… 144
昭和37年6月20日民事甲第1605号民事局長回答 …………… 207, 282, 299, 326
昭和37年9月27日民三第811号民事局第三課長回答 …… 24, 79, 80, 83, 86, 88
昭和37年10月8日民事甲第2885号民事局長通達 ………………… 363, 381, 421
昭和38年1月21日民事甲第129号民事局長回答 …………………… 129, 130
昭和38年6月19日民事甲第1740号民事局長通達 ……………………… 233
昭和38年12月28日民事甲第3374号民事局長通達 …………… 84, 87, 152, 438
昭和39年7月30日民事甲第2689号民事局長回答 ……………………… 205
昭和39年8月14日民事甲第2799号民事局長回答 ……………………… 58
昭和39年10月2日民事甲第3191号民事局長通達 …………………… 197, 355
昭和40年2月2日民事甲第221号民事局長回答 ………………………… 54
昭和40年3月30日民三第357号民事局第三課長依命通知 ……………… 28
昭和41年3月1日民事甲第279号民事局長通達 …………………… 22, 190
昭和41年3月26日民三第307号民事局第三課長依命通知 ………… 22, 190
昭和41年10月5日民三第953号民事局第三課長回答 ………… 22, 193, 196

昭和41年12月21日民事甲第3375号民事局長通知 …………………… 144
昭和41年12月21日民事甲第3640号民事局長回答 …………………… 197
昭和42年3月20日民事甲第666号民事局長通達 …………… 23, 157, 285, 324
昭和43年6月8日民事甲第1653号民事局長回答 …………… 390, 438, 464
昭和43年6月10日民事甲第1654号民事局長回答 …………………… 144
昭和43年8月28日民事甲第2748号民事局長回答 …………………… 104
昭和45年3月9日民事甲第973号民事局長回答 ………………………… 80
昭和45年5月30日民三第435号民事局第三課長回答 ………………… 99
昭和46年2月4日民三第1040号民事局第三課長回答 …… 163, 268, 331, 338
昭和46年3月15日民事甲第557号民事局長通達 ……………………… 258
昭和46年9月14日民三第528号民事局第三課長回答 …………… 97, 110
昭和46年12月27日民三第960号民事局第三課長依命通知 …………… 76
昭和47年2月16日民事甲第699号民事局長回答 …………………… 219, 255
昭和47年8月30日民三第768号民事局第三課長依命通知 …………… 468
昭和48年8月30日民三第6677民事局長回答 …………………………… 74
昭和48年10月18日民三第7689号民事局第三課長通知 ……………… 402
昭和48年12月21日民三第9199号民事局長通達 ……………………… 233
昭和51年12月25日民三第6529号民事局第三課長依命回答 … 309, 311, 316
昭和52年9月3日民三第4473号民事局長通達 …………… 346, 362, 364, 370

530

先例索引

昭和52年9月3日民三第4474号民事局第三課長依命通知 …………………… *123*

昭和52年12月7日民三第5936号民事局第三課長回答 …… *390, 401, 414, 426, 452, 464, 466*

昭和52年12月7日民三第5941号民事局第三課長依命通知 …………………… *108*

昭和53年3月14日民三第1480号民事局第三課長依命回答 …………………… *435*

昭和53年12月20日民三第6721号民事局長回答 …………………………… *24, 84*

昭和54年1月8日民三第343号民事局長回答 ………………………… *22, 191, 197*

昭和54年3月31日民三第2112号民事局長通達 …………………………… *35*

昭和54年6月8日民三第3310号民事局長回答 ………………………… *24, 80, 83*

昭和55年7月15日民三第4086号民事局第三課長通知 ………………… *102, 114*

昭和56年8月28日民三第5402号民事局長通達 …… *160, 172, 188, 212, 215, 223, 226, 233, 238, 240, 242, 245, 247, 250, 252, 254, 257, 260, 262, 265, 268, 270, 272, 275, 278, 279, 301, 322, 333*

昭和56年8月28日民三第5403号民事局第三課長依命通知 …… *212, 215, 223, 235, 254, 270, 272, 275, 278, 279*

昭和58年11月10日民三第6400号民事局長通達 …………………………… *74, 77*

昭和61年11月18日国土国第488号国土庁土地局長通達 …………………… *352*

平成5年7月30日民三第5319号民事局長通達 …………………………… *362*

平成5年7月30日民三第5320号民事局長通達 ………………………… *35, 43, 362*

平成7年3月29日民三第2589号民事局長回答 …………………………… *93*

平成17年2月25日民二第457号民事局長通達 ………………… *69, 390, 396, 399, 401*

平成18年4月3日民二第799号民事局第二課長依命通知 …………………… *13, 28*

【事項索引】

[あ]

字限図 …………………………… 380, 444
字図 ……………………………………… 444
字を異にする土地が合筆されている場合
　……………………………………………… 78
遺産分割に伴う分筆登記 ……………… 99
一字限図 ………………………………… 418
一元化事業 ……………………………… 157
一の申請情報による合筆と地積更正の登
　記 ………………………………………… 27
一の申請情報による合筆と分筆の登記 … 14
一の申請情報による地目変更と合筆の登
　記 ………………………………………… 12
一村限図 ………………………………… 418
一筆限図 …………………………… 408, 411
内書 ……………………………………… 156
内溜池 …………………………………… 324
内歩 …………………………… 156, 284, 324
親番 ……………………………………… 179

[か]

改租図 ………………………… 367, 370, 418, 444
海底隆起 ………………………………… 90
海浜地 …………………………………… 457
海没 …………………………………… 90, 104
海面下に没する土地 …………………… 456
確定図 …………………………………… 368
河川区域 …………………………… 91, 293
合筆 ……………………………………… 37
合筆登記の一部抹消の申請 …………… 86
合筆登記の錯誤 ………………………… 83
合筆登記の制限 ………………… 61, 64, 74
合筆登記の抹消 …………………… 24, 80
合併 ……………………………………… 37

換地確定図 ………………… 368, 370, 417
求積方法 ………………………………… 197
求積を誤った登記 ……………………… 121
旧土地台帳 ……………………………… 407
旧土地台帳附属地図 …………… 363, 369
旧法17条の地図 ………………………… 346
境界確定訴訟 …………………………… 153
競売により売却された農地 …………… 256
共有者の持分の記録 …………………… 53
共有者名義の土地の合筆登記 ………… 29
共有地の地目変更登記 ………………… 194
共有の土地の合筆 ……………………… 54
近傍類似の土地 ………………………… 386
空白地 …………………………………… 447
空白地の地番の記録 …………………… 410
畦畔 ……………………………………… 284
現況主義 ………………………………… 159
現況証明書 ……………………………… 248
原状回復義務を免除された埋立地 …… 103
現地復元性 ……………………………… 342
現地復元能力 …………………… 342, 345
現地目証明書 …………………………… 248
高規格堤防特別区域 …………………… 294
公差内 …………………………………… 16
公図 ………………………… 361, 369, 380, 444
公図の精度 ……………………………… 371
更正図 ……………………… 367, 370, 418
公有水面 ………………………… 103, 456
公有水面埋立 …………………… 376, 463
誤差の限度 ……………………… 96, 107
国家基準点 ……………………………… 345

[さ]

錯誤による合筆登記の抹消 …………… 83

事項索引

雑種地 …………………………………… 166
砂防地 …………………………………… 200
砂防地から宅地への地目変更 ………… 200
地押調査 …………………………… 371, 380
地押調査図 ……………………………… 371
市街化調整区域 …………………… 214, 217
実地調査 ………………………………… 128
芝生育成地 ……………………………… 304
地引絵図 …………………………… 408, 411
集団和解方式 …………………………… 423
集団和解方式による地図等の訂正 …… 425
縮尺の異なる地図等に表示された土地 … 382
承役地 …………………………………… 43
数葉の地図等にまたがって記録されている土地 ……………………………… 383
図郭線 …………………………………… 377
図根点 ……………………………… 342, 358
精度区分 ………………………………… 107
測量誤差 ……………………………… 95, 110
測量誤差による許容範囲内 …………… 16
外畔畔 …………………………………… 157
外書 ……………………………………… 156
外堤塘 …………………………………… 324
外歩 ………………………………… 156, 285, 324

［た］

宅地造成における地目 …………… 211, 241
建物を取壊しした宅地 ………………… 330
棚田 ……………………………………… 284
ため池 ……………………………… 156, 324
談合図 …………………………………… 444
地域界 …………………………………… 411
地役権のある土地の合筆 …………… 31, 34
近い将来建物の敷地に供されると見込まれる場合 ………………………… 270
地殻変動 ………………………………… 93
竹林 ……………………………………… 303
地形の分類 ……………………………… 109

地図混乱地域 ……………………… 10, 419
地図混乱地域の解消方法 ……………… 422
地図備付けを適当としない特別の事情 … 123
地図等の訂正における口頭による申出 … 404
地図等の訂正における調査及び立証資料 …………………………………… 406
地図等の訂正における隣接地所有者の承諾書 ………………………………… 413
地図等の訂正の申出 …… 389, 391, 394, 401
地図等のない地域 ……………………… 451
地図に準ずる図面 ………………… 360, 363, 366
地図に準ずる図面の訂正 ……………… 395
地図の書き入れ ………………………… 397
地図の修正 ……………………………… 398
地図の訂正 ……………………………… 398
地図の役割 ……………………………… 357
地積が減少する地積更正の登記 ……… 145
地積が増加する地積更正の登記 ……… 145
地籍図 ……………………………… 339, 351, 354
地積測量図が地図等と異なる場合 …… 416
地積測量図と公図とで土地の形状が異なる場合 ……………………………… 379
地積測量図の援用 ……………………… 118
地積測量図の誤差 ……………… 16, 95, 119
地積の更正の登記 ……………………… 92
地積の算出方法 ………………………… 196
地積の端数の切り上げ計算 …………… 196
地積の表示方法 ………………………… 189
地積の変更の登記 ……………………… 92
地番訂正 ………………………………… 431
中間地目 …………………………… 162, 330, 338
通路部分の地目 ………………………… 281
定着性のない建物 ……………………… 209
抵当権のある土地の地目変更 ………… 199
抵当権の順位変更されている土地の合筆 …………………………………… 75
抵当権の設定されている土地 ………… 63
転用完了証明書 ………………………… 226

533

事項索引

転用許可書の提供がない地目変更 ……… 277
転用許可書のない地目変更登記の効力 … 264
転用事実確認証明書 ……………………… 248
土地所在図 …………………………… 339, 355
土地宝典 …………………………………… 408
都道府県所管課長からの地目更正申出 … 315
都道府県知事の証明書 …………………… 247
飛地 ………………………………………… 411

[な]
内畦畔 ……………………………………… 157
縄延び ………………………………… 93, 367
農業委員会の証明書 ……………………… 247
農業委員会への再照会 …………………… 279
農地から宅地への地目変更 ………… 196, 212
農地から保安林への地目変更 …………… 258
農林事務所から更正の申出 ……………… 315

[は]
梅林 ………………………………………… 304
蓮池 ………………………………………… 304
被相続人のした合筆登記の抹消 ………… 80
筆界特定制度 ……………………………… 131
筆界の移動 ………………………………… 92
筆界の確認不能地 ………………………… 425
筆界未定地 ……………… 59, 62, 105, 123, 442, 460
筆界未定地における地目変更の登記 …… 170
非農地証明書 ……………… 247, 250, 252, 302
分筆地不存在 ……………………………… 435
閉鎖登記記録 ……………………………… 407
保安林 ………………………………… 258, 308
法14条1項の地図 ……………………… 339
法定区分以外の地目 ……………………… 164

[ま]
埋設した排水管 …………………………… 287
元地 ………………………………………… 179

[や]
有効期間の過ぎた非農地証明書 ………… 262
要役地 ……………………………………… 43
養殖池 ……………………………………… 304
予告登記のある土地の合筆 ……………… 69

[ら]
利害関係人からの地図等の訂正の申出
 ………………………………………… 391, 401
陸地と海面下の土地の境界 ……………… 456
陸地と海面の分界線 ……………………… 90
隣接地所有者の承諾を得る範囲 …… 134, 148

新版
Q&A 表示に関する登記の実務〔第2巻〕
――合筆登記・地積更正――
  地目変更・地図訂正

2007年5月31日　初版第一刷発行
2022年6月3日　初版第五刷発行

監　修　　中　村　　　隆
　　　　　中　込　敏　久
編集代表　　荒　堀　稔　穂
発行者　　和　田　　　裕

発行所　日本加除出版株式会社
本　社　郵便番号 171-8516
　　　　東京都豊島区南長崎3丁目16番6号
　　　　T E L（03）3953－5757（代表）
　　　　　　（03）3952－5759（編集）
　　　　F A X（03）3953－5772
　　　　U R L　www.kajo.co.jp
営業部　郵便番号 171-8516
　　　　東京都豊島区南長崎3丁目16番6号
　　　　T E L（03）3953－5642
　　　　F A X（03）3953－2061

組版　㈱亨有堂印刷所／印刷・製本（POD）　京葉流通倉庫㈱

落丁本・乱丁本は本社でお取替えいたします。
★定価はカバー等に表示してあります。
© 2007
Printed in Japan
ISBN978-4-8178-3769-1

|JCOPY|　〈出版者著作権管理機構　委託出版物〉
　　本書を無断で複写複製（電子化を含む）することは、著作権法上の例外を除
　き、禁じられています。複写される場合は、そのつど事前に出版者著作権管理
　機構（JCOPY）の許諾を得てください。
　　また本書を代行業者等の第三者に依頼してスキャンやデジタル化することは、
　たとえ個人や家庭内での利用であっても一切認められておりません。

　　〈JCOPY〉　HP：https://www.jcopy.or.jp/、e-mail：info@jcopy.or.jp
　　　　　　電話：03-5244-5088、FAX：03-5244-5089

押さえておくべき知識から希少な事例まで
現場での疑問・実例を網羅！

新版 Q&A 表示に関する登記の実務

中村隆・中込敏久 監修　荒堀稔穂 編集代表

- ●「設問→解答→解説」の流れでわかりやすく解説。
- ●根拠条文・先例・判例と関連付けた具体的な解答を提示。
- ●実務現場での利便性を考慮し、事項索引、法令・先例・判例索引を収録。

第1巻　登記手続総論・土地の表題登記・分筆の登記
　　　　2007年1月刊 A5判 560頁 定価5,170円(本体4,700円) 978-4-8178-3756-1 商品番号：49081 略号：表実1

第2巻　合筆登記・地積更正・地目変更・地図訂正
　　　　2007年5月刊 A5判 560頁 定価5,280円(本体4,800円) 978-4-8178-3769-1 商品番号：49082 略号：表実2

第3巻　地積測量図・土地の滅失の登記・特殊登記
　　　　2007年11月刊 A5判 500頁 定価4,950円(本体4,500円) 978-4-8178-3787-5 商品番号：49083 略号：表実3

第4巻　建物の表題登記・建物の増築の登記
　　　　2008年5月刊 A5判 504頁 定価4,950円(本体4,500円) 978-4-8178-3795-0 商品番号：49084 略号：表実4

第5巻　建物の合体・合併・分割の登記、区分建物の登記、建物の滅失の登記、建物図面関係
　　　　2008年12月刊 A5判 640頁 定価6,050円(本体5,500円) 978-4-8178-3802-5 商品番号：49085 略号：表実5

特別編　筆界特定制度 一問一答と事例解説　　　　　　　　筆界特定実務研究会 編著
　　　　2008年1月刊 A5判 672頁 定価6,160円(本体5,600円) 978-4-8178-3778-3 商品番号：49086 略号：表実特

日本加除出版　〒171-8516 東京都豊島区南長崎3丁目16番6号
TEL (03)3953-5642　FAX (03)3953-2061 （営業部）
www.kajo.co.jp